朱鸿林

明史研究系列

《明儒学案》研究及论学杂著

朱鸿林 著

生活·讀書·新知 三联书店

图书在版编目（CIP）数据

《明儒学案》研究及论学杂著 / 朱鸿林著. —北京：生活 · 读书 · 新知三联书店，2016.1
（朱鸿林明史研究系列）
ISBN 978－7－108－05431－9

Ⅰ. 明… Ⅱ. 朱… Ⅲ. ①儒家－学术思想－研究－中国－明代 Ⅳ. ① B248.05

中国版本图书馆 CIP 数据核字（2015）第 157214 号

责任编辑 张 龙
装帧设计 蔡立国
责任印制 崔华君
出版发行 生活 · 讀書 · 新知 三联书店
（北京市东城区美术馆东街 22 号 100010）
网 址 www.sdxjpc.com
经 销 新华书店
印 刷 北京鹏润伟业印刷有限公司
版 次 2016 年 1 月北京第 1 版
2016 年 1 月北京第 1 次印刷
开 本 880 毫米 × 1230 毫米 1/32 印张 16.5
字 数 399 千字
印 数 0,001－5,000 册
定 价 68.00 元
（印装查询：01064002715；邮购查询：01084010542）

1991年9月与业师王韶生先生
摄于香港

1992年8月访业师牟复礼先生同游落基山国家公园，图中女孩为小女朱亮，背景为科罗拉多河源头

《明儒学案》选讲
书法与古籍
明太祖
的治國理念及其實踐
明人著作与生平发微
Calligraphy and the East Asian Book

已刊著作书影

Princeton University EAST ASIAN STUDIES
211 JONES HALL
PRINCETON, NEW JERSEY 08544

健师：

恭诵「二黄垂驾，近来则耻」赐联，深知以文友辅仁之義责勉。师友提携，获益已久，往后须更鞭策，时日寸進，即不负此生也。联笺见「秋菊有佳色」题句，用嵌字数成俚句，即乞

斧正

秋菊腾芳晚更宜　春蘭端合美人持

托根已幸鄰三友　出色能无伏四時

座右只應徐氏嘆　是非原有本家师

门墙看又添佳氣　願對南山勸一卮

八五，十二，十三 于

朱鸿林拜呈

1985年12月奉刘子健先生书

总 序

三联书店出版的“朱鸿林明史研究系列”专题论文集五种，收录了我1984年至2013年三十年间出版的论文、讲稿、书评、序记、纪念性文字约八十篇，一百六十多万字，写的主要是明代人物、著作、学术、政治、社会之事，原刊多数载于境外刊物，其中约有二成原是英文。各集文章整体上新题多于老题，至少在原初发表时是这样；对于近世的君主与儒者、思想与制度、著作与版本的研究，多用未经人用的文献材料展开，或对众所利用的文献做出重新解读，以个案论析为基础，而以观察和提示个别事物的特色或同类事物的长期发展趋势为旨归。

我对明史研究情有独钟，与个人求学和工作经历有密切关系。在香港珠海书院念书时，罗香林先生（1905—1978）和王韶生先生（1904—1998）讲授的南明史事和明清广东学术，已经引起了我对明朝历史和岭南历史的兴趣，专心研究明史则是从1970年代末留学美国普林斯顿大学东亚学系时开始。当时的普大东亚系是北美中国近世历史文化的教研重镇，师资优良，环境理想，有著名汉学家和元明史专家牟复礼（Frederick W. Mote，1922—2005）、宋史专家刘子健（James T. C. Liu，1919—1993）、唐史专家杜希德（Denis C. Twitchett，1925—2006）、学术思想史专家裴德生（Willard J. Peterson，1938—　）等先生组成的历史文化专业的教师队伍，有众多资优的学生在学，各地著名的中国历史学者经常到访，《剑桥中国史·明史卷》正在那里编纂，还有葛斯德图书馆（Gest Library）的丰富藏书可供阅读参考。葛馆所藏，宋元明清原刻本书籍都有，而以明刻本种类居多，还有七百多种影印自日本内阁文库收藏的明人文集，其中不乏人间少见之书，都是研究明史的宝贵材料。

我有幸师从以上几位老师读书问学，并且在牟复礼先生主要指导下完成研究丘濬《大学衍义补》及15世纪经世思想的博士论文，随后又留校工作，阅读上述的日本内阁文库所藏明人文集，撰写提要。在普大读书和工作十年，早与明史结下不解之缘。之后我到台湾“中研院”历史语言研究所工作，接替黄彰健先生退休留下的职缺，做的仍是明史领域内的研究。在台多年，得以肆览史语所傅斯年图书馆以及台北市内“中央图书馆”的善本书藏，益感明史研究可以乐趣无穷，而且有很多资源和课题可以开发，所以在获选为美国威尔逊国际学者中心驻院学者的一年中，在美国国会图书馆阅读的书籍和收集的材料，也都与明史研究有关。到了新的千禧年开始时，我返回香港高校任教，明史研究便已是自己“无所逃于天地之间”之事，而讲授的课程多与明史有关，指导研究生选的主要是明史课题，自己继续研撰发表的论著也多在明史领域之内。年深岁久的累积，便是这个“系列”所收录的文字。

“系列”中各书的内容撮要如下：

（一）**《明太祖与经筵》**。收录论文11篇，主要研究明太祖的政治理想、治国理念及实践、文化素养，以及明代洪武、嘉靖、隆庆、万历等朝的帝王经筵讲学情形，由此显示帝王与士大夫在政治认识和文化传承上的同异情况，以及士大夫对于劝导君主接受儒家政治理念的思想上和制度上的努力。

（二）**《孔庙从祀与乡约》**。收录论文13篇，主要研究明朝孔庙从祀的情况，特别是元明两代儒者的从祀情况，以及明代南北各地方的乡约内容与实施状况。孔庙从祀诸篇论析此典礼所牵涉的学术与政治问题，及其所反映的文化价值取向。乡约研究各篇论析士大夫官员构思及展现其经世化俗、维持地方治安理想的情况。

（三）《儒者思想与出处》。收录论文19篇，主要透过对多种重要的传统论著及其不同版本的深入探讨，并结合细致的人物研究，论析南宋至清初、尤其是明代重要儒者的思想、学术、交游等所反映出来的个人或时代特色，重要论著的著述背景、缘起、影响及其思想文化史意义。这些论文也直接或间接地反映出思想文化史的研究取向和方法问题。

（四）《文献与书刻》。收录论文19篇与专书中两章，主要从明清文献、尤其明人文集的研究，包括书籍的刊行历史以及文本所呈现的情形，研究被忽略或被误解的历史人物、事件、著作等，以及解读文献的态度和方法问题；同时从书籍历史的角度，介绍宋元明清版刻书籍源流中明代书刻的特别情状，尤其是能够反映文化品位和价值取向的情状。

（五）《〈明儒学案〉研究及论学杂著》。收录研究《明儒学案》性质、该书所载人物的深入个案、该书的文本差异及其所带来的理解困难等问题的论文7篇、讲稿2篇；解释该书近代刊本在点校上的错误之处的“释误”专题数十条。此外收录评论近人所撰明代思想史、地方史、社会史、政治史的中英文专书之书评5篇。附录为反映作者为学历程的文字。

以上各书的具体内容，多少体现了我从事历史研究所关心的问题以及所守的原则和所取的途径。本着野人献曝的心意，以下不揣谫陋，依次略作说明，以志这些论集能与读者相见的因缘，并且聊当酬谢读者惠赐阅览的雅意。

我在阅读历史记载时，多数不会先存疑心，但过程中却会产生不少疑问。我的疑问往往又和我关心的现代问题有关，久而久之，便形成了一些主导性的研究课题，虽然以后的具体研究和结论并不针对缘起的问题而发。主导性课题的开展，往往又会延伸到其他的相关课题，研究于是逐渐形成范围和层次。例如，我想知道我作为读书人除了修身之外，应该做些什么事才能对国家和社会有益，因而就去研究古代读书人对此事怎样想和怎样做。我对近世经世之学的理论层面和应用层面的研究，便是这样开始的。对于旨在诱导帝王的经筵制度和旨在化民成俗的乡约制度的研究，也于是产生。而如上这些探究，辗转又引导我到深入研究明太祖治国理念及其实践、明代两广地方的民族问题和地方治安上去。

又如，我想知道儒学的实质究竟是什么？被历史肯定的儒者和他们的学术主张是怎样的？他们的学问是怎样做成和展现的？我想这得研究古代士大夫和读书人是怎样看待和讨论这些问题，他们的价值观和行为规范又是怎样的。这引起了我对朝廷承认真儒并且给予最高表彰的孔庙从祀制度、儒者对出处问题的论述和处理、理学对家庭礼仪及社区规范的作用等的一连串研究。再如，学者容易因为书籍的版本和文本的问题而被误导，产生偏颇。所以，我对重要而有影响的著作的文本及其现代刊本的句读，相当重视，见到其中的错误之处，都希望能够加以纠正，给予读者方便，并且有需要和可能时，还会略为解释致误的缘故所在，使读者增益新知。我研究传世经典《明儒学案》，纠正其坊本的错误句读，进而对此书的文本作全部整理，便是源于这个想法。

此外，还有一些课题是源于读书和研究中“方以类聚、物以群分”的习惯。在读了一定数量的同类书籍之后，或在通读某个人物的全部著作之后，往往会发现某人或某些人有一些经常性的议题或论述，这些议题和论述有的个性很强，有的共性很强，这便形成深入的个人传记研究以及同时或异代的比较研究。我从发展的角度看到个人的变化，从比较的角度看到同类的特色，本“系列”中很多思想文化史范围内的论文，其研究缘起便是这样的。

我的基本守则是：不在热闹场所争取表现，不论述他人已作研究而理据基本可取的事物，只求自己有所创新，或者能够订正前人之误、补充历来之阙，但不隐讳自己的错误，不作无根之谈，不作哗众夸张之言，不作条件尚未成熟的概论。历史论述本质上不同于媒体文章和作家的作品，不以迅速报道一时所见或披露惊世异闻为主，不以鼓动一时人心和争取读者为尚。论述着重的是根据充分可靠的资料和证据，重构情景，展示真相，客观地解释事情和现象的意义，以供读者参考。我本着这样的认识，要求自己谨慎从事。

在研究的工序上，我一般先从理解文献和文物资料下手，读通基本材料，旁及与问题相关的时地人情材料，再将这些材料依其形成或出现的先后，稍加编列，再度通读，然后形成基本的论析架构，开始撰写。在撰写过程中遇到所用材料本身出现问题，如文字形成的时间，文本的可靠性，前人的理解等，随即给予应有的考证辨明，决定作者之或真或伪，议论之可信可疑，然后据以理解古人所描写叙述的意义及其立言的原委和旨意，建立自己的观点，进行推理，阐释古人所寄寓的情思义理，导出结论，尽量做到真正的同情理解。在处理较长时段的事情和现象时，我认为没有足够的坚实个案研究，很难提出客观而周延的解释，所以我的研究都以个案为先，要在掌握一定数量的代表性个案之后，看到相同或不同的时空人情所呈现的各种状况，才做概括性的综论或定论。

总之，我的研究课题多数出于对现实的关注，对成说的质疑，对基础工作的重视。我着重基础和具有奠基意义的研究，尤其重视以文献研析为本的个案探索，而不急于成一家之言。我又因为参与教学之故，特别关心学生对专题研究是否能够看得明白，所以越是近期的文字越是相对比较浅易。知识要能普及才会有用，这个“系列”的出版，最终也是基于这个意义而来。

我出版过的文字，从前很少结集成书，直到2005年才由北京大学出版社出版《中国近世儒学实质的思辨与习学》一书，由广西师范大学出版社出版《明人著作与生平发微》一书，各收录论文13篇。不出文集的主要考虑是因为这些文字基本上是属于所谓“专家之学”，专家自会寻看，不必灾及枣梨，何况其中所考或欠周详，所论未必精当，贸然面世，于己于人都属无益。此外，我希望成书行世者是完整的研究专著。我规划过的专著课题，关于社会秩序更生的，有地方乡约制度、两广瑶族和朝廷及地方政府的关系、明太祖的治国理念及其实践情况等；关于思想文化的，有孔庙从祀制度、帝王经筵讲学制度、岭南儒学、明代前期儒学发展等；关于经典著作和文献的，有对真德秀《大学衍义》、丘濬《大学衍义补》、湛若水《圣学格物通》及黄宗羲《明儒学案》的研究，对稀见明人文集的叙录。很惭愧，因为才疏事冗，不能达到“用志不分，乃凝于神”的境界，原拟近世整体处理的课题，只能集中处理明代的，而且也还在累积个案，等待总结。求全备美的结果，极可能便是“头白可期而汗青无日”。这对个人而言其实并不重要，虽然对促进学术而言，或可另当别论。

三联书店出版的这一“系列”，出版的原动力其实来自我的研究生们。他们有的认为我的论著曾经启发过他们，而且因为很多论文只有英文原本或只刊登于境外刊物，国内同行学者和研究生多数未曾经见，如果能够在国内出版，说不定我提过的议题，做过的个案，也会引起他人注意，相关研究因而增加，学术因而有所推进云云。我虽然主张读书贵有心得，不随他人起舞，但想到能够方便学者参考，也是应有之义，所以也就同意他们的建议，由他们分工校读，编成专题论集。在英文原稿的中译上，从前我自己做的，由我重新再看；曾经2006年下半年在香港中文大学历史系开设的“中国古代及近世史专题研究：中国近世思想与制度”课程班上的同学初译和讨论过的，由陈健成君核对，然后由我详细订正甚至改写。当年参与初译的同学，有香港中文大学何伟杰、马增荣、郭锦洲、杨吟、刘勇、谢茂松，香港科技大学陈士诚，香港城市大学陈学然诸君。“系列”中《文献与书刻》取自《书法与古籍》一书第四、第五两章的文字，出自中国美术学院毕斐教授的译笔。“系列”初稿的校读，由新旧门人中山大学的洪国强、邓霆、龙伟明，香港理工大学的谭卫华、何威萱、陈冠华，香港中文大学的卢志虹、陈健成、吴兆丰、朱冶、杨吟、邓国亮、刘勇和解扬诸君分工完成。其中刘勇和解扬辛劳尤多；刘勇主导编辑，解扬联系出版，在我通读“系列”全部三校稿之前，二人又共同通读全稿，提出应予改善之处。我对他们充满感谢，希望他们的辛劳也给他们带来新的体会和领悟。

“系列”承蒙三联书店给予出版，我尤其要表示感谢。我希望这一系列的论著确能为研究中国近世尤其明代历史和文化的学者提供参考，能使我不辜负三联书店的错爱和我的学生们的热情，并借以纪念栽培和勉励我的先师们，致敬于关心和爱护我的长辈们、同情和帮助我的同学朋友们。

朱鸿林序于香港理工大学孔子学院

二〇一三年农历除夕

献给先师——

王韶生、罗香林、牟复礼（Frederick W. Mote）

刘子健、杜希德（Denis C. Twitchett）诸先生

目次

为学方案

——学案著作的性质与意义

一、引　言

以"学案"命名的著作，最初出现于16世纪后期的万历年间，从17世纪晚期黄宗羲（1610—1695）的《明儒学案》面世后开始流行，直至近年为止。[1]以我们现在所知而言，《明儒学案》之前的学案命名著作，至少也有四种。它们出现的次序是：耿定向（1524—1596）的《陆、杨二先生学案》、刘元卿（1544—1609）的《诸儒学案》、刘宗周（1578—1645）的《论语学案》以及王甡（明末清初）的《学案》。[2]《明儒学案》之后，

〔1〕近年出版的"学案"命名书籍，有几部多卷多册的编著尤其引人注意。如杨向奎主编并著的《清儒学案新编》十册（济南：齐鲁书社，1985—1994），方克立、李锦全主编的《现代新儒家学案》三册（北京：中国社会科学出版社，1995），戴逸主编的《二十世纪中华学案》十册（北京：北京图书馆出版社，1999）。方编立案的是十一位"基本上属于现代新儒家的第一代和第二代"的代表性人物（该书《内容提要》）。戴编分为综合卷、史学卷、哲学卷、文学卷四个部分，载录"对二十世纪中华文化发展做出杰出或有重大贡献的学者"（该书《简介》）四十七人学案。

〔2〕王甡，金坛人，生卒年未详，所著《学案》属乾隆金坛王氏刻《积书岩六种》之一，收入《四库全书存目丛书》子部第20册（台南县：庄严文化事业有限公司，1995），书前有桐城方苞（1668—1749）序，未署年月。序言"盖先生生明

此类著作的数量随着时代增加，其中像黄宗羲本人开始编纂而成书于全祖望（1705—1755）的《宋元学案》、唐晏（1857—1920）的《两汉三国学案》以及徐世昌（1858—1939）的《清儒学案》等，都是范围一个时代或一个朝代的巨著。其他或以一人、一地、一个学派、一种学术命名的学案著作，更是不一而足。

这些共名的著作，著作的表现形式不一，内容则除了近年所见的一些之外，都与儒学有关，主要是对儒者言行、著述的记载和评述，其次是对儒家经典的解说和诠释。涵括一代以上的著作，所显示出来的儒者面貌和儒学情况繁复多样，举凡个人的思想主张、学术特色，时代的潮流、风尚，整体学术的盛衰、深浅等等，都能有所反映。反映的范围和程度，由于作者的著书目的和选材不尽相同而不能划一，但重要著作的作者们，都对儒学的范围以及学问的授受门径两方面十分注意，甚至辩说不遗余力。

这现象关系的固然是个别作者自己的学术思想主张，其导源则是作者们对知识性质的认定和对知识形成的推理问题，实际上涉及的则是他们对其著作性质的认定和用途的期望。这是探讨学案命名著作出现和兴盛意义的一个重点。但作者的看法和做法事实上也随着时代变化，因而将所有现存的学案命名著作作全部的讨论，实非本文所能胜任。

学案命名著作的发展，以《明儒学案》的出现为地标，此

（接上页）之季世，王氏之飙流方盛，故发愤而为此也。……今其孙澍将表而出之”。《四库全书存目丛书》本附《提要》，则书此书“国朝王甡撰”，故知王甡入清尚存。按，冯煦（等）纂、民国十年刊本《金坛县志》，王甡无传，王澍传见卷九之一（《人物志·儒林二》）。据传，王澍“康熙壬辰成进士，望重词垣，书法尤冠一时”，雍正中辞官。壬辰当康熙五十一年（1712），由此逆推，王甡康熙初纪当仍生存。《金坛县志》卷一一《艺文志》著录《学案》，归入传记类，作“明王甡撰”，又注“《四库全书》附存目，《皇朝经籍志》、《积书岩六种》皆收入国朝”。按，归此书于传记类，实误；以王甡为明人，或以王未曾仕清之故。

书在体例构思上对后来的共名著作都有影响，因此它的体裁、内容、思想结构等方面，都曾为众多学者所充分论述。但此书的性质和著作用意，看来却还有深入讨论的必要。本文拟以《明儒学案》以及与之相先后的学案命名著作综合论析，探讨这些特别命名的著作在它们的历史早期时，具有什么性质和表现形式，借以了解黄宗羲等重要作者对于儒学性质的认定以及授受方法的主张。

二、“学案”的定义与体裁

讨论学案命名著作的性质所遇到的第一个问题是“学案”这个关键词的定义。此词黄宗羲没有给予解释，在他之前以及与他并世的学案作者也都没有。也许他们认为此词的意义已为学者所共知，因而无须加以界说。但这其实却对了解问题带来困难。现代学者对于名义和性质的关联问题，兴趣似乎不大，因而直到晚近，才有讨论“学案”定义的文字出现。主要的看法有两种：学术档案与学术公案。作“档案”解者，从著作的内容着眼，视学案犹如一人学术或一家学术的归类“记录”。[1]作“公案”解者，从晚明的思想文化背景着眼，视学案犹如解释禅宗公案的文字禅。[2]两解的共同认识则是，凡学案必兼备案中学者的传记、学术资料以及学案作者对该学者的学术论定。

现代学者又受了梁启超给《明儒学案》定性为学术史著作的

〔1〕 秦家懿的《明儒学案》英文选译本，即以这样了解作为翻译理据，见 Julia Ching, trans., *The Records of Ming Scholars* (Honolulu: University of Hawaii Press, 1987), “Editor’s Note”。

〔2〕 陈祖武，《中国学案史》(台北：文津出版社，1994)，页 132–137。

影响，[1]因而都视学案为一种专属学术史或学术思想史的撰述体裁。[2]这种认识有一定的道理，但从学问分类、著作意旨、著作形式等处看，学案是否便是史类著作，学案能否算是一种体裁，却都是值得疑问追究的。[3]

梁启超视《明儒学案》为史著，尽管是现代人参考了西方史学后的观念结果，[4]但衡以传统的学问分类，也自有其根据。和学术有关的传统史著，以处理所谓辨章学术、考镜源流的事情为主，重点在于述析学说的意义和学说的发展。《明儒学案》依照学派的源流分合载录明代儒者的传记和语言文字，可以算是一种广义的言行录，而言行录正是史著体裁之一。言行录的典范著作是朱熹的《名臣言行录》。此书分条载录传主的行实和言论，但所载录的言行，并不构成一个完整的传记。[5]很多学者认为是"学案"著作滥觞的朱熹编撰的《伊洛渊源录》，[6]其实也是一种特殊的"名臣言行录"，只是它给所载的人物除了条列遗事之外，传记比较完整，而且所录的人物都是构成一个学术传统的人物而

---

〔1〕 梁启超，《中国近三百年学术史》（上海：中华书局，1936），页 48。

〔2〕 讨论学案体裁的论著已有不少，主要讨论有阮芝生，《学案体裁源流初探》，台湾大学历史研究所编《史原》第 2 期（1976）；黄进兴，《学案体裁产生的思想背景》，《汉学研究》第 2 卷第 1 期（1984.6）；黄进兴，《学案体裁补论》，《食货月刊》复刊第 16 卷第 9、10 期（1987.12）；陈锦忠，《黄宗羲〈明儒学案〉著成因缘与其体例性质略探》，《东海学报》第 25 卷（1984）；陈祖武，《中国学案史》，页 146–156（尤以《明儒学案》为例）。

〔3〕 上揭陈锦忠论文对于这个问题有所讨论。陈文认为"此书实应以'理学之书'视之，或较能符合其本质，"此点本文意见与之相同。

〔4〕 Lynn A.Struve, "Huang Zongxi in Context: A Reappraisal of His Major Writings," *The Journal of Asian Studies* Vol.47, no.3（August 1988），p. 479.

〔5〕 朱熹，《五朝名臣言行录》、《三朝名臣言行录》，收入赵寒铁主编《宋史资料萃编》第一辑《宋名臣言行录五集》（台北：文海出版社，1967，影印同治七年戊辰临川桂氏重修本）。

〔6〕 陈祖武，《中国学案史》，页 27。

已。[1]朱熹这两种“相为表里”的著作，[2]实际上都以记行为主，因为所记之言，也是见于行事中之言，不是独立说理之言。

《明儒学案》在体裁上和处理的内容上，其实都与《名臣言行录》和《伊洛渊源录》不同。它的传记本身，包括了传主的行事、思想学说以及撰传者对传主的思想言行的评论，已经形成了一个完整的学者传记。它所载录的语言文字，从传记史学的角度看，只是不必要的附录；没有它，书中的传记依然意义不失；没有传记，它在书中却只是一片用意不明的话语。因此，当黄宗羲在《明儒学案》中大量载录出于传主自己的语言文字时，这些语言文字本身便应别有意涵，而它的性质也不应止于作为事实或议论根据的证据性质。这是我们质疑《明儒学案》的史著性质的起点。

在一例认定《明儒学案》为史著的见解中，我们应该注意到以下的两个明显现象。其一是，《明儒学案》的作者，此书前后的其他学案命名著作的作者，以及他们的批评者，都没有给我们留下他们视学案为史著的足够感觉。另一是，并非所有以学案命名的著作都在传统的目录分类上被认作史部著作。《四库全书》著录的学案命名著作共有六种，只有《明儒学案》被归类为史著，列入“史部传记类总录之属”。[3]此外，黄宗羲的老师刘宗周的《论语学案》属于“经部四书类”。其余四种列于存目，全部归属“子部儒家类”。它们是：万历二十四年前成书的刘元卿撰

〔1〕 朱熹，《伊洛渊源录》，收入赵寒铁主编《宋史资料萃编》第2辑（台北：文海出版社，1968）。

〔2〕 朱熹，《伊洛渊源录》书前，王德毅撰《伊洛渊源录题端》。

〔3〕 和朱熹《伊洛渊源录》、《名臣言行录》、周汝登《圣学宗传》、熊赐履《学统》等同科。

《诸儒学案》，[1] 和《明儒学案》同时代而稍前的王牲撰《学案》，[2] 黄宗羲始撰、黄百家续成的《二程学案》，以及后于黄宗羲的吴鼎撰《东莞学案》。[3] 这些著作的部类归属，决定于《四库全书》馆臣对它们的性质的判断。这是读者的识解结果，是否有当于作者的原意，还需要我们再行判断。

三、早期学案著作的意旨与性质

以下依照著作的出现次序，述析以上各书的著作意旨。《四库全书》所著录的学案著作中，最早的一种是刘元卿的《诸儒学案》。此书部分内容（所载人物与所录语言文字）与《明儒学案》相同，对于了解《明儒学案》的著作旨意尤有关系。刘元卿著书是受其师耿定向的影响所致，耿定向有单篇的《陆、杨二先生学案》，不在《四库全书》的著录范围之内，但却是我们探讨学案命名著作各种问题的重要开端，因此也要加以述析。

（一）耿定向《陆、杨二先生学案》[4]

《陆、杨二先生学案》收于耿定向《耿天台先生文集》卷

---

〔1〕 此书现存有首都图书馆、中国科学院图书馆藏明万历刻本，收入《四库全书存目丛书》子部第 12 册（台南县：庄严文化事业有限公司，1995）。书前有刘元卿自序，未署年月。序后有佚名识语一首，署万历丙申仲春。丙申当万历二十四年（1596），刘元卿卒于万历三十七年（1609），故知此书当于万历二十四年前刊刻。

〔2〕 王牲生平以及所著《学案》年代，见本文第一节脚注。

〔3〕 这些著作，和旨在驳斥王守仁《朱子晚年定论》的陈建著《学蔀通辨》、表述刘宗周之学的恽日初著《刘子节要》、发明陆九渊之学的李绂著《陆子学谱》等同科。

〔4〕 此篇见《耿天台先生文集》（台南：庄严文化事业有限公司，1997，《四库全书存目丛书》集部第 131 册影印南京图书馆藏万历二十六年刘元卿刻本）卷一三。

十三，编在该文集的“传”类，以两个传记和一个后记形式出现，主人翁是宋儒陆九渊和杨简。陆九渊传在一个简单的编年轮廓内，条列传主的行事和言论，体裁近于《名臣言行录》，但编纂的原则却不同。除了不像《名臣言行录》逐条注明出处之外，所编列的言行资料是具有高度选择性的。杨简传的体裁基本相同，只是言行资料更加集中表现了杨简与陆九渊论学得悟一事。这两篇传记首尾都不完整，载录的言行，重心都与学术方面有关，整个记叙却让传主得以说明自己的学术特色。耿定向表达的基本概念是以行见学：陆、杨之学的真相，是从其行事观察到的，也只有从其行事才能观察得到。

结尾一段交代了作文缘由，对于我们了解耿定向以“学案”命题的含义很有帮助。原文如下：

> 右陆、杨二先生学案也。人言二先生之学，其悟顿矣。乃其修证渐次若斯耶？象山教人，谆谆以切己自反、改过迁善为入路；而慈湖晚年，更以稽众、舍己从人为深省。世侈妙悟玄解而劣实修，然乎？又使承学者流，未能辨志，未能实识本心，不知所谓迁且改与夫稽且从者，果足适道否也？余郡侯怀堂先生，世传二先生之学者也，特书此以就正云。

这段话，配合陆、杨二传的内容来看，显示了耿定向的作文目的，是在纠正一种在他看来是对陆、杨之学的错误了解。世人认为陆、杨之学得于顿悟，而学者因而有“侈妙悟玄解而劣实修”的情形。这情形耿氏认为是对陆、杨学旨的误会，他从陆、杨二人的言行举出证明，显示二人之学也是渐次修证的，而其正确门径则是辨志、识本心、改过迁善和稽众舍己。

耿定向这个做法，是对一种成说的重新检讨和推翻。这样，他所用的学案一词的意义，便有着法律上的“案件”的意义。仿佛他所处理的，正是一个学术上的案件。在这个案件上，耿氏的目的是翻案，他的做法则是陈词和判断并行。他以陆、杨两家的言行作为陈情的内容，并由此引导出他的结论。这个学案的提出，有着一体二用的效用，既是立案，也是断案，而终极目的则是从而为学陆、杨者提出正确的为学门径。耿定向学出泰州，泰州学出姚江，姚江学近陆、杨，所以会认为陆、杨的学问途径是正确的学问途径。从著作用意上看，该学案本身所涉及的终极问题，是怎样获得正确学问的问题，因此“学案”的终极意义，并不止于判断某种学说本身的是非优劣，而尚在于展示做成某种学问的正确途径方法。学案有着为学方案的意思。

（二）刘元卿《诸儒学案》[1]

《诸儒学案》以耿定向《陆、杨二先生学案》为其著作的思想源泉。此书今传本全书二十五卷，每卷一人，卷端皆题作“某某先生要语”；共收宋儒十二人（周敦颐、程颢、程颐、张载、邵雍、谢良佐、杨时、罗从彦、李侗、朱熹、陆九渊、杨简），明儒十三人（薛瑄、胡居仁、陈献章、罗钦顺、王守仁、邹守益、王艮〔附朱恕、韩贞〕、王畿、欧阳德、罗洪先、胡直、罗汝芳、耿定向）；[2] 人各一传，传文一般颇长；传后载录传主的语言文字，或为成篇，或为语录，均未注明出处；传后、文后亦

〔1〕 本文所用刘元卿《诸儒学案》，为前揭《四库全书存目丛书》影印明万历刻本。

〔2〕《诸儒学案》在《四库全书》只属存目。据《提要》，《四库全书》所著录本为八卷，共载二十七人，其中金履祥、许谦二人，今传二五卷本没有。又，今传本卷一四胡居仁、卷一六罗钦顺、卷二五耿定向，亦皆有目无文。

都没有刘元卿自作的评论。

各家传记，或出于刘氏尊师之故，凡耿定向曾有撰作的，均连带耿氏评论予以抄载；《陆、杨二先生学案》之外，薛瑄、陈献章、王守仁、王艮（附朱恕、韩贞）、邹守益、罗洪先各人传记皆是；胡直传记，也以耿氏所作胡氏墓志铭为参考。[1]各家“要语”则为刘元卿自己所选辑。选辑的准则刘氏没有交代，但从下文的述析可见，他继承师说而扩大之的做法是明显的。

刘元卿的著书意旨，在《诸儒学案·序》说得很清楚；[2]从中所见的“学案”意思，也相当明白。照刘元卿的看法，孔孟圣人之学，都是性学，但都不在性字上多作演绎。孔子“以学而时习为尽性”，孟子以“尽其心者为知性”，述及的只是学习和尽心（即扩充四端之心），都是不待多言的身体力行之学。这个学旨却被后来学孔孟的儒者所溺没不显。后儒以见闻言性，只用言语识见来做性的形容解释，因此所说都有穷尽而不得不因时而变。不管是周敦颐的主静，抑或是程颢的识仁、张载的定性、程颐的涵养、陆九渊的自求本心（有偏枯的流弊）、朱熹的穷理（有支离的流弊），都是一样的因应变化结果。儒学的演进只是这样不断一兴一替的内部斗争（“穴中之斗”）；目前虽然是“冥契于内”者胜，但难保将来不是“更索之于外”者胜。只要是流于言语意见，缺乏实践，便都无法做到孔孟遗教所示的学问。此序的结尾，便是从解决问题的立场，来说明著书的缘故。关键的文字如下：

---

〔1〕 耿定向所作薛瑄、陈献章、王守仁、王艮、邹守益、罗洪先各人传记，见《耿天台先生文集》卷一三、一四，胡直墓志铭见卷一二。

〔2〕 这篇序文，冠于今传本《诸儒学案》书前，也载于刘元卿文集《刘聘君全集》（台南县：庄严文化事业有限公司，1997，《四库全书存目丛书》集部第 154 册影印咸丰二年重刻本）卷四。本文以下引录此序，不复出注。

然则是穴中之斗终无已时耶？乃今而知孔孟之学之大也乎？夫不必言性，不必不言性，言外未尝非内，即言内亦未尝非外，斯或圣与儒之所由歧者耶？虽然，诸儒固求曙于圣路者，世无孔孟，将安取衡，吾姑为数先生具案云尔。若夫判断圣、儒，令予之积惑且汰也，今虽老，犹庶几旦莫遇之焉。

刘元卿认为，儒学的内部斗争是可以结束的。方法是：提出圣人的学问方法，然后为那些“求曙于圣路”的儒者“具案”——备载他们的求学方案——让学者自己去判断谁人学的是圣人之学，谁人学的只是儒者之学，从而学习值得学习的。他所具的“案”的具体内容，便是书中所载的各家“要语”。这样，作学案的目的，便是透过儒者自己的语言文字来表示他们的为学方案，从而让学者选择自己认为好的为学方案。学者既然可以但从语言文字作判断选择，遵从到底的一师传承，便成了不必要的为学方法。

刘元卿这里表现了一种中立的学问态度，所以此书只“具案”而不作所录诸儒谁为“圣”谁为“儒”的判断，没有他自己的评论见于书中。但这其实只是表象。实际上，他是认为某些明儒所学的才是圣人之学，宋儒所学的只是儒者之学。这个意思他在本书表达得比较委婉，但在两篇与此书旨意有关的文字中，却说得十分明显。其中《宋儒传略序》一篇，是为《诸儒学案》的宋代部分的另书而作的，可以发明《诸儒学案》的隐藏意旨：

予尝侍耿先生，先生语予曰：“宋儒之学精深，然而有穷尽；孔孟之学粗浅，然而无穷尽。”予问曰：“宋儒求为孔孟者，乃与孔孟异乎？”先生曰：“其所择术微异耳。譬诸灯，置之案下则光近，置诸案上则光远，悬而置诸堂之中则益远，又传而为众灯，则相续无穷。非灯有近远，所操异也。”予聆已，作而叹曰：“宋儒篝灯者也，尧舜悬灯者也，孔子其传灯者乎？斯孟氏所以贤孔子于尧舜，而发慎术之说。盖自是而后知有儒圣之辨。间读宋儒书，虽《定性》、《识仁》等章，世所推为妙论者，心然之而不尽然，以其未离于见，而未若孔孟之不远于人也。未离于见，则深而易穷，不远于人，则显而无尽。然则乃知耿先生之于道，深乎深乎。虽然，宋儒固亦求明孔子之道而未至者，然其人往往泰山乔岳，有所见于世，即推之一郡一邑，无不为名吏，视近世号为儒绅而疏脱迂腐，何啻霄渊。故予既辑《学案》，复约取其事行，为《宋儒传略》……传略止于象山门人（杨简）。”[1]

这段文字有着检讨宋贤理学成就的重大意义，由此可见，《诸儒学案》虽然为宋儒“具案”，却没有表示学者非师从宋儒不可之意。刘元卿重明轻宋的认识，在另一篇的《昭代儒宗辑略序》中同样有所表明。《昭代儒宗辑略》为耿定向所辑，收录耿氏所作王守仁、邹守益、王艮、罗洪先四人传记，从书名可见，耿氏认为这四人才是明代儒学的宗师。刘元卿当然同意，并且在序文开头便作说明：

往宋学分裂，承传日舛，析文辨句于训诂之间，陈新会独从静中得之，斯亦天启矣。然以其初入理界，心与事犹然二之也。余姚出而提掇良知之旨，豁然如日中天。维时邹文庄、王汝止见而知之，罗文恭闻而知之。……孟子言性善，

〔1〕 刘元卿，《宋儒传略序》，《刘聘君全集》卷四，页73。

则言择术；术不择，性不可得善也。……甚哉，择术之急也。耿先生于此，盖数数致意矣。吾故以为，四先生之后，不可无耿先生。[1]

刘元卿以王学为得儒学正宗之意，至此可谓昭然若揭。所以《四库提要》评《诸儒学案》所辑语录，说“其学本出于姚江，程朱一派，特择其近于陆氏者存之耳”，[2]是正确的。更重要的是，以上这两段文字正显示了“学案”并不以传记为其著作的唯一意义；它的真正关心点是“择术”的学问方法问题，它的终极意旨在于提示为学的方案。

（三）刘宗周《论语学案》[3]

《论语学案》是部逐条阐释《论语》本文的说经之作，同时解释《论语》所记言语事情的意思和发明所记的义理。照所阐释的内容看，此书所用的“学案”意思，是作者以所学对《论语》的意义加以判断、检验、验证之意。（在若干章中，刘氏有以此案彼，以己心推断，以此事作为参照依据而使另一事意义明白的表现。[4]）《四库全书》依照《明史·艺文志》将“四书”归类经部的成例，将它归入经部著作。[5]说经之作透过文字注释，帮助读者了解经书正义，注释本身原则上只有“说明”作用，经注

---

〔1〕刘元卿，《昭代儒宗辑略序》，《刘聘君全集》卷四，页69。

〔2〕此书《四库提要》除附载于此本书末的之外，见于《钦定四库全书总目》（台北：艺文印书馆，1974）卷九六，页25。

〔3〕本文所据《论语学案》，用“中研院”中国文哲研究所筹备处整理出版之《刘宗周全集》（台北，1996）所载本。《论语学案》共四卷，载《全集》第一册。

〔4〕例如，《刘宗周全集》第1册，页512，“季康子患盗，问于孔子”章；页529，“子曰：不得中行而与之，必也狂狷乎”章；页587，“师冕见，及阶”章。

〔5〕《四书类一》序，《钦定四库全书总目》卷三五，页1。

读者的求知对象，最终是经文而非注文。在这个意义上，将《论语学案》归入经部，并无不妥。但正如《四库提要》所说，“此书直行已见，其论不无纯驳，然要皆抒所实得，非剽窃释氏以说儒书，自矜为无上义谛者也。”又有借解说而“针砭良知之末流”之处。[1]可见此书在发明方面，还有借阐释以立说的子书意味。经部著作与子部著作两者的关系，有时难以截然分别。《论语学案》实际上阐发义理的分量远较解释文意的分量多；可以说，它的子书意味重于经注意味。

（四）王甡《学案》[2]

此书现行本书前有方苞序（未署年月），应王甡之孙王澍之请而作。据序，此书应作于明末或清初，但原来的内容与现行本的内容存在差异。现行本内容，如《四库提要》所说：“是编大旨主于救姚江末流之失。首录“四书”之文，列为孔子、颜子、曾子、子思、孟子学案，即继以朱子《白鹿洞规》，次以程端蒙、董铢《学则》，而终以朱子《敬斋箴》。盖因饶鲁之书而为之，其“四书”及《敬斋箴》则甡所加也。”[3]方苞序则说：“良常王无量先生辑《学案》，以《白鹿洞规》为宗，而溯源于洙泗，下逮饶仲元、真西山所定之条目，以及高、顾东林之会约。盖先生生明之季世，王氏之飙流方盛，故发奋而为此也。”现行本没有方苞所提及的东林会约；至于他所说的饶鲁、真德秀所定条目，指的

---

〔1〕《论语学案》条，《钦定四库全书总目》卷三六，页20。按，《四库提要》注此书为十卷本。

〔2〕本文所用王甡《学案》版本，为《四库全书存目丛书》影印乾隆金坛王氏刻《积书岩六种》之一。

〔3〕此书《四库提要》除附载于此本书末的之外，见于《钦定四库全书总目》卷九七，页9。

应该便是现行本中的程端蒙、董铢《学则》。

此书于“四书”只选录孔子、颜子、曾子、子思、孟子之言（示为圣人之学），朱子《白鹿洞规》（作为大学之教），以及程端蒙、董铢《学则》（作为小学之教）。每条原文之下，[1]载录解释阐说与条规细节，作为充实；这些内容，似即取材于饶鲁、真德秀之说。很明显，此书所说之“学”，指的是儒学、道学、理学，亦即学至圣人之学。此书的内容，便是圣贤教人和学者为学的步骤及其具体内容；这在教者而言便是教案，在学者而言便是“学案”。这里“案”字的意思，就是“方案”，和见于耿定向、刘元卿两书的相同，而且更为明显。王甡的立说宗旨也很清楚：只有遵照此书所示的为学次序、条目（方案），才能成就学至圣人之学。

（五）黄宗羲、黄百家《二程学案》[2]

此书内容大致和今日见于《宋元学案》的《明道学案》和《伊川学案》一样。《四库提要》论此书撰作缘故说：“是编以二程造德各殊，因辑二程语录及先儒议论二程者，各为一卷。”[3]整体的编纂形式和《明儒学案》的评传接以语录形式不同。完整的传记与遗事以及诸家议论的逐条编列，类似《伊洛渊源录》。传后所引原文之下，多有撰者评语案语，则为《渊源录》、《明儒学案》等书所无。

这样的结构显示，“案”字的意思，实兼备立案与判案二义。二程的语言文字以及诸家评述，都作断案的证据用，构思上和耿定向的《陆、杨二先生学案》基本相同。案件的判词，也

---

〔1〕按，《白鹿洞规》分五教之目、为学之序、修身之要、接物之要，《学则》条目凡一八。

〔2〕《二程学案》未见单行传本，本文参考《宋元学案》（北京：中华书局，1986）卷一三至一六，《明道学案》上下、《伊川学案》上下。

〔3〕《二程学案》条，《钦定四库全书总目》卷九七，页15。

便是撰者的立说内容。黄宗羲这里所立之说，就是论证二程之学宗旨有别，而“朱子得力于伊川，故于明道之学，未必尽其传也”；[1]“两程子接人之异，学者不可以不致审焉”[2]等等。

（六）吴鼎《东莞学案》

此书为驳斥陈建的《学蔀通辨》而作，陈建的《学蔀通辨》则为驳斥王守仁的《朱子晚年定论》而作。王守仁排列朱子论学书信，得出朱子与陆九渊在学术思想上是早异晚同的结论。陈建将朱子书信的年代详细考订，得出朱陆早同晚异的相反结论，并且措辞激烈地指控陆学为禅学。吴鼎不以为然，“因条列其说，为之诘难”。[3]这里的“学案”意思，是对一种成说加以检验和推翻，含有诉讼上的陈词和判断的意义，因此虽然有考证年代、建立关系的史学工作，却不算是以记叙为事的史部之作。王守仁的《朱子晚年定论》本来便是立说之作，陈建和吴鼎皆因其论而著书，以一说驳一说，所以也都是立说之事。[4]

以上述析的这些学案命名著作，在《四库全书》的分类中，除了刘宗周的说经之作《论语学案》外，都属“子部儒家类”书籍。但正如上文所论，刘氏此书也大部分有子书性质。耿定向的《陆、杨二先生学案》，也可以比照黄宗羲《二程学案》之例，视为子书。这样，学案类著作属于子书是通则，《明儒学案》归入

---

〔1〕 全祖望等，《明道学案》上，《宋元学案》卷一三，页542。

〔2〕 全祖望等，《伊川学案》下，《宋元学案》卷一六，页652。

〔3〕 《东莞学案》条，《钦定四库全书总目》卷九八，页21。按，《钦定四库全书总目》卷一〇，页28，有吴鼎撰《易例举要》条；据提要，吴鼎，金匮人，乾隆十六年（1751）荐举经学，授国子监司业。

〔4〕 李绂所著的《朱子晚年全论》，也是同样性质之作。该书雍正十年（1732）李绂自序，近有中华书局点校本（北京，2000）。《四库》提要见《钦定四库全书总目》卷九八，页8。

“史部传记类”实属例外。

子部著作和史部著作的性质不同，甚为明显，分别在于彼此的著作旨意。子书以立说为旨，[1]史书以记叙为旨。子书以主观有我为尚，即使载录客观事情，也只当作立说工具，无非用以证明主观所在之为合理。史书以客观无我为尚，虽然选材不免主观，而且史家也会希望所著属于一家之言，但内容所欲表达的，则是客观之事，即使记载他人主观之言，也无碍于史实本身之为客观。

这个著作性质的分辨原则，《四库全书》馆臣是明白而且基本上遵守的。这从《四库全书》对朱子两本与理学有关的重要著作的分类可见。朱子和吕祖谦选取北宋周、张、二程的语言文字，分类编成《近思录》，作为让学者进入理学领域的读本或教科书，从而也给理学划定了基本的范围、提示了基本的概念。[2]此书是一种“记言”之作。记言之作可以属于史部，也可以属于子部。当所记之言是因具体事情而发时，它属于史部，像《国语》的“记言”便是。当所记之言是只与理论有关时，它便属于子部的“立说”之作。《四库全书》馆臣视《近思录》为立说之作，所以将它归入“子部儒家类”。[3]《近思录》有双重理由作为子书。首先，它是根据朱子和吕祖谦的主观认识而成编的，是编纂者的立说反映。更重要的是，它的内容是自成一说的性理之学。

相反，朱子编的《伊洛渊源录》，则归属于“史部传记类”。[4]此书以传记资料的体例，陈述理学完成过程中的人物面

---

〔1〕《子部总叙》,《钦定四库全书总目》卷九一，页1。

〔2〕参看朱熹、吕祖谦各自的《近思录后序》。两序注本，见陈荣捷，《近思录详注集评》(台北：台湾学生书局，1992)，页575–578。

〔3〕《近思录》条,《钦定四库全书总目》卷九二，页20。

〔4〕《伊洛渊源录》条,《钦定四库全书总目》卷九七，页29。

相，载的都是形成学派的大师及其门人的言行，旨在以言行反映学问。在朱子的意度里，此书是用来印证《近思录》的可靠性的；也如评论者所指出，此书的撰著也是一种建构学派的事情。[1]但客观上，由于它记载的是行事，所记之言也只是和某人的行实有关之言，所以只能是止于记叙的传记史著。

以上这些“子部儒家类”学案著作，立案为的就是立说；陈词、辨证以至断案、翻案的内容，就是所立之说。其中刘元卿的《诸儒学案》和耿定向的《陆、杨二先生学案》，还具有为学方案的深层意旨。《明儒学案》在体例上和《诸儒学案》最为接近，性质理应不会相差太远。黄宗羲曾将应该属于《明儒学案》部分的《蕺山学案》请汤斌（1627—1687）作序，打算单行出版，用以表现蕺山的一家之学。[2]从内容上看，这个学案当然也只能算是一种子书而不能视作史书。

《四库全书》将《二程学案》和《明儒学案》分归不同部类，正反映了馆臣在分类上的深思，也为我们认识学案的性质提示了另一入处。将《二程学案》与《宋元学案》加以比照，[3]便可看到这样的处理法则：著作形式和意旨一样的学案，个别出现时则视为立说的子书；不管它的表达是经由叙述、辨证、考订、论辩等等，它的目的都在于说理。集体出现时则变成记叙的史书。这看来是矛盾的，但却不是没有理由可说。我们可以这样理解馆臣

〔1〕 此意据周中孚《郑堂读书记》卷二三。周氏所说，王德毅《伊洛渊源录题端》已经引载，见前揭《伊洛渊源录》书首。

〔2〕 此事相关讨论，见陈祖武，《中国学案史》，页124–125。陈先生认为《蕺山学案》是《明儒学案》的本来名称。拙见则以为，《蕺山学案》是《明儒学案》的重要部分，《明儒学案》篇幅太大，未易刊行，黄宗羲拟为《蕺山学案》先刊单行，以表其师之学，亦以见《明儒学案》内容价值之一斑，故有请汤斌作序之事。

〔3〕《宋元学案》如入《四库全书》，将被视作《明儒学案》同科，殆可断言。

决定将《明儒学案》归入“史部传记类总录之属”的思路：此书所载的诸儒语言文字，在意义上只属说明传主的资料，只是作为传主的学说宗旨的证据，没有其他重要的意义，而传主的学说宗旨已经见于言行并载的传记之中。此书的价值在于所载的传记，所以应属史部著作。况且，当多个学案（传记）集体成编时，系统性的学派脉络和发展性的学说传承也得以交互参见，这样把它视作足以显示过程的历史之书，也算理所当然。《四库全书》的实际分类显示，在两可的情形下，学案的性质归属，主要取决于（馆臣所判断的）作者的著书意旨。

四、《明儒学案》的“学案”意义

《四库全书》馆臣看重《明儒学案》所载分属不同学派的儒者传记，定此书为史部著作，而以学术门户之争来定此书的结构原理以及解释黄宗羲的议论意涵。[1]但这是黄宗羲的著书之意吗？黄宗羲的其他读者的看法又是怎样的？我们可以先从《明儒学案》的两篇自《序》和《发凡》探讨。[2]这两篇序文有共同

---

〔1〕《明儒学案》条，《钦定四库全书总目》卷五八，页20。

〔2〕康熙三十二年贾氏紫筠斋初刊《明儒学案》（内容实为节本），黄宗羲病中为之作序（原序），其后病愈，又再改作序文（改本）。这两篇序分别收入黄宗羲《南雷文定》四集和五集。改本序载于紫筠斋初刊《明儒学案》，也载于乾隆四年（1739）慈溪郑氏二老阁刊的足本《明儒学案》，并且是这两个不同版本的唯一序文。雍正十三年（1735）紫筠斋重印《明儒学案》本，加录原序，并将二序的原来文字增删改动，导致一些地方出现乖违黄氏原意的情形。重印紫筠斋刊本为后来道光元年（1821）莫晋刊本以及近代多种排印断句本所据，因此读者所见的黄宗羲序文，都不是黄氏的充分原文。本文所讨论的两篇序文，见沈善洪主编《黄宗羲全集》（杭州：浙江古籍出版社，1992）第10册，页73–76。有关这两篇序文的出现及其文本的改动情形的说明，可以参看吴光的相关讨论。见吴光，《明儒学案考》，载沈善洪主编，《黄宗羲全集》第8册（《明儒学案》），页1010–1015。

的强调之处，也有文字上和意义上的差异之处。第一篇作于黄氏大病危殆之中，意思不及好转后改作的完整和清晰，但所说却代表黄氏第一时间意识中最关心的事情。黄宗羲在两篇序文中，同样表达了反对当时“好同恶异”、“必欲出于一途”的“黄茅白苇”式学风，因为这样风气下的学术是没有发展余地的，只会使人“执定成局，终是受用不得”。与此相反，他强调了殊途同归、百川汇海式的为学方法。这个方法的精神，便是将那些“浅深各得，醇疵互见，要皆功力所至，竭其心之万殊而后成家”的明儒，“分源别流，使其宗旨历然”，“以著于篇，听学者从而自择”。他用“中衢之樽”来比喻《明儒学案》的用处。学者对于此书所载的语言文字，可以随意汲取，都会有益，正如中衢有樽，但“持瓦瓯樿杓而往，无不满腹而去者”。《明儒学案》就像一个内容丰富的学问库藏，用另一种说法，它是一本有用的读本。

两篇序文都引载汤斌对此书的评语：“《学案》宗旨杂越，苟善读之，未始非一贯也。”改本序又引了陈锡嘏（介眉，1634—1687）的评语说：“《学案》如《王会图》，洞心骇目，始见天王之大，总括宇宙。”这些评语形容的是，此书博而能约，本身自有宗旨，不是杂烩而是自成的一家之言。

两篇序文最大的不同处是，改本序一点也不提及原本序中所说的恽日初（仲昇，1602—1679）著《刘子节要》的事情。恽日初是刘门高弟，康熙八年到越中，“仿《近思录》例，分类辑录”刘宗周的众多著作，[1]成为一本完整的读本，使刘氏的学问公诸于世。黄宗羲在序中批评恽氏，“于殊途百虑之学，尚有成局之未化也”，执朱子之说来衡量刘氏独到的诚意之学，见不到刘氏的宗旨，发明不了刘氏，因而不肯应邀为《刘子节要》作序。黄

〔1〕《刘子节要》条，《钦定四库全书总目》卷九六，页36。

宗羲说他自己的《明儒学案》则不同，“间有发明，一本之先师，非敢有所增损其间”。黄宗羲在原本序中用了三分之一篇幅说这件事情，透露了包括刘宗周学案在内的《明儒学案》之作，很大程度上是受到恽日初撰《刘子节要》的刺激而致的。

这件事情在改本序中不再提及，意义更大。主要原因看来与黄宗羲强调学者的治学途径应该出于“自择”有关。黄宗羲虽然必以刘氏之学为圣学无疑，但在意念上却不想以“宗派”的立场表明此点。[1] 正如宇宙是理一分殊的，为学只要学的相同，何妨门径各异，因此自由选择，不主一家，才是合理的。过分强调宗派传承的学术作用，和“学案”的著作意义是相违背的。这个意思在《发凡》里见到申明。[2]

《发凡》的第一条批评周汝登（1547—1629）《圣学宗传》和孙奇逢（1585—1675）《理学宗传》这两部载录“诸儒之说颇备”的“理学之书”，作为自己著书的外缘理据。黄宗羲认为，这两部《宗传》同有混杂之失。周氏由于过分主观，以自己含有禅学的宗旨，模糊了他人自有的学问宗旨。孙氏由于缺乏甄别，未能足够辨析他人的学说要领。周、孙二家又还有文献未备、闻见不足的缺憾。他相信，“学者观羲是书，而后知两家之疏略”。我们要注意的则是，黄宗羲作这样的比较时，他不啻已视《明儒学案》和这两部《宗传》为同类著作了，他的著作因此也是“理学之书”。他没有说的则是，两部《宗传》的纂述原则和它们所陈示的为学方法，都是宗统式传承思想的表现，和他自己所主张的

〔1〕 按，刘宗周著有《皇明道统录》，其书虽未传，但对黄宗羲撰《明儒学案》大有影响，这点学者多已指出。《明儒学案》书前的《师说》，便是刘宗周书中对明代诸儒学问成就的评论。黄宗羲受刘氏影响著书而不以“道统录”之类命名，可见宗旨与刘氏毕竟有别。

〔2〕 《明儒学案·发凡》文字，各种版本所见相同。

学问方法殊不相同。

这两部《宗传》的基本结构和《明儒学案》大致一样，都是传记附以语录，加上撰者自作的评论。[1]周氏《圣学宗传》在《四库全书》的分类上，也和《明儒学案》一样，属于“史部传记类总录之属”。[2]孙氏的《理学宗传》，《四库全书》没有著录，但它的另一版本，由漆士昌补上孙奇逢传记和孙氏语言文字的《理学传心纂要》，却著录在“子部儒家”存目书内，[3]和刘元卿的《诸儒学案》等书同属一类。《四库全书》给周氏、孙氏这两部同类著作不同分类，原因看来和我们上文论述各部学案著作的不同分类相同，都是决定于馆臣所认识的各书著作意旨。周氏《圣学宗传》的分类也是属于“两可”的，但馆臣对于它的著作意旨并未深究，正如他们未曾深究《明儒学案》的著作意旨一样。

《发凡》第六条所说，与此书的选材性质和预期读者有关。黄宗羲解释此书独特的立传和选材理由说：“学问之道，以各人自用得着者为真。……此编所列，有一偏之见，有相反之论，学者于其不同处，正宜着眼理会，所谓一本而万殊也。以水济水，岂是学问。”由此可见，此书的预期读者是从事为己之学的“学者”，不是倚傍门户的“流俗之士”，也不是依样葫芦的“经生”之辈，因而此书所载的资料的性质，也不是分别宗派和高低门户的依据，而是提供学者“各人自用得着”的参考。这些材料之所以内容不一，正是因为此书的目的并不在于指示一个一脉相传的宗统式教法。

---

〔1〕 有关周汝登《圣学宗传》与孙发奇逢《理学宗传》的相关讨论，参看陈祖武，《中国学案史》，页55–109。

〔2〕《圣学宗传》条，《钦定四库全书总目》卷六二，页9。

〔3〕《理学传心纂要》条，《钦定四库全书总目》卷九七，页5。

这些材料，正如《发凡》第七条所说，是给学者深造自得的。黄宗羲郑重其词说：“古人之于学问，其不轻授如此，盖欲其自得之也。即释氏亦最忌道破，人便作光景玩弄耳。此书未免风光狼藉，学者徒增见解，不作切实工夫，则羲反以此书得罪于天下后世矣。”这样便再清楚不过，此书的目的断不止于、也基本不在于分别源流，提揭宗旨。分别源流和提揭宗旨，只是帮助学者入门、学一家而能知一家的要旨何在而已。此书真正的意旨，是在学术源流和学说宗旨都清楚具备的情况下，提供学者一个“前代之所不及”的明儒理学读本，作为自修的工具。在这个意义上，书中所载的语言文字，用途上确和禅宗的话头一样，学者需要参它，才能有悟有得。也是在这个意义上，“学案”才有一定的“公案”意思。

事实上，两篇序文和《发凡》都没有谈及《明儒学案》的儒学“史”的意思。“道统”、“正宗”、“宗统”之类与传授历史有关的词语，也没有出现过。序文和《发凡》谈的，主要都是学者求取学问的方法问题。就是《发凡》第五条交代此书分案的原因时，也是一样：“儒者之学，不同释氏之五宗，必要贯串到青原、南岳。夫子既焉不学，濂溪无待而兴，象山不闻所受。然其间程、朱之至何、王、金、许，数百年之后，犹用高曾之规矩，非如释氏之附会源流而已。故此编以有所授受者，分为各案；其特起者、后之学者不甚著者，总列诸儒之案。”这便解释了，何以可以“断代”方式而不必以必备前代的“宗传”方式来求取真正的儒学。儒学是可以从“有所授受”的学派传承而获得的，也可以由于个人的自得而获得的，“特起者”尤其如此。所以可以设立有流派的学案，也应该设立独立儒者的学案，重点是要展示实际的“规矩”而不是“附会（的）源流”。这里用的“案”字意义，是分档、分部之意，有明显的分类意涵。

综上论析可见，照黄宗羲自己所说，《明儒学案》是给学者提供入门方法和研究资料的。这资料本身便是明代先儒的不同为学方案的表现；这些方案出现在《明儒学案》这个读本时，它们的意义便是作为学者的为学方案。从著作的意旨看，此书的性质是子书而非史书。

黄宗羲《明儒学案》的著作意旨，从此书所获的评论也可见一斑。所有清代中期以前的《明儒学案》序跋，都没有视它为史学作品的意思。批评它的文字，也是把它当作具有子书性质的作品来说。这从下面选录的几家有代表性的文字可见。

（1）**《明儒学案》首次刊行者贾润康熙三十年（1691）序：**

> 此后学之津梁，……自有此书，而支分派别，条理粲然。其于诸儒也，……论不主于一家，要使人人尽见其生平而后已。学者诚究心此书，一披览间，即有以得诸家之精蕴，而所由以入德之方，亦不外是。其间或纯或驳，则在学者精择之而已。[1]

（2）**黄宗羲门人仇兆鳌康熙三十二年（1693）序：**

> 吾师梨洲先生纂辑是书，寻源溯流，别统分支，秩乎有条而不紊。于叙传之后，备载语录，各记其所得力，绝不执己意为去取，盖以俟后世之公论焉尔。[2]

（3）**理学名臣于成龙之子于准康熙四十六年（1707）序：**

> 〔是书〕见夫源流支派，各析师承，得失异同，了如指

〔1〕 雍正十三年重印紫筠斋刊本《明儒学案》卷首。按，此序二老阁本及莫晋本均不载，但收入于中华书局点校本（北京，1985）。
〔2〕 雍正十三年重印紫筠斋刊本《明儒学案》卷首。

掌，复录其语言文字，备后学讨论，洵斯道之宝山，而学人之津筏也。[1]

这几篇重要的序文同样着重指出，《明儒学案》此书所列的学派源流清楚明白，所选载的语录客观精到，能够在得失明见的情况下，让学者得到适当的从学门径和有用的学习资料，同时具备宝山和津筏的用途，既是目的之地，也是到达目的地的交通工具。这样便正如上文所说的，此书选录的各家语言文字，其用途实不止于作为辨别学术源流的根据，而更重要的是作为从学的依据。

贾润之子贾朴，康熙三十二年作此书跋文，也从另一个角度反映了《明儒学案》被作为子书认识的情形。贾朴说，其父指《性理〔大全〕》、《皇极经世》、《近思录》等书示之曰："此圣贤心脉，后学津梁也。……梨洲先生于斯道，其功巨，其心苦矣。学者诚体验于此，其于圣人之道，庶有得焉。如欲游溟渤者，历江、汉，涉淮、泗，虽所阅之途各殊，而溯之不已，终归于海无疑也。"[2]这样的比拟，显示贾氏认为《明儒学案》也和《性理大全》、《近思录》等子书一样，都是教人为学的书籍，充当一种指南的作用，但同时也是一个目的地，一个有分明途径可达的学海（或如于准说的，一座有分明途径可达的学山）。

正因为《明儒学案》所给示的是种种的为学方案，而每个方案都是一种旨在教人的"立说"，所以对于主张学定于一尊的学者而言，便成为类似异端而非加批评不可的对象。唐鉴（1778—1861）这位尊朱学者就是一个例子。唐氏在所著《国朝学案小

〔1〕 雍正十三年重印紫筠斋刊本《明儒学案》卷首。

〔2〕 同上。

识》（卷十二《经学学案·余姚黄先生》）对黄宗羲的《学案》抨击说：

> 又辑有《宋儒学案》、《元儒学案》、《明儒学案》，数百年来，醇者、驳者、是者、非者、正者、偏者，合并于此三编中。学者喜其采之广而言之辨，以为天下之虚无怪诞，无非是学，而不知千古学术之统纪，由是而乱，后世人心之害陷，由是而益深也。孔子曰："攻乎异端，斯害也已。"孟子曰："生于其心，害于其事，发于其事，害于其政。"是言岂欺我哉？……（指其不辨别处曰）先生亦学道者也，曾不一为之思乎？（以下又特别批评其"乱朱子之道"之处。）[1]

唐鉴抨击的是黄宗羲在儒学门径上不立一宗、不定一尊的教法，但也正反映了《明儒学案》是一部宗旨厘然的立说之作。[2]

五、"学案"观念与获学之道

综上对各种早期以学案命名的著作的论析可见，"学案"的"学"字指的都是儒学。"案"字则有如下的几个不同意义：（1）管理意义上的档案（从分类立卷，归档保存，作备案、立案、具案意义看）；（2）思考意义上的公案（从用作参悟、参证的语言文字看）；（3）法律意义上的案件（从陈词、判案、断案、翻案

---

〔1〕 唐鉴，《清学案小识》（上海：商务印书馆，1936），页 401–402。

〔2〕《明儒学案》有亦史亦子的表现（参考上引 Lynn Struve 文），但这与黄宗羲的著书旨意是不同的事情。黄宗羲在《明儒学案》书中的立说情形，可参考刘述先《黄宗羲心学的定位》（台北：允晨文化实业股份有限公司，1986）一书中的相关讨论。

等用意看）；（4）学习意义上的方案（从行动指南的读本意义看）。这些不同意义都有一个“个案”的共同意义——学案与学案之间，是同中有异的独立个体。

“学案”在最早以之名书的耿定向和刘元卿师徒的用法中，有这样的几个特色：（1）学案以表述儒者的学术门径为主要内容，旨在为学者提供为学方案。（2）学案作者只载录儒者的语言文字以见其为学情状，不为学者作选择判断，而让学者自作判断选择。（3）学案作者实际上从选材上作了判断，有意识地引导读者的信向。（4）学案是透过别具意义的资料陈示来体现作者的思想主张的一种立说之作。（5）学案作者的基本学术态度是开放而不是专断的。成就和影响最大的《明儒学案》同样具备耿、刘二氏所作《学案》的各种特色，因而在分类上它也应该像此二书一样，属于子部著作。

《明儒学案》在性质上和在著作意旨上，和黄宗羲所着意批评的周汝登撰《圣学宗传》及孙奇逢撰《理学宗传》一样，都是一种儒学读本或教科书。但它的整体结构和命名，却透露了一种异于周、孙二家所代表的学问方法的深刻观念。什么才是真儒学和怎样才是正确的为学方法的认识，是黄宗羲和他们的最大不同之处。

两部《宗传》的命名和结构，让周汝登和孙奇逢在这两个问题上的意思不言而喻。在他们看来，儒学是像祖孙血统般一脉相承的，唯有得到真传，才能得到真的学问。[1]有了这样的授受原则，认定正确的宗主是必要的，认定正统亦即正宗的承传也是必

〔1〕 这种血脉相承式的学术真传观念，弥漫于这两本著作的各篇序跋。万历三十三年（1605）王世韬等刻《圣学宗传》（上海：上海古籍出版社，1995，《续修四库全书》第513册影印复旦大学图书馆藏明万历三十三年王世韬等刻本），有万历三十四年邹元标序，无年月陶望龄序，万历三十四年余懋孳后序。康熙六年（1667）张沐、程启朱刻《理学宗传》（上海：上海古籍出版社，1995，《续修四库全书》第514册影印南京图书馆藏清康熙六年张沐、程启朱刻本），有康熙五年汤斌序、张沐序、孙奇逢序，康熙六年程启朱跋。

要的，为的便是保证真而不讹、纯而不杂。但这个纯正血统式的观念的必然结果，便是保守、专断和狭隘的求学之道，其流弊便是无可避免的门派性学术斗争。

黄宗羲的观念与此不同。他用的比喻，不是《宗传》所用的传心、传灯之类的禅宗影像，[1]而是河海一体的交通网络。只要能够汇通于海的，都是有效的途径；概念上没有主流和支流之分。所以，尽管他心有所属，相信姚江之学和蕺山之学才是圣学，王守仁和刘宗周的讲学语言文字才是学者有用的为"学"方"案"，他自己却更相信真相比较下的自由选择的胜义。这不妨说是他的信心表现。

"学案"与"宗传"有着这样的基本差异：宗传有指定遵从之意。谁人为祖为宗，虽然在《宗传》的作者而言，也是从儒学的整个发展史考订认定后的结果，但在学者而言，已无选择余地。学案则以独立的个案并陈，学者可就其性向，自作适合有用的选择。学案以先儒成学之方案为后学从学之方案，通代的《学案》(如《明儒学案》)，学者虽或只从一家，但其余的各家还可作为参证之案。《宗传》唯正宗是载，原则上便不能有同样的功能（虽然《理学宗传》稍为具备）。[2]

---

〔1〕《圣学宗传》陶望龄序有"以心传心"等语；《理学宗传》程启朱跋有"灯灯相照"等语。

〔2〕这点从《理学宗传》的结构和《义例》所说明显可见。《义例》第三条："是编有主有辅，有内有外。十一子，其主也；儒之考，其辅也。十一子与诸子，其内也；补遗诸子，其外也。补遗诸子皆贤，乌忍外？尝思墨子固当世之贤大夫也，曾推与孔子并，何尝无父？盖为著《兼爱》一篇，其流弊必至于无父，故孟子昌言辟之。愚敢于补遗诸公，效此忠告。"孙奇逢所指为此书之主的十一子，为周敦颐、程颢、程颐、张载、邵雍、朱熹、陆九渊、薛瑄、王守仁、罗洪先、顾宪成。这宋明十一子就是承传理学的正宗，各人在书中自占一卷。本书以周敦颐开卷，第一二卷至第二五卷为汉、隋、唐、宋、元、明六代"儒考"，所录儒者包括董仲舒、王通、韩愈、程门弟子、朱门弟子、刘因、曹端至陈龙正等一百四十多人；他们都只居于辅助地位。最后第二六卷为附录，所录的学有流弊、可以外之的儒者为张九成、杨简、王畿、罗汝芳、杨起元、周汝登六人。

从学问的获得之道看，“宗传”重在传，要求直线的继承；“学案”重在案，主张平面的类比。黄宗羲无疑认为分类是组织知识的好方法。他的著作用“案”字命名的，依次有《明文案》（邵廷采《遗献黄文孝先生传》中另有一种《明文案事案》）、《明儒学案》、《明史案》、《南雷文案》。未成的有《宋元儒学案》、《宋元文案》。还有别嘱李邺嗣为《明诗案》。[1]这些著作的结构都有分类的表现。[2]学案则以学派分类。有分类才可能有宏观的比较。从儒学的授受主张上说，学案所寓的独立和开放意义，与晚明以降流行的要求纯正而不免封闭的宗传主张是相反的。

〔1〕 参看黄炳垕，《黄宗羲年谱》（北京：中华书局，1993），页62–97，附录黄百家撰《先遗献文孝公梨洲府君行略》、邵廷采撰《遗献黄文孝先生传》、全祖望撰《梨洲先生神道碑文》。

〔2〕 《明文案》以文体分类编卷。黄宗羲，《明文案序上》说：“某自戊申（康熙七年）以来即为明文之选，中间作辍不一，然于诸家文集搜择亦已过半，至乙卯七月，《文案》成，得二百七卷。……某尝标其中十人为甲案，然较之唐之韩、杜，宋之欧、苏，金之遗山，元之牧菴、道园，尚有所未逮。”（《黄宗羲全集》第10册，页17–18）从这里所说推敲，“案”在黄宗羲的用意中，还有比较高下的意思。

儒家“为学方案”：学案著作体裁

“学案”在以案例为基础、以“案”命名的一类著作中属于较迟出现者。“学案”一词的组合，从字面上可分为“学”与“案”两部分，乃对“为学方案”这一特定文类的称谓。它的形式通常是并录学者的传记及著作摘抄。已知最早的学案是由一位儒者作于16世纪后期，内容是关于几位先儒之学，使有志于此的儒生得以加深对学问的理解。其后有关儒学的学案著作相继出现，直至20世纪未断。这一文类的称谓得以广为人知，缘于约在1680年出版的[1]黄宗羲（1610—1695）所著的《明儒学案》。[2]这一文类及其体裁的生命力，业已为我们所知所见以“学案”冠名的众多著作所证明。几部篇幅宏大，甚至有的根本与儒学无关

---

〔1〕《明儒学案》并不确定作于何时。黄宗羲只是在他的原序及修改的序里，提到成书于康熙十五年（1676）以后。现代学者对《明儒学案》确切的成书时间存在争议。陈祖武在其《中国学案史》（台北：文津出版社，1994年，页122–131）中认为成于1684年或1685年，而吴光在其《黄宗羲著作汇考》（台北：台湾学生书局，1990年，页17–19）中认为是1678年或1679年。

〔2〕秦家懿（Julia Ching, 1934—2001）的《明儒学案》英文选译本 *The Records of Ming Scholars*（Honolulu: University of Hawaii Press, 1987。以下简称RM），翻译了《明儒学案》的序、案序和一些传记。学案一词在该译本中被译成“records of scholars”。

的“学案”著作，晚近到十年之前出版。[1]

学案类著作叙述个人和哲学流派的思想，而常按朝代编排。按朝代编排的这类著作，一例篇幅宏大。创新而对后世影响远大的《明儒学案》，收集212位儒者的传记及其著作的摘抄，约有一百万字。其他的例子有，黄宗羲本人开始编纂而成书于全祖望（1705—1755）、首次出版于1838年的《宋元学案》，1919年出现唐晏（1857—1920）序于是年的《两汉三国学案》，接着是1938年徐世昌（1858—1939）序刊的《清儒学案》。《清儒学案》成书之后，所有以儒学作为国家意识形态以及儒学实际蓬勃发展的时期，其主流学术都在学案体裁中得到分析。这一体裁由此被认为是适合于编写思想史和哲学史——尽管这还留下它们是否从起初就被构想为历史著作的问题。

学案著作没有标准的体例，但由《明儒学案》所产生并改进的一种体例，则是经常被用到的。它的构成有：学者的传记，撰

---

〔1〕 如杨向奎主编并著的《清儒学案新编》（济南：齐鲁书社，1985—1994）十册，方克立、李锦全主编的《现代新儒家学案》（北京：中国社会科学出版社，1995）三册，戴逸主编的《二十世纪中华学案》（北京：北京图书馆出版社，1999）。《清儒学案新编》，透过编辑原始材料，是对清代的理学、考据学和经学方面的学者的传记和著作选录所做的现代展示。《现代新儒家学案》，按该书《内容提要》所言，立案的是十一位“基本上属于现代新儒家的第一代和第二代”的代表性人物。《二十世纪中华学案》分为综合卷、史学卷、哲学卷、文学卷四部分。按该书《简介》所言，载录“对二十世纪中华文化发展做出杰出或有重大贡献的学者”四十七人。至于时间更早、命名含糊而与儒学无关的学案，则见柳田圣山（Yaginada Seizan, 1922—2006）主编的《胡适禅学案》（京都：中文出版社，1975）。也有单个学者的学案著作，经常是以他们的家乡或敬称命名。这一类的有名的著作包括容肇祖（1897—1994）写明代陈建的《补明儒东莞学案》（收入《历朝学案拾遗》，北京：北京图书馆出版社，2004）；侯外庐（1903—1987）写王夫之的《船山学案》（长沙：岳麓书社，1982）；黄嗣艾写黄宗羲的《南雷学案》（台北：明文书局，1985，收入《清代传记丛刊》第26册），实际上包括了黄宗羲“学派”。

传者对学者言行的评论，学者著作的文摘，有时还有采自其他文献有关其人的记载。作者著作的文摘可以包括书信、笔记、序言、论文、日记、自传、辩论或对话的记录。有时也像20世纪唐晏和徐世昌的编著一样，包括传主对儒家经典的注释和评论。

涵括一朝学术的学案，显示出时代与编撰者自身的复杂性。读者可从中知悉儒者个人的哲学主张、时代的思想趋势和学术的盛衰。学案覆盖的范围是变化的，但很少学案著作会越出儒学而去处理其他哲学。编撰者随着自己的信念，热心地显示各自对如何学习和实践儒学的学术观点。但所有编撰者最关心的是他们的学案应该如何运用。

在我们所知的所有学案中，黄宗羲的《明儒学案》无可争议地是这一体裁的典范及其发展中的里程碑。此书对于论述和体例的严谨要求，影响着后来的学案。学者们就黄宗羲这部名著已有广泛的论述，讨论了它的结构、哲学预设及其与理学史的关联。[1]尽管如此，我们仍需将此书放在学案文类及体裁的发展脉络里，才能更全面地理解黄宗羲本人对此书性质的认定及其用途的期望。[2]

---

〔1〕 最近论说《明儒学案》编辑方面的有用参考，见陈祖武，《中国学案史》，页111–159；吴光《黄宗羲著作汇考》，页11–28；秦家懿“Introduction to *RM*”；仓修良《黄宗羲和〈明儒学案〉》，《杭州大学学报（哲学社会科学版）》1983年第4期，页94–108。最近对此书相关思想的讨论，见刘述先《黄宗羲心学的定位》（台北：允晨文化事业股份有限公司，1986，《允晨丛刊》本），页125–163；古清美《从〈明儒学案〉谈黄宗羲》（台北：大安出版社，1990年，页351–394）；侯外庐、邱汉生、张岂之主编《宋明理学史》下册（北京：人民出版社，1997年，第二版），页781–822。

〔2〕 特别有关这方面的著作，见钱穆《黄梨洲的〈明儒学案〉全谢山的〈宋元学案〉》（氏著《中国史学名著》，台北：三民书局，1973年，页285–300）；黄进兴《学案体裁产生的思想背景——从李绂的〈陆子学谱〉谈起》（《汉学研究》第二卷第一期，1984年9月，页201–211）；陈锦忠《黄宗羲〈明儒学案〉著成因缘与其体例性质略谈》（《东海学报》第25卷，页111–139）。

本文是对学案类著作性质及其中所显示的思想取向的探究。笔者会以《明儒学案》为中心，将它与所有现存已知的早期学案著作比较。通过探讨它们是被期望为何种著作，命名为“学案”有何意味，以及学案著作在明末清初思想背景下的角色，以期了解“以案构思”的哲学面相和黄宗羲及其同时代人对儒学的实质与方法的观念。

一、“学案”的定义与学案著作的分类

奇怪的是，尽管学案这一词在16、17世纪儒学著作中被广泛使用，但是黄宗羲或他之前及与之同时的学案作者，都没有为之定义。[1]这样的情况使我们无法即时理解问题。直到晚近，我们才看到有学者认真讨论“学案”这词的意义及其早期含义。

晚近学者对学案下的两种定义，基本上都是基于对《明儒学案》的读解。一是作“档案”解，视学案犹如一人或一家学术的归档记录，这一定义以“案”的词源作为依据。[2]另一定义从“文化”着眼，视学案犹如禅宗公案。学案在此被视为一种“学术公案”，它不同于禅宗公案仅在于案中学说是用文字阐述而非用悖论展示。主张此解者点出了晚明儒者普遍精于禅学的文化背景。[3]这两种定义均为合理推论的结果——尽管它们的价值还需确定。

另一问题涉及目录分类。现代学者普遍受梁启超（1873—

---

〔1〕 学案一词，除出现在后面要讨论到的耿定向（1524—1596）和刘元卿（1544—1609）的著作名称外，也出现于名儒邹元标为王在晋（1592年进士）《龙沙学录》所作的1618年序里。“中研院”近代史研究所的吕妙芬博士使我注意到这一情况。在此书的脉络里，学案一词最佳的意思是“儒者有学之说的案例”。

〔2〕 见秦家懿，“Introduction to *RM*”；陈祖武，《中国学案史》，页132，引陈金生。

〔3〕 见钱穆《黄梨洲的〈明儒学案〉、全谢山的〈宋元学案〉》，页288；陈祖武，《中国学案史》，页133-137。

1929）的影响，而将《明儒学案》视为历史著作。这是因为梁氏在其《中国近三百年学术史》中，把《明儒学案》视为由中国学者所作的第一部正式与完整的“学术史”。[1]但以为学案本来就是被结构成一种现代的学术史的这种想法，是可疑的。很少学者在这点上会记起梁氏在他更早的《节本明儒学案》中也说过《明儒学案》是“语道之书”。梁氏同样清晰地表明黄宗羲期望《明儒学案》是“示学者以入道之门”，而他的节本所重是“专在治心治身之要”。[2]梁氏在此是把《明儒学案》视为实践自我修身的指南的。

此外，梁氏之视《明儒学案》为历史著作时，他不仅是在回应西方史学的影响，也是在诉诸传统的学问分类。[3]汉代司马迁（公元前145—86？）撰《史记》，搜集了古代及当时思想家的传记，也包括其父司马谈（？—公元前110）关于儒家道家等六家要旨的权威论述。班固在《汉书》中对思想家现存或托名其下的作品作了分类。《史记》的这批传记和班固的学术分类专论《艺文志》，分析了古代思想学派的主要教条及其源起和发展。[4]当《明儒学案》依照学派的归属，收录明儒的传记和言论时，其结构可视之为因循了《史记》、《汉书》的这种模式。[5]

《明儒学案》在体例方面也可算是一种“言行录”——传统学术分类中的另一种公认的历史著作体裁。言行录的典范著作是朱熹（1130—1200）的《五朝名臣言行录》和其后的《三朝名臣

---

〔1〕 梁启超，《中国近三百年学术史》（北京：中国书店，1985），页46、48。

〔2〕 梁启超，《例言》，《节本明儒学案》（上海：新民社，1905），页2–4。

〔3〕 关于这点，见Lynn A. Struve（司徒琳），“Huang Zongxi in Context: A Reappraisal of His Major Writings”, *The Journal of Asian Studies*, Vol. 47, No. 3（Aug., 1988）, p. 479。

〔4〕 见陈祖武，《中国学案史》，页6–18。

〔5〕 同上。一些学者，包括陈祖武，却是把“学术史”体裁的起源归于《史记》和《汉书》。

言行录》。这些著作逐条收录北宋名臣的言行。另一些学者把朱熹另一部关于程颢（1032—1085）和程颐（1033—1107）的著作《伊洛渊源录》，视为编纂学案的滥觞。[1]此书通过记述二程兄弟及其老师、朋友和弟子的言行，梳理理学或道学的传统。但它也是一种特殊的"言行录"，因为它也给每位所载的人物做了一个"社交传记"（social biography）。[2]朱熹这些意在相为表里[3]的著作，实际上都以记行为主。因为所记之言，是见于具体行事，而不是独立说理的。

《明儒学案》与朱熹的典范之作所不同者，不在于其为每一位明儒提供完整的传记，加上偶尔引用的传主之言，以及撰传者黄宗羲对传主思想言行的批判和评价。明显的不同之处，是在于传记后面所载传主自身的文字或语录。《学案》中的传记和所收录的文字、语录的关系是，没有后者，书中的传记依然是传记；但没有传记，文字语录只能是脱离语境的零碎片段。这种混合的传记叙述与传主言说摘抄的形式，意味着二者间具有特殊意涵。换言之，《明儒学案》可被视为"言行"的文献记录，但绝不止于此。[4]

将本文所讨论的明清学案视为历史著作，有两个需进一步考虑的问题。其一，黄宗羲本人及其前后的学案作者，都没有留下

---

〔1〕 对此书历史、内容和价值的讨论，参看陈祖武，《中国学案史》，页 27-53。陈氏注意到梁启超和陈垣（1880—1971）也表述了同样的观点。

〔2〕 见朱熹《伊洛渊源录》。D.S. Nivison 在"Aspects of Traditional Chinese Biography"（*The Journal of Asian Studies*, Vol. 21, No. 4, Aug., 1962, pp. 456-463）里将碑铭、讣告等纪念文字称为"social biography"。Wolfgang Franke（傅吾康）在 *An Introduction to the Sources of Ming History*（《明代史籍汇考》，Kuala Lumpur: University of Malaya Press, 1968, p. 74），则将"social biography"与史书中的"historical biography"对比。

〔3〕 见王德毅，《伊洛渊源录》解题。

〔4〕 几位现代学者也指出《明儒学案》的子书性质，如陈锦忠，《黄宗羲〈明儒学案〉著成因缘与其体例性质略谈》，页 129-139；RM, pp.268-269; Struve, "Huang Zongxi in Context: A Reappraisal of His Major Writings", pp.479-484。

他们视学案为历史著作的印象。其二，大多数早期的学案在标准的清代书目中，都不被归类于史部。事实上，以学案命名、著录于18世纪编成的《四库全书》的著作有六种，只有《明儒学案》被视为历史著作，列入“史部传记类总录之属”。[1]其余几种则归属于“经部”和“子部儒家类”。

子学被定义为过去的“大师”（子）、圣贤的学问；子书则是指以哲学家自己的言辞展示其思想或附以评论的言说的文本。朱熹的《近思录》那种按主题排列儒者语录和著述文选的编辑方式，成为哲学教本的普遍模式。在这一形式之下，精心编排的先贤言论起了立说的作用，也就形成了朱熹自成一家的性理之学。

但这些归类的分界仍需解释。当所记之言是放在具体行为的语境、亦即传记中时，所言可被视为历史记录。另一方面，传记中所展示儒者的生活，使其哲学思想得以透过其行动呈现出来。毕竟要了解哲学家本人，其传记最为重要。而且，当集合多个传记比较研究时，系统的学派脉络和学说的发展传承也得以在文献互见中呈现，从而反映了历史。当《四库》馆臣心中带着这些议题看早期学案时，馆臣对每一作者著书意图的判断，决定了对其书的分类归属。但《四库全书》对一书的性质的判断，是否同于其作者的原意，还须要我们再行判断。为便作此判断，应把这些著作当作此前体裁未经认定之作来加以考虑。

二、第一部学案与晚明思想

黄宗羲的《明儒学案》约于1680年出版，其前后约一百五十

〔1〕 四库馆臣所撰《明儒学案》提要，见永瑢（1744—1790），《四库全书总目》（北京：中华书局，1965）上册，卷五八，页527。

年间，有五部和本文研究相关的学案命名著作出版或成书。它们是：1596年左右成书的刘元卿（1544—1609）著的《诸儒学案》，1617年黄宗羲的老师刘宗周（1578—1645）著的《论语学案》和《明儒学案》同时而稍前、王甡（约1660年代在世）的《学案》，黄宗羲始撰、其子黄百家（1643—1709）续成的《二程学案》，以及18世纪中叶吴鼎（乾隆九年举人）所撰《东莞学案》。这些著作主题相关。除了同称为“学案”之外，所有这些著作都在不同程度上参与论辩具争议性的王阳明（1472—1529）哲学。

可是，本文将从已知最早以学案命名、耿定向（1524—1596）所撰的《陆、杨二先生学案》一文开始讨论。[1]这篇文章收于耿定向《耿天台先生文集》，没有独立地被《四库总目》评论到，但却是我们探讨学案文类的重要开端。这是因为，此文显然影响到耿氏的忠实弟子刘元卿所著、现在所知最早成书的学案著作《诸儒学案》。

耿氏此文收入其文集的“传”类（卷一三），内容包括宋儒陆九渊（1139—1193）和杨简（1141—1226）各自的传记和一个后记。陆九渊的言行被逐年条列出来。这样的编列近于《名臣言行录》，但所编列的言行资料是高度选择性的。杨简传的体裁基本相同，只是资料更集中表现杨简与陆九渊论学得悟一事。整体上，这两篇传记仅收录与这两位南宋哲人悟道有关的言行。整个记叙确实说明了传主陆九渊与杨简的学术特色。但看来耿定向这篇文章是想等量地从行动的记载带出传主之学以及从言语上带出其学；而陆、杨学问的真义，则只有从其行事之观察才能知道。

耿氏的后记对我们了解他为何使用“学案”这一词语特别有启发。后记揭示了其著作缘于希望纠正一种在他看来是对陆、杨

---

〔1〕 此文见《耿天台先生文集》(《四库全书存目丛书》影印明万历二十六年刘元卿刊本）卷一三，页1上-6上。

之学的误解。世人认为陆、杨之学得于顿悟，学者遂有“侈妙悟玄解而劣实修”的情况。[1]耿定向遂作陆、杨二人传记以表明相反的意见。他从陆、杨二人的言行，证明二人之学也是渐次修证的。对于有志于陆、杨之学的学者来说，正确的入学之门是一条缓慢之路——辨志、识本心、改过迁善和稽众舍己。[2]

耿定向这里做的是重新检讨和推翻一种成说。这样，他所用的学案一词，便有着法律上的“案件”的意味。仿佛他的目的正是（为陆、杨）翻案；而他实则上同时陈词和判案。他以陆、杨的言行作为翻案的证据，并由此导出他的结论。耿氏这个学案既是立案，也是断案，而终极目的则是为学陆、杨者提出正确的为学门径。要留意的是，耿定向学出泰州，[3]泰州学出姚江，而姚江之学则近陆、杨，所以会把陆、杨看成是学派的祖师。这个学案最终的目的，是向儒者指示正确的为学门径，因此并不止于判断某论说或宗旨的是非优劣，而更在于以儒者的生涯指示实践的路径。在这个意义上，学案的“案”有着（为学）方案的意思，而“学”则指示着一种生活的方式。[4]

耿氏的著作启发其学生刘元卿著《诸儒学案》。[5]刘氏此书

---

〔1〕《耿天台先生文集》卷一三，页5下。

〔2〕耿氏通过引述杨简在晚年认识到《尚书·大禹谟》里的经训，特别强调最后一点。

〔3〕秦家懿关于耿定向的现代描述，见 L.Carrington Goodrich & Chaoying Fang, eds., *Dictionary of Ming Biography, 1368–1644*（New York: Columbia University Press, 1976）, pp. 718–772。耿氏的哲学著作可见于《明儒学案》卷三五。

〔4〕关于《明儒学案》，钱穆也指出：“所谓学案，意就是在当时学术中的各个方案。”见前引《黄梨洲的〈明儒学案〉》，页292。

〔5〕刘著提要见《钦定四库全书总目》卷九六，页815。此书成书时间不详。书前有刘元卿自序，未署年月。序后有佚名识语一篇，署万历丙申（二十四年，1596）仲春。耿定向的名字也出现于此书目录的末行，但耿氏的传记和文选则不见于书中。看起来此书是在耿氏1596年去世前不久完成并刻板的，并准备在耿氏去世后印刷。所以只有他的名字被加在目录上，可见这本书还有待扩充。

今本有二十五卷，每卷一人，卷端皆作“某某先生要语”；共收宋儒十二人，明儒十三人，包括其师耿定向。[1]每卷均为一位儒者撰写一篇篇幅颇长的传记，附以传主的著作或与他人对话的语录，但未注明出处。刘元卿在其中也没有加上自己的评论。

书中一些传记实际上是耿定向所作且直接抄自其著作的，故此这些传记实带有耿氏的评论。刘氏以这种直接抄录的方式表示尊师，[2]但各家“要语”则为刘氏自己所选。选辑的准则刘氏没有交代，但从下文的述析可见，他明显是想继承师说而发扬之。

刘氏的著书意旨，倒在《诸儒学案》的序说得很清楚：孔孟之学，都是性学，但都不在性字上多作演绎。孔子“以学而时习为尽性”，[3]孟子以“尽其心者为知性”，[4]谈及的只是学习和尽心（即扩充仁义礼智四端之心）。对刘氏而言，要知道人性，只能透过身体力行，而非只靠一些哲学性的话语。

后来的儒者却使孔孟此教湮没不存。刘氏认为，后儒以所见所闻来定义性；言语和知识成为形容和说明人性的唯一工具。因

---

〔1〕《诸儒学案》在《四库全书》只属存目。据《提要》，《四库全书》所著录本为八卷，共载二十七人，其中金履祥（1232—1303）、许谦（1270—1337）二人，不见于现存的《四库全书存目丛书》中的二十五卷本。又，今本卷一四胡居仁、卷一六罗钦顺、卷二五耿定向三条，亦皆有目无文。

〔2〕耿定向是薛瑄（1389—1464）、陈献章（1428—1500）、王守仁、王艮（1483—1541）（附朱恕［1501—1583］及韩贞［1509—1585］）、邹守益（1491—1562）、罗洪先（1504—1564）等传记的原作者。又，胡直（1517—1585）的传记是基于耿氏为其作的墓志铭。各人传记，见《耿天台先生文集》卷一三、一四，胡直墓志铭见卷一二。

〔3〕补按：《诸儒学案序》：“昔者孔子罕言性，门弟子至以为不可得闻。偶一言之，第谓性相近而习相远。乃辑《鲁论》者首曰学曰时习，意殆以学而时习为尽性。呜呼！何其显也。”见《四库全书存目丛书》史部第512册，页605。

〔4〕补按：《诸儒学案序》：“下迨战国，言者纷纷矣。孟子独道性善。顾其言性也，言乎恻隐、羞恶、辞让、是非之心，而且明言尽其心者为知性，抑又何其显也！”出处同上注。（刘氏这里引用的是《孟子·尽心上》中的名言。）

此所说都有穷尽而不得不因时而变。所有兴起的新说都是因应学者要求变化的结果。[1] 事实上，儒学在演变中出现了像陆九渊的偏枯和朱熹的支离这样的流弊。儒学的演进只是这样不断一兴一替的内部斗争（“穴中之斗”）；目前虽然是“冥契于内”（心学）者胜，但难保将来不是“索之于外”（理学）者胜。只要是流于言语而非实践所致，便都无法做到孔孟遗教所示的学问。

在此序的结尾，刘氏提供自己的致力之法，以期解决这个长期以来的问题：

> 然则是穴中之斗终无已时耶？乃今而知孔孟之学之大也乎？夫不必言性，不必不言性；言外未尝非内，即言内亦未尝非外，斯或圣与儒之所由歧者耶？虽然，诸儒固求曙于圣路者，世无孔孟，将安取衡？吾姑为数先生具案云尔。若夫判断圣、儒，令予之积惑且汰也，今虽老，犹庶几旦莫遇之焉。[2]

刘氏为那些“求曙于圣路”的儒者“具案”，提出圣人的学问方法，以期结束儒学的内部斗争。各家的传记和“要语”提供了先儒的为学方案。有志于此的学者可以自己去判断谁人学的是圣人之学，谁人学的只是儒者之学，从而仿效值得仿效的。很明显，刘氏作学案的目的，是要透过儒者自己的语言文字和生活智慧，来为有志于学者提供一种为学的途径或方案。读书者即可凭自身的学术背景作出判断，固守一师之说的力度因之必然大减。

---

〔1〕 这些新说如周敦颐（1017—1073）的主静，或如程颢（1032—1085）的识仁、张载（1020—1077）的定性、程颐（1033—1107）的涵养、陆九渊（1139—1193）的自求本心、朱熹（1130—1200）的穷理。

〔2〕 补按：见《四库全书存目丛书》史部传记类第512册《诸儒学案》，页606。

此书只“具案”而不试图推崇个别儒者，在此刘氏表现出一种具批判性的中立态度。但这其实只是表象。实际上，他是认为某些明儒（例如王阳明和他的信徒）已达到圣学的境界，而宋儒尚停留于贤人的地步。这种取向在此书表达得非常温和及委婉，但在两篇与此书相关的文字中，却甚为明显。其中《宋儒传略序》一篇，是为《诸儒学案》宋代部分相关的另一书而作的，可以发明《诸儒学案》的隐藏意旨。[1]序中的一段关键文字提醒我们：刘元卿虽为宋儒“具案”，却没有视他们为最好的模范。刘元卿引耿定向之语谓宋儒：“其所择术微异（孔孟）耳。”耿定向以譬喻来阐明孟子所强调的“慎术”对为学之重要：“譬诸灯，置之案下则光近，置诸案上则光远，悬而置诸堂之中则益远，又传而为众灯，则相续无穷。非灯有近远，所操异也。”[2]圣人之贤乃是因其言“不远于人，则显而无尽”。而宋儒“未离于见，则深而易穷”。但是，“宋儒固亦求明孔子之道而未至者，然其人往往泰山乔岳，有所见于世，即推之一郡一邑，无不为名吏，视近世号为儒绅而疏脱迂腐，何啻霄渊”。他们的成就是他们学问的反映。

刘元卿重明轻宋的看法，亦见于另一篇《昭代儒宗辑略序》。《昭代儒宗辑略》为耿定向所辑，收录耿氏所作王守仁、邹守益、王艮、罗洪先四人传记。如书名所示，耿氏认为这四人才是明代到此书编撰为止时的真儒。刘元卿当然同意耿氏的判断。在序文开头便指：“往宋学分裂，承传日舛，析文辨句于训诂之间，……

---

〔1〕这篇序文，冠于今传本《诸儒学案》书前，也载于刘元卿文集《刘聘君全集》卷四，页10下－11下。

〔2〕刘氏在此参考了《孟子·公孙丑上》：“孟子曰：‘矢人岂不仁于函人哉？矢人惟恐不伤人，函人惟恐伤人。巫匠亦然，故术不可不慎也。’孔子曰：‘里仁为美。择不处仁，焉得智？’”刘氏之前，耿定向早已以“择术”这个词语表达同样的意思。孟子在这里引用了孔子的说话，强调择地居住、邻里中有仁人居住的重要性。

余姚出而提掇良知之旨，豁然如日中天。”刘元卿也称赞阳明和其门人“择术”得宜，其术能使人性至于纯善。[1]

刘元卿与其师耿定向尊崇王学的倾向可谓十分明显。故《四库提要》评《诸儒学案》谓：“其学本出于姚江，程朱一派，特择其近于陆氏者存之耳”，是正确的。[2]更重要的是，以上两篇文字显示了，“学案”最根本的写作目的，在于提供为学的途径让学者选择。

刘宗周的《论语学案》是逐条阐释《论语》本文的说经之作。刘氏的目的是要阐释《论语》每条所记言语和事情，及发明其义理的精微之处。这里的“学案”意味着作者察看、验证和对《论语》的意义加以判断。这是一种在传统经注中常用的做法，在《论语学案》中则以刘氏的意见附入先儒的意见中而得到强化。《四库全书》因而认为其书是经注，将之归入“经部四书类”。[3]

但是《论语学案》实际上阐发义理的分量远较解释文意的分量多。刘氏用模拟和自己的推理来说明和诠释。[4]正如《四库提要》所说，“此书直抒己见，其论不无纯驳，然要皆抒所实得，非剽窃释氏以说儒书，自矜为无上义谛者也。”又有借解说而“针砭良知之末流”之处。[5]从刘宗周此书可见经部与子部著作，或者注释与诠释两者的关系，有时难以截然分别。

王甡的《学案》是一部收录先秦经典和宋明理学家文字的著

---

〔1〕 这篇序文，见《刘聘君全集》卷四，页2上－3下。

〔2〕 永瑢等，《钦定四库全书总目》卷九六，页815。

〔3〕 馆臣的这一学术分类标准，见《钦定四库全书总目》卷三五《四书类一》序，页289。

〔4〕 《论语学案》载于《刘宗周全集》（杭州：浙江古籍出版社，2006）第一册，与本文论述相关的条目见于页512、529、587。

〔5〕 《钦定四库全书总目》卷三六，页303，《论语学案》条。按，《四库》提要注此书为十卷本。

作。[1]这些著作包括“四书”、朱熹《白鹿洞（学）规》和《敬斋箴》、程端蒙（1143—1191）和董铢（1152—1214）的《学则》。《四库提要》认为此书是“因饶鲁（1193—1264）之书而为之”，“是编大旨主于救姚江末流之失”。[2]这一看法与方苞（1668—1749）为此书所作未署年月的序是一致的，但方氏也说此书“下逮饶仲元（饶鲁）、真西山（真德秀，1178—1235）所定之条目，以及高（高攀龙，1562—1626）、顾（顾宪成，1550—1612）东林之《会约》”。[3]

此书于“四书”只选录孔子、颜子、曾子、子思、孟子之言，以示圣人之学。朱子《白鹿洞规》及程端蒙、董铢的《学则》所载，则分别视作大学与小学之教。两书被取录的文字，列于不同条目，条目之下又有阐说文字与条规细节；而附加的评论，似即取材于饶鲁、真德秀之著作。王甡此书的本质，可视为圣贤教人和学者为学的步骤及其具体内容；这在教者而言便是教案，在学者而言便是“学案”。这里“案”字的意思，就是“方

〔1〕王甡，金坛人，生卒年未详，所著《学案》属乾隆金坛王氏刻《积书岩六种》之一，收入《四库全书存目丛书》子部第20册，书前有桐城方苞（1668—1749）序，未署年月。序言“盖先生生明之季世，王氏之飙流方盛，故发愤而为此也。……今其孙澍将表而出之”。《四库全书存目丛书》本附《提要》，则书此书“国朝王甡撰”，故知王甡入清尚存。按，冯煦（1843—1927）等纂《金坛县志》（民国十年刊本），王甡无传，王澍传则见卷九之一《人物志·儒林二》。据传，王澍“康熙壬辰成进士，望重词垣，书法尤冠一时”，雍正中辞官。壬辰当康熙五十一年（1712），由此逆推，王甡在康熙初纪当仍生存。《金坛县志》卷一一《艺文志》著录《学案》，归入传记类，作“明王甡撰”，又注“《四库全书》附存目，《皇朝经籍志》、《积书岩六种》皆收入国朝”。按，归此书于传记类，实误；以王甡为明人，或以王氏未曾仕清之故。

〔2〕《钦定四库全书总目》卷九七，页882。“学则”和这里提到的名人，见 Wing-tsit Chan, “Chu Hsi and the Academies”, in Wm.Theodore de Bary & John W. Chaffee, eds., *Neo-Confucian Education: The Formative Stage*（Berkeley: University of California Press, 1989），pp. 389-413，特别是 pp. 396-399。

〔3〕现行本没有方苞所提及的《东林会约》；至于他所说的饶鲁、真德秀所定条目，指的应该是现行本中的程端蒙、董铢《学则》。

案”，和耿定向、刘元卿两书用的相同，而且更为明显。王甡的立说宗旨也很清楚：只有遵照此书所示的为学次序、条目（方案），才能成就圣人之学。

《二程学案》是由黄宗羲始撰、其子黄百家在他去世后完成的一个早期学案。[1]《四库提要》说明此书的撰作缘故云：“是编以二程造德各殊，因辑二程语录及先儒议论二程者，各为一卷。”[2]《提要》对此书结构的描述显示，“案”字实兼备分类、立案和判断之义。再次以法律诉讼为譬喻的话，学案的文字具有立案与判案之义。二程的言论及各种对其个人和著述的评语被视作断案的证据。与耿定向的《陆、杨二先生学案》相同，案件的判词，源于作者的立说。作为编者兼法官，黄宗羲在这里论证二程之学宗旨有别，而“朱子得力于伊川，故于明道之学，未必尽其传也”；[3]如此，“两程子接人之异，学者不可以不致审焉”。[4]其意涵则是朱熹不能代表儒家正统的全部。

最后一部著录于《四库全书》的早期学案，是吴鼎完成于18世纪中叶的《东莞学案》。此书专门驳斥晚明陈建（1497—1567）为驳斥王守仁《朱子晚年定论》而作的《学蔀通辨》，从而捍卫阳明对宋代理学的解释。[5]王守仁排列朱子论学书信，得出朱子与陆九渊在学术思想上是早异晚同的结论。陈建将朱子书信的年代详细考订，得出朱陆早同晚异的相反结论，并且措辞激烈地指控陆学为禅学。吴鼎不以为然，“因条列其说，为

---

〔1〕此书未见单行本，似是后来合并到《宋元学案》里；其内容大致应和今日见于《宋元学案》的《明道学案》和《伊川学案》一样。

〔2〕《钦定四库全书总目》卷九七，页824。

〔3〕《宋元学案》卷一三《明道学案》上，页542。

〔4〕《宋元学案》卷一六《伊川学案》下，页652。

〔5〕笔者未能看到吴鼎论争的著作。对陈建著作较早的评论，见《钦定四库全书总目》卷九六，页833。

之诘难。”[1]这里的“学案”，显示了一种透过文献举证去推翻一种成说或叙述的做法，含有诉讼上陈词而作判决的意味。

以上述析的这些学案命名著作，其为儒者“立案”的目的，就是要让儒者提出自己的论点或“立说”。学案利用记录儒者言行的已有传统，附上（或不附）评论，来传授道学。在有经验的编撰者手里，对这些资料的选择、安排和分类，连同对之的评论，往往建构出一套诠释学。当这些晚明学者开始把他们的编著说成是“案”时，他们用的法律比喻，已将读者应如何获得真理的假设作了微妙的变化。编撰者将儒学大师的言行不作经典或历史看，而将之界定为证据，而其由编撰者编成的言语文本，则被提出作为读者的评价性的判断。衡量证据以决定赞成或反对一个思想或主张的真理，在晚明争论阳明及其后学思想的历史脉络里，变得特别重要。每个早期的学案都在这场争论中自有立场，因而让18世纪的《四库总目》有据地将之归为子部。这些著作中，刘元卿的著作和耿定向的著作还具有提供为学方案的深层意旨，也就是说，他们为读者提供多种学者的记录。把黄宗羲的《明儒学案》放在这些具试验性的学案体裁之先驱著作下，有利于我们对其研究及理解。[2]

---

〔1〕《东莞学案》条，《钦定四库全书总目》卷九八，页21。

〔2〕值得注意的是，黄宗羲曾请汤斌（1627—1687）为后来收入《明儒学案》中、记述其师刘宗周学行的《蕺山学案》写序。很明显，黄氏准备以此书赞扬刘宗周的学问。虽然此书从未出版，但从其在《明儒学案》中见到的部分，足以证明它是一本子书而非史书。陈祖武认为《蕺山学案》是《明儒学案》原本的书名，故此汤斌应黄氏请求所写的序，是为了“明儒学案”而非“蕺山学案”所作的（《中国学案史》，页129-130）。笔者对此见有所保留。汤氏答应为黄氏写序（尽管此序没有留存下来），而从汤氏给黄氏的信中可见，他只是针对刘宗周个人的学案，而非篇幅远为庞大的《明儒学案》。汤、黄二人的书信，可见于《黄宗羲全集》（杭州：浙江古籍出版社，2005）第11册，页403-404。

三、《明儒学案》的意旨与性质

那么，该如何在这一思想脉络下理解《明儒学案》呢？首先，此书出版于明亡后的1680年左右，这令它可以把有明一代及其思想争论，当成往事回顾。18世纪的四库馆臣，注意到此书把思想家（包括黄氏自己的老师）按地域性学派归类，遂认为它的组织原则是基于学派的追溯。他们在黄宗羲置身其中并采取立场的学派竞争的基础上，解释此书的结构原理和黄宗羲议论的意涵。他们因而指责此书为晚明思想界门户之争的表现，"不专为讲学而作"。[1]总体上，四库馆臣将《明儒学案》定为史部著作，可使读者避开这样一个带有争议性的问题：要否支持评价不一的明人那种好辩的思想。但这是黄宗羲的著书之意吗？黄氏及他的其他读者的看法又是怎样的？

我们先从黄氏为《明儒学案》作的两篇《自序》和《发凡》开始研究。[2]这两篇自序俱撰于1693年，主题相同而文字和理念上有所差异。第一篇（原序）作于黄氏大病危殆之中，意思不及

〔1〕《明儒学案》提要见《钦定四库全书总目》卷五八，页527。有关四库馆臣批评黄宗羲在《明儒学案》写作中参与学术宗派之争的讨论，也见山井涌《明清思想史の研究》（东京：东京大学出版会，1980），页298–319，特别是页315–317。

〔2〕《发凡》的文字在《明儒学案》所有的版本都相同。"序"则在此书的几个主要版本中有所不同。黄宗羲在康熙三十二年（1693）作了两个不同的序，而以两序中的第二个序（改本序）为定本。此序载于最早刊印的康熙本《明儒学案》，但被刊印者改动了其中的文字。康熙本在雍正十三年（1735）重印，加录第一个序，又将二序的原来文字增删改动，导致一些地方出现乖违黄氏原意的情形。这两篇序分别收入黄宗羲《南雷文定》四集和五集。刊印者改动序的文字是为了提升其作为此书刊印者的声望，但后来许多学者因此受了误导。这两篇在1735年重印本中被改动过的序，为后来莫晋（1761—1826）道光元年（1821）刊本等多种版本所据。秦家懿的"Introduction to *RM*"中所翻译的《明儒学案》序，亦是据莫本所收的第一个序。笔者分析所据的版本则是《黄宗羲全集》内所收者，见《黄宗羲全集》第10册，页73–76。

在好转后改作的第二篇（改本序）完整和清晰。但此序有其重要之处，它反映了黄氏著作时所逼切关注的事情。

黄氏在两序都反对当时所流行、执着于门户之见的学风。改本学案序批评道："奈何今之君子，必欲出于一途，剿其（按：朱子）成说，以衡量古今，稍有异同，则诋之为离经畔道。"[1]但他也轻蔑地预言一意孤行的学者是在充满"黄茅白苇"的土地上耕种的——"黄茅白苇"一词为苏轼（1037—1101）所造，描述贫瘠的土地没有生气。[2]这一词正好表达出好同恶异如同清一色的黄茅白苇的学风，对儒学发展的阻碍。与之相反，黄氏强调殊途同归、百川汇海式的为学方法。本着这种精神，他在《明儒学案》中展示认真的明儒的学说原貌，让学者自己选择所要追随的儒者。选出来的儒者之所以是认真的，是因为如原序中所说的，他们"浅深各得，醇疵互见，要皆功力所至，竭其心之万殊而后成家"。黄氏的贡献，如二序所言，是"分其宗旨，别其源流，……以著于篇，听学者从而自择"；"……为之分源别派，使其宗旨历然，由是而之焉，固圣人之耳目也"。[3]黄氏在两序中都用盛满水的"樽"来比喻《明儒学案》的用处。学者应该想象"中衢有樽，持瓦瓯樿杓而往，无不满腹而去者"的景象。《明儒学案》就像一个内容无比丰富的学问库藏，能供渴求知识的学生按照自己的状况来分别取其所需。用另一种说法便是，一本有用的读本可以像水一样分配入碗，但水自身不是可以分割之物。

---

〔1〕 补按：黄宗羲著、沈芝盈点校，《明儒学案》（北京：中华书局，1985），页7。标点则按朱鸿林著，《明儒学案点校释误》（台北："中研院"历史语言研究所，1991），下文同。

〔2〕 "黄茅白苇"一词的来源和章学诚（1738—1801）对之的运用，见叶瑛校注，《文史通义校注》（北京：中华书局，1985）页216注127、页524。

〔3〕 补按：黄宗羲著、沈芝盈点校，《明儒学案》，页8、10。

两篇序文都引载的汤斌（1627—1687）对此书的评语也值得注意。汤斌说："《学案》宗旨杂越，苟善读之，未始非一贯也。"改本序又引了陈锡嘏（介眉，1634—1687）的评语说："《学案》如《王会图》，[1]洞心骇目，始见天王之大，总括宇宙。"这些评语形容的是，此书博而能约，本身自有宗旨，不是杂烩而是自成的一家之言。

《明儒学案》原序中有黄宗羲对其同为刘宗周高弟的同学恽日初（仲昇，1602—1679）的长篇批评。恽氏于康熙八年（1669）住在绍兴，"仿《近思录》例，分类辑录"，[2]将刘宗周的众多著作，编辑成一本完整的读本《刘子节要》。黄宗羲在序中批评恽氏学问偏颇："于殊途百虑之学，尚有成局之未化也。"对于恽氏认为刘氏独得的诚意之学是源于朱子的看法，更认为是不得刘氏的宗旨，发明不了其思想，故此不肯应邀为《刘子节要》作序。[3]黄氏在序中说自己的《明儒学案》则与恽著相反，忠实地表述了刘宗周的学问："间有发明，一本之先师，非敢有所增损其间。"黄氏在原序中用了三分之一篇幅叙述此事，意味着在《明儒学案》的写作过程中，该书的形体受到黄宗羲回应恽日初对他们的老师的理解所影响。

为何此事在改序中不再被提及？看来主要与黄氏强调学者的治学途径应出于"自择"有关。黄宗羲无疑是相信应该忠于其师并敬仰其学说的。但在原则上，他却不想以刘门中人这个身

---

〔1〕《王会图》是唐代画家阎立本（？—673）所绘的四夷朝会图。此画的灵感来自《逸周书》中的《王会》篇。按早期的解释，该篇是周武王在新建都的朝廷上接见王公和朝贡的夷狄，见罗竹风等编，《汉语大词典》（上海：汉语大词典出版社，1997）第 4 册，页 468。

〔2〕关于此书的提要，见《钦定四库全书总目》卷九六，页 817。

〔3〕黄宗羲在给恽日初的回信中，进一步说明了拒绝作序的理由，见《黄宗羲全集》第 10 册，页 215–217。

份的角度去表达其师的思想与践履。正如所有理学家共遵的前提所说，宇宙是“理一分殊”的，所以为学正可门径各异。故就为学方法而言，自由选择是胜于专主某一家之说的。过分强调宗派传承的学术作用，和透过各种“学案”求道的著作意义正相违背。[1]这个用意在《发凡》里得到申明。

《发凡》的第一条批评从表面看来类似《明儒学案》的两部并时之作——收录“诸儒之说颇备”的“理学之书”。这两书是周汝登（1547—1629）的《圣学宗传》和孙奇逢（1585—1675）的《理学宗传》。[2]这两部《宗传》的基本结构和《明儒学案》大致相同，都是传记附以传主的语录，加上作者的评论。黄宗羲认为，这两部《宗传》对儒家哲学论说的判别和表述，同样有混杂之失。周氏过分主观，以自己对禅学的习见，模糊了其他儒者的理念。孙氏缺乏甄别，未能辨析所记儒者的学说要领。二家还有文献未备、闻见不足的缺憾。黄氏相信，“学者观羲是书，而后知两家之疏略”。两部《宗传》的纂述原则和它们所陈示的为学方法，都是宗派式思想传承的表现，大异于黄氏以扎实的证据呈现为学方法的主张。

黄氏本人的为学方法，在《发凡》的第六条中更清楚地表述出来。他考虑了《明儒学案》的选材标准和预期读者的问题。黄宗羲说：“学问之道，以各人自用得着者为真。……此编所列，

---

〔1〕 刘宗周著有《皇明道统录》。其书今未见传本，但对黄宗羲撰《明儒学案》大有影响。黄宗羲受刘氏影响著书而不以“道统录”之类命名，可见宗旨与刘氏毕竟有别。《明儒学案》书前的《师说》，便是刘宗周书中对明代诸儒学问成就的评论。关于这点，见陈荣捷，《论〈明儒学案〉之“师说”》，《幼狮月刊》第48卷第1期（1978年7月），页6–8。后收入氏著《王阳明与禅》（台北：台湾学生书局，1984），页181–190。

〔2〕 对这两本书的描述，及对它们在明末清初的思想语境中和《明儒学案》的关系的讨论，参看陈祖武《中国学案史》，页55–109。

有一偏之见，有相反之论，学者于其不同处，正宜着眼理会，所谓一本而万殊也。以水济水，岂是学问！”[1]由此可见，此书的预期读者是从事为己之学的“学者”，不是倚傍门户的“流俗之士”，也不是依样葫芦的“经生”。故此书所载的资料，不是分别宗派和衡量门户的依据，而是提供学者“各人自用得着”的参考。这些个别学案之所以各是不可化约的个体，正是因为此书的目的并不在于学说教条的宗派传承。

此书所载的资料，正如《发凡》第七条所说，是给学者深造自得的。黄氏郑重其辞地说：

> 古人之于学者，其不轻授如此，盖欲其自得之也。即释氏亦最忌道破，人便作光景玩弄耳。此书未免风光狼藉，学者徒增见解，不作切实工夫，则羲反以此书得罪于天下后世矣。[2]

可见此书的写作目的不在于分别源流、提揭宗旨，藉以为各种学说建立等级。了解学派只是帮助学者入门、认识所学习的该门学术的要旨何在而已。此书的真正意旨，是在清楚具备学术源流和学说宗旨的情况下，提供学者一个“前代之所不及”的明儒理学读本，作为自修的工具。[3]不过学者也要像禅僧深思“公案”的意思以达至觉悟一样，去深思书中的深意，才能对之有所领悟。顺便一提，正是在这个意义上，“学案”有一定的“公案”意思。

意义重大的是，《明儒学案》的两篇序文和《发凡》都没有

---

〔1〕 补按：黄宗羲著、沈芝盈点校，《明儒学案》，页18。

〔2〕 同上注。

〔3〕 见《发凡》第三条。

任何文字指示此书之为儒学之“史”。“道统”、“正宗”、“宗统”之类的词语，也没有在当中出现过。序文和《发凡》所谈的，主要都是学者求取学问的方法问题。即便是交代此书就地域学统或学派来分案的原因的《发凡》第五条，也只是将跟随学统学习，当作各种学习方法中的一种：

> 儒者之学，不同释氏之五宗，必要贯串到青原、南岳。夫子既焉不学，濂溪无待而兴，象山不闻所受。然其间程、朱之至何、王、金、许，数百年之后，犹用高曾之规矩，非如释氏之附会源流而已。故此编以有所授受者，分为各案；其特起者、后之学者不甚著者，总列诸儒之案。〔1〕

这便实际上辨析了，何以明人醇正的儒学，不必依靠一个长时段而庞大的“宗传”、不必追寻到祖师处才能获得。认真的学者不必排拒长期而清晰、“有所授受”的学派传承而得其所学，但通过个人自得而获得的则尤为可贵。是书同时为归属特定流派的儒者和独立的儒者立案，其重点是在于展示实际的习学，而不是在于以附会的源流作为论说依据。这里用的“案”字，有明显的分类意涵，但分类的关键并不是学派。综上可见，照黄氏自己所说，《明儒学案》所载是给学习儒学的学者作进一步学习的材料。这些材料本身便是明代先儒的不同为学方案的表现，是用来指导学者如何找到自己思想上与实践上的门径。

黄宗羲这个著作目的，从清代中期以前刊刻的《明儒学案》的序跋中也可见一斑。撰写这些序跋的早期读者，都没有视此书为史学作品的意思，而是把它当作具有子书性质的作品和自我修

〔1〕 补按：黄宗羲著、沈芝盈点校，《明儒学案》，页18。

身的指南。这点尤其从理学名臣于成龙（1617—1684）之子于准撰于康熙四十六年（1707）的序文中见到：

〔是书〕见夫源流支派，各析师承，得失异同，了如指掌，复录其语言文字，备后学讨论，洵斯道之宝山，而学人之津筏也。[1]

这点在《明儒学案》首次刊行者贾润的康熙三十年（1691）序、黄宗羲门人仇兆鳌（1638—1717）的康熙三十二年序中，都以不同的措辞表示出来。这几篇重要的序文指出此书所列的学派源流清楚明白之余，更认为各学派的得失都被公平地呈现出来，所以信服其论述是客观精到的。这样便正如上文所说的，此书选录的各家语言文字，其用途实不止于作为辨别学术源流的根据，而更重要的是作为从学的依据。

正因为《明儒学案》给示种种的儒学表述，而每个表述都是旨在教人行其“宗旨”，所以对于主张学定于一尊的学者而言，此书便成了类似异端而非批评不可的对象。唐鉴（1778—1861）这位尊朱学者就是一个例子。唐氏在所著《国朝学案小识》（卷一二《经学学案·余姚黄先生》）中这样抨击黄宗羲：[2]

又辑有《宋儒学案》、《元儒学案》、《明儒学案》，数百年来，醇者、驳者、是者、非者、正者、偏者，合并于此三编中。学者喜其采之广而言之辨，以为天下之虚无怪诞，无

〔1〕 此序之后的两篇都没有收于雍正十三年（1735）印本、道光元年（1821）莫晋刊本、1992年《黄宗羲全集》的点校本，但收于1985年北京中华书局的点校本。

〔2〕 见唐鉴《清学案小识》（上海：商务印书馆，1936，《国学基本丛书》本），页401–402。

> 非是学，而不知千古学术之统纪，由是而乱，后世人心之害陷，由是而益深也。孔子曰："攻乎异端，斯害也已。"孟子曰："生于其心，害于其事，发于其事，害于其政。"是言岂欺我哉？先生亦学道者也，曾不一为之思乎？

这一批评确实能说明问题。唐鉴抨击的是黄宗羲在为学门径上不立一宗、不定一尊之弊，但这正好反映了《明儒学案》的哲学立场——为个人选择在学习儒学上的重要性提供理论上的辩护。

四、黄宗羲的儒学观念

寻求《明儒学案》内在哲学的一条好的进路，是将之比较黄氏所批评的周汝登、孙奇逢所著的两部《宗传》。三者都是明末清初的儒学读本。但周、孙两人书中的材料是经排列以呈现出"宗传"的。在他们看来，儒学是像祖孙血统般一脉相传的，唯有得到真传，才能得到正学。[1]这一教学、授受原则，首在认定正确的宗主，和依赖于像"传心"一样的正统。在门派纷纷的明儒学界中，致力于从异端辨别出正统的结果便是学术上沉痛的门户之争。

相比之下，黄宗羲没有用禅师们用的"传心"、"传灯"之类的比喻，而是用河海一体的交通网络做比喻。[2]只要能够汇通至海，任何江河都是到达大海的有效途径；概念上并无理由要重视主流多于支流。这样，黄氏更相信在事实的比较下，自由选择的

〔1〕 这种血脉相承式的学术真传观念，弥漫于两书的各篇序跋。

〔2〕《圣学宗传》的陶望龄（1562—1609）序有"以心传心"等语；《理学宗传》程启朱（1649 年进士）跋有"灯灯相照"等语。

优胜之处。尽管他本人信奉姚江之学和蕺山之学，但正因为姚江和蕺山之学教人为学要靠个人的领悟，而不是依靠外部的权威，他遂能自信地以“学案”这种构思来写成包含本文讨论到的各种理念的《明儒学案》。

“学案”这样就成了“宗传”以外的另一种学习儒学的著作。这两种著作都引领学者穿越广阔的儒学发展史。但在学者而言，宗传指定他遵从特定（某一宗派）的儒者之学，学案则有着选择的可能。因为学案是以独立的个案并陈，所以学者可就其性向和处境，为自己选出最适合和有用的楷模用于实践上。

如此看来，儒学对于习学的观念在晚明出现了一个重大变化。“宗传”重在传，要求直线的继承；“学案”重在案，主张平面的类比。很讽刺的是，宗传体裁的第一位作者周汝登，竟是被黄宗羲曲解为晚明阳明学中、在道德和社会问题上鼓吹个人自由和独立判断的泰州学派代表。[1]《明儒学案》不要求正宗的承传，而传达了一种学术独立和开放意识，故能自许为能够反映对阳明学更深刻的领会。

余下的问题是学案的作者——特别是刘元卿和黄宗羲——怎样理解儒学的实质与习学方法。刘氏和黄氏实际上都极专注于阐述认识论的问题，以致在他们的知识观念中，本体论被视为人所同然而不必说明。对刘元卿来说，儒学的实质是性——确切地说是人性。关键问题是如何尽性。因为他主张人性是真实存在、但超出人的感性知识之外（“性非可见”和“性非可得闻”[2]），故宋儒所提出的所有学习方法只是“儒”者之“见”，而不是“圣”

〔1〕 周汝登由房兆楹、秦家懿所撰的传记，见 *Dictionary of Ming Biography, 1368—1644*, pp. 271–274。黄宗羲对周氏的误述，见 Jie Zhao, “Reassessing the Place of Chou Ju-teng”, *Ming Studies*, No. 33（1994）, pp. 1–11。

〔2〕 这些说法见刘元卿《诸儒学案》自序。

人的权威之说。儒者最好学习圣人自己的为学之道，以他们作模范，并将他们的学说作为学习的标准。不过，宋明时期的大儒之说也是好的参考，学者借助他们，便能更好地理解圣人学说的胜义。刘元卿撰写的学案教人的方法是，通过揭示先儒的困惑之处，让学者有所认识和知所避免。

即如在《明儒学案》序中所示，黄宗羲的本体论前提是“盈天地皆心也”。这“心”是被理解为涉及思维的心，或情感的心，或兼而有之；当中存在天地万物之理及其无止境的色色呈现——“理一分殊”，而理一分殊构成了知识。和刘元卿同样，黄宗羲紧切关心的也是认识论的问题。他说：

> 人与天地万物为一体，故穷天地万物之理，即在吾心之中。后之学者（按：指朱子）错会前贤之意，以为此理悬空于天地万物之间，吾从而穷之，不几于义外乎（按：指告子的义外于性的说法）？[1]

知识存于心中，因此也须求之于心。由于理一分殊统一于心，故说“学术之不同，正以见道体之无尽也”。黄氏也把道比作海，它是所有大小河流的目的地。因为运动或变化是道的特性，故多元性就是为学之道的特点。合理的为学方法应当是多种的，重要的是知之而有所选择。

就此方法论的问题，黄氏断言在讲学上明儒超越了前代诸儒，使佛老之学的谬误“轩豁呈露”。讲学几乎都被理解为探究和建构获得正确之知的方法。然则明儒又是如何得其所法的呢？

---

〔1〕 黄宗羲这里指的是《孟子·告子上》中有关告子“仁，内也，非外也；义，外也，非内也”的讨论。补按：引文见黄宗羲著、沈芝盈点校，《明儒学案》，页7。

答案在于他们的灵活性："诸先生学不一途，师门宗旨，或析之为数家，终身学术，每久之而一变。"更新为学方法的进程，就是明儒成功的关键。

黄氏作为一位思想家的卓越之处，在于他认识到知识是视个人的天赋与趣向而定。他给自己分派的工作是："分其宗旨，别其源流，……听学者之自择。"既然以选择作为前提，那么各人学案的呈现就是逻辑的结果。因为需要选择，候选的学案如非文献足征的话，便将毫无意义。学案著作因此由提供基于每位儒者的思想发展的事实证据，而创造出学问。

黄氏许多同样的想法与推论，也见于那篇更早、与改本序有别的原序里。就本体论的前提，他说："心无本体，功力所至，即其本体。故穷理者穷此心之万殊，非穷万物之万殊。"在此，他主张知行合一中的知是要能在行中发现——行确切地说是心之行——而不是相反。一个人通过他那永远活跃和独有的心，对他所受的影响做出反应时，即用自己的方式获得知识。因此黄氏能得出结论说："夫先儒之语录，人人不同，只是印我心体之变动不居。若执定成局，终是受用不得。"对于寻求真理者而言，千夫一径、强调只有单方一味的求道方法是没有前途的。

但是黄氏坚持外在感性认识从属于内在良知的想法，也给他带来逻辑上的难题。他的前提断定外在只有在能确认内在的情况下，才值得加以认识。既然在追寻真理时，没有特别的学者或学派需要遵循，那么寻找真理就只能靠个人的心的机能。心的自主与独特性之得以验证，并不需要知道大量的先儒语录。那么为何要编《明儒学案》呢？为解决这一困难，黄氏设下求学是以培养个人德行为基础的条件："修德而后可讲学。"但这听起来像同义反复：学者第一步必须知道如何修德，可是老问题还是，用什么方法？

概括黄氏的特殊论点，可以说他提出两个命题：一是基于主观的本体论（“盈天地皆心也”），一是基于客观的认识论（学案）。后者被认为是达到前者的方法。如序中所述，他提供可靠的文本信息和自由选择的为学方法。黄氏看来已不担心在方法论上可能导致的相对主义——从多元的模范中自由选择，将导致知识的相对性。他表彰明儒的成就说：“竭其心之万殊者而后成家，未尝以懵懂精神，冒人糟粕。”对于他来说，这些学者普遍的认真是他们的共同之处的一个基础。

黄氏较抽象地在“一本万殊”的本体论命题上寻求共同点。前文讨论过的“中衢有樽”的譬喻用在这里就特别生动。被用作比喻哲学的水，整体没有边界，而性质是完整的。但当人取其一分以测其整体时，边界就形成了。可是，这些边界——描画出种种的样式和方法——是无尽的，而任何样式都能因寻求它的人而起作用。所以，学案的作用是给出各种的方法样式，各依追求者自身的情况而生其效果。

因此编辑一部学案，最重要就是正确地表现出每一案例的思想学说，亦即集中于“其人之得力处，亦是学者之入门处”。[1]对于为了概括不同学说而起的各种口号或警语（“宗旨”）所制造出来的界限，黄氏引用唐代诗人杜牧（803—852）的一个著名的说法来看待它：“丸之走盘，横斜圆直，不可尽知。其必可知者，是知丸之不能出于盘也。”黄氏加上一句话说：“夫宗旨亦若是而已矣。”这即是指，只要抓住普遍原则（盘）就能有效地使用任何方法（丸）。学问是在既定的界限内的自由活动中获取。

但此“盘”是由谁人或用什么造就的呢？黄氏曾批判周汝登和孙奇逢的著作在选收思想家方面有选择性的偏见，只以理学或心学的宗派定义儒学。但假如他们的著作受主观爱好所影响而有

---

〔1〕 这里和下面所引的杜牧之言，见《明儒学案·发凡》第二条。

瑕疵，那么黄宗羲和其他学案的作者在选择和敷陈原始材料上已达致客观了吗？我们先注意黄宗羲这个编纂原则：

> 每见钞先儒语录者，荟撮数条，不知去取之意谓何。其人一生之精神未尝透露，如何见其学术？是编皆从全集纂要钩玄，未尝袭前人之旧本也。[1]

尽管他的编选是认真的，但他也同样地公正吗？可以说，黄氏的哲学家权威是基于他被社会公认为一个通人、一个严肃的历史学家和几位儒学宗师的忠实追随者。他虽则心胸广阔，但他的《明儒学案》所选择的仅是被称为儒学的学术中的某些方面和表现形式。[2]例如，影响很大的“异端”李贽（1527—1602）之被排斥在外，便足以引人注目。

黄氏自己偏爱的寻求真理的路径，可见于他对读者的告诫：若把《明儒学案》当作百科全书或者参考书用，便将不能会其著书之意。他认为真理是通过个人实践而获得的。阅读乃至言语本身，都只是实践的起点。所习得的是否知识、是否真理，都需要实践来检验。纯粹的资料阅读，无论如何认真，都不是获得真理的正确门径。这样的主张，令黄宗羲确实成了王阳明哲学传统中人，他在学案中呈现的各种儒学之道也反映了其宗师的知行合一教旨。

---

〔1〕《明儒学案·发凡》第四条。

〔2〕这里牵涉了真理之为真理的条件，包括知识和权力等。这一辩证的分析，见 M. Foucault, “Truth and Power”, in C. Gorden ed. & trans. *Power/knowledge: selected interviews and other writings, 1972—1977*（New York: Pantheon Books, 1980），pp. 109-133。其说与讨论黄宗羲作为一个作者所具有的权威也有意义。

五、结　论

综上对18世纪中叶以前、各种以学案命名的著作的论析可见，“学案”的“学”指的都是儒学，在历史语境中专指新儒学（理学）。“案”字则有如下的不同意义：（1）管理意义上的档案，即记录备案，以备将来参考；（2）有助个人参悟哲理的禅宗公案的儒学版本；（3）法律意义上的案件，在对个人的记述中，插入陈词、判断、定案等；（4）为学方案，提供学者行事的规矩和指引。这些不同的意义却都含有“个案、方案”的共同意义，所以将“学案”译为“为学的方案”是合适的。

耿定向和刘元卿师徒所著的最早的“学案”，有这样几个特色：（1）学案以表述儒者的学术门径为主要内容，旨在为有志于学者提供为学的方案和楷模。（2）学案作者只收录儒者的言语文字，以见其为学情状，不为学者作选择和判断，而让学者自作判断和选择。（3）学案作者实际上从选材上作了判断，有意识地引导读者的取向。（4）学案是透过陈示别具意义的资料，来体现作者的思想主张的一种立说之作。（5）学案作者的基本学术态度是开放而不专断的。成就和影响最大的《明儒学案》同样具备上述耿定向、刘元卿二氏所作《学案》的各种特色，故在分类上它也应该像此二书一样，属于子部著作。

以《明儒学案》为最佳代表的学案著作，利用案例指引出学者以个人的道德实践、决定其为学成效的儒学修养门径。学案中的个体案例可以具有人文主义论述的影响，以传主活生生的经历来激励读者。学案大致上能够如法庭产生法律知识一样创造出哲学知识。就是说，读者以思想家的著作、语录作为证词，交互检查和参证；从学案文选中各处的材料内寻求参考；在编撰者的导言及其撰写的传记中做出判决。但案例的正当性归根结底不是基于诉讼人（传主）之词，而是基于法官自己（编撰者）提出的证据。既然作为法官的编撰者是审判中的一位当事人，他就绝对无法免除操纵案例之嫌。这样产生的证据就能带来客观的知识吗？这样产生出来的知识，在本质上不就是一种带有主观的说明胜于一种单纯的叙述吗？对于现代学者而言，学案著作是可以用来建构一部思想史的，但不能只忠实地依据学案，就可以重建其所描述的儒者之学。虽然如此，谁又能说就没有一位明清时代的学者，曾在这些为学方案中找到道德生活的满意指南呢？

《明儒学案·发凡·自序》研读

大家下午好。我们这个讲习班，诸位的学术背景不尽相同，求学的程度也不尽相同，我想要面面周全，照顾到每一位，恐怕难度相当大，我只能够努力而已。不过我想，我们今天有一个共同的目标，就是希望透过对经典文本的阅读，进一步了解传统的中国文化，有了这个共同目标，大家应该会有一些听讲的耐心和兴趣。昨天晚上有同仁告诉我，说朱先生两讲好像比较困难，同学们已经有这样的反应。如果真是困难，现在也避不开了，我们只能努力以赴。常言道：天下无难事，只怕有心人。对不对？

这样吧，我讲一个小小的故事来开始今天的讲习好了。就拿我的普通话来说吧，我的普通话很不普通，是吗？你不会听不懂，不过你可能会感觉到在词汇的运用、句法的表达、说话的腔调上等等，和你平常听到的普通话时有不同。这其实是有原因的。我在香港出生长大，在我们成长的那个年代，念小学、念中学基本上是没有说国语这回事的。打从第一天上学，我讲的就是广东话，应该说是广州话。普通话我没有受过正规训练，都是从收音机里听来的，而主要还是在外国留学的时候，开始碰到大陆来的同学，碰到台湾来的同学，你难道要他来和你讲广州话吗？只好勇敢一点，多用普通话跟他们讲，讲讲讲，讲到今天这个样子，还可以吧！我的意思就是，《明儒学案》的文本可能是比较难，但是只要你有兴趣，听讲之后，自己也看看，也想想，遇到生字翻翻词典，不能一看就懂的文句深思一下，总有一天会变得不太困难。今天我的责任就是，既然大家对于我要讲的预感到有困难，我就把这困难减到最低。

在进入正题之前，我还想就今天这个讲习班的意义多说几句，因为这和我要传达的意思有关，也跟我设计本讲的理念有关。我们这个班叫作“文化素质通识教育核心课程讲习班”，我认为重点应该落在“讲习”这两个字上。大家要留意，“讲习”是一个完整的概念，而且代表着一个很高的要求。所谓“讲习”，就是不单要“讲”，而且要“习”，“习”就是付诸实行的意思。相对地讲，“习”比“讲”更加重要，因为只有当你“习”了之后，“讲习”才会成为一个完满的整体。我们讲习经典，理想的状况是，讲论之后，能够对讲论所得加以应用，付诸行动，犹如《论语》所说的“学而时习之”。

我有这样一个粗浅的体会：我们整天讲“学问”，说这人有学问，那人没学问，“学问”到底是什么？学问的构成是什么？我的看法是，学问是由“知”和“行”（很传统的字眼）结合在一起的。你有知有行，知行的结合才形成一个知识，给了你一套学问，不然就是不免于空谈。听起来我好像在讲王阳明的知行合一论，不过，宋朝的大学问家朱熹，也就是大儒朱子，对知行两者关系的看法也是意义十足的。朱子有一句非常易记而蛮有道理的话：“论先后，知为先；论轻重，行为重。”由此可见，宋明两大先儒都着重的是“行”。如果诸位能在课堂结束以后，想想今天和明天课上所带出来的问题，其实也算是一种实行。最理想的是，你能从这两天的课上所讲发现一些足以影响自己的东西。万一你还未到“习”的地步，而更多地待在“讲”的阶段，想从

"讲"的层次来了解一下中国传统的文化、我们古人的智慧，那么《明儒学案》仍不失为一本有参考价值的书。这本书所讲的很多问题是人生共同的，不只古人有，不只明朝的儒者有，今天的我们也有。你看看明儒遇到问题的时候是怎么做的，说不定从他们的做法里面，也能够吸收一些养料，丰富自己。

我还要强调一个多数明代儒者时常强调的学术观念，那就是，做学问要求自得，自己手到擒来的才是学问，才是实学。黄宗羲曾经形象地说及这个观念："以水济水，岂是学问？"你把一杯水加到另一杯水里，还是水啊，质没有变。学问是要水火相济的，有不同的意见来冲击，然后你自己去调和，形成自己的见解。在这个认识的基础上，我不希望你们认为我讲的话就是权威，我希望你们把我讲的当作一个启动自己思考的引子。

一、《明儒学案》简介

今天要讲习的《明儒学案》的两篇文本，一篇是此书的凡例，在书中称作"发凡"，另外一篇是此书的序文，两篇都是黄宗羲所写。这序文黄宗羲先后写了两次，留下两个版本。早出的一篇在一些刻本上写作"原序"，后出的一篇对早出的有所改动，为了方便，我们称之为"改序"。我打算在这一讲的后半段时间来和大家阅读这"发凡"和序文。在此之前，我想应该先对《明儒学案》这本书做一个简要介绍。

《明儒学案》的作者是大学问家黄宗羲。黄宗羲是浙江余姚人，生于明朝万历三十八年（1610），卒于清朝康熙三十四年（1695），享年八十六岁。他成长于晚明，但学术是进入清朝之后才逐渐成熟的。除了《明儒学案》之外，他还有一本同性质的大书《宋元学案》，没有写完他就过世了，多年后才由他的乡后学全祖望补纂完成。对《明儒学案》和《宋元学案》这两本书，中国近代的教育学家都给予了崇高地位，胡适和梁启超便非常重视它们。

（一）国学必读之书

胡适之先生写过一本《一个最低限度的国学书目》，他说这个书目是“只为普通青年人想得一点系统的国学知识的人设想”。书中有一个分部叫“思想史之部”，《明儒学案》和《宋元学案》都被选在里面。胡先生还有没有其他原因要选它们呢？有。他说这两本书“保存原料不少，为宋明哲学最重要又最方便之书”。这是胡先生的判断。他当年人在北大，看来，至少在北大念国学的学生们对于《明儒学案》是毫不陌生的。

那个时候，梁任公先生也拟了一个“国学入门书”的书目。在这个书目里面，《明儒学案》被选进了“修养应用及思想史关系书类”之中。这类书是跟个人修养有关。梁先生选《明儒学案》的理由是这样的：此书与《宋元学案》“为六百年间学术之总汇，影响近代甚深”，“卷帙虽繁”，就是说它们的部头很大，但我们总是有“择要浏览”的必要。大家由此可见，大概在七十年前，我们的老前辈们是多么地重视《明儒学案》这本书。

梁任公说这两本《学案》“影响近代甚深”，是有根据的；就《明儒学案》而言，简直就是现身说法了，因为被影响最深者之一，正是他本人。任公先生早年跟康有为在万木草堂念书，我们看他的日记就发现，他在万木草堂念书时，康有为列了一堆必读的书，《明儒学案》就是其中一种。梁任公这个年轻人还是很老实的，老师列出，他就阅读，而且还读了很多次，每次读都会在书上加上自己的眉批，当作笔记。后来年纪大了，还编成一本《节本明儒学案》，长达二十卷，并且收入了他作过的眉批。除了梁任公之外，还有一位近代大人物看起来也蛮受此书的影响，那就是蒋介石。蒋介石日记里面有多处写到阅读《明儒学案》。为什么像梁任公、蒋介石这样的大人物，会对《明儒学案》这本书发生兴趣？这本书对他们有什么启发呢？我想，诸位在读这本书的时候，也不妨拿这些问题问一问自己。如果能够这样做，这本书就变成是你的一部分，你和书就结合在一起了；不然的话，书归书，你归你，读完以后也谈不上什么心得和兴趣。反过来，便是所谓“自得之学”。重点是，自得之学是要自己去追求的。作为一个讲者，我应该让大家知道一些有关此书的基本知识，比如它的成书年代、著作历史，它的内容和性质等等。

（二）成书年代

黄宗羲在本书的序文中说了一句不太好理解的话。他说：“书成于丙辰之后。”丙辰是康熙十五年。如果研究一下黄宗羲的传记和年谱，你会发现康熙十五年丙辰黄宗羲是没有可能著成《明儒学案》的。问题其实在于“之后”二字。“之后”多久呢？目前学界主要有两个说法。一个是中国社科院历史所的学者、《中国学案史》作者陈祖武教授的说法。陈先生认为，此书应该是康熙二十三至二十四年间著成的。另外一个是浙江社科院学者、《黄宗羲全集》主要编者吴光教授的说法。吴先生在《全集》本《明儒学案》的解题中主张，此书应是康熙十七至十八年间写成的。

我自己的看法比较接近康熙十七至十八年说，主要是因为两点考虑所致。第一点，《明儒学案》第六十一卷里面，黄宗羲写他一个已故老朋友，此人叫吴钟峦。在吴钟峦的传记里，黄宗羲这样说：“去之三十年，严毅之气，尚浮动目中也。”重点就在“去之三十年”这一句。黄宗羲与吴钟峦分手的时间是顺治六年，那么往下推三十年，就是康熙十七年。这就使得我们会想，康熙十七年的时候，黄宗羲还在写什么？显然是还在写《明儒学案》，而且是写到第六十一卷。这本书一共是六十二卷，最后一卷《蕺山学案》写的是黄宗羲的老师刘宗周。这样，我们便有理由推测，《明儒学案》之完成，不会离开康熙十七年太久。第二点，在《明儒学案》的序文中，黄宗羲表示了对一位同门的观点不以为然，有过辩论。这人叫恽日初（黄宗羲在序文中称他的别字仲昇），也是刘宗周的学生。恽日初是江苏武进人，《清史稿》里面有他的列传，他是在康熙十七年逝世的。黄宗羲在《蕺山学案》序中也提到和恽日初意见相左之事，说道“惜当时不及细论，负此良友”。照这说话的语气推敲，恐怕就如吴光教授所说的，时间应该距离恽氏逝世不久。因此，我们便可将《明儒学案》成书年代的下限设到康熙十八年。

黄宗羲提到“书成于丙辰之后”这句话，坦白说实在是不好理解。为什么呢？我们来看序文中接下去的一句话：“中州许酉山暨万贞一各刻数卷，而未竣其事。”许酉山是许三礼的别号，刻书时是浙江海昌县的知县。他跟黄宗羲有什么关系呢？原来那时候黄宗羲正在海昌讲学，所以两人做了朋友，许三礼好像还想给黄宗羲当弟子，但因为他不久调任，书当然就刻不成了。万贞一就是万言。他是浙江鄞县人，是黄宗羲的老朋友，也是他的学生。他在五河县做知县时开刻此书，后来调官了，书也刻不成。总之，这两句模糊的话，只是表示此书确是完成于康熙十五年丙辰之后，而且头两次刻书都没刻成。

黄宗羲为何一定要提到康熙十五年这个年份呢？他有什么含义？我们又要怎样开始想答案呢？我们可以先顺藤摸瓜，看看和黄宗羲最亲近的人那里有没有线索可循。我们发现，在黄宗羲的儿子黄百家所作《先遗献文孝公梨洲府君行略》中就有有用的讯息。大家请看这一段话：

府君作《蕺山传》〔曰〕:“五星聚奎,濂、洛、关、闽出焉;五星聚室,阳明子之说昌;五星聚张,子刘子之道通,岂非天哉,岂非天哉!”府君于丙辰岁著《明儒学案》成,而五星聚牛女,不孝家窃谓:亦岂非天哉,岂非天哉!(《黄宗羲年谱·附录》,原书标点)

这段话非常有意思。我来解释一下。《蕺山传》就是《明儒学案》最后一卷刘宗周学案中的刘宗周传。“五星聚奎”是什么呢?奎、室、张都是星宿的名称,五星就是金、木、水、火、土这五大行星。“濂、洛、关、闽”指的是宋朝四个理学派别:“濂”指周敦颐,“洛”指二程,即程颢和程颐两兄弟,“关”指张载,“闽”指朱熹。照黄宗羲说,五星聚在奎宿的时候,“濂、洛、关、闽出焉”,也就是说,影响到明清的宋朝理学就出现了。五星聚在室宿的时候,影响到明朝中期和清初的王阳明学说开始大盛。王阳明就是王守仁,是朱熹之后最伟大的哲学家,他是浙江余姚人,正是黄宗羲的乡先辈。五星聚在张宿的时候,黄宗羲的老师刘宗周的学说开始传播无阻。黄宗羲认为,这些都是天意;大人物的兴起,大学问和大理论的出现都跟天意有关,不是随便的。黄宗羲、黄百家父子分明对这天象和人事相关、感应的看法相信得很,所以对于《明儒学案》的著作意义,黄宗羲在序文中作了暗示,黄百家更在《行略》中明白表出,将《明儒学案》的著作与“五星聚牛女”(聚在牛宿和女宿)的天象联系起来。意思就是,此书以及书中的黄宗羲之说将会公诸世间,影响后代,也是天意所在。总之,黄宗羲、黄百家父子都把《明儒学案》的著作看成是学术思想史上的划时代大事。

但这里仍然存在上面说过的那个问题,即康熙十五年黄宗羲是没有可能写成《明儒学案》的。所以《行略》这一段话的倒数第二句，应该读作“府君于丙辰岁著《明儒学案》，成而五星聚牛女”，而不应该像很多读本那样断成“府君于丙辰岁著《明儒学案》成，而五星聚牛女”。这个读法与黄宗羲序文中说的“书成于丙辰之后”也没有矛盾。丙辰只是开始著书的年份，重点是成书的时候有五星聚于牛女的天象。要知道，黄宗羲序文所说“书成于丙辰之后”的“之后”到底有多久，是三年还是五年，我们就应该从这“五星聚”的天文现象来开始寻找答案。这个属于天文学和星象学的问题，现在的科技给我们提供了帮助。我在香港讲课的时候，学生郭文德思考细密，又对星象有兴趣。他说老师我帮你忙，马上就去查，结果就为我多年之疑提出了一个新而可说的答案。他的报告是这样写的：

> “牛女”即二十八宿北方七宿中的牛宿和女宿，约相当于西方的摩羯座与宝瓶座，而“五星”则指现今所谓金、木、水、火、土五大行星。学生根据一个由俄国人 Alexander E. Zavalishin 撰写的 StarCalc 天象馆星图程式（StarCalc Home Page，http://www. m31. spb. ru/StarCalc/main. htm），查找康熙十五年一月一日（西元 1676 年 2 月 14 日）至康熙三十年十二月三十日（西元 1691 年 1 月 29 日）间杭州（东经 120. 12°、北纬 30. 16°）及海昌（今浙江省海宁市，东经 120. 35°、北纬 30. 27°）的星象图，发现期间未有金、木、水、火、土五大行星共聚摩羯座与宝瓶座之间的记录，但是在康熙十六年十二月二十五日至十七年一月六日（西元 1678 年 1 月 17 日至 1 月 28 日）间，天王星、金星、木星、海王星、水星、火星却同时出现在摩羯座及宝瓶座附近，而当时的星象学家或许就是将这一现象误判成为“五星聚牛女”，导致黄百家在文中亦引用了相关描述。

如果这个说法能够成立，那么上面所引的黄百家的话，无疑便应读作“府君于丙辰岁著《明儒学案》，成而五星聚于牛女”。而《明儒学案》成书于康熙十七年的说法，也获得了更强的证据。

（三）版本

下面我们讲版本的问题。《明儒学案》的版本很多，这也反映了此书历来备受重视的事实。《明儒学案》的第一个刊本是康熙三十二年故城贾氏的紫筠斋刻本。这个刻本雍正十三年（1735）重印，乾隆年间被抄进《四库全书》，现在流传更广，大图书馆都会有的，2005 年收入《儒藏》的也是这个版本。《明儒学案》的第二个刊本是乾隆四年（1739）慈溪郑氏二老阁刻本。二老阁这个名称是郑氏用来纪念先人郑梁和黄宗羲这“二老”的。郑梁和黄宗羲是好朋友。这个刻本有光绪八年（1882）的修补本，清末还有一个石印本。这个版本的字数比紫筠斋的多了约四分之一，约有九十五万字，可以称为一个足本。1985 年中华书局出版的沈芝盈点校本，以及 2008 年 3 月再版的修订本，都采用的是这个版本。收入《黄宗羲全集》的《明儒学案》也是这个版本，《全集》本 1992 年出版，2005 年再版。《明儒学案》的第三个刊本是道光元年（1821）的会稽莫晋刻本，这个版本后来流行最广，1932 年上海商务印书馆出版的断句本，1936 年上海世界书局出版的另一个断句本以及中华书局出版的《四部备要》仿宋字体本，都是根据的这个版本。

《明儒学案》还有好几个节本，重要的有光绪三十一年（1905）上海新民社排印的梁启超选《节本明儒学案》，1931 年上海商务印书馆出版的缪天绶选注本，1945 年重庆正中书局出版的李心庄选《重编明儒学案》。至于光绪三十一年杭州群学社石印《黄梨洲遗书十种》中的节本，只是收入各卷所载的传记而已。

西方也有一个英文的选译本，1987 年由夏威夷大学出版社出版，书名叫 *The Records of Ming Scholars*，是已故秦家懿（Julia Ching）教授带领的一个班子翻译成的，收录了此书的《师说》、各个学案的案序以及四十二名儒者的传记。

至于《明儒学案》的文本研究，我自己很多年前也曾系统地做过一次，并在 1991 年由台湾的“中研院”历史语言研究所出版，当时我还在那里工作。这本书叫《明儒学案点校释误》，以 1985 年中华书局点校本为本，专门探讨在这个版本以及在上述商务印书馆、世界书局乃至《四库全书》等版本上所出现的文字和标点问题。

就版本的问题而言，我想可以这样总结起来说：《明儒学案》主要有三个版本和传刻系统，一个是康熙紫筠斋本，一个是乾隆二老阁本，一个是道光莫刻本。这些不同版本也带出了三个问题。第一个问题是字数问题。上面说过，二老阁本约有九十五万字，紫筠斋本和莫刻本只有七十多万字。紫筠斋本字数少了很多，二老阁本的出版者认为这是紫筠斋贾氏擅自删节所致，并且指责贾氏的删节丧失了黄宗羲著书的原意。已故日本学者山井涌对此提出不同的看法。他认为紫筠斋本不一定是节本，而可能是一个早期的本子，倒是二老阁本多出的内容可能是后来加增的。但他也没有什么绝对的证据可以使这个看法成为定案。我的感觉是这样的：二老阁本比紫筠斋本多出的文字，不一定是在黄宗羲不知道的情况之下加上去的。反过来说，紫筠斋少了的文字也有可能是黄宗羲从原稿删节去的。我们有足够的证据可以证明黄宗羲对于自己的作品是时作修改的，甚至连《明儒学案》的序文都是这样，诸位等一下就会看到。

第二个问题是这三个版本头九卷的名称和排列问题。简单地说，紫筠斋本对于明儒的表述，从籍贯上看，是先北后南的；二老阁本和莫刻本则是先南后北的。二老阁本和莫刻本头九卷的学案，依次是江西儒者吴与弼的《崇仁学案》、广东儒者陈献章的《白沙学案》，然后才是山西儒者薛瑄的《河东学案》以及陕西儒者王恕的《三原学案》。紫筠斋本反过来，依次是《河东学案》、《三原学案》、《崇仁学案》、《白沙学案》。此外的分别是，卷十一至卷三十的六个王阳明传人的学案，二老阁本和莫刻本称作《浙中王门学案》、《江右王门学案》、《南中王门学案》、《楚中王门学案》、《北方王门学案》、《粤闽王门学案》，紫筠斋本则是把“王门”二字称作“相传”二字。你说这跟地域观念有没有关呢？跟学派认同又有没有关呢？可能两者都有关的。北方那两个儒者是比较明显的程朱学派儒者，南方那两个基本上是离开程朱学派的。黄宗羲这个南方学者，无疑是喜欢南方这两个多些，所以会把他们摆在前面。当时的北方学者却不必同意这个判断，所以趁着出书的机会，就把次序和次序所隐含的重要性改了过来。二老阁刊行者指责紫筠斋刊行者失去黄宗羲的著书之意，可能也是指这点而言。

第三个问题出现在莫刻本上。这个版本很不老实。它号称以乾隆二老阁本为据，而且还批评康熙紫筠斋本。其实，除了六十二卷的排序和学案名称跟二老阁本相同之外，内容根据的就是紫筠斋本，所以它本身就是一个节本。但它对紫筠斋本的文字又改动了很多，号称这是校正，却没有交代校本是什么，很多文字是紫筠斋本和二老阁本都见不到的，也不知道是谁改的。它号称校勘精良，一时称为善本，前人研究没有那么深刻，也不知道其中的毛病，所以大家都在用它，故而一再传刻，现代的断句本，也都根据它。我最初读的《明儒学案》也是这个版本。现在我可以说，除非你在深入研究《明儒学案》的版本，你最好不要读它，读了没有好处。

（四）结构

以下我们来说《明儒学案》的结构问题。《明儒学案》一共有六十二卷，除了黄宗羲的《序》以外，依次是：《发凡》一篇，《师说》一篇，十七个以学派命名的学案。《发凡》共有八条，主要是讲这本书的性质、选材原则、著作旨意等。《师说》记载黄宗羲的老师刘宗周对于二十五位明代儒者学术的评论，略涉生平，主要是说他们的学术特点。每个学案的结构是这样的：在整个学案之前会有一篇序文，习惯上称为“案序”，篇幅有长有短，整本书看是长的比较多。案序主要讲一个学派的源流，这个学派的主要人物以及这些人物的学说特点。案序之后就是学案里面的各个儒者的学案。所以，学案有两个意义：一个是整个学派的学案，一个是学派里面各个儒者的学案。单个儒者的学案绝大多数由两个部分组成——这次诸位要读的《曹端学案》便是这样——第一部分是这个儒者的传记，这传记是黄宗羲自己写的，一般首先介绍传主的生平，有详有略，然后是黄宗羲对传主的学术的评论。传记在《明儒学案》中价值比较高，评论传主学术的文字更是精彩所在。第二部分是传主的文字选录。每一个完整的儒者学案，结构上都是这样。但也有一些儒者没有文字被选录，原因可能是他没有留下文集或语录的刊本，或是有刊本而黄宗羲没看到。整个的学派学案，是由案序、案中儒者传略以及他们的文字选录组成的，陈祖武先生称之为三段式结构。

（五）内容

《明儒学案》一共收录了两百一十多个明代儒者的传记。其中正选的有二〇二个，附录的因为版本不同而异，紫筠斋本附录了十二个，二老阁本附录了十个，另有附案所录的五个。传主被收录的讲学文字，种类非常多，有专题的论文，有序记类文章，有论学书信，但主要是讲学的语录，当中有的是学生的笔录。黄宗羲将这两百多人分别隶属于由他命名的学派。我要重复“由他命名”这几个字，因为崇仁学派、河东学派、白沙学派、姚江学派等等，都不是吴与弼他们这些创始人自己命名的，而是黄宗羲命名的。我们从这些创始人的籍贯以及他们在书中出现的次序看，《明儒学案》的内容就很丰富了。大家依照各个学案在书中出现的次序看：崇仁在江西，河东在山西，白沙在广东新会，三原在陕西长安附近，姚江指浙江余姚，各个王门学案中的浙中指的是以绍兴为主的浙江东部，江右指的是以吉安府为主的江西，南中的意思是南方中央，指的就是南京，楚中指湖南湖北，主要是湖南地方；北方范围更大，主要指的是河南和山东；最后的粤闽，指的是广东和福建。福建在明代是朱子学的大本营，其他学派打不进去，黄宗羲立案号称粤闽，而案中的福建人物只有一位，不免有为王门虚张声势之嫌。

王门各个学案之后，是一个给江西丰城人李材写的《止修学案》。李材这人一辈子刻意要学王阳明。王阳明是什么人物？王阳明是历史上少见的文武全才，很会打仗，打的仗都没有输过；很会讲学，当他学生的人很多真是天下英才。李材就是想做王阳明第二，他也带过兵，讲学还表明向王阳明立异，但结果都不理想。可是他的学术思想毕竟是从王阳明学说导源的，而且长期讲学，又有不少学生，所以黄宗羲给他一个独立的学案。接着便是泰州学案。从前嵇文甫写过一本《左派王学》，很有名，一大部分就是讲这个学案的儒者。泰州学派的创始人是泰州人王艮，他是个布衣，亦即平民学者，但他其实很伟大。王艮也是王阳明的学生，但他从王阳明处回到老家之后，讲学便讲得跟老师不太像，却又门庭广阔，所以黄宗羲便把他排除在“相传”的王门之外，自成一家，独立一案。接着的是湛若水的《甘泉学案》。湛若水是广东增城人，是陈献章的学生，他的学生和传人人数仅次于王阳明。《甘泉学案》之后是《诸儒学案》，这部分等一下再说。《诸儒学案》之后是《东林学案》，收录的是所谓东林学派的儒者。最后便是《蕺山学案》，写的是刘宗周。

《诸儒学案》是《明儒学案》选材上的一个特点，它收录的是不属于什么学派的儒者。世间思想独立、行动独立的人多的是，为什么一定要做某人的学生？一定要参加某个学派？难道不可以自己念书成家吗？可以！所以黄宗羲就把这种儒者别归一类，都放进《诸儒学案》，只是依照他们的年代先后来加以编排。黄宗羲说这些儒者的学问，是“无所师承，得之于遗经者”，或者是因“朋友夹持之力，不令放倒，而又不可系之朋友之下者”。朋友是平等的，学问上获得帮助的，也不必称帮助者为师，既然不是他人的学生，便可算是自成一家。黄宗羲要求的是，只要这个儒者有重要的成就，有自得之学，他就可以被放进去。还有一些儒者是“当时有所兴起”，当时也是名师，也有一帮学生，但是传不了一两代就传不下去了，可你不能够因为他们的后学传不下去而抹杀了他们自己当年那种兴起之功啊！所以也把他们放进去。凡此种种，都归到《诸儒学案》里面。从这里看，黄宗羲的选材是合理而且周到的。

（六）选材标准

接下来谈的是选材的标准问题。可以分两个部分来谈，一个是人选，一个是文选。我刚才讲的其实多少已和人选方面有关。黄宗羲选人的原则，除了要尽量周全之外，更重要的是获选者一定要学有自得，否则不会考虑，至于这人意见和别人不同，倒无所谓。黄宗羲在序文（“原序”）中说“羲为《明儒学案》，上下诸先生，深浅各得，醇疵互见，要皆功力所至，竭其心之万殊者，而后成家，未尝以懵懂精神冒人糟粕”，就是这个意思。“上下”的意思是将这些儒者按照他们的造诣和学问特色分别排列。

重点是，因为他们都是有自得之学的，所以才给他们立案。立案的重要考虑虽然是学派的归属，正如序文接着说的“于是为之分源别派，使其宗旨历然”，但也因为“自得”这个决定性的条件，所以也为不少独立的儒者立案。《发凡》第五条说“故此编以有所授受者，分为各案；其特起者，后之学者不甚著者，总列诸儒之案”，就是这个意思。我们要看黄宗羲在人选上是否精当无私，从获选儒者之学是否是“自得之学”以及他的学问宗旨是否准确地呈现出来这两点看便够了。“宗旨”这个概念词不容易解，等一下我会再讲，它主要指的是学问的目的和求学的窍门。

在文选方面，黄宗羲的原则是选取最能反映人物思想的精彩文字。很多儒者一生讲学，讲了或写了很多东西，不可能都抄入书中。很多儒者早已有名，说话或文字已有现成的选录，也常被后来的选家所采用。怎样才能正确地表示出他们的中心思想和主要方法呢？黄宗羲在处理文选的事情上，用的正是他的自得之学。《发凡》里面有一条足以反映他的自豪：“每见钞先儒语录者，荟撮数条，不知去取之意谓何。其人一生之精神未尝透露，如何见其学术？是编皆从全集纂要钩玄，未尝袭前人之旧本也。”一言以蔽之，他不抄人家，他所选取的就是他自己读过而认为可取的。这段话也反映了黄宗羲的这个信念：一个学者的真学术和他的真精神是互见的，你没有那种精神便出不了你那种特质的学术，换言之，他是相信文如其人之说的。再进一步说，他在选文时，是相信自己的认识的，从而也相信自己和文字被选的儒者是精神相通的。我们可以这样看，黄宗羲对于认定被选儒者的学术宗旨可能存在偏差，但他主观上是极端自信的。

《发凡》里面还有这样一句很重要的话：“学问之道，以各人自用得着者为真。”这是黄宗羲认为做学问的指导性原则。在这个原则的指导之下，《明儒学案》所选录的文字，便“有一偏之见，有相反之论”。说得多么透彻。对学者来说，意见的异同并不重要，重要的是，学问是从自己的体会中得来的，自己所讲的自己能够相信。这样的话语，才是对人有益之言。

（七）性质

以下我们来看黄宗羲著作《明儒学案》的用意以及此书的性质，这两者是分不开的。近代学者因为梁启超给此书的定位之故，几乎都将它看成是一本学术史著作，有的学者更说它是中国历史上第一部完整的学术思想史。我从前也是将《明儒学案》视作学术思想史的，可是我现在看法有所不同。近年来，我有机会发表了两篇论文讨论过这个问题，一篇是《为学方案:学案著作的性质与意义》(熊秉真编《让证据说话·中国编》，台北麦田出版社，2001年，页287—318；或朱鸿林《中国近世儒学实质的思辨与习学》，北京大学出版社，2005年，页355—378)，另一篇是 *Confucian"Case Learning": The Genre of Xue'an Writings* (Charlotte Furth 等编 *Thinking with Cases: Specialist Knowledge in Chinese Cultural History*. Honolulu: University of Hawaii Press, 2007，页244—273)。英文这一篇后面谈到与中文这一篇不同的问题，但两篇对于《明儒学案》性质的说法一样。我的论点(argument)是这样的:《明儒学案》是黄宗羲为想要追求儒学的读者提供一个用得着的为学方案。诸位可见，我是把“学案”定义作“为学方案”的，英文论文题目上的“case learning”也是这个意思。这些方案都是个案式的。全书的各个个案汇集一起，目的就是给读者提供选择，作为各自进学的参考。从此书的《序》和《发凡》看，更重要的，从书中的各个儒者学案的结构看，我会这样说：我们与其说《明儒学案》是一本记叙性的史书，毋宁说它是一本寓意性的子书更好。黄宗羲自己的学术宗旨就在此书本身。他的宗旨就是给此书的学者提供为学方案，让读者按照自己的性向去作选择。他这里的长处是不强人认同，不强人跟哪一条路走，他相信在众多个案并存的情形之下，有意的学者会有判断力去选取自己喜欢的那一家来加以学习。以上也是我这两篇论文的主要论点。因为文字都已发表，当中详细的论证我在这里就不讲了。

谈到《明儒学案》的性质，还有一点应该说。梁启超说《明儒学案》是一本史书，我想他的原因可能有两个。一个原因是受黄宗羲“原序”所说的影响。黄宗羲不是说要将那些被选的儒者“分源别流，使其宗旨历然”吗？在另外一篇序里面，他也说要为明代的儒者“分其宗旨，别其源流”。这些“分”、“别”、“源流”之类的字眼，很容易会使你的意象中出现一个发展性的叙述和分析活动，所以此书的历史意味是相对重的。另外一个原因是受传统书目的影响。大家都知道，梁任公时代的学者很多还做着中国传统的学问，而传统的目录学是将书籍分成“经史子集”四大类，《四库全书》的分类就是这样。《明儒学案》这本书是收进《四库全书》的，著作分类上正是属于“史部传记类”。梁任公可能受到《四库全书》的分类影响，而把此书视作史书。

说到这里，我们很容易便会提出这样一个问题：《四库全书》馆臣将《明儒学案》分类为史书，有没有道理啊？我看，他们是可以自成一说的，关键就在于《明儒学案》里的诸多传记。我想，《四库》馆臣看重此书之处，就是这些传记，所以此书也就理所当然地被归类为史部著作，而且明确地被定为传记类书籍。这些传记也真是应该看重的。为什么呢？因为除了交代传主的生平，也交代了他的学问大端，还有黄宗羲的评论，而这些评论有时是很有批判性的，说及此人思想和学术宗旨的强弱，强在什么地方，弱在什么地方，跟别人的分别又在什么地方。《明儒学案》中这样完整的传记不在少数，价值很高。我想《四库》馆臣就是看中了这一点，才将此书加以著录，抄进《四库全书》之中。但也恰恰因为这个原因，促使我们考虑另外一个问题：《四库》馆的那些翰林公、翰林爷的馆臣们对于此书归类的决定，就是黄梨洲先生的原意吗？这样一问，我们就得这样再问：《四库》馆臣看重书中的传记，没有错，但传记本身既是一个完整而独立的结构，何以传记后面还要附上文选，而且这些文选的文字数量往往比传记的要多出好几倍？

黄宗羲这样做的道理，我们一路讲下去，就会不言而喻。梁启超其实也说《明儒学案》是一本“语道之书”。语的是什么道呢？语的是提供你个人身心修养之道。梁任公给《节本明儒学案》选的就是这样的内容。他在此书的前面说得很清楚，原书很多文字他是不收的，包括明人成就最大的排斥佛学的理论，因为他认为这些理论跟我们现代人的身心修养无关。我认为梁任公这个“语道之书”的性质认定是能得黄宗羲之心的。

（八）用途

我们也得谈及《明儒学案》的用途。这本书的用途是多方面的。首先，它让我们看到很多明代儒者乃至于整个明代儒学的思想大略，毕竟它记述了超过两百个明代儒者的事迹。这些传记哪怕有些很短，但总是一个传记，很多还用一两句话把这个儒者的学术宗旨提示出来。这些传记给统合起来时，整个明代儒学的轮廓便清楚可见。其次，我们也可以用《明儒学案》来研究黄宗羲本人的思想。黄宗羲在书中的说话很多，而且好一些还是有批判性的，我们由此可以见到他的思维方式。

作为一个现代学者，我发现我和梁启超的两个看法其实是不期而遇的。就是说，《明儒学案》一方面是一本史书，但同时也是一本子书。不过，我认为在黄宗羲的意图里面，这本书主要还是一本子书。我们今天来用这本书，固然可以把它当作史书来用，但也应该注意到，它还可以被当作研究明代儒学史的索引和补充性资料集来用。这点我要强调一下。诸位大概能够同意，要了解明代儒学也不是那么简单随便。它的源流正变是怎么样的，谁是跟谁学的，谁是从哪里获得思想源泉的，谁的重点是什么等等，需要有一个索引，有一个指导，研究才容易有进展。《明儒学案》所见的明代思想，确是轮廓具备的，就用它来作一个索引，便能事半功倍地研究去。更重要的是它的资料，这些资料中有一些是研究明代思想史所无法取代的。书中的两百多个学案，收录了不少家数的文字，其中有十几家，我到现在都没有看到他们的文集或语录的刊本。有可能已经不存在了。多年来，全国所有大的善本图书馆我都跑过，善本书目也都翻遍，就是没有找到。我想找一天到江西的地方图书馆去看看，说不定还能发现一些抄本或清代刻本之类的材料，就像从前黄宣民先生发现（以及后来整理出版）颜钧的文集一样。如果还找不到，那你要研究这些人的思想，就非靠《明儒学案》里面的材料不行。《明儒学案》可以批评之处甚多，但它记载这些仅存的材料的价值，是无法超越的。

《明儒学案》还有另外一种资料上的用途，那也就是黄宗羲著书的本意所在。我们不能忽略，此书可以帮助增强我们的文化素质。请看《发凡》倒数第二条他怎样说："古人之于学者，其不轻授如此，盖欲其自得之也。即释氏亦最忌道破，人便作光景玩弄耳。此书未免风光狼藉，学者徒增见解，不作切实工夫，则羲反以此书得罪于天下后世矣。"这几句话要端详地看，其实讲的也就是黄宗羲的著书用意，关系到本书的性质。"古人之于学者，其不轻授如此"这句之前，黄宗羲先说了一个朱熹如何教他一个学生治学的故事。朱熹要这个学生读《孟子》，一天，他问这个学生对于《孟子》中一个关于心的问题的看法。这学生的回答朱熹不满意，要他回去再想。这个学生想了很久还想不出，最后竟然病倒，这时候朱熹才将自己的见解告诉他。黄宗羲用这个故事引出学贵自得和学贵实行的道理。学问只能靠自己亲自去做，才是实学。有问题便要自己找答案去，不要老是要求老师给你提供答案。你自己没有深刻的研究思考，就由老师给你一语道破，这样得来的知识对你是不牢固的。黄宗羲这一段话，我们不妨当作他卖的一个关子，他实在也是在讲自己的书啊！他说我这书恐怕会引人误会，因为“此书未免风光狼藉”。什么叫“风光狼藉”？意思是，他选的人非常之多，他选的文字非常之多，这些人的学术见解各有特色，百花齐放的样子，也都没有加以剪裁，呈现散漫形象。但这些都有黄宗羲所赋予的深意在，学者如果把此书当为一本普通书籍或者一个纯粹的资料集来念，以为量多就是好的，这就难免于“徒增见解，不作切实工夫”的病痛。这样，他著书的好意反而给人带来坏处，所以说“反以此书得罪于天下后世”。从这里我们就知道，黄宗羲作这本书，尽管是这么的体大思精，让人家看到明儒学术的源流脉络，但其实他的重点是希望人们读了以后，不要将所过目的作一般的见解看，不要拿来作谈资，而要拿来作自己修养身心的一个把柄、一个参照点。我认为这是黄宗羲著书的心血所在，所以，如果我们要利用这本书的话，除了可以用它来作历史研究，还不妨考虑一下是否可以让黄宗羲的期待有个实现的机会。

二、《发凡》篇细读

这一部分我们以阅读文本为主。

今天给大家选读的两个文本，多少跟刚才讲的那些内容有所呼应。换言之，诸位在看《发凡》和两篇序文时，应该已有一点基础，不会茫然失措。这些文字对我来讲，每看一次都有一些新的体会，所以我想透过两个层次的比较来让大家深入其中。《发凡》共有八条。黄宗羲没有说这些条文是什么时候写的，到底是在著书开始时已经这样发凡起例，作为撰写的指引；还是写到中间，发现很多东西交代有所不同，不能平衡发展，所以需要一个发凡；或者是反过来，书写到快完时，才来一通介绍本书的原则性文字，我们都不能够确定。我的意思是，我们不要忽略这些本来应有的信息。同样要注意的是，两篇序的文本在此书的不同版本中存在别异。乾隆二老阁郑氏刻本是什么序都没有的，刊者也没有说及所根据的稿本有黄宗羲的序文。但黄宗羲的文集里面是有《明儒学案序》的，而且有两篇，一篇是所谓“原序”，另一篇可称之为“改序”。文集中的这两篇序文都没有写是哪一年作的。早出的康熙紫筠斋贾氏刻本却是有序的，这序是所谓的“改序”，原书题作“明儒学案序”。紫筠斋刻本的雍正印本，又加入“原序”；此序被后来根据二老阁本的石印本及铅印本以至近二十年的标点本所载。贾本刻于康熙三十二年，据刻本所见，这两篇序文都是作于是年，黄宗羲八十四岁，再过两年便去世了。这两篇序文让我们看到一个非常精练的、非常成熟的大学者，在独特的情况之下，心里面想说的重要东西。他想说的，我们待会儿讨论。黄宗羲有改写自己文章的习惯，而且往往一改再改，甚至三改四改，又不销毁原稿，以致后人还能收入到他的文集中。对黄宗羲有所研究的朋友，都会知道这点。至于他为什么会对“原序”不满意呢？如果有时间的话，我也会说一说。

现在，我们就来细读这篇《发凡》。先看第一条：

> 从来理学之书，前有周海门《圣学宗传》，近有孙钟元《理学宗传》，诸儒之说颇备。然陶石篑《与焦弱侯书》云：

“海门意谓身居山泽，见闻狭陋，常愿博求文献，广所未备，非敢便称定本也。”且各家自有宗旨，而海门主张禅学，扰金银铜铁为一器，是海门一人之宗旨，非各家之宗旨也。钟元杂收，不复甄别，其批注所及，未必得其要领，而其闻见亦犹之海门也。学者观羲是书，而后知两家之疏略。[1]

这开头一句就提到“理学”二字。理学，是宋明时期主要的学术，有人说是统治性的学术。但理学的定义却不容易掌握。如果你用英文来说，一般称作 Neo-Confucianism，中译便是“新儒学”。新儒学是什么学？是相对于先秦以至汉唐儒学的宋明儒学，亦即理学，当时更普遍地称为“道学”。

这里提到的《圣学宗传》和《理学宗传》两本书，书名中的“传”字，一般解释为“传记”，所以会被念作“zhuàn”。我认为，它这里的意思是传承，应该念作“chuán”。这个论点和主张，在前面提到的我的中文论文和英文论文中都有陈述论据。黄宗羲说的“周海门”，是周汝登的别号。周汝登是浙江嵊县人，他在万历年间写了《圣学宗传》这本书。他是个成家的儒者，《明儒学案》里面也有他的学案，归在《泰州学案》中。泰州学派的人物，多数很独立，很有个人主义色彩，在很多正统的理学家眼中，是离经叛道的。但其实，周汝登讲学很多都不像泰州学者们所讲。最近十年来，已有学者对他的学派归属提出质疑。大概在 2002 年，现在任教清华大学的彭国翔教授发表过一篇很好的论文，从史学考证辨别出周汝登其实不应该属于泰州学派而应该属于浙中王门学派，因为他的师承所自，他最仰慕和最受影响的

[1] 本书讲稿部分的《明儒学案》引文，引自中华书局 1985 年版沈芝盈点校本《明儒学案》。引文的标点，则由朱鸿林先生提供。——编者注

儒者是王畿。王畿是浙中王门的领袖，他跟泰州王艮是王阳明门人中最有影响力的两位。彭先生用一个诛心之论来解释为什么黄宗羲会明知故犯地将周汝登放到《泰州学案》中去。因为周汝登的思想，在清初是受到很大批判的，泰州学派此时也是受到很大批判的，将周汝登放到泰州学派去，可以不让浙中王门受到牵连攻击，这对于黄宗羲这个浙中王门后学是有好处的。黄宗羲说的“孙钟元”，是河北容城人孙奇逢的别字。孙奇逢在明末清初是有名的儒者，为人很勇敢，很重义气。他著《理学宗传》时，已是康熙年代。

大家应该已注意到，周汝登和孙奇逢两人著作的命名有一个共同之处。但为什么这两本书都称作“宗传”？这个问题我那篇英文论文谈得多些，简单地可以这样说：作为著作形式，宗传和学案在概念上很不一样。宗传是直线的传承，儒者是一代一代传下来的，所以师承问题特别重要；哪一个是老师，哪一个是老师的老师，不得混淆，不可逾越，宗派主义的束缚很严重。学案是横面的铺陈，师承可以是明显的，也可以不是直接的；学者可以在诸多并列的儒者之中，选择其学术自己认为可以学习的去师从，重点是一种公开性和选择性。

黄宗羲对周汝登、孙奇逢各自所著之书都有批评。他虽然承认二书所载“诸儒之说颇备”，但随即说陶石篑对《圣学宗传》的分量有所保留。陶石篑是陶望龄的别号，陶望龄是浙江会稽人，他是周汝登的门人，也是黄宗羲同时代的人，但年辈比黄宗羲高。《与焦弱侯书》中的焦弱侯，是鼎鼎大名的焦竑的别字。焦竑是晚明的学问家之一，对明史研究很有贡献，佛学造诣也很高；他在《明儒学案》里面也有学案，属于泰州学派。陶望龄给焦竑写信的内容，大概是在为周汝登的著作作解释。他的意思是，周汝登因为环境和阅历所限，对于认识明代儒学的资讯是有限的。陶望龄说周汝登谦称自己的著作并非定本，便是在保护自己免受他人太多的批评。黄宗羲引陶望龄的话，其实是借力使力，以陶望龄所说的为证据，而且话锋一转，直说周汝登犯了混淆的大毛病，说他不管人家学说的中心思想，只管用人家的思想来迁就自己的主张。黄宗羲指周汝登主张禅学，说的已经不是纯粹的儒学，所以他的《圣学宗传》是将各有宗旨、各具自己的学术面貌的儒者，像“扰金银铜铁为一器”一样，混出一个只见到他自己的禅学宗旨的学术面貌。一言以蔽之，周汝登此书是不客观的“理学之书”。

黄宗羲对周汝登的批评对不对呢？从《圣学宗传》的内容来看，黄宗羲也没有乱讲。但从另一个角度来看，周汝登著书这样做也不难理解。一方面他是儒者，是读“四书”、“五经”出身的；另一方面他对佛教道理理解很深，也很相信。佛教和禅学的一个重要概念是“方便”，予人方便也是度人度己之事。“方便”作为手段，便是说事情都可以商量，不要执著：直的路走不通，可以走弯的；高不能过，可以低过；这样走目前做不到，就搁下来将来再走。所以对周汝登来说，黄宗羲批评他的，反而是他理所当然的。周汝登犯的毛病，是没有先将自己的宗旨清楚说出，以至对像儒者的真面目、真精神都见不到。孙奇逢《理学宗传》的毛病是“杂收，不复甄别”，以致被收在书中的儒者的学问源流都不清楚。另外“其批注所及，未必得其要领”，反映了他对于明儒学问的鉴识只是一般水准。总之，“其闻见亦犹之海门也”，一样是孤陋寡闻。《理学宗传》一书现在已经收入《四库全书》系列，很容易找到。大家可以取此书之中的一些眉批来看，自己判断黄宗羲的批评是否公允。

现在我们来看，黄宗羲把人家踩了一番以后，又怎样来讲自己呢？他的《明儒学案》是周、孙“两家之疏略”的反面。黄宗羲这样抬举自己所著的要点，有没有重要性呢？有的。我不是鼓励大家去踩别人，但你要知道，如果你要出版一篇论文或一本书，而你的文中书中所讲没有超越别人之处，没有达到现在的学术前沿水平，那人家为什么要给你出版呢？你就是自费出版了，又有什么贡献呢？对不对？所以出书出论文的第一个要求便是文章的原创性。没有原创性的作品，很难谈得上学术贡献。在这个意义上看，黄宗羲还是蛮近代的。我们回头来看黄宗羲的不满在哪里。在两个毛病：一个是混，一个是杂。这两个毛病都会埋没了对象儒者的宗旨。这点我想大家都看到的。

还有一点，我想让大家自己先想一想：这条发凡还透露了一个什么信息？大家来说说吧。

学生一：出书的要求。出书的话，你的见闻不能太狭隘，你也不能掩盖别人的看法。

对，你看得很对，但是还可以进一步分析。我给一点线索让大家想想。很多人因为梁启超的影响而说《明儒学案》是学术史。从这方面考虑，这一条发凡透露了什么信息？

学生二：老师，我觉得黄宗羲是以开山之祖自视的。他那个自信的感觉，溢于言表。他对他以后的地位和贡献在他有生之年就能够意料得到，而且还会青史留名。

对，这个是可以推论出来的。你看最后两句怎样说，“学者观羲是书，而后知两家之疏略”。这就有你所说的含义。但是，我想听到的答案还没有出现。

学生三：他说的是如何对待前人的成果，具体来说是理学的成果。

嗯，很接近了，你真的很接近了！你点出了一个关键词，就是“理学”啊！要不要再接下去讲两句？

学生三：就是要尊重前人原有的成果，但是呢，又不能够照搬。

好，那我来补充一个。大家不是都说《明儒学案》是一本学术史著作吗？我不是在辩论说这是一本子书吗？你看，黄宗羲说“从来理学之书”之后，马上点名周汝登的《圣学宗传》和孙奇逢的《理学宗传》，然后便讲到自己的《明儒学案》。他这本书不也就是“理学之书”吗？对不对？三本都是同类的。这个书籍性质的定位，黄宗羲就这样不经意地透露出来。他的目的不是要告诉你历史的事情，他想要告诉你的是理学的事情。顺便一提，《圣学宗传》和《理学宗传》在《四库全书》中的分类，既不是史部书籍，也不是经部或集部书籍。好，这一点就到此为止。

我们来读《发凡》的第二条。这条文字如下：

> 大凡学有宗旨，是其人之得力处，亦是学者之入门处。天下之义理无穷，苟非定以一二字，如何约之，使其在我。故讲学而无宗旨，即有嘉言，是无头绪之乱丝也。学者而不能得其人之宗旨，即读其书，亦犹张骞初至大夏，不能得月氏要领也。是编分别宗旨，如灯取影。杜牧之曰：“丸之走盘，横斜圆直，不可尽知。其必可知者，知是丸不能出于盘也。”夫宗旨亦若是而已矣。

你看，这开头一句多么有力！“宗旨”这两个字是从佛教教义那里来的。因为佛教有宗派，每个宗派都有自己的主要思想，宗旨指的就是这个宗派的中心思想和主要主张。这个词后来被广泛采用。黄宗羲说一套学问或一种学说总得有个中心思想，说者才能说得清楚，学者才能学得正确，这样的学问才能流通传播。我这样讲还显得比较虚，让我举个例子来说明吧。在明代，讲学家提出不同宗旨来阐扬自己的思想和主张，前面提到的文武全才王阳明，就有两个威力巨大的讲学宗旨，一个是“知行合一”，一个是“致良知”。这两个宗旨回答的命题是：什么才是学问？怎么做学问才对？他说，做学问就要“知行合一”；书本你念了，道理你说知道了，但你如果不能实行所学，那么，这道理你还是不知道的，这书本你还是没念懂的，因此你做的学问也不是真学问，真学问是必然见诸行动的。“致良知”是“知行合一”的升华版。他说，你心里有一种天生的觉知能力，叫作良知；良知让你心中有数，知道什么是对，什么是错，什么是好，什么是坏。问题只是你能不能将这点良知推出去，见诸行动。“致良知”就是要你当机立断，言行一致，不要光说不做，如果光说不做，那你还是无知。王阳明的厉害就在这个地方，难怪他可以带兵一路胜利！换句话说，绝不空谈就是他的学问宗旨。你看，这是多么清楚，多么易懂。

我们再看黄宗羲怎样说宗旨在讲学上的重要性。他所说的，文字上的意思很简单：义理很多，道理无穷，一个事情可以反复推论，很多东西可以从中而出，但到最后，如果你不能把你的意思凝练成一个简明易记的概念，谁会记得它？久了，可能连你自己也会记不得。这让我们体会到掌握文字的重要性。文字代表的是一种概念，文字有力而不啰唆，概念才会清楚而被牢记。“如何约之，使其在我”这句，讲的就是这个意思。这个“约”出来的概念，就是黄宗羲所谓的“宗旨”。宗旨作为概念词，要求言简意赅，一般只有三四个字，正如王阳明的“致良知”和“知行合一”。宗旨还有作为组织思想的纲领的用途，所以黄宗羲会说“讲学而无宗旨，即有嘉言，是无头绪之乱丝也”。“嘉言”是好话、有意思的话。如果语无伦次，嘉言的美意也就呈现不出。

诸位一路看到这里，相信都会看到这样一个情形：黄宗羲屡屡用“宗旨”二字，但却没有给这个二字词下个定义。他是假设我们已经了解“宗旨”是什么了吗？那么，我们又真的知道“宗旨”是什么吗？刚才引的黄宗羲这句，其实就提供了一个内部解释。所谓宗旨，就是一些有头绪的、逻辑紧密的话语。听者如果连话都听不懂时，又怎么去学呢？张骞初到大夏的例子，想说明的就是这点。“是编分别宗旨，如灯取影”这句比较难解。什么叫“如灯取影”呢？我看这用的是走马灯的比喻。走马灯在古代叫“影灯”。灯着了，影就出现；亮了的走马灯转动时，不同的景象就会即时出现。黄宗羲的意思是说，讲学如果有宗旨时，讲出来的道理便像“如灯取影”那样的明白易晓，不会错看。“丸之走盘”的比喻，想说的则是宗旨的指涉范围。常言道的“万变不离其宗”，就是这个道理。黄宗羲没有办法用很直接的文字来界定“宗旨”，只好用比喻来告诉我们什么是“宗旨”。他引用的杜牧之，就是唐代的大诗人杜牧。杜牧其实很博学，应该还不到三十岁，就给《孙子》作了后代必须参考的注释。黄宗羲引文所属的这篇文章，便是杜牧的《注孙子序》。这篇文章，大家在《全唐文》或者杜牧的文集中都可以找到。杜牧的原文和黄宗羲的引文稍有出入，让我念给诸位听，对理解黄宗羲的意思会有帮助。杜牧说：

> 后之人有读武书予解者，因而学之，犹盘中走丸。丸之走盘，横斜圆直，计于临时，不可尽知，其必可知者，是知丸不能出于盘也。议于廊庙之上，兵形已成，然后付之于将。

第一句中的“武书”即孙武之书，“予解”是“我这注解”的意思。杜牧用“盘中走丸”的游戏来做比喻，说明中央决策在作战上的重要性。盘中之丸走的轨道随机而定，不能预测，但总得只在盘中走动，跳到盘外，游戏便不能继续。用兵也一样，将军临阵，随机应变，但总不能背离沙盘推演已定的战略决策，否则即使胜了战役，也不一定赢得战争。黄宗羲用这个比喻来说明学说宗旨，宗旨就是一种学术或一个学说不能改变的核心价值和基本要求，是一个不能逾越而有决定性的思想范围。

诸位请再看这《发凡》的第二条，其中还有两个字是很重要的。这两个字会让你对《明儒学案》此书的性质看得更清楚。有没有同学试着点出来？讲习讲习，你也在这点上来讲讲吧。

学生一："入门"。

"入门"？为什么你会选"入门"二字？

学生一：因为他在讲宗旨对学者的重要性，有了宗旨才好做学问。

好，让我再把问题讲得清楚一点。我说，有两个字你如果能够点出来，对于了解《明儒学案》这本书的性质会很有帮助。是哪两个字？

学生二：我觉得是"义理"。

好，为什么这样讲呢？

学生二："天下之义理无穷，苟非定以一二字，如何约之，使其在我"这句话，是说宗旨有助于掌握义理。

对，义理跟宗旨是有关系的。有宗旨便有头绪，有头绪才能找到义理。但还可以有别的意见。

学生三："在我"。

"约之在我"，接近了！接近了！但这还是第二步。好了，诸位看我的问题是什么？我说有两个字很重要，能令你更清楚地看到《明儒学案》的性质。这两个字是"讲学"。《明儒学案》不就是"讲学之书"嘛！《四库提要》说明朝儒者充满宗派主义，黄宗羲此书不是为讲学而作的，而是明朝遗留的门户相争的工具，讲学不是他的宗旨。这个论断基本上是错误的。此书就是帮你讲学的。只是说，你讲学一定要有“宗旨”，不能够乱吹，不能够散漫无的。所以，在读这条发凡时，我们除了要看到黄宗羲选人入书时，有重点地将此人的论学宗旨如实地表述出来的特色之外，还要看到他将此书作为理学之书、讲学之书的用意。诸位，为什么我老讲及此书的性质问题？我的用意是，如果你知道了此书的性质，你就不应也不能以一本高规格的史学著作来看待它。如果从严谨的史学要求来看，那《明儒学案》就会出现很多问题了。但反过来，你如果知道是子学著作而不是史学著作才是黄宗羲的创作动机和研撰原则，那么此书存在的史学问题也就无所谓了。

好，我们来读《发凡》的第三条。先看这条的原文：

> 尝谓有明文章事功，皆不及前代，独于理学，前代之所不及也，牛毛茧丝，无不辨晰，真能发先儒之所未发。程、朱之辟释氏，其说虽繁，总是只在迹上；其弥近理而乱真者，终是指他不出。明儒于毫厘之际，使无遁影。陶石篑亦曰：“若以见解论，当代诸公尽有高过者。”与羲言不期而合。

黄宗羲说明代儒学的超越之处，就在它的辨析力上。牛毛和茧丝同样非常细微，明儒却都能够将它们辨别出来，这个功力便胜过宋朝儒者。特别在辨析儒释二家的疑似之处，能够从义理上破的而入，反映学问和识见都超过二程、朱熹这些也作儒释之辨的两宋大儒。黄宗羲这里所说的，要放在他的时代背景上看，才能领会到其中的深意。我们知道，清朝士大夫多数是看不起明朝的。你试去看，《四库全书》著录的明人经部和子部著作有多少本，其中又有多少是清朝人肯多说两句好话的？很少！《四库提要》当然代表的是乾隆年间的考据学家之见，康雍时代的看法还有比较同情和持平的，但黄宗羲已经认为明人在文章和事功两方面的成就都逊于前代。文章上，唐宋八大家已是明人的模范；事功上，汉唐的武功和版图，治世的制度和民生，盛世的气象等已是遥不可及的理想。幸好在学术上，虽然承继的是宋朝开创的理学，但成就却绝对超过宋朝。理学最大的职志是排斥佛学，尤其是禅学，从而复兴孔孟之道的儒学。连程朱的辟佛之说也不及明儒所说，明儒对于儒学的贡献可想而知。禅学“弥近理而乱真者”的意思是，禅学说得好像儒家道理的地方，其实是超级的鱼目混珠。但就是逃不过明儒的法眼，明儒能“于毫厘之际，使无遁影”。黄宗羲说明儒这个功力之高，是有目共睹的，同时代的讲学大师陶望龄就和他所见相同。黄宗羲此条所说，对《明儒学案》此书来说，有什么意义呢？我要告诉大家：《明儒学案》其实选了很多文字是跟辟佛的论析有关的。梁启超做《节本明儒学案》，不收这些文字，认为这些文字和现代人的身心修养之事无关。黄宗羲从学理上看，认为这些文字才是明儒的精彩所在，所以尽量收录。

我们现在来读第四条，先看原文：

> 每见钞先儒语录者，荟撮数条，不知去取之意谓何。其人一生之精神未尝透露，如何见其学术？是编皆从全集纂要钩玄，未尝袭前人之旧本也。

这条我前面已经提及，讲的是关于此书的取材问题。到底要选什么样的文字呢？黄宗羲的考虑有两点。第一点，文字被选的这个人，他的学问一定是有自得的，不然就会无要可纂，无玄可钩。第二点，哪些才是此人的自得之学，要由我自己来作判断，而我的判断是根据我亲自阅读他的整体著作而来的。诸位，这里我们可以说，黄宗羲这样的做法，也反映了他个人的自得，难怪他会说得这样得意。很多学者会将他这一段话照单全收，但我是有点保留的。或许明天讲《曹端学案》时，大家便会见到我的理由所在。还有一点大家也可以注意："袭前人之旧本"当然不好，对不对？但做这类选录需不需要参考别人的旧本，却是非考虑不可的问题。我们现在做研究，断然不可抄袭前人，但参考前人之说却是必需的。抄袭和参考两者在表现上分别何在？诸位不妨在读这条发凡之后，好好地想一想。

我们来到第五条了。这条的原文如下：

> 儒者之学，不同释氏之五宗，必要贯串到青原、南岳。夫子既焉不学，濂溪无待而兴，象山不闻所受，然其间程、朱之至何、王、金、许，数百年之后，犹用高曾之规矩，非如释氏之附会源流而已。故此编以有所授受者，分为各案；其特起者，后之学者不甚著者，总列诸儒之案。

这条也还是讲及选材问题，但讲的是人选。到底什么人才值得选进书中呢？我们先来了解这段话中的一些词语。五宗、青原、南岳，都是中国禅宗史上的名词。简单地说，中国禅宗有南北之分，南宗是从六祖慧能开始的，他讲道的地方是韶关的南华寺。六祖有两个大弟子，一个叫行思，后来在江西青原山开山，一个叫怀让，后来在湖南衡山（南岳）开山，形成六祖门下两派。两派以后各有分支。青原派下出了三支：一支叫曹洞宗，后来变成很重要的宗派，日本人就有很多相信这个曹洞宗的；一支叫法眼宗；一支叫云门宗，这宗的云门寺在现在广东韶关附近的乳源县。南岳派分出两支：一支叫临济宗，也是一个大派系，世界各地都有信徒；另一支叫沩仰宗。文中所说的释氏五宗，指的就是这禅宗六祖传下的五个宗派。

黄宗羲的意思是，儒学的传承跟禅宗不一样，禅宗是要认祖归宗的；禅师有得，哪怕是自己悟出的，还要获得一个师尊的印证才算，不获印证，人家不会承认，所以便造成后人附会源流的情形。儒学却不是这样。孔子什么都学，他不是说过“吾少也贱，故多能鄙事”吗？濂溪先生周敦颐写出了《太极图说》和《通书》，开创了理学的形而上学，真了不起，但哪个是他的老师我们也不知道，真是孟子所说“无待而兴”的豪杰之士。“象山”是陆九渊，他和朱子是朋友也是论敌，他能顶得上朱子而构成理学史上“朱陆异同”的大议题，也是豪杰之士，但我们也不知道他到底有什么老师。换言之，儒学这门学问，是不一定需要老师才能学得到的。学贵自得，而无常师，这是黄宗羲在这里给我们讲的道理。

当然，明确的师承也是有的，而且还有一代传一代传了好几代的事例，像“何、王、金、许”就是这样。何是何基，王是王柏，金是金履祥，许是许谦。何、王活在南宋晚期，金、许卒于元代，他们都是金华地区的大儒，后人称之为“金华四先生”，给他们形成一个学派，叫作金华学派。金华学派的传人认为自己的学派是朱子的嫡传，是理学的正宗，因为何基是朱子的学生黄榦的学生。黄榦是朱子最爱重的门人，朱子把女儿都嫁给了他，是众所周知的朱学首席传人。黄宗羲说金华儒者“数百年后，犹用高曾之规矩”，可见儒学也有能够确定谱系传承的。但自学而自得的一样重要，所以那些门派和传授情形不清楚的也加以收录。“或特起者，后之学者不甚著者”这句话是说，有一些独立而起的儒者，他也传授学生，但门人接不下去，没有出过很有名的。这些儒者，黄宗羲也给收进《诸儒学案》。他们被收录的原因是，没有附会师承而学有自得，只此而已，可见黄宗羲是多么重视独立自得之学。关于这点，下一条发凡说得更加明白。

请看第六条的原文：

> 学问之道，以各人自用得着者为真。凡倚门傍户，依样葫芦者，非流俗之士，则经生之业也。此编所列，有一偏之见，有相反之论，学者于其不同处，正宜着眼理会，所谓一本而万殊也。以水济水，岂是学问！

这些话说得实在太好了！倚傍门户，依样葫芦，没有自己的心得，老跟着大师走，大师怎样讲，你也怎样讲，哪里能够自我超越？怎能不给人家窃笑？流俗之士，出不了头，经生之业，捞个功名而已，哪里称得上是儒者和儒学！黄宗羲这里讲的还是自得的道理。他选的明儒论说，不重一元，而重多元，所以“有一偏之见，有相反之论”。这个做法，对于学者既是方便，也是挑战。方便是你能够看到百家争鸣，挑战是你得自辨其中的是非强弱。黄宗羲要你注意的，正是这些非主流意见。

什么是“一本而万殊”？这是一个重要的理学形而上概念，简单地说就是：宇宙生成的总的原理只有一个，但生成出来的事物和现象却有万个之不同。“万”字不要硬看，它是极多的意思。重点是在“殊”字。一本万殊说的也是整体和个别的关系。黄宗羲这里强调个别的重要性。事物的道理固然要知道，事物的具体情形也得掌握才行。第四句中的“以水济水”是《左传》里的话，黄宗羲用得很活。做学问就不要怕不同的意见、不同的说法来挑战，要在矛盾中找到统一，要在调和后发现新的素质，否则千篇一律，人家说什么，你也说什么，水上加水，有什么味道？有什么新东西可见？“以水济水，岂是学问”这句话，我非常认同，非常地爱，只要不是无理取闹，不是故意立异为难，不同的见解都应该重视，应该尊重。我觉得这一条发凡对我们做学问尤其管用，要做学问，就要有黄宗羲这段话所蕴含的气魄。

我们现在来读《发凡》的第七条。还是先看原文：

> 胡季随从学晦翁，晦翁使读《孟子》。他日问季随：“至于心，独无所同然乎？”季随以所见解，晦翁以为非，且谓其读书卤莽不思。季随思之既苦，因以致疾，晦翁始言之。古人之于学者，其不轻授如此，盖欲其自得之也。即释氏亦最忌道破，人便作光景玩弄耳。此书未免风光狼藉，学者徒增见解，不作切实工夫，则羲反以此书得罪于天下后世矣。

这条的意思我前面已经说过一些（见上文“用途”节），这里应更留意此条所说与了解此书的著作目的的关系这一点。胡季随是胡大时的别字，胡大时是胡安国的儿子。（编者按：参照下文学生所提，以及第二讲中所说，“儿子”应为“孙子”。）胡安国是程颐的学生，靖康之难后南渡。他是《春秋》学大师，明清科举考《春秋》的官定注释，就是用他所作的《春秋传》，简称《胡传》。宋高宗在位时，他曾经在经筵上进讲过《春秋》，名气很大。胡大时本来是张栻（号南轩）的学生。张栻和朱熹、吕祖谦、陆九渊，都是南宋前期的大儒，张、朱、吕三人是好朋友，还有共同的讲学和兴学事业。张栻所传，学术史上称为湖湘学派，在座的湖南同学应该都知道。张栻逝世较早，所以胡大时去跟朱熹继续学业。文本上的“晦翁”，就是朱熹的别号。“至于心，独无所同然乎”这一句，是《孟子·告子》篇里的话。朱熹问胡大时孟子这句话的意思，他预期的回答应该是哲理性比较高的。大概胡大时答得随便而不深入，所以朱熹十分不满。黄宗羲引这个故事要说的意思是：越是与身心有关的学问，越不是口头传授便能领会，非靠自己的深思实践是得不到的。一语道破，不是自得，故此来固容易，失也容易。黄宗羲更深一层的意思是，读他此书所载的明儒说话，不应只读不行，光说不做，应该将所学好好理解，付诸实践，这样才是学问之道，才不会辜负他著书的心血。

学生一：老师，我有一个问题想跟您商榷一下，就是关于胡季随的问题。我是做湖湘学派的，我的印象好像胡安国的儿子是过继给他的胡宏，胡宏的儿子才是胡季随，然后胡季随才会跟张栻学，因为张栻是胡宏的学生。

我想你可能比我要正确啊，因为你是研究湖湘的。大家回去再查一下，一定可以印证的！好，这个问题暂时先放一放，我们接着读文本。

《发凡》最后一条原文如下：

> 是书搜罗颇广，然一人之闻见有限，尚容陆续访求。即羲所见而复失去者，如朱布衣《语录》，韩苑洛、南瑞泉、穆玄庵、范栗斋诸公集，皆不曾采入。海内有斯文之责者，其不吝教我，此非末学一人之事也。

这条是提出学术是公器的信念，呼吁读者回馈资讯。这里有一点我们现代人可能比较陌生。那就是，在黄宗羲看来，刊行之书便是属于公众的，所以大家应该关心它的质量，应该帮助作者让它臻于完美，好像书出版后版权就不属于作者的了。第二句中列举的“所见而复失”的语录或文集的作者，朱布衣是泰州平民学者朱恕，韩苑洛是韩邦奇，南瑞泉是南大吉，穆玄庵是穆孔晖，范栗斋是范瓘。韩、南二人是陕西人，穆是山东人，范是浙江人。黄宗羲说这些人的文字他无法采入书中，应该没错，韩邦奇虽然见于卷九《三原学案》，南大吉虽然见于卷二九《北方王门学案》，但都只是传记。这样看，《明儒学案》的《发凡》应该是黄宗羲成书时写的。

在结束这一节之前，我们一起来回顾这篇《发凡》的几个要旨。第一，《明儒学案》此书性质上是所谓"理学之书"，是用来给讲习理学的人用的。第二，为学和讲学都需要有一个宗旨。"宗旨"是所学所讲的目的、原则、范围、头绪的所在。明儒在理学上成就空前，他们做学问有个大的宗旨，那就是辟佛，而能把儒释二者的疑似之处彻底弄清辨白。第三，一个人的学术和他的精神是互相反映的。你若抓不到那个人的真精神，就不可能讲得出他的真学术；反过来，你能对他的学术了解精确，你也能说得出他的精神是怎样的。这是黄宗羲他们做学问的一个重要信念。人就是要言行一致，知行合一，不可能是你说得很美，然后做得很坏，或者做得很坏，说得很美。最后，真正的儒学是贵于自得，贵于实践的。讲只是为做作准备，透过精思力行而体会到的才是学问。

三、序文细读

我们现在来读《明儒学案》的"原序"，有时间再读"改序"。这篇"原序"是为紫筠斋贾本写的。黄宗羲有一个学生叫仇兆鳌，到北京做小官，将《明儒学案》带去，介绍给京师的士大夫看。故城人贾润请他当家庭教师，因而也看到了此书。康熙三十二年，贾家刊刻此书快完成时，透过他请黄宗羲写序。黄宗羲此时大病在身，急忙写了一篇，就是这篇"原序"；后来病好了，改写一篇寄给贾氏，这篇便是"改序"。紫筠斋初刻本收的序文，就是这篇"改序"，"原序"倒是重印时加入的。但"原序"是反映黄宗羲对此书第一时间最关心的一切，更能反映他的心态，所以要更加看重。我们仍然分段来看：

盈天地皆心也，变化不测，不能不万殊。心无本体，工夫所至，即其本体，故穷理者，穷此心之万殊，非穷万物之万殊也。是以古之君子，宁凿五丁之间道，不假邯郸之野马，故其途亦不得不殊。奈何今之君子，必欲出于一途，使美厥灵根者，化为焦芽绝港。

这段头两句是全篇最难解的。我尝试来说一说。黄宗羲说的“天地”，不只是我们看得到的天地，它还是宇宙的意思；他说的“心”，不是我们肉体的心脏，而是心脏的官能。心之官是思，人心脏停了就会死，死了就不能思。所以他所说的“心”，是认知、思考、想象等跟思维有关的整体。人和宇宙的关系就是这个心，这个整体的思想和认知。这个心本身是虚的，没有固定的方向和所在，它的存在是超越的，是概念性的，但会因感而应。它所感的不能预知，所以它所应的也“变化不测”，产生种种不同的效应（“万殊”）。这个心的存在，是决定于思维本身的，“工夫”就是思维的运动，思维不动，心也不存在了，“工夫所至，即其本体”，就是这个意思。黄宗羲的哲学思想是唯心的，他认为宇宙间所有现象都是透过心才显现的，因此要寻求这些现象的原理只能在心内寻求，从现象本身（可见的“万物”）去寻求是得不到的。他这个看法，是针对朱子的“即物穷理”说而发的。这头两句，“改序”改成：“盈天地间皆心也，人与天地万物为一体，故穷天地万物之理，即在吾心之中。后之学者，错会前贤之意，以为此理悬空于天地万物之间，吾从而穷之，不几于义外乎？”显得更加明白。我们不要让自己被这个连宋明儒家也说不清辩不完的哲学概念所纠缠，需要重点掌握的是，黄宗羲不相信事物有外在的客观之理，因此认识事物之理，包括解释经典的意义，不会只有一途，也不能只有一说。

第三句中的“五丁”，是古代蜀国的力士，开山筑路的工程人员。“五丁之间道”因山形地势而开凿，与大路不同，但却能最妥当地到达目的地。“野马”我想是用《庄子》的典故，原来指的是浮游的尘埃。“邯郸之野马”意思是一窝蜂无目标地走动。第四句中的“灵根”借指活泼有生机的思想。“焦芽”是烧焦或干死的萌芽，“绝港”是没有出口的港湾，用来形容没有生机、没有前途的事物。黄宗羲是在慨叹他同时代的学者跟风而没有自得，不走自己的道路，结果使得能够培养他们身心灵活的学问，变成没有出路的死胡同。这里我们要问的是：“奈何今之君子”这六个字，究竟是泛指的，还是专指的？我们先把这问题提出来，等一下才可能答得对。我们先看下一段：

> 夫先儒之语录，人人不同，只是印我之心体变动不居，若执定成局，终是受用不得。此无他，修德而后可讲学。今讲学而不修德，又何怪其举一而废百乎？时风愈下，兔园称儒，实老生之变相；坊人诡计，借名母以行书。谁立庙庭之中正？九品参差；大类释氏之源流，五宗水火，遂使杏坛块土为一哄之市，可哀也夫！

此段首句中的“先儒”泛指程、朱、陆、王诸儒，“我”指“先儒”自我。这段较为易解，要注意的是“受用”二字。先儒语录印证的是先儒之心，读先儒语录，为的是自己有所受用，而自己的情况是自己的，是独特的，所以不必硬从一家之言，受一家所局限。为什么要“修德”才能讲学，才不会“执定成局”呢？因为修德的人，要求自己正心诚意，凡事认真。能认真，便会反思自省，会反思自省，便会像佛经所说的“如人饮水，冷暖自知”，而有自得。这样的人讲学，求的是自己能够受用之学，不会死守一家，不会为了功名利禄或者随波逐流而只遵从一家之说，不管其他的有意义之说。在这里的语境中，“举一而废百”的“一”指的是朱子，推言之则是科举考试的官家定本经典阐释。

黄宗羲再呼应上一段的慨叹，认为陈腐之言和诡异之说充斥为害。“兔园册子”大家都知道是什么，老学究拿着给乡下小学生说的，就算讲学，最好的情形也只是老生常谈，毫无新意，毫无发明。“坊人诡计，借名母以行书”，是说出版商用诡异之说作噱头，争取销售。当时的出版社叫书坊，坊人就是出版商。“名母”的典故出自《战国策·魏策》。话说宋国有一个人，出外留学三年，回家见到妈妈，居然直呼其名——假定他妈妈名叫“玛丽”，他就叫：“玛丽，我回来了！”——而不是叫声妈妈或娘亲什么的。他的妈妈觉得很奇怪，问：“你为什么留学三年回来居然叫起我的名来？”你猜这儿子怎么回答？他说：“你知道，讲圣贤就没有人超过尧舜，对不对？但我们不就是叫尧舜作尧舜吗？尧舜是他们的名啊！讲伟大，没有什么比得过天地，可我们怎样叫天地？不就是天地吗？天地是名啊！有其名，就呼其名嘛。尧舜就叫尧舜，天地就叫天地，你贤不过尧舜，大不过天地，我当然叫你的名了！”你说这是什么逻辑？这就是诡辩，标奇立异，哗众取宠。黄宗羲在此慨叹，出版商为了赚钱，刊行骇人听闻之论，这些论说哪里是儒学！

同样糟糕的，是所谓儒学权威的问题。“庙庭”指孔子的庙庭，借指孔孟儒学。“中正”、“九品”用的是魏晋时代“九品中正”的典故。中正将背景不同的人分成九品，建议朝廷照其所定品级授予官职。黄宗羲质疑这个分别儒者所学之是非优劣的独裁权威的正当性。他这句话是针对清初反王学的势头而发的。他对此十分不满，认为后果太过严重，就像禅宗六祖两派以下分为五宗，为了争夺正统地位，彼此内斗火拼得很厉害。结果怎样呢？

结果“遂使杏坛块土为一哄之市，可哀也夫”！使得儒学整体给打散了，不能不感到哀伤。

黄宗羲为什么说得这么沉重呢？我们继续读下一段，便会看到原因。

> 羲幼遭家难，先师蕺山先生视羲如子，扶危定倾，日闻绪言。小子矍矍，梦奠之后，始从遗书得其宗旨，而同门之友多归忠节。岁己酉，毗陵郓仲昇（《清史稿》作“恽仲升”）来越，著《刘子节要》。仲昇，先师之高第弟子也。书成，羲送之江干，仲昇执手丁宁曰：“今日知先师之学者，惟吾与子两人，议论不容不归一，惟于先师言意所在，宜稍为通融。”羲曰：“先师所以异于诸儒者，正在于意，宁可不为发明？”仲昇欲羲叙其《节要》，羲终不敢。是则仲昇于殊途百虑之学，尚有成局之未化也。

第一句中的“家难”，指黄宗羲的父亲黄尊素被魏忠贤阉党杀害的事情。黄尊素是东林党的重要人物，很有计谋，所以阉党很恨他，在狱中将他暗杀。黄尊素在赴北京投狱之前，嘱咐黄宗羲去跟刘宗周好好读书治学。黄宗羲去了，刘宗周也以故人之子待之，但学得怎样呢？黄宗羲自己说学得不好。他虽然“日闻绪言”，听刘宗周讲他那套有宗旨之学，但并没有学到要领，因为“小子矍矍”的他，那时候心还在科举上。黄宗羲在别的诗赋里谈到这个时候的表现，说得也很沉重：老师是训我谆谆，我却听之渺渺，心不在焉。“矍矍”二字，另外一个版本写作“跷跷”；“跷跷”是很骄傲、站不定的样子，年轻的黄宗羲就是这样啊！

他开始认真学刘宗周，是刘宗周死后之事。“梦奠”就是快要逝世的意思，出自孔子逝世前不久梦见自己坐在两根大柱之间的典故。黄宗羲说他所了解的刘宗周学说宗旨是从刘的遗著中来的。为什么又要说上“而同门之友多归忠节”这一句呢？刘宗周是以绝食不降清朝而殉节于明朝的，他的门人也有不少是抗清失败而死掉的。黄宗羲这话是说，他认识的刘宗周学说宗旨是自得的，而同门也没有什么人能够给予指教。这样看，他的见解便不是倚傍门户的，他的学问也不是以水济水的。

第三句中的“岁己酉”是康熙八年，“毗陵”是江苏武进县，恽仲升就是恽日初，他是黄宗羲的同门，“越”是绍兴，刘宗周的家乡。恽日初来绍兴住了好几年，写了一本要表扬老师学术的书，叫《刘子节要》。临走前，请黄宗羲给这本书写序，黄宗羲不肯。原因是两人对于刘宗周学说的宗旨认识不同。关键在于刘宗周对于《大学》“诚意”这个概念的阐释。恽日初认为刘宗周对“意”的认识和朱子一样，亦即“意是心之所发”，念头是从心里面发出来的。黄宗羲认为这颠倒了刘宗周的意思，而根据刘宗周之说，“意是心之存主”，意是心的主人，所以要做诚意工夫，应该在心里做，而不是从朱子对心外的格物致知做起。黄宗羲认为刘宗周对“意”的阐释，正是刘宗周思想的原创之处，对于理学贡献很大，现在恽日初却要求“稍为通融”，要黄宗羲顺从他的见解，说刘宗周和朱子的解释没有多大差异，这便可见恽日初不知心学的要旨，只会信奉朝廷所认定的权威，所以不肯为他写序，而要自己努力去发明老师的创见。这段话也回答了我们先前的提问：黄宗羲责难的“今之学者”是泛指还是专指？这里可见，他是专指的，所指便是同门学长恽日初。这点认识对于我们了解《明儒学案》的著作缘起也很有用。黄宗羲可见是受了恽日初的刺激，才立心发愤著书，汇聚资料来写《明儒学案》。整本《明儒学案》要由头读到尾，刘宗周的学术成就以及他对理学的特殊贡献，才能清楚看到。

以下一段的大意我们早前已经触及（见上文“选材标准”

节）。先来一读原文：

羲为《明儒学案》，上下诸先生，深浅各得，醇疵互见，要皆功力所至，竭其心之万殊者，而后成家，未尝以懵懂精神冒人糟粕。于是为之分源别派，使其宗旨历然，由是而之焉，固圣人之耳目也。间有发明，一本之先师，非敢有所增损其间。此犹中衢之樽，后人但持瓦瓯樿杓，随意取之，无有不满腹者矣。

这段说他此书的选人标准、表述特色以及实际的用处。所选之人，必定是学有自得的人。所表述的，是各人的学术宗旨以及各家的思想渊源。用处是让读者从诸儒的宗旨中自由选择适合自己的去制定为学方案。黄宗羲对于自己这本书蛮有信心："中衢"是通道的中间，"瓦瓯樿杓"是盛水和取水的器皿，"随意取之，无有不满腹者矣"，是说材料丰富而公开，任意取用，保证满意。

我们来读最后一段：

书成于丙辰之后，中州许酉山暨万贞一各刻数卷，而未竣其事。然钞本流传，颇为好学者所识。往时汤公潜庵有云："《学案》宗旨杂越，苟善读之，未始非一贯。"此陈介眉所传述语也。壬申七月，一病几革，文字因缘，一切屏除。仇沧柱都下寓书，言北地隐士贾若水者，手录是书而叹曰："此明室数百年学脉也，可听之埋没乎？"亡何，贾君逝，其子醇庵承遗命刻之。嗟乎！温公《通鉴》成，叹世人首尾毕读者少。此书何幸，而累为君子所不弃乎！暂彻呻吟，口授儿子百家书之。

康熙癸酉岁，紫筠斋谨梓

这段说此书出现刊本的原因和过程以及当中的人事关系。“丙辰”是康熙十五年，它的特别意涵先前我已说过。许酉山是许三礼，万贞一是万言，二人前面也提及了。汤潜庵是河南人汤斌，是康熙二十年前后的江南巡抚，也是当时的著名儒臣。陈介眉是陈锡嘏，仇沧柱是仇兆鳌，都是黄宗羲的门人。贾若水是故城人贾润，是决定刊行《明儒学案》第一个刻本的人，醇庵是贾润的儿子贾朴，他将《明儒学案》成功刻出。壬申是康熙三十一年，癸酉是康熙三十二年。从序中书“壬申”而不书“今年”之类，可见此序也是作于康熙三十二年。事实上，有的版本此序的结句就是“康熙三十二年癸酉黄宗羲序”。此序作于病中，故此病愈之后又有“改序”之作。

此段有一个严重的文本问题。“往时汤公潜庵有云：‘学案宗旨杂越，苟善读之，未始非一贯。’此陈介眉所传述语也。”这节文字，“改序”作：“汤潜庵曰：‘学案宗旨杂越，苟善读之，未始非一贯也。’陈介眉曰：‘《学案》如《王会图》，洞心骇目，始见天王之大，总括宇宙。’”黄宗羲《文集》本则作：“陈介眉以谨守之学，读之而转手。汤潜庵谓余曰：‘学案宗旨杂越，苟善读之，未始非一贯。’”这节文字，照“原序”看，汤斌对《明儒学案》的称赞是陈锡嘏转述给黄宗羲听的；陈锡嘏除此之外，别无角色。照“改序”看，汤斌和陈锡嘏并列，分别对此书大加称许；汤斌赞此书宗旨之一贯，陈锡嘏赞此书取材之丰富。照黄宗羲《文集》本的“原序”看，陈锡嘏因读《明儒学案》而尊信之，放弃了旧日的见解，而汤斌的赞语是直接向黄宗羲说的。《文集》本这一节文字，有学者给标点为：“陈介眉以谨守之学读之，而转手汤潜庵，谓余曰：‘学案宗旨杂越，苟善读之，未始非一贯。’”这样，是汤斌从陈锡嘏处获读《学案》，而评价《学案》的话是陈锡嘏说的，汤斌的角色微乎其微。这点与黄宗羲、汤斌、陈锡嘏三人的关系和生平行事不符，陈祖武先生已经有所辨正。那么，究竟哪个比较接近事实？照陈祖武先生的考证，还是黄宗羲《文集》本说的比较接近。“改序”虽然所引的陈锡嘏话语不同，但整体上说的还是陈锡嘏和汤斌二人各自对此书的好评。可见刻本“原序”上的异文是刻书的贾氏所改而致。或许贾氏误将黄宗羲所用的“转手”二字解成是陈锡嘏转述汤斌的话，所以才会这样。康熙贾本改动《明儒学案》原来文字，前人已有论及。“原序”和“改序”说及贾润死亡之处，康熙刻本都将《文集》本上的“死”字改为“逝”字。刻本“原序”中称贾润为“北地隐士”,《文集》本的“原序”和“改序”都没有“隐士”二字。我们知道，贾润是首先欣赏《明儒学案》而要将之刊行之人，贾朴是他的儿子，由他刊行的书序，这两处有这样的改动，可谓情理中事，倒是黄宗羲显得有些不够礼貌了。

总结以上所讲的序文，我们可见，自得、认同、选择、开放（不局限）、如实（宗旨）都是黄宗羲的学术关键词，他的为学之道，可以由这几个词串起来讲。当然，他也有偏颇和错误之处，这是我们读《明儒学案》时应该注意的。今天所讲也反映了，我们在读一本重要的书时，此书的序跋、凡例等书前书后文字都不要错过。这些文字一般都比较实在，比较简练，但却是作者所想传达的重要信息，我们尽量不要忽略。序文的时间及其与内容的关系也要留意。比如说，黄宗羲在病中写的“原序”中，对恽日初大表不满，但在病后写的“改序”中，就不提他了，而改为提出在“原序”没有提及的人物，帮助他“撮其大要，以著于篇”的同门姜定庵和董无休。可见时间和精神状态会影响人的价值观。

《明儒学案·曹端学案》研读

昨天我们讲了黄宗羲为什么和怎么样做《明儒学案》，讲读了《明儒学案·发凡》和此书的序文，当中我提出了一个论点给大家考虑，那就是，我们与其认为黄宗羲在原意上以《明儒学案》为一本史书，毋宁认为他在原意上是将此书作为一本子书。这个论点在相当程度上能使我们解除从史学角度来读《明儒学案》时所遇到的困难。比如说，《明儒学案》如果作为一本史书，那它在材料的剪裁和熔铸方面都不算理想，传记后面所附的文字，尤其常有问题。但如果它本来就是一本子书，那就不成问题了。而且，书中黄宗羲对个别儒者的看法是相当主观的，这点我们今天要讲的例子就能反映。作为一本子书，这可能无所谓，但作为一本史书的话，史家要求的客观和持平态度是有所缺乏的。

一、《曹端学案》的位置与组成部分

今天要讲的是《明儒学案》卷四四《学正曹月川先生端》学案，我们简称之为《曹端学案》。我们现在从一个较大的问题讲起，那就是，《曹端学案》在《明儒学案》中的位置和它的组成部分。《曹端学案》在书中属于《诸儒学案》上部的第二卷。《诸儒学案》分为上、中、下三个部分，上部分收录的是明代前期的儒者，主要是活跃于15世纪的儒者。其中第一卷收录了两位儒者，一位是很有名、大家应该都听过的方孝孺（1357—1402）。方孝孺是浙江宁海人，生于元顺帝至正十七年，时间是元代晚期，卒于明惠帝建文四年，死于所谓的“靖难之变”，因为忠于建文帝而遭明成祖惨杀。另一位是赵谦（1351—1395）。他是浙江余姚人，是方孝孺的友人，比方氏稍长，生于至正十一年，卒于明太祖洪武二十八年。赵谦是一位有成就的学者，既是文字学家，也是声韵学家，参与过明初政府命令修纂的《洪武正韵》这本大书，后来因为种种原因，没有留在中央，而被派到海南琼山当教官。海南人很尊敬他，称他为“海南夫子”，他最后卒于琼山任上，就是说死在现在的海口市，一说是卒于广州，反正没有再回浙江。

上部分第二卷只有一人，就是曹端（1376—1434），今天我们要讲的主角。曹端是河南渑池人，生于明太祖洪武九年，卒于明宣宗宣德九年，用最严格的尺度来看，只有他才是《明儒学案》所载的明代第一位儒者；比他早的，像方孝孺和赵谦，都是生于元代或者年轻时在元代生活过。中国幅员广阔，地理分区甚多，而地理是会影响到风俗和学术的。方孝孺和赵谦都是南方的儒者，曹端则是北方的儒者，他们的地域特点，是做中国思想史时应该注意的。《明史·儒林传》将曹端放在第一卷，示意了他在时代、地域、学派上的特别意义。

我们再来看《曹端学案》的组成部分。第一个部分，是《师说》里面有关曹端的文字。昨天说过，《师说》载录刘宗周对二十五位明代儒者的评论，开头的两位就是方孝孺和曹端。第二个部分，是黄宗羲所撰的曹端传记，这是我们今天主要的讲论内容所在。第三个部分，是黄宗羲所选录的曹端的文字，包括他的语录。我们在阅读这三个部分所构成的《曹端学案》时，需要同时考虑以下几点：第一点是，《师说》和《学案》本传中所见的刘宗周和黄宗羲对于曹端的学识，是否有不同的看法？如果有，不同在什么地方？不同点有什么意思？第二点是，《明史》成书后于《明儒学案》，而且是参考过《明儒学案》的，那么，《明史》和《明儒学案》对于曹端生平的记载和学术的描述是否有所不同？如果有，不同在何处？不同点有什么意思？第三点是，《曹端学案》的选材有什么特色？这些特色可能有什么意义？以上这几点，希望诸位回去后能够再想想。今天我所讲的，就当作个人自得的一个引子吧。

二、刘宗周对曹端之学的评论

我们先来看《师说》中刘宗周对曹端之学的评论。刘宗周的原文如下：

> 先生之学，不由师传，特从古册中翻出古人公案，深有悟于造化之理，而以“月川”体其传。反而求之吾心，即心是极，即心之动静是阴阳，即心之日用酬酢是五行变合，而一以事心为入道之路。故其见虽彻而不玄，学愈精而不杂，虽谓先生为今之濂溪可也。乃先生自谱，其于斯道，至四十而犹不胜其渺茫浩瀚之苦；又十年，恍然一悟，始知天下无性外之物，而性无不在焉，所谓太极之理，即此而是。盖见道之难如此，学者慎毋轻言悟也哉！
>
> 按：先生门人彭大司马泽尝称：“我朝一代文明之盛，经济之学，莫盛于刘诚意、宋学士；至道统之传，则断自渑池曹先生始。”上章请从祀孔子庙庭，事在正德中。愚谓方正学而后，斯道之绝而复续者，实赖有先生一人，薛文清亦

闻先生之风起者。

这第一句便很值得注意。昨天讲过,《明儒学案》选的儒者，有的是师承清楚，授受分明，有的是没有师傅，但学有自得而卓然成家。曹端属于后一类，就如刘宗周所看到的。“造化之理”是说宇宙万物发生和变化的道理，也就是事物之所以存在和之所以如此的道理。刘宗周所说的曹端的“月川”比喻，我们等一下再分析，先来弄清楚“即心是极”的意思。“即心是极”的“极”，是指一切事物、一切意念的终极来源，包括人们看到的和想到的东西为何是这样的原因。这个“极”就是理学形而上学的“太极”。“太极”即是理学家所称的“理”，理学家中有的认为理在心中，因此太极也就在心中。

刘宗周说曹端做学问,“即心之动静是阴阳，即心之日用酬酢是五行变合，而一以事心为入道之路。”我们要知道，理学的理论认为，一切事物都是阴阳五行之气的相互运动而产生的，而这些气是从太极生来的。但此下的理论却不一致。有的认为事物既从太极生来，那么要知道它的什么，便要超越它本身到太极去问，太极是一个可以寻到的公共的理，存在于事物之外。有的则认为太极即是心，因此气的运动的主宰便是心，要知事物所以然之理，便应往心里去寻求。要掌握阴阳五行运动而生的事物的原理，从而正确地对待和处理这些事物，便要从心上做工夫(“事心”)。刘宗周认为曹端是持这样的认识，而这认识是正确的，因而也是效果良好的，所以称赞曹端说,“故其见虽彻而不玄，学愈精而不杂。”意思就是说他见解通透而实在，学术精到而纯粹。

曹端有这样的成就，所以刘宗周认为“虽谓先生为今之濂溪可也”。这句话重极了。濂溪是周敦颐，周敦颐是理学的开山祖啊！刘宗周将曹端的成就和周敦颐的媲美起来，就等于说曹端是明代理学的开山祖了。但刘宗周也强调曹端成学并非轻而易举，而是像曹端自己说的，做学问到四十岁还是苦无头绪，到五十岁才领悟到终极的道理，亦即太极之理就在无处不在的人性之中。刘宗周这里着重的，是人们为学过程中累积和体验的重要性。道是可以见到的，像曹端便终于见到，但道并不容易悟到，曹端如果没有多年的认真实践，包括学习、思考、反省、实行等等，是不能得其所学的。在刘宗周看来，曹端之学是实在的，是胜过王学末流像禅宗般动辄称说顿悟的。

上述引文的第二段讲的是明人要求官方以最高规格承认曹端的学术贡献的努力，以及刘宗周自己对曹端在明代儒学发展史上的重要性的评估。文中的“彭大司马泽”，是曾任兵部尚书的彭泽。“经济之学”是指经邦济世、经国济民、治理国家社会之学。“刘诚意”就是帮助明太祖打天下的首席谋臣刘伯温刘基。“宋学士”是帮助明太祖开创事业的金华儒者宋濂，他往往被视为明朝文臣第一。“道统之传”是说最纯粹的正统儒学的传承。彭泽所说，是将学问分为属于政治和思想两个范畴的，经济之学属于前者，道统之学，也就是道学、理学，属于后者，而前者的重要性不及后者，因为“道”是决定性的。他认为曹端的经济功业固然不能够和刘基、宋濂同日而论，但他绝对是启动道统在明代传承之人，其贡献之伟大可想而知，所以理该承认他的功绩而给予从祀孔庙的祭祀。诸位或许已经知道，中国古代有一个孔庙从祀的制度，将后人认为是真正儒者（真儒）而对儒学有重大贡献的已故儒者，在经过公开评论和认定之后，由皇帝下令将其神主放进天下所有学校内的孔庙（又称文庙）之中，称为先贤或先儒，春秋两次陪着孔子接受当地行政长官以及学校师生的拜祭。获得从祀的先贤、先儒，他们的学说，包括经典阐释，是国家认可的正统之说，在科举考试时是可以引用的。所以，很多学派的后学都希望他们的先师能够从祀孔庙。

刘宗周说彭泽是曹端的门人，这点却是错误的。彭泽上疏请朝廷从祀曹端，是正德年间的事情，距离曹端逝世超过八十年，从时间上看，他们没有可能是师生；曹端的文字中也没有彭泽是他学生的资讯；应该说彭泽是他的“后学”才对。这令我想起，昨天我不是说朱熹的学生胡大时是胡安国的儿子吗？这点我肯定是说错了，幸好当时那位湖南来的同学指出可疑，我才有机会去复查。其实和刘宗周弄错的问题一样，都是年代距离太长，背离常识。胡安国是从北宋过渡到南宋的，他的儿子可能比朱熹还要年长，所以对不上。我要感谢昨天那位同学。记得吗？他态度很温和，用一个商量的口吻，对于讲者的可能错误也不就地坚持己见。这样的表现，值得我们学习。

好，我们现在来看刘宗周所指的曹端自得之学的表现之处，以及“深有悟于造化之理，而以‘月川’体其传”这句话。这句话指的是曹端的一张示意图和图里的一首诗所传达的哲理。这张图叫《月川交辉图》，图和诗《明儒学案》都没有收入，但却收在沈佳的《明儒言行录》里。沈佳是黄宗羲的同门，但他也跟汤斌学过。沈佳的著书宗旨和黄宗羲不一样，但《明儒言行录》无疑是一本很有用的书，里面有多方面的材料，而且有些是《明儒学案》所没有的。这本书著录在《四库全书》里面，所以并不难找。我们先来了解《月川交辉图》的描述和图中之诗：

> 〔曹端〕晚年有得于太极之旨，为《月川交辉图》以喻其妙。其图：天上一月，川中九月。诗曰：“天月一轮映万川，万川各有月团圆。有时川竭为平地，依旧一轮月在天。”所以喻夫统体、各具之太极，与万感俱寂而一理之长存也。因更号月川子，学者称为月川先生。

曹端这个月亮与河川的景象，比喻的是哲学上“一”与“多”的关系，或者说整体与部分的关系，而他要阐明的是理学的核心观念“理”。这首诗的文字并不难解，比较深奥的是诗句后面的意思。什么是“统体、各具之太极”？什么是“万感俱寂而一理长存”？这些都是理学的形而上概念。在理学的词汇中，“统体”指宇宙的整体，“各具”指万物本身各自具有的。程朱理学认为，太极是宇宙之源，因而主宰着宇宙整体，这个叫作“统体一太极”，而这个太极就是一个“实理”。万物从宇宙化生，因而各自本身也带着这来源性的太极，这个叫作“各具一太极”，也就是各具“一理”。所以，个别的万物和整体的宇宙其实是一体的，有着一个共同的理。万物各自的独特性，化约到底，就是宇宙的本来之性，就是太极，也就是理。换言之，万物因为同源于太极，所以有一个共同性存在，所以是同理的。“万感俱寂而一理长存”是说：太极动而后生阴阳再生五行，化生万物，万物是因阴阳五行互相感应而生，才有各自独特的形色气味，有各自的理，但其实在万物未因感应而生之前，决定其生来的形色气味的太极——理，已经存在。之所以这样，是因为主宰宇宙的太极是长存的。曹端要重点地表达的思想是，人与万物为一体，人与宇宙同一理，而此理不因见不到而不存在，就像河川因为水竭而反映不出月亮，月亮却仍是高挂天上的。

曹端晚年体会学问的图和诗所表现的，主要是理学上的“一本万殊”或“理一分殊”这个概念。“一本万殊”或“理一分殊”的表面意思是宇宙本身及其化生的特殊万物。具体意思是，万物发生的原因（生理）是一样的，同出于太极，所以是“一本”，万物由太极化生而各自独特，故此是“分殊”、“万殊”。总之，因为太极是永恒而实在的，所以个别事物虽有终期，但它消失之后，赋予它生命和意义的原理却还存在。所以朱子说这个原理是“实理”。

按照刘宗周的理解，曹端的高处就在于悟到这个宇宙之理其实是在人心里面。这点也是刘宗周最欣赏曹端之处。但这样一来，曹端的理学不就摆明是心学了么？“心学”这个词，大家可能不陌生。一般将它看成是“理学”的对立，虽然刘宗周并不这样看。我想指出，其实“理学”是衔摄“心学”的，没有一个理学家是不讲心的。你看所有理学家讲的，最后都与心的问题有关。你怎么了解这个“理”？无非便是从这个心开始。但是曹端对心的体会、对心的理解，恐怕比很多人都要深刻。说来也凑巧，从他那个时候开始，明朝很多重要的儒者，对“心”都是特别留意和注重的。他们不必是曹端的传人，而且也不一定有师承关系，你看陈白沙是这样，王阳明也是这样。已故的中国旅美学者陈荣捷先生，在美国教中国哲学史很著名，他就写了一篇文章，专门点出明初儒学的心学转向。他举的例子就有曹端和薛瑄，薛瑄可是人们公认的朱熹理学大师啊！

我们来再看一次刘宗周怎么样描述曹端的心学。他认为曹端之学是反求诸吾心，是反心自省的，所以说他“一以事心为入道之路”。这个途径靠读书和抄笔记是进不了的。显然，刘宗周讲曹端“事心”之学的那个“心”，不是我们的血肉之心，而是我们灵通而能知识之心，或者是孟子所说的理义之心，仁义礼智四端的恻隐、是非、辞让、羞恶之心。这是个道德之心，是人与生俱来的，是能不虑而知的，亦即具有良知之心。这个心是所有行为的来源，也是让人知道行为的意义何在之处。人要知道自己的行为是否合理，为什么不合理，如何才合理等等，就要反求诸心，自己问自己，不要等人家来告诉你，要靠自己，不要盲从别人的意见或者什么外在权威。意见也好，权威也好，只是你的一个参考而已，有没有道理，要不要采纳，你都要反求诸心。

“月川”关系的比喻，其道理可以联系到人事物。正如天上之月不因川上之月不复可见而不存在，因人而生的事物，也可以因人的处境的变化而变化，甚至不复存在，但处置这些事物的道理，却依然是存在的。存在哪里？存在于心，所以道理和心都是永恒的。理既然存在心中，要求理时，就要求之于心。求理于心是反省、反思的学问。反省、反思的对象仍然是具体的事物，所以心学是实而非虚，不是要你离弃事物本身或事物之理，而是要你将自己心中的道理和事物本身的道理结合起来，汇通起来，好像天上的月亮照着河川的月亮一样，在某一个场景里面，同时存在，既不构成矛盾，还会产生一个贯通的美妙境界。

我来补充说一下刘宗周对曹端在儒学史上的成就的评论。诸位记得，刘宗周从曹端的“月川”之喻的理论成就看，将他和周敦颐相提并论，认为可以称他为“今之濂溪”。那么，我们可能应该问，曹端这学问又是从何而来的？令他发疑发问的知识来源在哪里？如果我们看曹端的年谱，就会发现，曹端晚年的很多著作，都是在研究和解释周敦颐的《太极图说》和《通书》。这其实和永乐中期朝廷下令纂修《五经大全》、《四书大全》和《性理大全》这三套大书有关。这三套书汇聚了宋元理学的经典著作以及名儒大师的说理言论，为深入理解理学提供了很大的方便，和它们以后被指责为纯粹的科举用书而桎梏了明代学术的情形有所不同。曹端有机会读到这些新近颁赐学校的理学论著，而且认真研究而有所得，开了明儒研究理学而有心得的先河，所以也可以视之为明代的周敦颐，也就是说，明代理学的开创人。

在一定意义上，这也是有据之言。明代第一位从祀孔庙的儒者薛瑄，亦即刘宗周提到的薛文清，就是曹端的仰慕者，而且也是精读深思这些《大全》的儒者，他的传世名著《读书录》，记的就是他读这些《大全》的反思和心得。如果纯粹从人物生活的时间来看，刘宗周对曹端的定位反倒有点矛盾。刘宗周的《师说》里评论比曹端早出的方孝孺时说："斯道之绝而复续者，实赖有先生一人。"而黄宗羲在《明儒学案》的方孝孺传中，也称他"持守之严，刚大之气，与紫阳真相伯仲，固为有明之学祖"。这样，兴起明代理学的应该是方孝孺才对。不过，方孝孺有朱子一样的成就，当然了不起，但论学术对明朝的影响，方孝孺倒又及不上曹端。这是政治的原因所致。方孝孺在"靖难之变"明成祖篡位之后被杀，株连十族，传人没了，书也给禁了，一直到16世纪中叶才解禁，此前只有零星论著有人能够看到。反过来看，曹端是有传人的，虽然都是"不甚著者"，而且他对卓然成家的薛瑄也有影响。整个明代只有四位本朝儒者获得从祀孔庙，薛瑄是第一位，他之后是陈献章、胡居仁和王守仁。薛瑄年辈低于曹端，他见过曹端，还有文字来往，所以刘宗周判断曹端是榜样，而薛瑄是"闻风而起"的。

这里我们可以观察到一个有趣的现象。你看，刘宗周毫无保留地对曹端称述有加，但相比之下，《明史·曹端传》在这方面的叙述却是着墨不多。这要怎样解释才好？一个考虑的方向就是《明儒学案》的曹端传记。先前提过，《明史》是参考过《明儒学案》的。书中的曹端传是否受到黄宗羲和刘宗周对曹端的学术造诣看法不同的影响呢？同学们要不要尝试讲一下？如果真的是这样，我们怎么给尊敬老师的黄宗羲打圆场、给说法呢？

学生一：历史书上说黄宗羲算是个唯物主义者，而像您刚才提到的曹端那种"求之于心"的心性，我们可以看出就是唯心的。他们的世界观是不同的，所以黄宗羲就不提曹端这一点。

谢谢你。你答得蛮直接的，但应该还有别的讲法。确实，很多教科书都是这样说的。但是不要忘记，昨天我们读《明儒学案》"原序"，黄宗羲第一句就说"盈天地皆心也"。他也是一个心学者，在这个意义上，他也是唯心主义的。

学生二：前面有一句说，“先生之学，不由师传，特从古册中翻出古人公案。”这句可能涉及一个思想的来源。根据我的理解，这首诗实际上是跟华严宗的“月印万川”这个理论有关系。黄宗羲为了避免儒学、理学与佛学的混淆，就故意隐去这个意思。我想是这样的。

好，谢谢。这也是一种解释。照这样解释，看来还可以说，黄宗羲是在为师者讳啊！轮到我来解释了。如果我们从文本的结构来看，恐怕还是可以讲得通一点的。黄宗羲是视《师说》为《明儒学案》不可分割的一部分的，将《师说》放在书的开头，不是准备跟它对碰、向它挑战的，但也不是要作为以后重复的根据。曹端有什么伟大的地方要刘宗周称赞的，都在《师说》里称赞了，所以黄宗羲就不重复。在他自己写的曹端传里，也就不再“以水济水”，而只管讲自己的见解了。而且他也没有公开说老师不对啊！在我们的材料里面，没有看到黄宗羲说一句他不同意刘宗周的意见和说法。看来我们可以从一个互补的角度来理解这一点。

实际上，黄宗羲对曹端的评价却是没有刘宗周所做的那么高。那么，刘宗周为什么会对曹端有那么高的评价？这问题已经出了《明儒学案》而进到明代思想史里，尤其是晚明的思想史里。在《明儒学案》里面，刘宗周和黄宗羲对曹端的评论是基于什么？当然是根据曹端的语录和文字，参考他的传记。那么，晚明编辑曹端语录的人，以及稍后像刘宗周、黄宗羲等评述曹端的人，他们又是面对着一个什么样的思想氛围呢？这个问题是要考虑的。那个时候是所谓心学大盛的时候，而王学末流的种种问题也已经出现。王学末流，大家从教科书上都可以看到，是所谓现成良知、当下解悟的思想行为表现，禅学意味很重。流行的王阳明“四句教”的第一句就说：“无善无恶是心之体。”这句话不是我们今天容易解释的。我们就直观地来看这句话可能产生的影响吧。照孟子的性善论推论，心的本体只能是善而不恶的，现在说“无善无恶是心之体”，流弊是可想而知的了。这个思想会导致过度的个人主义、自我主义、唯心主义，甚至道德相对主义，是非善恶，莫衷一是！

那个时候又很流行讲学。讲学当然好，我们今天还不就是在讲学吗？但讲了又没有后续行动，讲的道理一点也没有落实，这却毛病不少。王阳明说“致良知”，是说当你感到什么是善的，你就马上去做；当你感到什么是恶的，你就马上不做，连做的念头也要断绝。“致良知”就是实在地、即时地为善去恶。可是，王阳明的第二代、第三代讲“致良知”时，他们很多讲的却是“致良知”这个概念本身，实际上是“讲”良知，以讲为致，所以流于空谈。

这个潮流，大概到万历三十年前后东林学者的呼声高了，才开始逆转。这时候，很多儒者认为，《大学》的大学之道，从格物致知，到诚意正心，到修身齐家，到治国平天下，历代儒者已经讲了很多。朱子讲最基本的格物，王阳明讲致知，影响都很大，但是问题还是那么多，是不是该转向了？实际上，他们已经转到“修身”这个条目上去了。这里我可以顺便提一提，明朝儒者建立他们的思想理论时，都很喜欢用《大学》的“三纲领、八条目”来做架构。八条目就是刚才提到的“格物、致知、诚意、正心、修身、齐家、治国、平天下”，三纲领是“明明德、亲民或新民、止于至善”，就是所谓“大学之道”的所在之处，亦即“大学”的目标之所在。明儒往往选取三纲领或八条目中的一个或两个来做自己学问的宗旨，来做讲学的命题或口号。晚明儒者对于王学致良知之说的末流的反动，就是强调修身之学。曹端之所以在万历中期被重新提起，加以表彰，就是因为这个转向强调躬行之学的时代背景。刘宗周是在这个大背景下成长的，所以对于曹端也很佩服。黄宗羲在这点上也受到老师的影响。

三、《明儒学案》传记中的曹端

现在我们来讲黄宗羲写的曹端传记。这个曹端传可以分为三段来看。第一段比较短，只是简略地交代了曹端的生平和学业、事业大端。第二段很长，详细地讲曹端恪守儒道，力行教化的事迹。第三段集中评论曹端在理学形而上学上的理气观。我们先看第一段：

> 曹端，字正夫，号月川，河南之渑池人。自幼不妄言动，年十七，读《五经》皆遍。师事宜阳马子才、太原彭宗古，远有端绪。永乐戊子，举于乡，明年登乙榜第一，授山西霍州学正。历九年，丁忧庐墓。壬寅，起补蒲州。洪熙乙巳考绩，两学诸生皆上章请复任，霍州〔先〕上，遂许之。又历十年，宣德甲寅六月朔之明日，卒于霍州，年五十九。

这里可见，曹端在“永乐戊子”亦即永乐六年（1408）中了举人，次年会试不中，但名列乙榜。乙榜这个词同学们可能比较陌生。原来，按照明朝的科举制度，各省提学官提拔的考生，要通过三次大考才能名登金榜。先在本省考乡试，考过了就成为举人。举人便有资格到京师礼部去考会试，考中了便成为贡士，可以到皇帝的殿上去考殿试（又称廷试）。殿试理论上由皇帝主考，其实是个排名试，贡士考完之后，便会成为进士。进士分为一甲、二甲、三甲这三等。一甲只有三名，大家恐怕都知道，是状元、榜眼、探花，他们马上获得翰林院的官职。二甲、三甲的进士经过短期职前训练，便会被任命为正式官员，在中外衙门当官。有时候在此之前还有选拔试。成绩好的会给送进翰林院进修，做庶吉士，之后还有可能被留在翰林院当官。总之，会试成功是最重要的。会试中了实际上便已成为进士，除非不去参加殿试。会试还选了一批成不了贡士而成绩也不低的考生，放在一个副榜，也称乙榜。在榜上的落第举人，可以直接出任学校教官，也就是说，当州县上唯一的官立学校校长。他们还有另外一条出路，可以进唯一的国立大学国子监里做监生，继续进修，三年以后再赴会试。当时多数人已是选择到国子监的，因为进士的地位比举人高，前途也比教官好得多。

曹端选择了去当教官，获得的任命是山西霍州学正。学正是什么样位阶的官员呢？原来是一个“未入流”的官员。明朝的地方政区，第一级分为两畿十三布政司，略同于现在的直辖市和省，之下是府州县三级。府州县各有学校一所，分别称为府学、州学、县学，相当于校长的学官相应是教授、学正、教谕，他们都有副手，称为训导，人数由四名到二名。这些官员之中，只有教授是“流内”官员，但也只是刚刚入流的九品低阶。流内官是可以依照制度在中央或在地方上迁转的，三年一考，便有机会升职。流外也能够转入流内，但机会不多，需要时间很长，入流后也不容易当正官，多数是做二把手、三把手。教官和其他官员一样，每三年便要接受朝廷考核一次，一般官员经过三考九年，总会有机会升迁，但教官可不一定，往往是调职到稍微好的地方而已，而且教谕升任学正，也还是“不入流”的。还有，如果任职中间父母逝世，便要回家守丧，叫作丁忧，依制度要守二十七个月才除服复职，这样，要获得升迁的时间就更长了。曹端就是这样，当了山西霍州学正九年，然后丁忧庐墓。庐墓是在父母的坟地附近盖个简陋的屋子居住，以表哀思和追慕，是古人行孝的一种表现。根据《明史》记载，曹端庐墓六年。

曹端庐墓完毕，还职霍州，在霍州学正任上头尾十五年，才调职山西蒲州，做了三年，又再接受考绩。诸位看到霍州和蒲州此时都在争取他，这事很有意思。为什么可以争要他呢？原来这是明初一个很好的行政传统的表现。明太祖对于地方行政抓得很严，官员在地方上成绩好，就继续做，不会三年一任就调到别处，往往做满九年才给超升调职，就是说，给连升两级、三级，来肯定他的成绩，而且多数是升到中央去的。这个做法的好处很明显，好官能够对地方更加熟悉，百姓也能获得更多的福利。明太祖好像不怕这类官员会在地方上栽培出自己的势力。相反，地方官如果在任上触怒了恶势力，被栽赃或是嫁祸时，老百姓还可以直接向朝廷求情担保。好的地方官，百姓也可以联名向朝廷请求给他留任，而朝廷也会听从民意，当然也会照上面所说，往后用超升的做法来做补偿。曹端的情况就是这样的。

霍州和蒲州争取曹端担任教职的结果是，朝廷顺从了奏疏先到的霍州所请。诸位请注意这一段文字："壬寅，起补蒲州。洪熙乙巳考绩，两学诸生皆上章请复任，霍州〔先〕上，遂许之。"这两句话，现在两个主要的标点本都是如下的文字和标点："壬寅，起补蒲州。洪熙乙巳考绩，两学诸生皆上章请复任霍州，上遂许之。"这是不可能的。怎么可能连蒲州学生也请求将曹端复任霍州呢？可见是文本有误，导致理解和标点之误。文本中加上的这个"先"字，在《明儒学案》的乾隆二老阁刻本、万历时人张信民编的《曹月川先生年谱》，以及《明史》曹端本传都是有的，只有《明儒学案》的康熙紫筠斋刻本没有。由此我们可以领会，读古籍是要留心版本校勘的事情的。曹端传记中的这件事情，反映了曹端在霍州、蒲州两地都受学生爱戴的事实。霍州学生的请求，更加说明曹端实在是个感人至深的老师。当然，你也可以说，曹端在霍州的继任学官，都无法与他相比。在这段讲解结束前，我想补充说，诸位如果对曹端很有兴趣，可以参考刚才介绍过的《明儒言行录》中的材料，更可以看张信民编撰的曹端《年谱》。张信民收集的材料比较多，记述看来也比较可靠。这个年谱收入2003年中华书局出版的《曹端集》内，是有标点的。

我们来看很长的第二段：

> 初，先生得元人谢应芳《辨惑编》，心悦而好之，故于轮回、祸福、巫觋、风水、时日世俗通行之说，毅然不为所动。父敬祖，为善于乡，而勤行佛老之善以为善。先生朝夕以圣贤崇正辟邪之论讽于左右，父亦感悟乐闻。先生条其人伦日用之事可见之施行者，为《夜行烛》一书，言人处流俗中，如夜行，视此则烛引之于前矣。里中有斋醮，力不能止，则上书乡先生，请勿赴。又上书邑令，请毁淫祠，令以属之先生，毁者百余，惟存夏禹、雷公二庙；四时祈报，则设社谷坛。邢端修五岳庙，先生言其非礼。同僚肃拜梓潼神，先生以为谄。僚曰："斯文宗主也。"先生曰："梓潼主斯文，孔子更主何事？"门人有赴汉寿亭社会者，先生愍痛以折之。诸生有丧，则命知礼者相之。有欲用浮屠者，先生曰："浮屠之教，拯其父母出于地狱，是不以亲为君子，而为积恶有罪之小人也。其待亲不亦刻薄乎？"其人曰："举世皆然，否则讪笑随之。"先生曰："一乡溺于流俗，是不读书的人；子读儒书，明儒礼，不以违礼为非，而以违俗为非，仍然是不读书人也。"每有修造，不择时日。或以太岁土旺为言，先生明其谬妄，时人从而化之。霍州樵者拾金钗以还其主，人以为异。樵曰："第不欲愧曹郡博耳。"高文质往观剧，中途而返，曰："此行岂可使曹先生知也。"先生以力行为主，守之甚确，一事不容假借，然非徒事于外者，盖

立基于敬，体验于无欲。其言“事事都于心上做工夫，是入孔门底大路”，诚哉！所谓有本之学也。

前面我已经提过，这段主要在说曹端恪守儒道、力行教化的学行，讲了好几件事作为例证。大家看出一个什么样的曹端来？我先补充一下：根据张信民写的曹端《年谱》，曹端在二十岁时开始读到谢应芳的《辨惑编》。由此可见，曹端年轻时，已经坚定地反对世俗的迷信。他可敬的地方，就是不尚空言，而是落实地去做，由身边做起，从父亲的身上做起。他父亲用崇拜佛道的行为来“为善于乡”，他认为不好，引用经典之言劝父亲不要这样做，居然也感动了他。曹端选取古人的言行编辑出《夜行烛》一书，作为父亲的行为照明灯，按照《年谱》，这是曹端二十一岁的事情，可见他读《辨惑编》之后，对儒家更加相信，对佛道更不喜欢。所以他还会跟僧人辩论异端之教的不是。这件事情这里没有记载，大概黄宗羲认为这点并不突出。到这里，我们可以看到，学生时代的曹端，已经是很崇尚和坚持理性的儒生，难怪他力不能及，也会请求乡里的前辈贤达不要去出席道教斋醮仪式，还要请县令拆毁淫祠。淫祠是供奉政府法规不准拜祭的神灵的庙宇。当了学官之后，还要提醒官员不要修五岳庙，请同僚不要拜梓潼神。你看，他处处都是主动的，而且敢说敢为，县令叫他去毁淫祠，他就奉命毁掉一百多所，只剩下夏禹和雷公二庙。为什么要留下这两座庙呢？因为夏禹有平水土之功，而且是儒家的圣王；自然神的雷公震动地气，帮助万物生长，有功于人民生计，而且是国家法定祭祀之神，所以二者都应该有庙宇来安妥神灵。从这里我们也可以见到曹端的理性思维和对法定礼制的拥护。文中提到的邢端，是一个地方的“大使”，官阶最高只是九品。他要修葺五岳庙，曹端为什么说他所为非礼呢？这是因为，拜祭五岳是天子的专有之礼，没有朝廷命令而修葺五岳庙，不只越礼，而且违法，挺危险的。曹端所言，是出于善意，也反映了他恪守国家礼制的一面。同僚去拜祭梓潼神，他为什么也要反对呢？梓潼神就是民间信仰中庇护人家读书成功、考试高中的神明。曹端反对学校官员拜他，不是想学生考试不成功因而教官没有成绩、不能升官，而是认为学生考试成功应该凭着自己的学问和文字能力。他认为孔子才是斯文的正统，要学就学孔子，要求就求孔子，不能为求考试成功而去迷信。以上这些，都让我们看到曹端是一个躬行礼制和忠信直谅的人。他行礼于官员，行礼于朋友，认为不对的事，他会告诉父亲，会告诉朋友，会告诉同僚。

作为老师，曹端对门人的要求更高，要他们敦行儒家之礼。他告诉家有丧事的学生不要用佛教的超度仪式，这个容易理解。他的实在之处是派会行礼的学生去帮助事主行儒家的丧礼。为什么"门人有赴汉寿亭社会者"，他也要感伤而痛加训斥呢？汉寿亭社会是去拜关公的，关公是讲义气的，有什么不好？其实这里黄宗羲写得不太明白。根据《年谱》，事情是这样的：有一个学生，他的母亲去拜关公，他去向曹端请假随行。曹端不同意，召集诸生当面说这学生"妄行淫祀，非吾徒也"。学生说要他去也是母亲的心意。曹端于是长篇大论地训斥他母子所为是"于古则违礼，于今则违法"。说你自己不能守礼，又不能劝止母亲做违礼之事，还可以叫作"读书学礼之人"吗？曹端为什么会对此事这样反应呢？我想可能是这样的：关公其实是民间信仰中的财神，至少是武财神，去拜关公当然为的是求财，而妇女本来就不应该去到这种人马杂沓的社会抛头露面，何况还是去求非分之财？母亲既迷信，又心想牟利，又不守礼，儿子居然懵然不知其误，不加以劝阻，所以令他感到可悯可痛。一言以蔽之，曹端认为，读书明理，读书人就需要明理，才没有枉读诗书。要明理就要明礼——礼义的礼，礼仪的礼——还要守礼行礼，言行都不能违礼背礼，这样才算是一个儒者。儒者要行的礼仪，都载于当时朝廷崇尚的《朱子家礼》一书之中，包括祠堂和冠婚丧祭等礼，这些家礼对我们中国社会影响很大，曹端说的也就是这些。

曹端不只要求别人，他也要求自己，他自己对于世俗的忌讳绝不迷信，做事不先看历书来找个什么吉日，也不管什么是凶日，也不信什么流年运程，所以不管会不会与太岁相冲，总之认为要做的就做去。但他的所为也能感人化人，至少在霍州、蒲州都能获得人家尊敬和信任。你看，砍柴的穷人，路上拾到金钗，还会物归原主，不想因为占为己有而面对曹端时感到惭愧——文中的“郡博”，是州郡博士的简称，是古代地方学校教官的意思。高文质只是曹端一名霍州学生的哥哥，他要去看戏，想到曹先生说看戏不好，怕以后见面时心里不好过，中途就不去了。曹端为什么连看戏都认为不好，我们不必猜测。要知道的是，黄宗羲将这些事情写出来，就给我们透露了这样一个信息：曹端确能感动其他人，他的话对其他人也是起作用的。《明史》也有这样的记载：曹端卒后，“诸生服心丧三年，霍人罢市巷哭，童子皆流涕”。

黄宗羲在这里对曹端的学术精神和要点做出总评。他认为，曹端为学的精神和宗旨就是“力行”，就是认真实践，该做的就做，不该做的就不做。这种学术的基础是“敬”，由敬做起，工夫久了就是无欲，就是无所为而为之，自然而然地做着。黄宗羲特别欣赏曹端说的“事事都于心上做工夫，是入孔门底大路”，认为这是体验了真的“有本之学”的话。凡事反求诸心，才是儒学的路数。诸位看，黄宗羲在第二段举了很多曹端的真实行事，我们所谓让证据说话，就在这里。黄宗羲用这些证据来反映曹端学行的特色，也用来证明他自己的论断是对的。黄宗羲将曹端的学术特色概括为以力行为主的有本之学，这其实也是晚明学者对曹端学术的共同看法。

现在我们来看第三段。这里，黄宗羲反过来，对曹端的形而上观点提出批判。先看原文：

> 其辨太极："朱子谓理之乘气，犹人之乘马，马之一出一入，而人亦与之一出一入。若然，则人为死人，而不足以为万物之灵；理为死理，而不足以为万物之原。今使活人骑马，则其出入行止疾徐，亦由乎人驭之如何耳，活理亦然。"先生之辨，虽为明晰，然详以理驭气，仍为二之。气必待驭于理，则气为死物。抑知理气之名，由人而造，自其浮沉升降者而言，则谓之气，自其浮沉升降不失其则者而言，则谓之理。盖一物而两名，非两物而一体也。薛文清有日光飞鸟之喻，一时之言理气者，大略相同尔。

这里，黄宗羲认为曹端批判朱子"理之乘气，犹人之乘马"的理气二元论批得好，但曹端自己仍然将理和气各自作为一个范畴来理解，认为理是气的来源，理应该支配气，却还是不对。黄宗羲的宇宙论基本上是唯气的，但又是唯心的，他认为理气本质上是一物，我们看见的和听到的、嗅到的、感到的是变化的气，这变化之气的正常规则是理，而理和气二者是不可分的，并且都是统一于心，即他所谓的"盈天地皆心也"。

此段最后一句中的"薛文清"，是前面已经提过的薛瑄。"日光飞鸟之喻"是薛瑄用来比喻理气关系的。这个比喻，黄宗羲在《明儒学案·河东学案》的薛瑄传里也有论及。那里的文字如下：

> 其谓"理气无先后，无无气之理，亦无无理之气"，不

> 可易矣。又言“气有聚散，理无聚散”，以日光飞鸟喻之，“理如日光，气如飞鸟，理乘气机而动，如日光载鸟背而飞，鸟飞而日光虽不离其背，实未尝与之俱往而有间断之处，亦犹气动而理虽未尝与之暂离，实未尝与之俱尽而有灭息之时”。羲窃谓，理为气之理，无气则无理，若无飞鸟而有日光，亦可无日光而有飞鸟，不可为喻。盖以大德敦化者言之，气无穷尽，理无穷尽，不特理无聚散，气亦无聚散也；以小德川流者言之，日新不已，不以已往之气为方来之气，亦不以已往之理为方来之理，不特气有聚散，理亦有聚散也。

这里，黄宗羲肯定薛瑄的“理气无先后”之说，但同时批判了他的理气聚散说。薛瑄以日光喻理，飞鸟喻气，由日光不动而常在，飞鸟飞动而有间断的情形，说明“气有聚散，理无聚散”，理是不变的本体。黄宗羲的唯气论和唯心论使他认为，理气本是一物，不能分开也不能独存，日光和飞鸟性质不同，这个比喻根本不能成立。他认为，从宇宙的本体而言，理气（其实说气便够了）都永恒存在而无聚散可言，从宇宙的运动而言，气变化不测，不断更新，所以理也不断更新。总之，将理气视为两个独立的认知范畴，就是不对。一定要作先后分别的话，概念上还是先有气才有理，而“太极动而生阴阳”概念中的太极是“自动”的。

这段引文中的“大德敦化”和“小德川流”这两句，出自《中庸》，历来解释很多，从郑玄到程朱之后都有，不能够一一介绍，但基本的、黄宗羲会参照的应该是朱子《中庸章句》的解释。朱子这样说：

天覆地载，万物并育于其间而不相害；四时日月，错行代明而不相悖。所以不害不悖者，小德之川流；所以并育并行者，大德之敦化。小德者，全体之分；大德者，万殊之本。川流者，如川之流，脉络分明而往不息也。敦化者，敦厚其化，根本盛大而出无穷也。此言天地之道，以见上文取辟之意也。

根据这个解释，“德”指的是一个实体，“大德”是宇宙的实体，“小德”是个别事物的实体，“大德敦化”是说宇宙的实体就是造化，“小德川流”是说个别事物的变化。《中庸》原句是“大德敦化，小德川流不息”，意思是宇宙的本体就是实在的造化，事物的本体就是不断地变化。这两句说的也有一个整体与部分的关系的问题。黄宗羲认为薛瑄的“日光飞鸟”是对不上的比喻，和曹端的“人马”比喻一样，都是程朱以理为本的理本体论，都错误地认为理是一切的来源，包括气在内。我们也不必为他们强分胜负，但可以这样说，在宇宙本体的形而上概念上，黄宗羲持的是一种气本论，和气一起存在的理，都存于一个超越的心理，所以没有心外之物（“盈天地间皆心”）。在这个意义上，黄宗羲的宇宙本体论是唯心的。说到底，理和气和心是不分的，这倒是宋明理学中明代的主流看法。相反，曹端和薛瑄的理气二元论，却是宋代的主流看法。

我们再一次来看看黄宗羲的曹端传的第三段文字。段中所见的曹端论说，好像是与朱子辩难的。这有什么意义呢？其实曹端想要提出一个读朱子者应该注意的地方。那就是，读朱子时，应该读朱子的定论才对，不要以他未成熟的意见为据，这样才能正确地理解他。朱子的定论已见于他的成书，如《四书章句集注》之类为是，而不是见于他的语录之类。因为语录一般是学生跟他交谈后记录下来的，一般他也没有机会再看，记载错了也不知道，这是一点。第二点，朱子讲学几十年，学生多得很，众多语录存在一个时间差，讲同一个问题，早年讲的和晚年讲的可能不一样。以何为准，实不易说。曹端要人注意的就是这个问题。黄宗羲却没有把这一点交代出来。《曹端学案》抄录的曹端《太极图说述解》，还有如下的话说：

> 亦惟朱子克究厥旨（周敦颐《太极图说》之旨），遂尊以为经而注解之，真至当归一之说也。至于《语录》，或出讲究未定之前，或出应答仓卒之际，百得之中不无一失，非朱子之成书也。近世儒者多不之讲，间有讲焉，非舍朱说而用他说，则信《语录》而疑注解，所谓弃良玉而取顽石，掇碎铁而掷成器，良可惜也。

我上面所说的，就是根据这段被黄宗羲省略掉的原文。诸位可见，曹端多少还是在维护朱子的，而黄宗羲却借曹端所指的朱子未定之论来批评朱子了。在这样的原文、全文和引文的对比之下，我们可以理会作者、编者和读者对于同样文字的不同用处，因而领悟光读节略和转引文字必须加倍小心的道理。

我现在来综合一下《明儒学案·曹端传》的其他方面。这个传记只有950个字，对于曹端的记述明显是很有选择性的。比如说，刘宗周对曹端学术的精辟论述和评价，便没有放进去。那么，还有没有其他重要的资讯没有采用呢？我们就用《明史·曹端传》来做一个比较，看看曹端还有什么事迹值得知道。我们把《明史·曹端传》分成六段来读一下。

> 曹端，字正夫，渑池人，永乐六年举人。五岁见《河

图》、《洛书》，即画地以质之父。及长，专心性理。其学务躬行实践，而以静存为要。读宋儒《太极图》、《通书》、《西铭》，叹曰："道在是矣。"笃志研究，坐下着足处，两砖皆穿。

这段记载曹端早年所学。我们见到他自小就喜爱理学，见到他少年时已有的"躬行实践"的为学特色，见到他读什么书、读书是什么样的态度等等，这些是了解曹端很重要的资讯，《明儒学案》都没有提及。

事父母至孝。父初好释氏，端为《夜行烛》一书进之，谓佛氏以空为性，非天命之性；老氏以虚为道，非率性之道，父欣然从之。继遭二亲丧，五味不入口，既葬，庐墓六年。

这段见到曹端读的不只是正统儒学书籍，而且能将所学见诸行动，反对佛道，还是一个大孝之子。《明儒学案》偏重在显示曹端不迷信，没有多讲他的孝道。

端初读谢应芳《辨惑编》，笃好之，一切浮屠、巫觋、风水、时日之说，屏不用。上书邑宰，毁淫祠百余，为设里社、里谷坛，使民祈报。年荒劝振，存活甚众。

这段记载曹端反对迷信，风化社会的实际行动。《明儒学案》也有记载。

为霍州学正，修明圣学，诸生服从其教。郡人皆化之，耻争讼。知府郭晟问为政，端曰："其公廉乎！公则民不敢谩，廉则吏不敢欺。"晟拜受。遭艰归渑池，霍诸生多就墓次受业。服阕改蒲州学正。霍、蒲两邑各上章争之，霍奏先得请。先后在霍十六载，宣德九年卒官，年五十九。诸生服心丧三年，霍人罢市巷哭，童子皆流涕。贫不能归葬，遂留葬霍。二子瑜、琛，亦庐端墓，相继死，葬墓侧，后改葬渑池。

这段记载曹端感人化俗，成功施教，伟大人师的实效。《明儒学案》也有这方面的内容，但缺少知府郭晟问为政一事，看不到曹端的政治理论和受地方行政长官重视之处。

端尝言：“学欲至乎圣人之道，须从太极上立根脚。”又曰：“为人须从志士勇士不忘上参取。”又曰：“孔颜之乐，仁也。孔子安仁，而乐在其中；颜渊不违仁，而不改其乐；程子令人自得之。”又曰：“天下无性外之物，而性无不在焉。性即理也，理之别名曰太极，曰至诚，曰至善，曰大德，曰大中，名不同而道则一。”初，伊、洛诸儒自明道、伊川后，刘绚、李吁辈身及二程之门，至河南许衡、洛阳姚枢讲道苏门，北方之学者翕然宗之。洎明兴三十余载，而端起崤、渑间，倡明绝学，论者推为明初理学之冠。所著有《孝经述解》,《四书详说》,《周易乾坤二卦解义》,《太极图说〔释文〕》、《通书〔释文〕》、《西铭释文》,《性理文集》,《儒学宗统谱》,《存疑录》诸书。

这段引载曹端为学做人的自得之言以及在性理方面的造道之言，反映他的学问造诣。又说他在明代理学发展史上的成就和地位，记载他的著述名称。这些概括地反映曹端的思维和学说宗旨及学术史地位的记述,《明儒学案》都没有。

霍州李德，与端同时，亦讲学于其乡，及见端，退语诸生曰："学不厌，教不倦，曹子之盛德也。至其知古今，达事变，末学鲜或及之。古云'得经师易，得人师难'，诸生得人师矣。"遂避席去。端亦高其行谊，命诸生延致之，讲明正学。初，端作《川月交映图》拟太极，学者称月川先生，及殁，私谥静修。正德中，尚书彭泽、河南巡抚李祯请从祀孔子庙庭，不果。

这段记载曹端学行成就为人承认的事实，见于时人对他推重，见于死后人们给他私谥，也见于后人请求给予从祀孔庙的事情。这些《明儒学案》也没有记载。

整体上看，《明史》所载曹端的读书和著作情况，他的名言和受人称重的情形，《明儒学案》都没有记载，或者只是简略地触及。《明史》没有的，却是被黄宗羲征引的不同意朱子人马理气比喻之说，以及黄宗羲对曹端的理气二元论的论难之词。这里我们可见正史和学案著作处理儒者传记的不同之处。正史的传记讲得比较周全，值得记载的尽量记载，虽然篇幅也不必较长，学案的传记则着重记载学理上的论辩，传主的行为只记那些尤其有说明意义的。

四、《曹端学案》的选材

《曹端学案》在《明儒学案》中别有特色。第一，它的选材与王阳明的《姚江学案》都不是黄宗羲引以为傲的从"全集纂要钩玄"而来的，而是抄录前人所选。《姚江学案》抄录自黄宗羲的老师刘宗周的《阳明传信录》，这个黄宗羲有注明；《曹端学案》抄录自孟化鲤的《曹月川先生录粹》，这个黄宗羲没有注明。

实际上，这两个学案还可以称之为“选上选”，因为见于《明儒学案》的，也不是《阳明传信录》和《曹月川先生录粹》的全部。第二，《曹端学案》和《姚江学案》一样，所载的语录不少附有刘宗周的评语。这些评语就是诸位看到的文本上那些低四格开始的文字。

这里有一个文本的问题大家不一定注意到，让我先给点出来。《明儒学案》中华书局 1985 年、2008 年两个点校本同样有一处（依照次序数是第十九条）文字如下：“学圣希贤，惟在存诚，则五常百行，皆自然无不备也。无欲便觉自在。”这是作为独立的一条，以下有小字的刘宗周评语。这是错误的。“无欲便觉自在”这句的意思，与上面说的全不衔接。经过版本校勘发现，其实在二老阁郑本原刻本，“无欲便觉自在”六字是独立的一条，因为句文是顶格开始，而上一条的最后一字适在底格，又没有标示，所以导致误解。《明儒学案》的紫筠斋贾本以及浙江古籍出版社的《黄宗羲全集》本，“无欲便觉自在”六字也是自作一条，而以下的刘宗周评语——“惟无欲者可作此语”，评的正是这条。此条在《曹月川先生录粹》也是自为一条，原文在《录粹》中的位置，与《学案》的之前那一条还相隔了四条。

因为《曹端学案》的语录都是从《曹月川先生录粹》抄来的——除了最后的《太极图说述解序》、《太极图说辨戾》两篇——所以我们也要谈一谈《录粹》这本书。此书的编者孟化鲤，是万历时代的河南新安人，《明儒学案》的《北方王门学案》中有他的学案，是王门第三代的人物。但他所学的王学，与南方的王学不太一样。南方比较盛大的是王畿的浙中王门以及王艮的泰州学派。孟化鲤选编曹端语录，自然是认为自己能够认识曹端的学术要旨，而目的则在于表彰曹端的学术精华。我们从传记以及其他研究，可以合理推测，孟化鲤在曹端的后人之处，应该看到一些他人未看到的曹端文字，而用它来重构一本曹端语录。我这样想的理由是:《录粹》所载的曹端说话，与现存的曹端文集所载，极少雷同，而现存的曹端文集根据的是更早的明代刊本，可见我们现在看到的曹端文集，绝对不是曹端全部的文字。事实上,《曹月川集》里面很少有完整的论文。孟化鲤没有伪造曹端材料的理由，因此他编辑的《录粹》应当取材别有所本，根据的是传刻文集之外的材料。孟化鲤在万历十八年编成《曹月川先生录粹》，并且作序盛称曹端的主敬躬行之学，这反映了什么呢？我看，这反映了北方王门学者在王学大盛而又末流弊病已经呈现的情况之下，一方面想呼应潮流，一方面也想学术转向，他们借选辑曹端语录来表达意向和主张。他们想达成的学术转向，就是我开头所讲的《大学》八条目中的“修身”这个方向。换言之，曹端在这个时期如此受到重视，正是因为他的学术是被视为这个时代所需要的。

《明儒学案》所选录的三十八条曹端语录，基本上都和“心”学有关联。略作分类，可见直接讲心之学的有六条，讲理欲的有七条，讲太极的有四条，讲修身的有三条，讲志气、讲敬、讲诚，各有二条，讲理气、讲礼、讲静、讲性，各有一条，而讲工夫的有六条。黄宗羲说“心无本体，工夫所至，即其本体”，看来和曹端所说是可以呼应的。曹端对于“性”这个重要概念，谈的远不及谈“心”的多。刘宗周、黄宗羲都说曹端治学重心。曹端说“事事都于心上做工夫，是入孔门底大路”，刘宗周的评语便说,“看此语，便见先生之学。”也可见到呼应的情形。

以下我想花点时间谈谈第三十七条。这条和第三十八条都不属于《录粹》的内容。第三十八条讲的是我们已经说过的人马理气比喻，所以也不必再说。第三十七条是曹端《太极图说述解序》的节略。我们分成两段来看。第一段原文如下：

孔子而后，论太极者皆以气言。老子道生一，而后乃生二。庄子师之曰："道在太极之先。"曰一，曰太极，皆指作天地人三者气形已具而混沦未判之名。道为一之母，在太极之先，而不知道即太极，太极即道。以通行而言，则曰道；以致极而言，则曰极；以不杂而言，则曰一。夫岂有二耶？列子混沦之云，《汉志》含三为一之说，所指皆同。微周子启千载不传之秘，则孰知太极之为理而非气也哉？

这段中曹端说的老子"道生一"之言，见于老子《道德经》第四十二章（河上公注本《道化章》）；庄子"道在太极之先"之言，见于《庄子·大宗师》篇；列子"混沦"之说，见于《列子·天瑞》篇；《汉志》"含三为一"之说，见于《汉书·律历志》。《道德经》此章的原文说："道生一，一生二，二生三，三生万物。万物负阴而抱阳，冲气以为和。"王弼注说："万物万形，其归一也。何由致一？由于无也。由无乃一，一可谓无。已谓之一，岂得无言乎？"可见"一"是气，而在之前的"道"是"无"。《庄子》的原文说："夫道有情有信，无为无形，可传而不可受，可得而不可见。自本自根，未有天地，自古以固存。神鬼神帝，生天生地。在太极之先而不为高，在六极之下而不为深，先天地生而不为久，长于上古而不老。"可见，"太极"不是终极，不是极致；"道"才是终极，也是起源。《列子》原文说："昔者圣人因阴阳以统天地。夫有形者，生于无形，则天地安从生？故曰：有太易，有太初，有太始，有太素。太易者，未见气也。太初者，气之始也。太始者，形之始也。太素者，质之始也。气形质具，而未相离，故曰混沦。混沦者，言万物相混沦而未相离也。"可见，万物之生，也是源于气。《汉书》原文说："天兼地，人则天，……三统相通，故黄钟、林钟、太族，律长皆全寸，而亡余分也。天之中数五，地之中数六，而二者为合，六为虚，五为声，周流于六虚。虚者，爻律夫阴阳，登降运行，列为十二，而律吕和矣。太极元气，函三为一。”注释引孟康说：“元气始起于子未分之时，天地人混合为一，故子数独一也。”可见太极也是气。

按照曹端的理解，老庄乃至列子、《汉书》都以“气”来说太极，认为太极是气，而不是“道”或“无”，故此不是宇宙的本体或最高范畴或一切事物的来源。曹端认为这是不对的。他认为应该是照周敦颐所说的，道就是太极，太极就是道，亦即是一；太极、道、一的名称，只是从不同角度说同一东西的不同形容。这一段的重点是，曹端认为太极是理而不是气，这和程朱的形而上学论说相同。

第二段原文如下：

> 且理，语不能显，默不能隐，固非图之可形，说之可状，只心会之何如耳。二程得周子之图之说，而终身不以示人，非秘之，无可传之人也。是后有增周子首句曰：“自无极而为太极”，则亦老、庄之流。有谓“太极”上不当加“无极”二字者，则又不知周子“理不离乎阴阳，不杂乎阴阳”之旨矣。亦惟朱子克究厥旨，遂尊以为经而注解之，真至当归一之说也。至于《语录》，或出讲究未定之前，或出应答仓卒之际，百得之中不无一失，非朱子之成书也。近世儒者多不之讲，间有讲焉，非舍朱说而用他说，则信《语录》而疑注解，所谓弃良玉而取顽石，掇碎铁而掷成器，良可惜也。

曹端此段所说，是根据上段的理解，反驳一些对周敦颐《太极图说》第一句“无极而太极”的质疑，同时也指出朱子对于周敦颐的《太极图说》说法不一，有对有不对。质疑者认为既然“无极而太极”，可见太极并非终极，其前还有“无极”，因此认为《太极图说》有阙文，原文应为“自无极而为太极”，但这样一来便是老庄之说了。曹端认为：朱子说“无极”只是形容太极是无声无臭、无形象方体，而太极就是终极，因此太极是“实理”而不是气，是对的，是他的定见，但在《朱子语录》中，朱子却不这样说，而说太极不会自动，从而也引起了后人对周敦颐之说的怀疑，也引起了陆九渊的质疑，说“太极”之上本来就不应有“无极”二字。曹端认为读朱子不能以《语录》所见之言为准，这点前面已说，这里不再重复。

曹端所说，还触及一个理学史上的大公案。传记都说二程是周敦颐的学生，周敦颐最伟大的理论便是《太极图说》所说的，但二程却终生未见提及此书，也不讲此说。这是为什么呢？曹端的解释是，《太极图说》的道理实在太过高深，不容易懂，二程没有遇到资质足以传授的人，所以也不随便讲它。整篇来看，曹端是认同朱子对太极的解释的。刘宗周也认为曹端所见是对的，所以在这篇序文之后有这样的评论：“《太极图》先生生平所最得力者。”

我们从《曹端学案》的选材，还可以看到，曹端论述的范围还是宋代理学的范围，而且主要也是接受宋儒的说法，但他相对地比较强调心的作用，强调心和理的结合，心对行为的指导意义。看来我们可以用“反求诸心，见于躬行”这八个字来概括他的学术宗旨。

五、曹端论学语之补充

关于曹端的论学见解，我想做些补充。《明儒学案》就如昨天所分析的，归根到底是一本理学之书，而且是讲学之书，是给你治学、讲学时用的。《曹端学案》所选载的曹端语录，也是朝着这个大方向而来的。因此，曹端很多其他见解在书中都见不到。其中有两点我想值得向大家介绍。第一点见于曹端所著的《儒家宗统谱》。此书《明史》也有提到，现在已失传，只剩下序文，载于《曹月川集》及《曹端集》(中华书局2003年版)。我们就来看以下这一段的《儒家宗统谱序》:

> 《儒家宗统谱》，是儒家之真源正派也。盖真源乃天地人之所自出，正派乃皇帝王之所相承，所以参天地而立人极。然其大目则曰三纲，曰五常，而其大要则曰一中而已。三皇儒而皇，五帝儒而帝，三王儒而王，皋、夔、稷、契、伊、傅、周、召儒而相，孔子儒而师。然则孔门一帝王之教耳，帝王一天地之道耳。儒家者，所以相天地，宗帝王，师圣贤，心公天下万世之心也，道公天下万世之道也。朱子谓"释氏出于自私之厌，老子出于自私之巧"。夫彼岂可与此同年而语哉!

曹端这里说的，主要还是宋儒的说法。不过，他也有自己清楚的见解，那就是，在他看来，古代的圣君贤相以及孔子都是儒。他们只有地位之分，没有志业之分，不管是治人还是教人，面对的都是人，应对的也是人，而且治人其实也是教人，政治和教育原本就不应分开，因为它们的目的是一样的。儒家传承的就是这个文化传统。"孔门一帝王之教耳，帝王一天地之道耳"，帝王是最高领导，替天行道，有辅助天地生长万物的责任，孔子之徒则是王佐之才，也有辅助帝王完成任务的责任。曹端给儒家的定位是:"儒家者，所以相天地，宗帝王，师圣贤，心公天下万世之心也，道公天下万世之道也。”儒家只讲一个“公”字，所以儒学是大公无私之学，是天下为公之学。他最后引朱子对佛道的批评，重申儒家是入世的，是为人的，而不是自私自利的。曹端虽然只是一名教官，但他的胸襟和抱负是何等的宏大！

曹端的另外一个见解见于他的《孝经述解》。此书也未见传本，但有一些内容被征引在康熙《御定孝经衍义》中。从此书的引文可见，曹端认为：“性有五常，而仁为首，仁兼万善，而孝为先。盖仁者孝所由生，而孝者仁所由行者也。是故君子莫大乎尽性，尽性莫大乎为仁，为仁莫大乎行孝。行孝之至，则推无不准，感无不通。”这话应当是曹端的心得之言。他不是作了一本《夜行烛》让他父亲不要迷信，不要跟世俗走，而且获得成功吗？我们讲曹端的躬行之学，这点也不能错过。

六、结　语

最后，我要为今天这一讲做一个简单的结语，谈一点感想。我想讲两点。第一点是，《明儒学案》的《曹端学案》是由《师说》中的刘宗周之语以及黄宗羲所撰的曹端传记和所选的曹端语录以及两篇短文所构成，而语录主要是从孟化鲤的《曹月川先生录粹》抄录来的。看完整个《曹端学案》之后，我们首先想到《明儒学案》的性质问题。昨天我讲到，自从梁启超先生说此书是一部学术史之后，很多前辈学者也都这样说。但是，如果我们问一问：从《曹端学案》里面你可以吸收到多少明代思想史的知识呢？那答案只能说：其实不多。幸亏有个《师说》给了曹端的学术一个定位，还引了彭泽上疏请求从祀曹端的事情，不然的话，学术思想史方面的资讯恐怕更少。但反过来看，黄宗羲让我们看到一个叫作曹端的人物，看到他很多行为表现和言论，看到他的行事特点和关心的问题。这对我们又有什么好处呢？我想好处是明显的：如果你对曹端所显示的学问有兴趣的话，那你就有一堆现成的材料来做深入的研究参照。在这个意义上，《明儒学案》是子书的意味远远重于史书的意味的。

第二点，我想我们可以从书中的曹端传记获得一个启示。纵观这篇传记，我们可以看到，黄宗羲对于曹端躬行之学的描述不遗余力，我们看到一个端庄的、严肃的、充满理性的、言行表里如一的终身实践之儒。大家想一想，在现实生活中，曹端只是一个职位低微的州学教官，而任职的霍州和蒲州，也不是人文荟萃之区，用现在的比例来说，不要说不像北京，不像上海，恐怕连汕头也比不上，对不对？但是他却能够在这些地方发挥实在的影响。一个拾到金钗的穷人，会因为怕有愧于曹先生而物归原主。一个想去看戏的人，想起曹先生或许会责怪他不务正业而不去。你看，这是权力能做到的吗？曹端逝世，门生服心丧，霍州罢市，居民私下哭祭等等。你说，这是金钱和权力能做到的吗？曹端的政治地位绝对不高，但是能够获得他所处的社会的高度尊重和高度认同，这是什么原因？我想到的是：曹端不轻视其职，不低视他人，也不薄待自己。他的教官职位低，但他并没有把它看低；他在那个岗位，他就忠于职守，并且尽量将工作做到好。他教书的霍州、蒲州，没有显耀的人文传统，学生也是资质一般，但他没有看不起当地人，没有瞧不起他的学生，没有自己随便糊涂，令人家也随便糊涂。他是忠信以行之、诚信以成之的人物，所以他在霍州、蒲州两地生前死后的际遇，都是一种有道理的感应。曹端讲话有人相信，走了有人思慕，他的行事才是真正的儒者本色，不是假道学的面相。《曹端学案》给了我这样的启发：人能忠于自己的职守，不轻视自己的职业以及和自己相处的人，凡事忠信以行之，诚信以成之，总会有一番事业可做出来的。这点希望大家也可以考虑一下。我先讲到这里，留下一些时间，大家可以随便提问、发言。

学生一：我想问朱老师一个问题：您为什么选《曹端学案》作为一个例子来讲？这个问题我是想分两个方面来问的。一个就是，您一直强调《明儒学案》是史书，更是子书，《曹端学案》是不是很好地体现了这一点？它是不是有足够的代表性？其他的诸儒学案，是不是也是这样的？另外一个就是，您谈到刘宗周和黄宗羲都盛赞曹端，但是曹端好像不是明儒的主流，而刘宗周他们的历史背景又是王学的那种过度的个人主义。那您选择《曹端学案》来讲，是不是也因为有类似的现实背景？

这个问题蛮好的，我可以回答。从你最后说的地方开始。从理学形而上学上说，曹端的理气关系论还是比较沿袭宋儒的说法。明朝这方面的主流，其实就是黄宗羲所代表的，一切都以心为主。

《曹端学案》在《明儒学案》中有没有一定的代表性？我们这样来看：从结构上讲，讲儒者是怎么样追求他们的道，怎么样成他们的道，怎么样呈现他们的道等方面，这个学案有一定代表性。很多学案的结构都是这样的。从思想主张上讲，这个学案呈现了一个实践之儒，提示了对躬行之学的重视。在揭示儒者的学术宗旨上，也很有代表性。

再回到你的第一个问题：为什么我要选《曹端学案》来讲？我不知道是不是因为读了黄宗羲的东西也有一些年头，好像真的是受了他一些影响。他说“以水济水，岂是学问”，我很认同，我也相信“有一偏之见，有相反之论”，然后学问才可以冲击出来。明代的名儒，谁不知道有王阳明，谁不知道有王艮，谁不知道有顾宪成，有高攀龙？刘宗周也有很多人知道。明代的儒学，就好像讲了他们便够了，便知道是怎么一回事；有多少人会想到或看到，其实还有另外一些百分之百的儒者呢？就比如说曹端，他有这样的行为，有这样的事迹，当时人对他有这样的态度，后代人给他有这样的评论，他是毫无疑问的儒者。但现在有多少人知道曹端呢？恐怕很少。所以我想用他作为例子，一方面来补充一下明代的学术史，看看明代早期在北方有什么儒者，有什么样的儒学，跟后期的儒者和儒学有什么不同。另一方面，我也想从曹端的言行里面，透露出儒学是什么样的学问，儒者又是什么样的人。我相信，你看过曹端以后，会有自己的感受和见解，会明白受人尊重的儒者是什么样子；也会知道，如果你不是一个高官，不是什么位高权重之人，而只是一个儒者，你还可以做出什么有意义的事情来，做出什么有人认为是可取的、会尊重的事情来。

学生二：我有几个问题。您刚才讲，序言有两个，一个“原序”，一个“改序”。我们看序后面的署名，在“改序”后面署的是德辉堂，“原序”署的是紫筠斋。这两个都是贾氏的刻本，但是这个紫筠斋跟德辉堂，它们有什么不同？这是一个问题。

第二个问题是，在黄宗羲作的曹端传记里面，提到观剧的问题，那个人一想到曹端就不去观剧了。我想了解的是曹端对当时文学，特别是对当时的戏剧的看法，因为我是学文学的。据我的了解，在明初，戏剧特别是杂剧，还是比较兴盛的。明朝的宗室里面，也有致力杂剧研究的。杂剧里面有一个类是神仙点化剧。我想问的是，曹端他反对看戏，是不是整个地反对戏剧，还是反对戏剧里面这个神仙剧，反对宣传有更多道教精神的戏剧？因为神仙点化剧还有一部分是宣扬儒家教化的。曹端是否反对神仙而不反对教化？

还有一个问题，是关于刘宗周的评语的。曹端语录部分有一句“《太极图》先生生平所最得力者”。朱老师您认为这是刘宗周的评语，我想问这个的根据是什么？请您来说一下。

最后一个问题，就是刚才也讨论过的分类问题。您刚才讲，梁启超说《明儒学案》是明代思想史；您认为应该是子书，是吧？那我觉得朱老师和其他学者都是用现代的学术观念来看的。如果是从注重思想这个方面来说的话，他讲这个明代学术思想史，是史也是子。我现在怀疑它原来的分类，是不是就是《四库总目》的分类？我是反对《四库》馆臣把它分在史部传记类的，我认为应该是入子部。但是入子部的话，我现在有点疑惑：是入哪一个小类呢？我觉得可以入两类，如果注重《明儒学案》的思想性，可以入儒家类。黄宗羲是在表达自己的思想的，然而他是以别人的传记来表达的。还可以入杂家类，因为杂家的内容很复杂嘛。您看我这个问题到底应该怎样处理为好？

我们还是从后面一个问题开始吧。如果你问黄宗羲说：黄先生您这本大作在传统的经史子集的著述分类中，应该是属于子部还是属于史部？那我们都同意了，他会说是属于子部。再问：子部哪一家呢？他会说是儒家，因为他讲的是明儒嘛。

再说到刘宗周评曹端说《太极图说》那一句。为什么我会说那是刘宗周的话？首先，这句话不在《曹月川先生录粹》里面，所以可以排除这是曹端的话或是此书的编者孟化鲤的话。其次，《明儒学案》里面的语录或是论文极少附有黄宗羲的评语，最重要的《姚江学案》里面所见的评语是刘宗周的。这些评语的语气和评论重心，和见于《曹端学案》的基本相同。在《师说》里面，刘宗周对曹端也是赏识和尊重的。所以我们可以推断这句话是刘宗周的。还有没有更直接的证据呢？比较难说。因为刘宗周的《皇明道统录》已经失传，我们无法核定。但是有一件事情我们还是可以做的：《刘宗周全集》留下很多文字，我们看看里面有没有提到曹端。如果有，就可以看到他对曹端的评价，可以用来做旁证。

关于观剧这个问题，这个问得很好。我看，曹端对于看戏这事是整体反对的，所以不鼓励人家去看。有没有对某一类戏，比如说对神仙类作例外处理，我不知道，因为没有资料显示线索给我们看。如果一定要我说什么，我会说他就是不鼓励人家看戏。他会说：最好还是读书，可以干的事情多着呢！戏剧会影响人心，是不好的。

最后是德辉堂和紫筠斋与贾氏刻本的关系的问题。其实堂名和斋名都是贾氏的。《明儒学案》的故城贾氏刻本，是“紫筠斋藏版”的，初刻于康熙三十二年，重印于雍正十三年。初刻时只有署“德辉堂谨梓”的“改序”，重印时加上署“紫筠斋谨梓”的“原序”。名称之所以不同，是年代和主事者不同所致。这里的版本记述，也可以参看吴光教授的论著。

学生三：朱老师，我想问的问题跟文本不太有关。东莞有个明代学者，叫陈建，他写的《皇明通纪》开了明代私人纂述当代史的先河。还有他写的儒学著作《学蔀通辨》，他是反对阳明心学的。康熙的《东莞县志》里面，也称他是有明一代的大儒。但是他的著作在明清两代都是被列为禁书。明清两代的学者或是出于忌讳，或是出于门户之见，对陈建的记载很少。《明儒学案》也没有为他立传。如果把他列在《明儒学案》当中，您看他这个人和他的水平应该是怎样的？

这个很难想象。黄宗羲难道没有读过陈建的《学蔀通辨》吗？但黄宗羲肯定是排斥陈建的。《学蔀通辨》专门反驳从赵汸的《对江右六君子策》到程敏政的《道一编》到王阳明的《朱子晚年定论》。这三部著作的议题是思想史上的朱陆异同问题，焦点在于“尊德性而道问学”这个为学之道上——一般的理解是，陆九渊重尊德性而朱子重道问学；它们的共同论点是，朱子和陆九渊的思想早异晚同，朱子早年的主张和陆九渊的是冰和炭一样的明显别异，晚年却是趋于陆学而与陆九渊互相调和了。陈建用仔细的考证来反驳这种说法。他将被程敏政等人引用来立论的朱子书信的年代清楚考证出来，证明事情刚好相反，朱陆学术应该是始同终异才对。陈建指责程敏政和王阳明不是，措辞激烈。黄宗羲无法接受陈建的论证，也不喜欢陈建的立言态度，根本就不把他看作儒者，当然不会将他收进《明儒学案》。这里我们可以体会这样一点：如果《明儒学案》是学术史，那么陈建和《学蔀通辨》是无论如何也不能缺少的。黄宗羲能为自己辩护的是说：陈建虽然讲的都跟理学有关，但他并不是在讲学，他的书对于讲学也没有用，所以不需要理会他。其实，明朝还有好几位儒者都没有被黄宗羲收进此书。以他的知识来说，是不可能不知道这些人物的。之所以这样，唯一的解释就是像《四库》馆臣所说的，他有强烈的学派门户之见，所以在选材上还不能做到平心公允。

《明儒学案·白沙学案》的文本问题

一、《明儒学案》的文本问题

《明儒学案》包含了超过二百个明代儒者的传记以及其中一百五十多人的文字，早已是了解明儒思想以及明代儒学流派的必读之书。由于这些传记都是黄宗羲自己撰写的，而书中选录的明人文字所根据的书籍（文集和子部著作），超过两成已经失传或属极端稀见，此书更是了解数十名明儒乃至黄宗羲个人儒学思想所不能或缺的原始资料集。尽管当今古籍已经大量刊行，《明儒学案》至少因为它的选材之故，仍将是研究明儒思想和明代思想史的必备用书。

黄宗羲认为自己此书的最大价值，在于它正确地表述了书中所载各家的学说"宗旨"。这反映于黄宗羲对同时代的两本同性质著作——周汝登的《圣学宗传》和孙奇逢的《理学宗传》——的批评。《明儒学案·发凡》第一条说："海门（周汝登）主张禅学，扰金银铜铁为一器，是海门一人之宗旨，非各家之宗旨也。钟元（孙奇逢）杂收，不复甄别，其批注所及，未必得其要领，而其闻见亦犹之海门也。"他此书的优胜之处，正是在于对儒者学说宗旨的客观表述和严谨区分。

各家“宗旨”的正确表述，其实体和证据，就是书中所选录的各家文字。理论上，黄宗羲必然充分地认识到这些文字在其作者透过写作而表达的思想上的重要性，才能认为它们足以表达作者的宗旨。为了表述正确，书中的材料自然也应该是审慎选取的结果。黄宗羲对于此点，颇为自矜，正如《明儒学案·发凡》第四条说的，“每见钞先儒语录者，荟撮数条，不知去取之意谓何。其人一生之精神未尝透露，如何见其学术？是编皆从全集纂要钩玄，未尝袭前人之旧。”黄宗羲认为，文字本身的可靠性，以及被取录的文字之不失其意义脉络，都是《明儒学案》所选录的文字的价值所在。

可是，《明儒学案》选录的文字中，却有不少字句难以理解和片段思路断绝的情形，有的文字也看不出反映了什么宗旨。这些情形显示了，此书的文本存在编纂上、誊录上乃至刊刻上的各种问题。

《明儒学案》文本之所以问题特别多，有客观和主观的原因。客观上的原因，和此书的几个主要版本有关。《明儒学案》首先有两个不同的早期版本：康熙三十二年（1693）初刻的故城贾氏紫筠斋本和乾隆四年（1739）初刻的慈溪郑氏二老阁本。这两个刻本同是六十二卷，同载十九个学案，但在学案命名、卷次名称和人物数量上稍有出入，更在选录的文字数量上明显不同。康熙本载录的文字条数，比起乾隆本的少了很多，所以相对地说，康熙本是节本，乾隆本是足本。这两本共同选录的条段之内，有时又有文字多少之别，有时更有个别文字乃至词句上的差异，造成难以避免的句读上和理解上的差异。

道光元年（1821）初刻的会稽莫氏校刊本《明儒学案》，一时号称善本，后来不少传刻和现代的排印断句本，都以它为根据。但这个版本其实却失去了此书的原貌。莫本号称根据乾隆郑本，其实除了各卷编次依照郑本之外，各卷的内文根据的却是康熙贾本，换言之，它也只是一个节本。而更甚的问题则是，它用郑本来校贾本，结果刻本所出现的文字，又有不是贾本原来而又无从辨认的。[1]

主观上的原因，是此书的原稿问题，亦即黄宗羲（或替他抄录之人）在移录他所选取的文字时所发生的问题。这个问题导致同样文字见于《学案》上的和见于《学案》所据的书籍上的，产生了个别文字上、词语上、句子上、篇章上等处的各种差异。这些差异往往同时出现于《明儒学案》的康熙本和乾隆本，因此可以肯定，它们是见于《明儒学案》的原稿上的。这样，导致问题的主要便是编纂者而非刻本的抄胥或刻工。

本文便是从《明儒学案》中两卷《白沙学案》的文字校勘切入，来指出这些情形和讨论这些情形所引发的问题。

二、《白沙学案》的文字来源

《白沙学案》共有上下两卷，康熙本在卷八和卷九，乾隆本在卷五和卷六。上卷传录的，只有陈献章和他的门人李承箕二人。下卷收载白沙门人张诩、贺钦、邹智、陈茂烈、林光、陈庸、李孔修、谢佑、何廷矩以及白沙后学史桂芳等十人，其中有文字被选录的，只有张诩、贺钦、邹智和林光四人。

本文采用的《明儒学案》，是乾隆四年（1739）郑氏原刻、光绪八年（1882）冯全垓修补重印的二老阁刻本（简称乾隆本），

---

〔1〕 关于《明儒学案》的汇录和刊行情形的记述，可参看1992年浙江古籍出版社出版《黄宗教全集》本（第7、8册）《明儒学案》书末附录的吴光《黄宗羲遗著考·明儒学案考》。

但仍用雍正十三年（1735）贾念祖修补重印的康熙贾氏紫筠斋刻本（简称康熙本）来做比勘。

用来校勘《学案》的各家原来文集（以及一个例外的语录），其书名和版本如下：

1. 陈献章，《白沙子全集》，乾隆三十六年碧玉楼刻本。

2. 陈献章，《陈献章集》，1987年北京中华书局点校本。

3. 杨起元辑、陈遇夫订，《白沙子语录》，道光二十四年（1844）重刊本。

4. 李承箕，《大崖李先生文集》，《四库全书存目丛书》集部第四十三册（台南县柳营乡：庄严文化事业有限公司，1997年），据“湖北省图书馆藏明正德五年（1510）吴廷举刻本”影印。

5. 张诩，《东所先生文集》，《四库全书存目丛书》集部第四三册，据“天津图书馆藏明嘉靖三十年（1551）张希举刻本”影印。

6. 贺钦，《医闾先生集》，《四明丛书》本及《辽海丛书》本。

7. 邹智，《立斋遗文》，《乾坤正气集》本及《文渊阁四库全书》本。

8. 林光，《南川冰蘖全集》，咸丰元年（1851）跋刻本。

陈白沙的文集，因为版本繁多，内容不尽相同，《明儒学案》对它作选录的情况也比较复杂，需要稍做说明。白沙文集在明代有两个主要的传刻系统。一个根据的是弘治十八年（1505）罗侨初刻、正德三年（1508）林齐重订补刻的二十卷本《白沙先生全集》。另一个根据的是嘉靖十二年（1533）高简、卞崃刻的八卷本《白沙子》。流行于广东省内的，主要是《白沙先生全集》。此书接着有嘉靖三十年萧世延覆刻的二十一卷本；此本之后又有万历元年（1571）何子明刻本，万历三十二年许钦赋刻本等。从万历二十九年到顺治十二年（1655），另外又有题作《白沙子全集》

的九卷附录一卷覆刻本，这个刻本，有可能参校了《白沙子》。《白沙子全集》传刻到了清初，又有康熙四十九年（1710）何九畴刻六卷卷首一卷本，以及乾隆三十六年（1771）碧玉楼刻十卷卷首一卷、卷末一卷本；这两个版本在诗文的数量上，均各有增益，而碧玉楼本晚出，总的诗文数量最多。1987年中华书局出版的点校本《陈献章集》，以康熙本《白沙子全集》作底本，参校了几种明刊本的《白沙先生全集》以及碧玉楼刊本的《白沙子全集》，还有补充来自其他出处的诗文，是现存文字最多和版本来源说明得最清楚的白沙文集版本。[1]

在芸芸众多的明代陈白沙文集的刻本中，《明儒学案》采用的，究竟是哪一种？幸好《明儒学案·白沙学案》本身，留下了解答的线索。《白沙学案》上选录了一篇《与李德孚》书（卷五“论学书”中依次的第29条），其原文如下：

> 大抵吾人所学，正欲事事点简。今处一家之中……将求其病根所在而去之，只是无以供给其日用，诸儿女婚嫁在眼，不能不相责望，在己既无可增益，又一切裁之以义，俾不得妄求，此常情有所不堪，亦乖戾所宜有也。
>
> 昔者罗先生劝仆卖文以自活，当时甚卑其说，据今时势如此，亦且不免食言，但恐欲纾目前之急，而此货此时则未有可售者，不知何如可耳。

---

〔1〕关于陈白沙文集各种版本的传刻和存本情况，可参看1987年北京中华书局出版，孙通海点校本《陈献章集》书前的《点校说明》；中国古籍善本书目编辑委员会编，《中国古籍善本书目·集部》（上海：上海古籍出版社，1998），页581–582；朱鸿林，《文集的史料意义问题举说：并论明儒陈白沙文集的文本差异问题》，《“中研院”历史语言研究所集刊》第73本第3分（2002年9月）。

这篇为了方便比较而分为两段的《与李德孚》书，《白沙子》和嘉靖本《白沙先生全集》前头都有73字，但只有《白沙先生全集》有《明儒学案》所录的第二段，并且末后还有35字。据此可见，《明儒学案》用的是嘉靖刊本的《白沙先生全集》。本文参用现代的《陈献章集》来做校勘，便是因为它也参校过嘉靖本的《白沙先生全集》。

但《明儒学案·白沙学案》选录的白沙文字，却不止于碧玉楼本《白沙子全集》和《陈献章集》所载的。这是校勘《白沙学案》的复杂处所在。《白沙学案》选录的白沙文字，约有6500字。这些文字，逐条排列，一条一段，一共有59条（段），依次分类标题作“论学书”（37条）、“语录”（7条）、“题跋”（4条）、“著撰”（11条）。这样的分类，并不见于任何一种的白沙文集。其中的“语录”7条，也不见于白沙文集的各个刊本之中，而却出现于万历年间归善杨起元（1547—1599）编纂的《白沙子语录》。

杨起元编纂的《白沙子语录》，其万历原刻本现在未见。现存的《白沙子语录》，是康熙五十三年（1714）新宁陈遇夫重订的四卷本，此本现存有道光二十四年（1844）李棠阶重刊本。从这个刊本所载的七篇序跋和识语可见，杨起元的原编只有上、下两卷，亦即陈遇夫重订本的头两卷，陈遇夫补充了现存本的后面两卷，即卷三《白沙陈子年谱》和卷四《白沙子门人》。

《白沙子语录》原编的特色和文本上的意义，杨起元的万历二十四年（1597）序文（重刊本作《白沙陈子语录原序》），以及陈遇夫未署年份的《重刻白沙陈子语录序》，都有所反映。杨氏原序说：

> 先生遗文至简，然片言只字，皆至道也。世之集先生者，各随其学之所至，而此集则予浅陋之所以集先生者也。

陈氏序文说：

> 先生讲学时，见知者阙于撰次，故无语录。万历间，归善杨少宰自全集中辑其格言，以类别之，为语录十二篇，上下两卷。镂版久失，家无完书，恐其遂致泯没也，思锓而新之。因先生语录皆自诗文集中采出文辞者，兴会所至，或随问发端，因事寓规，序记多借镜之言，词赋有虚活之调，而著为语录，恐学者以词害意，窃不自揣，稍增损一二。

由此可见，杨起元所编纂的文字，并非全是白沙文字的原貌。杨氏在依照自己的观点，集录白沙原书“著为语录”的过程中，其实已将白沙的文字格套化，失去了白沙原来立言的脉络，也将白沙的文字作了修辞上的损益变更，致使白沙的原来语意受到影响，从而会引起读者“以词害意”的后果。陈遇夫自己作的“稍增损一二”的内容，因为没有杨氏原书可作比较，不得其详，但因为杨氏原书据的也是白沙文集，所以不会影响此书与《明儒学案》所见的“语录”进行比较时的价值。

我们从以下的证据，可见《明儒学案》从《白沙子语录》选取的，并不止于“语录”7条。《明儒学案》选录的白沙文字中，不见于白沙文集而见于《白沙子语录》的，还有下列几条：

1.“论学书”（第11条）《答张汝弼》。此书原文出于白沙门人张诩所撰《白沙先生行状》，只载于白沙文集附录，却见于《白沙子语录》卷二（页10下），作为独立的一条，起头文字为“子答张汝弼曰”。

2.“论学书”（第19条）《与谢元吉》。此书见于《白沙子语录》卷一（页22下），作为独立的一条，起头文字为“子与谢子元吉曰”。

3. “论学书”（第27条）《复李世卿》。此书见于《白沙子语录》卷二（页21下），作为独立的一条，起头文字为“子复李世卿曰”。

4. “题跋”（第3条）《赠彭惠安别言》。此条原文见于黄瑜《双槐岁钞》（卷九《道具体用》条），不见于文集附录的张诩撰《白沙先生行状》，却见于《白沙子语录》卷一（页4下），作为独立的一条，起头文字为“陈子曰，忘我而我大”。

5. 此外，同卷（《明儒学案》卷五）的李承箕《学案》中，所抄录的李氏《文集》两条中的第一条，其开头的文字（“诗雅颂各得其所”起38字），也见于《白沙子语录》卷二（页40下），而其后的诗句，则见于白沙文集附录张诩撰《白沙先生行状》。

这几条不见于白沙文集的文字，进一步反证了《明儒学案》抄录《白沙子语录》的情状。其实，《白沙学案》的文字，是取材于白沙文集和白沙语录两者的。因为《白沙学案》“语录”之外的52条选录中，也有13条文字是不见于《白沙子语录》的。但严格地说，《白沙子语录》并非《明儒学案·发凡》所说的“全集”，而此卷（卷五）所见抄录错综不一的情况，也在《明儒学案》全书中比较严重。

《白沙学案》上卷剩下的李承箕《学案》，选录文字只有两条，注明出于《文集》，但却没有篇名。这些文字，其实分别出于《石翁先生诗集序》和《石翁陈先生墓志铭》两篇，均见于李承箕的《大崖李先生文集》，但在明代可能曾以单刻本出现过，也可能收录于其他的文章总集。这两条中的第二条，其后半所引诗句，则只见于张诩所撰的《白沙先生行状》。此外，这两条都说的是白沙的思想，与李承箕本人的学说“宗旨”甚至行事，都没关系，而李氏文集实有足以表述自己宗旨的文字在，因此这两处文字，也有可能是黄宗羲从见于其他书籍移录的。

《白沙学案》下卷的张诩《学案》，选录张诩《文集》文字6条，全部出于不同的篇章，均见于张氏的《东所先生文集》。贺钦《学案》选录贺氏《言行录》共23条，都见于《医闾先生集》中的《言行录》部分，但异文特别多。邹智《学案》只有2条，依次是《奉白沙书》和《读石翁诗》，未见所从出的书籍名称。这两篇见于《四库全书》本的邹智《立斋遗文》。(《乾坤正气集》本《立斋遗文》只录文，不录诗）林光《学案》选录《记白沙语》3条，其实同出于林光的《明故翰林院检讨白沙陈先生墓碣铭》。此篇见于林氏《南川冰蘗全集》卷六，但在明代也可能有单刻印本流传。黄宗羲可能未见过林光的文集，因为该集有不少可以显示林光论学“宗旨”的文字，《明儒学案》均无所选取。

三、《白沙学案》校勘记

《白沙学案》上下两卷的文本问题，首先可以透过其所选录文字的逐条校勘，看到差异的所在。以下采用的《明儒学案》底本，是乾隆本，康熙本只在与此本有相异之处才出校。用来比勘的各家文集，即上文所列的各集；白沙“文集”包括了碧玉楼本《白沙子全集》和《陈献章集》，但校记所举的卷次，则是碧玉楼本的卷次。异体字、通用字、俗字、别字、白字、避讳字，均不出校。

校勘的凡例如下：首先，每条首见的阿拉伯数字，是《白沙学案》所选录文字的出现次序。属于陈白沙本人的《学案》的，各依照其所属分类排列。（按，《明儒学案》各条，并无数目上的排列，只以另行顶格开始新的一条，本文加以编次，只是方便读者检索。有些条文太长，中间无关的文字，会予以删节，但为了醒目，每条的第一句，例必出现。）其次是该篇文字见于《学案》

内的名称。其次的数字，是同一文题在《学案》中出现的次序。再其次括号内的，是同一篇见于《学案》所据书籍的卷数和名称（《白沙子全集》简称作《全集》，《白沙子语录》简称作《语录》）。接着新开一行，抄载《明儒学案》原文；需要出校的地方，句后示以括号数字。接着新开一行，逐条对列异文（各家文集均简称作文集），必要时并附以按语解释。

（一）《明儒学案》卷五：陈献章《学案》

（一·一）“论学书”

1.《复赵提学》一（《全集》卷三《复赵提学佥宪》第一篇）

执事谓浙人以胡先生不教人习四礼为疑，仆因谓礼文虽不可不讲，然非所急，正指四礼言耳，非统体礼也（1）。礼无所不统，有不可须臾离者，克己复礼是也。若横渠以礼教人，盖亦由事推之（2），教事事入途辙去，使有据守耳。若四礼，则行之有时，故其说可讲而知之，学者进德修业以造于圣人，紧要却不在此也。程子曰：“且省外事，但明乎善，惟进诚心。”外事与诚心对言，正指文为度数。若以其至论之，文为度数，亦道之形见，非可少者。但求道者有先后缓急之序，故以“且省”为辞。省之言略也，谓姑略去（3），不为害耳。此盖为初学未知立心者言之，非初学，不言且也（4）。若以外事为外物累己，而非此之谓，则当绝去，岂直省之云乎？

（1）“非统体礼也”，文集作“非统论礼也”。按，《学案》误会。《学案》以四礼（冠、婚、丧、祭）非礼之全部，故改“论”为“体”，与上字成“统体”

一词，作成整体意思说。但文集的重点，是在其前之“正指四礼言耳”句，意思是，以上所说，只是涉及四礼，并非整体地说礼的内容。文集意思自是顺畅。

（2）“盖亦由事推之”，文集作“盖亦由是而推之”。按，《学案》误会。文集“由是”，指由上文所说的“克己复礼”。

（3）“谓姑略去”，文集作“谓姑略去之”。

（4）“不言且也”，文集作“不云且也”。按，康熙本阙“非初学不言且也”句。

2.《复赵提学》二（仍属《全集》卷三《复赵提学佥宪》第一篇）

> 仆年二十七，始发愤从吴聘君学。……惟日靠书册寻之，忘寐忘食（1），如是者亦累年，而卒未得焉。……

（1）“忘寐忘食”，文集作“忘寝忘食”。

3.《复赵提学》三（《全集》卷三《复赵提学佥宪》第三篇）

> 承谕有为毁仆者，有曰“自立门户”者，是“流于禅学”者，甚者则曰“妄人率人于伪”者（1）。仆安敢与之强辩（2），姑以迹之近似者言之（3）。……而仆自己丑得病，五六年间，自汗时发，母氏年老（4），是以不能出门耳。凡责仆以不仕者（5），遂不可解，所谓“妄人率人于伪”者，又非此类欤？

（1）文集此句之下有44字，被删节。

（2）“仆安敢与之强辩”，文集作“仆又安敢与之强辩”。

（3）“姑以迹之近似者言之”，文集作“姑以迹之近似者为执事陈之”。按，《学案》省文，意在精简。

（4）“母氏年老”，文集作“母氏加老”。按，文集“加老”二字是强调语，《学案》未会而误改。

（5）“凡责仆以不仕者”，文集句前有“则”字。

4.《复林太守》(《全集》卷三《复林府尊》)

“仆于送行之文……守此戒来三十余年（1）”。

（1）此句文集作“守此戒来三十余年矣”。

7.《与罗一峰》一（《全集》卷三《与罗应魁》第二篇）

圣贤处事，毫无偏主（1），惟视义何如（2），随而应之，无往不中。吾人学不到古人处，每有一事来，斟酌不安，便多差却。随其气质，刚者偏于刚，柔者偏于柔，每事要高人一着，做来毕竟未是。盖缘不是义理发源来，只要高去，故差。自常俗观之，故相云泥（3），若律以道，均为未尽。

（1）“毫无偏主”，文集作“无所偏任”。

（2）“惟视义何如”，康熙本“何如”作“如何”。

（3）“故相云泥”，文集作“虽相云泥”。按，文集此句与其下“均为未尽”句，意在对比，《学案》殆欲强调“常俗”之观，故改“虽”为“固”，而误写为“故”。

8.《与罗一峰》二（《全集》卷三《与罗应魁》第五篇）

君子未尝不欲人入于善……且众人之情，既不受人之言，又必别生枝节以相矛盾（1），吾犹不舍而责之益深，取怨之道也（2）。

（1）“别生枝节”，文集作“别生支节”。

（2）“取怨之道也”，文集句前有“此”字。

9.《与罗一峰》三（《全集》卷三《与罗应魁》第一篇）

伊川先生每见人静坐，便叹其善学。此一静字，自濂溪先生主静发源，后来程门诸公递相传授，至于豫章、延平（1），尤专提此教人，学者亦以此得力。晦翁恐人差入禅去（2），故少说静，只说敬，如伊川晚年之训。此是防微虑远之道。然在学者，须自度量如何（3）。若不至为禅所诱，仍多着静（4），方有入处。若平生忙者，此尤为对症之药（5）。

（1）“豫章、延平”，文集后有“二先生”三字。

（2）“晦翁恐人差入禅去”，文集“晦翁”作“晦庵”。

（3）“然在学者，须自度量如何”，文集作“然在学者，须自量度何如”。按，文集意思较切，《学案》恐是抄误。康熙本“然在学者”作“然自学者”，“度量”作“量度”，意思亦不及文集。

（4）“仍多着静”，文集无“着”字。

（5）“对症之药”文集无“之”字。

11.《答张汝弼》（《白沙子语录》卷二、《全集》附录张诩撰《白沙先生行状》）

康斋以布衣为石亨所荐（1），所以不受职而求观秘书者，冀得开悟人主也（2）。惜宰相不悟（3），以为实然，言之上，令就职然后观书（4），殊戾康斋意，遂决去。某以听选监生荐，又疏陈始终愿仕，故不敢伪辞以钓虚名。或受或不受，各有攸宜尔。

（1）“为石亨所荐”，《语录》同，《行状》无“所”字。

（2）“冀得开悟人主也”，康熙本无“人”字，《行状》作“冀得间悟主也”（《语录》亦同）。按，此处“得间”合夫情事，《学案》误会。

（3）“惜宰相不悟”，《语录》同，康熙本作“惜乎宰相不悟”，《行状》作“惜乎当时宰相不悟”。

（4）“令就职然后观书”，《语录》同，《行状》作“令受职然后观书”。按，“受职”合夫事情次序。又，以上四处文句，同时可证此条系抄自《语录》。

12.《与林君》（《全集》卷三《与林友》第二篇）

学劳攘则无由见道（1）。

（1）“劳攘”，文集作“劳扰”。

13.《与林缉熙》（《全集》卷四《与林郡博》第六篇）

终日乾乾，只是收拾此理而已（1），此理干涉至大，无内外，无终始，无一处不到，无一息不运。会此，则天地我立，万化我出，而宇宙在我矣。……曾点些儿活计，被孟子打并出来（2），便都是鸢飞鱼跃。……

（1）“只是收拾此理而已”，文集无“理”字；康熙本“此理”作“此心”。按，似乎《学案》原稿亦如文集，只有“此”字，两刻本均以为有阙，各自添补，而康熙本所添，又不及乾隆本。

（2）“被孟子打并出来”，文集作“被孟子一口打并出来”。按，《学案》或意在精简，然却失去原文之紧凑。

15.《与贺克恭》一（《全集》卷三《与贺黄门》第一篇）

人要学圣贤，毕竟要去学他。若道只是个希慕之心，却恐末梢未易凑泊（1），卒至废弛。……

（1）“恐末梢未易凑泊”，文集“凑泊”作“辏泊”。按，凑、辏相通。文集兼用车辐与船桨之喻，故字作“辏”，《学案》误会，只用船桨之喻，又以“凑泊”系禅师常用语，故改。

16.《与贺克恭》二（《全集》卷三《与贺黄门》第六篇）

心地要宽平，识见要超卓，规模要阔远，践履要笃实，能此四者（1），可以言学矣。

（1）“能此四者”，文集作“能是四者”。

18.《与贺克恭》三（《全集》卷三《与贺克恭黄门》第二篇）

为学须从静坐中养出个端倪来，方有商量处（1）……

（1）“静坐中”，文集与康熙本皆作“静中坐”。

19.《与谢元吉》(《全集》未见,《白沙子语录》卷一)

人心上容留一物不得(1),才着一物,则有碍。……又不特圣贤如此,人心本来体段皆一般(2),只要养之以静,便自开大。

(1)"容留",《语录》作"容着"。

(2)"人心本来体段皆一般",康熙本作"人心本体皆一般",《语录》作"人心本来体面皆一般"。按,"体段"作格局解,《学案》是。

20.《与何时矩》(《全集》卷四《与林时矩》第一篇)

宇宙内更有何事?天自信天,地自信地,吾自信吾(1)……

(1)此首文题"与何时矩",文集作"与林时矩"。按,《全集》卷四有《与林时矩》书,共三首,《学案》此处所引为其第一首。其次首为吊唁书,末行文字如下:"吾重为时矩悲之。老病支离,不供走吊,惟强粥自大。不宣。"《陈献章集》校出明弘治、正德、嘉靖三种刻本,此句之后,均有"壬辰五月三日石斋书"一行九字。考之《全集》卷五《何廷矩母周氏墓志铭》,何廷矩为番禺人,郡学生员,何母卒于"成化八年壬辰四月日",则该首题目"与林时矩",当为"与何廷矩"之误。但白沙之称何廷矩及何氏同门之相称,皆作"时矩"。《全集》"《与林时矩》"第三首后段,有"拙和一首奉去,可一阅。……献章书与时矩"语;《全集》卷六有"得何时矩书"题五言古诗,皆可证其为一人。林光《南川冰蘖全集》卷四,有《答何时矩书》;同卷有《奉陈石斋先生书》(第六首)说:"昨经番禺,独辱时矩虚己一宵",亦可以证其为同一人。然则文集题目误"何"作"林"。

21.《与何时矩》(《全集》卷四《与林时矩》第三篇)

禅家语，初看亦甚可喜，然实是笼侗(1)，与吾儒似同而异。(2)……

(1)“然实是笼侗”，康熙本作“然实自笼侗”。

(2)此条《语录》卷一所见文字，只有起头数句，全条作“禅语，初与吾儒似同而异，毫厘天壤，此古人所以贵择之精也”。按，此处可见《学案》亦非全部抄自《语录》。

22.《与张廷实》一(《全集》卷三《与张廷实主事》第十一篇)

时振语道而遗事(1)，秉常论事而不及道；时振如师也过(2)，秉常如商也不及。……

(1)(2)“时振”，文集及康熙本皆作“时矩”。按，作“时矩”是。《学案》殆见《白沙学案》下之何廷矩传，有何氏“字时振”之文，故作径改。何廷矩又称何时矩，说已前见。

23.《与张廷实》二(《全集》卷三《与张廷实主事》第九篇)

诗直是难作(1)，其间起伏往来，脉络缓急浮沉，当理会处，一一要到，非但直说出本意而已(2)。文字亦然，古文字好者，都不见安排之迹，一似信口说出，自然妙也。其间体製非一(3)，然本于自然不安排者，便觉好。柳子厚比韩退之不及(4)，只为太安排也。

（1）“直是”，文集作“真是”。

（2）文集此句之后，有“此亦诗之至难，前此未易语也”句。按，《学案》此处删节，殆为紧凑。

（3）“体製”，文集作“体制”。

（4）“柳子厚比韩退之不及”，文集句前有“如”字。

24.《与张廷实》三（《全集》卷三《与张廷实主事》第十三篇）

前辈谓学贵知疑，小疑则小进，大疑则大进，疑者，觉悟之机也。一番觉悟，一番长进（1），更无别法也（2）。即此便是科级，学者须循次而进，渐到至处耳。

（1）“一番长进”句后，文集有“章初学时，亦是如此”句。按，《学案》为精简而删节之。

（2）“更无别法也”句后，文集有“凡学皆然，不止诗也”句。按，《学案》为精简而删节之。

29.《与李德孚》（《全集》卷四《与李德孚》第二篇）

大抵吾人所学，正欲事事点（简）〔检〕。今处一家之中，尊卑老幼咸在（1），才点（简）〔检〕着，便有不由已者。……

（1）“尊卑老幼咸在”，文集及康熙本均作“尊卑老少咸在”。

30.《与湛民泽》一（《全集》卷三《与湛民泽》第七篇）

承示近作（1），颇见意思。然不欲多作，恐其滞也。……

（1）“承示”，文集作“承示教”。照文集，句读应作“承示教，近作颇见意思”。按，《学案》殆为精简而删字。

32.《与湛民泽》三（《全集》卷三《与湛民泽》第四篇）

飞云之高几千仞，未若立木于空中与此山平（1），置足其巅，若履平地，四顾脱然，尤为奇绝……

（1）“未若立木”，文集及康熙本均作“未若立本”。

33.《与湛民泽》四（《全集》卷三《与湛民泽》第十篇）

某久处危地（1）……

（1）“某”，文集作“章”，康熙本作“麽”。按，文集是，“章”系白沙自称；康熙本错误莫名。

34.《与湛民泽》五（《全集》卷三《与湛民泽》第四篇）

三年之丧，在人之情，岂由外哉！……吾辈心事，质诸鬼神，焉往而不泰然也耶（1）！

（1）“焉往而不泰然也耶”，康熙本“而不”作“而不得”。按，康熙本衍“得”字。

36.《与湛民泽》七（《全集》卷三《与湛民泽》第十一篇）

日用间随处体认天理，着此一鞭，何患不得到古人佳处也（1）。

（1）“不得到”，文集及康熙本均作“不到”。

37.《示学者帖》(《全集》卷二《示学者帖》)

诸君或闻外人执异论非毁之言，请勿相闻。若事不得已言之，亦须隐其姓名可也。人禀气习尚不同（1），好恶亦随而异……今区区以不完之行，而冒过情之誉，毁者固其所也（2）。

（1）“禀气”，文集及康熙本均作“气禀”。按，文集是，下文尚有“非出于气禀习尚之偏”句。

（2）“毁者”，文集无“者”字。

（一·二）“语录”

1.（此条见《白沙子语录》卷一，页17上）

三代以降，圣贤乏人（1），邪说并兴……道不明，虽日诵万言，博极群书，不害为未学（2）；道不行，虽普济群生，一匡天下，不害为私意。

（1）“圣贤乏人”，康熙本作“圣贤之人”。按，康熙本明显笔误。

（2）“未学”，《语录》作“末学”。按，《语录》刻本似误。

4.（此条见《白沙子语录》卷一，页12上）

夫道无动静也，得之者，动亦定，静亦定，无将迎，无内外。苟欲静，即非静矣。故当随动静以施其功也（1）。

（1）“故当”，《语录》作“于是”。按，此句在《学案》为最后一句，《语录》则其下尚有92字，《学案》盖因节文而改词，以“故当”作结束，意思大致相同，语气则明显有别。

6.（此条见《白沙子语录》卷一，页23上）

治心之学不可把捉太紧，失了元初体段，愈认道理不出（1）；又不可太漫，漫则流于泛滥而无所归。

（1）“愈认”，《语录》作“愈寻”，康熙本作“愈甚”，并句读作“失了元初体段愈甚，道理不出”，明显错误。

（一·三）“题跋”

2.《次王半山韵跋》（《全集》卷二《次王半山韵诗跋》）

作诗须将道理就自己性情上发出来（1），不可作议论说去，离了诗之本体，便是宋头巾也。

（1）“作诗”二字，文集无，而其上有78字，《学案》以内容添此二字冒头。“发出来”，文集作“发出”。

3.《赠彭惠安别言》（《白沙子语录》卷一，页4下，《全集》、《行状》未见）

忘我而我大，不求胜物而物莫能挠。孟子云："我善养吾浩然之气（1）。"山林、朝市一也，死生、常变一也，富贵、贫贱、威武一也（2），而无以动其心，是名曰自得。……

（1）"我善养吾浩然之气"，《语录》同，《双槐岁钞》作"吾善养吾浩然之气"。此处亦可证《学案》抄自《语录》。

（2）"富贵、贫贱、威武一也"，《语录》"威武"作"患难"，康熙本句作"富贵、贫贱、■■一也"。按，《双槐岁钞》此处作"富贵、贫贱、夷狄、患难一也"。清刊本《语录》漏抄"夷狄"，或因避讳所致；乾隆本《学案》为避讳而改字，则并意思改为孟子所言之"大丈夫"气概，与白沙原意有出入。

（一·四）"著撰"

1.《仁术论》(《全集》卷二《仁术论》)

天道至无心，比其着于两间者，千怪万状……昔周公扶王室者，桓、文亦扶王室者也（1）……

（1）后"者也"，文集无"者"字。

2.《安土敦乎仁论》(《全集》卷二《安土敦乎仁论》)

寓于此，乐于此，身于此，聚精会神于此，而不容或忽（1），是之谓"君子安土敦乎仁"也（2）。……

（1）"而不容或忽"，文集作"而不容惑忽"。按，文集意思更见周详。

（2）“是之谓君子安土敦乎仁也”，文集此句后有“是泰而后可安也”一句。

3.《无后论》(《全集》卷二《无后论》)

君子一心足以开万世，小人百惑足以丧邦家。……所以开万世、丧邦家者不在多，诚伪之间而足矣（1）。

（1）“足矣”，文集及康熙本均作“足耳”。

4.《论铢视轩冕尘视金玉》一（《全集》卷二《论前辈言铢视轩冕尘视金玉》中）

天下事物，杂然前陈……来于吾前矣，得谓与我不相涉耶（1）？君子一心，万理完具，事物虽多，莫非在我，此身一到，精神具随。得，吾得而得之耳（2）；失，吾得而失之耳，厌薄之心胡自而生哉（3）？……

（1）“得谓与我不相涉耶”，文集此下有47字，《学案》删节之。按，此条康熙本未录。

（2）“吾得而得之耳”，文集作“吾得而得之矣”。按，文集是。《学案》以下句之故改字，但“矣”为确定词，“耳”为“而已”意。

（3）“胡自而生哉”，文集作“何自而生哉”。

5.《论铢视轩冕尘视金玉》二（《全集》卷二《论前辈言铢视轩冕尘视金玉》下）

或曰：“道可状乎？”……曰：“道终不可状欤（1）？”

曰："有其方则可。举一隅而括其三隅，状道之方也。据一隅而反其三隅，按状之术也。然状道之方非难，按状之术实难。人有不知弹，告之曰：'弦之形如弓（2），而以竹为弦。'使其知弓，则可按也。不知此道之大，告之曰：'道大也，天小也，轩冕金玉又小。'则能按而不惑者鲜矣。故曰道不可状（3），为难其人也。"

（1）按，康熙本只节录此句之前，此句起皆删节。

（2）"弦之形如弓"，文集作"弹之形如弓"。按，《学案》误会，人之所欲知者，是弹的形质。

（3）"故曰道不可状"，文集此句前有"愚"字，白沙强调的自我原创性亦因而减低。

6.《禽兽说》（《全集》卷二《禽兽说》）

人具七尺之躯，除了此心此理，便无可贵，浑是一包浓血，裹一大块骨头，饥能食，渴能饮，能着衣服，能行淫欲，贫贱而思富贵，富贵而贪权势，忿而争，忧而悲，穷则滥，乐则淫，凡百所为，一信血气（1），老死而后已，则命之曰禽兽可也。

（1）"一信血气"，文集及康熙本均作"一信气血"。

7.《道学传序》（《全集》卷一《道学传序》）

学者不但求之书（1），而求之吾心（2），察于动静有无之机，致养其在我者，而勿以闻见乱之。去耳目支离之用，全虚圆不测之神，一开卷尽得之矣。非得之书也，得自我者也。

（1）“不但”，文集作“苟不但”。

（2）“而求之吾心”，文集作“而求诸吾心”。按，文集字义自胜。

8.《赠容一之序》（《全集》卷一《赠容一之归番禺序》）

> 恐游心太高，着迹太奇，将来成就结果处（1），既非寻常意料所及（2），而予素蹇钝，胡能追攀逸驾？仰视九霄之上，何其茫茫（3）！生方锐意以求自得，亦将不屑就予，又安知足履平地，结果为何如也（4）？

（1）“结果处”，文集及康熙本均作“结裹处”。

（2）“寻常意料”，文集作“庸常意料”。

（3）“何其茫茫”，文集作“何许茫茫”。

（4）“结果”，康熙本作“之果”，文集作“者果”。按，照文集，此处两句当读作“又安知足履平地者，果为何如也”。据此，白沙只在说的状态，“足履平地者”的状态，亦即白沙自况的状态。乾隆本《学案》因上文有“结果”二字，误会此处说的是白沙工夫的结果。

10.《城隍庙记》（《全集》卷一《肇庆府城隍庙记》）

> 神之在天下，其间以至显称者，非以其权欤？……权之在人，犹其在神也，此二者有相消长盛衰之理焉（1）。人能致一郡之和，下无干纪之民，无所用权；如或水旱相仍（2），疫疠间作，民日汹汹，以干鬼神之谴怒，权之用始不穷矣。……

（1）“此二者”，文集作“是二者”。

（2）“如或水旱相仍”，文集无“或”字。

11.《云潭记》（《全集》卷一《云潭记》）

天地间一气而已，诚信相感，其变无穷。……孰能久而不变哉？变之未形也，以为不变，既形也，而谓之变，非知变者也。夫气也者（1），日夜相代乎前，虽一息，变也，况于冬夏乎？生于一息，成于冬夏者也。夫气上烝为云（2），下注为潭；气，水之未变者也，一为云，一为潭，变之不一而成形也。其必有将然而未形者乎？默而识之，可与论《易》矣。

（1）“夫气也者”，文集作“夫变也者”。按，此处说的是“变”，《学案》误改作“气”，“气”即“息”也，本来已与下文重复。

（2）“夫气上烝为云”，文集及《白沙子语录》（卷二）均作“夫气上烝为水”。按，文集与《学案》两句，均难于通解。既然说“气，水之未变者也”，便不应前面说“夫气上烝为云，下注为潭”。此句似乎应作“夫水上烝为云”。此处数句，说的是水、气、云、潭的关系。水上烝变成云，水下注变成潭，但这水原本只是气，只是“天地间一气而已”。

（二）《明儒学案》卷五：李承箕《学案》

1.《文集》第一条（李承箕《大崖李先生文集》卷一七《石翁先生诗集序》）

诗雅颂各得其所，而乐之本正。可以兴，可以观，可以群，可以怨（1），而诗之教明。孔子之志，其见于是乎？先生诗曰（2）：“从前欲洗安排障，万古斯文看日星。”其本乎（3）？“一笑功名卑管晏，六经仁义沛江河。”其用乎（4）？

“时当可出宁须我，道不虚行只在人。”其出处乎？所谓吟咏性情，而不累于性情者乎？

（1）“可以兴”数句，文集次序作“可以兴，可以群，可以观，可以怨”，康熙本阙“可以观”句。按，文集原文似乎乱次，《学案》照经典文字改其各句次序。

（2）“先生”，文集作“石翁先生”。

（3）（4）“其本乎”、“其用乎”，文集皆句后有“曰”字。按，总上可见，《学案》对所引原文，有所修饰。

2.《文集》第二条（李承箕《大崖李先生文集》卷一八《石翁陈先生墓志铭》及张诩撰《白沙先生行状》）

先生不著书。尝曰：“《六经》而外（1），散之诸子百家（2），皆剩语也。”故其诗曰：“他年得遂投闲计（3），只对青山不著书。”又曰：“莫笑老慵无著述，真儒不是郑康成。”

（1）“而外”，文集作“之外”。

（2）“诸子百家”，文集作“诸家百子”。按，文集原文似乎乱次。

（3）“他年得遂投闲计”，《行状》作“他年傥遂投闲计”。

（三）《明儒学案》卷六：张诩《学案》

1.《白沙遗言纂要序》（《东所先生文集》卷二《白沙遗言纂要序》）

儒有真伪，故言有纯驳。……自非具九方皋之目，而能得神骏于骊黄牝牡之外者（1），或寡矣。……靡不灿然毕具（2）。辑成，名曰《白沙先生遗言纂要》，凡十卷（3）。

（1）“骊黄牝牡”，康熙本作“雌黄牝牡”。按，康熙本误。

（2）“灿然”，文集作“粲然”。

（3）“凡十卷”，文集作“凡十卷云”。

2.《介石记》（《东所先生文集》卷五《介石记》）

昔吕原明尝称（1）：“正叔取人（2），专取有行，不论知见。”又说：“世人喜说某人，只是说得。”又云：“说得亦大难。”而以为二程学远过众人在此（3）。……（4）

（1）“昔”，文集作“昔者”。

（2）“正叔取人”，文集及康熙本皆作“正叔笑人”。按，文集是，句读因而应作“正叔笑人专取有行，不论知见”。

（3）“在此”，文集作“类此”。按，文集是。

（4）按，此条所引吕原明语，出于朱熹《伊洛渊源录》卷七吕希哲（原明）传略。据原文，张诩的了解已有错误，《学案》不察而又改字，更加错误。《伊洛渊源录》原文如下，说话者及代名词所指，示于括号之内：

（吕原明）尝言：“往与二程诸公游，一日会相国寺，论事详尽，伯淳忽叹曰：‘不知此地自古至今，更曾有人来此地说此话耶？’盖此处气象，自有合得如此人说此等话道理也。”然公（吕原明）取人，先论知见，次乃考其所为。（吕原明）尝言：“正叔先生自小说话过人，（正叔）尝笑人专取有行，不论知见者。”（吕原明）又说：“世人喜说‘某人只是说得’。”正叔言：“只说得好话，亦大难，好话亦岂易说也。”公（吕原明）以为二程远过众人者，学皆类此。

按，据原文可见，张诩的节录，行文本来便不清楚。《学案》录文中的“又说”、“又云”两处，都似指正叔（程颐）而言。其实《伊洛渊源录》中吕原明说的是两处事情。第一处是第二见的“尝言”云云，第二处是“又说”云云。“尝言”云云的，是正面引程颐“笑人专取有行，不论知见者”的做法之不是，来支持自己“取人先论知见”的取向的。“又说”云云的，是反面引述程颐重视“说得好话”之不易，亦即论人者以具有“知见”为难。吕原明所说的，都显示了二程对“知见”的重视，而这样的重视，也是吕氏本人所重视的。吕氏从这几处事情显示二程学问远过他人，因为只是举例，故曰“类此”。《学案》将“正叔笑人”改作“正叔取人”，将“类此”改作“在此”，是简单的望文生义，却完全反转了吕原明的原来意思。又因语意失去脉络，“又说”之后十字，只能错误地断句作“世人喜说某人，只是说得”。

3.《柳塘记》(《东所先生文集》卷五《柳塘记》)

> 予少从先君宦游临川（1），沿塘植柳，偃仰披拂于朝烟暮雨之间……鹦燕之歌吟，鱼虾之潜跃，云霞之出没，不可具状，则境与心得（2），既块然莫知其乐之所以。稍长，读昔人“柳塘春水漫”及“杨柳风来面上吹”之句，则心与句得，又茫然不知其妙之所寓。……

（1）“予少从先君宦游临川”，文集句后有“前之人于公廨隙地，辇土为塘”两句。

（2）“则境与心得”，文集与康熙本皆作“则境与心碍”。按，《学案》误会。《学案》殆因视此句与下文“则心与句得”句，句法相同，因而改“碍”为“得”。理解关键，其实应在其下“既块然莫知其乐之所以”句。“其乐”指上文“鹦燕之歌吟，鱼虾之潜跃，云霞之出没”之乐。张氏正因“境与心碍”，故不知鹦燕、鱼虾、云霞活动所以为乐之故。

5.《复曹梧丹》(《东所先生文集》卷六《复曹梧州》)

士之所守(1),义利毫末之辨,以至死生趋舍之大(2),实在志定而守确……若坚守不出之心以为恒,斯孔子所谓果哉也(3)。

(1)按,题目“复曹梧丹”,文集作“复曹梧州”。《学案》殆以字形误刻。

(2)“死生趋舍”,文集同;康熙本作“生死趋舍”。

(3)“斯孔子所谓果哉也”,康熙本句后有“其可乎”三字。按,《学案》此条,于文集之原文,前后皆有删节。文集此句后,有“其可乎”反问句。

6.《白沙先生墓表》(《东所先生文集》卷七《白沙先生墓表》)

天旋地转,今浙、闽为天地之中,然则我百粤其邹、鲁与?是故星临雪应,天道章矣,哲人降生,人事应矣,于焉继孔子绝学(1),以开万世道统之传,此岂人力也哉!若吾师白沙先生,盖其人也。……迟迟至于二十余年之久(2),乃大悟广大高明不离乎日用……或者以其不大用于世为可恨者,是未知天也。天生圣贤(3),固命之以救人心也,救人心非圣功莫能也。……若此者,天也,非人力也。(4)先生讳献章,字公甫,别号石斋,既老,曰石翁,吾粤古冈产也。祖居新会(5),先生始徙居白沙。白沙者,村名也,天下因称之。……

(1)“孔子”,文集作“孔氏”。

(2)“迟迟至于二十余年之久”,康熙本“之久”作“之交”,误。

(3)“天生圣贤”,文集与康熙本皆作“天生贤圣”。

（4）“若此者，天也，非人力也”，康熙本文字至此，以下删节100字。

（5）“祖居新会”，文集作“祖居都会”。按，《学案》误解，“都会”是村名，白沙祖先所居之地，亦在新会县。

（四）《明儒学案》卷六：贺钦《学案》

1.《言行录》一（《医闾先生集》卷一）

> 门人于衢路失仪，先生曰（1）：“为学须躬行，躬行须谨隐微。小小礼仪，尚守不得（2），更说甚躬行，于显处尚如此（3），则隐微可知矣。”

（1）“门人于衢路失仪，先生曰”，文集作“门人于衢路中或失仪，先生曰”，多“中或”二字。

（2）“尚守不得”，文集作“遵守不得”。

（3）“于显处尚如此”，文集作“于显明之处尚如此”，多“明之”二字。

2.《言行录》二（《医闾先生集》卷一）

> 门人有居丧而外父死（1），或曰：“礼，三年之丧不吊。”先生曰：“恶，是何可已（2）？服其服而往哭之，礼也。”（小字注：“言不易三年之服。”）

（1）“门人有居丧而外父死”，文集句后有“议往吊之”一句。

（2）“恶，是何可已”，文集此句作“此非寻常吊者比，乃重丧未除，而遭轻丧”。按，文集于义为长。《学案》省文，失却贺钦主张之故。

4.《言行录》三（《医闾先生集》卷一）

教诸女十二条（1）：曰安详恭谨，曰承祭祀以严，曰奉舅姑以孝，曰事丈夫以礼，曰待娣姒以和，曰教子女以正，曰抚婢仆以恩，曰接亲戚以敬，曰听善言以喜，曰戒邪妄以诚，曰务纺织以勤（2），曰用财物以俭。

（1）“教诸女十二条”，文集作“教诸妇一十二条”。按，照此处抄录文意，似作“教诸女”为是。其实文集不误，因为此处录文之后，还有如下文字：“皆用俗语详悉解之。每旬诸妇于堂下拜后，令子弟一人于傍，读前教数条，听毕拜谢而退。”《学案》因只取部分文字，故径改文字以协意思。

（2）“纺织”，文集作“织纺”。

5.《言行录》四（《医闾先生集》卷一）

有来学者，言学些人事也好（1）。先生曰：“此言便不是矣，人之所学，唯在人事，舍人事更何所学（2）？”

（1）“有来学者，言学些人事也好”，文集作。“史六丈送一生来学，且教之曰：‘学些人事也好。’”按，《学案》撮要省文，亦不失大旨。

（2）“舍人事更何所学”，文集此句无，而作“此圣贤教人之正意，却说学些也好，不知学个什么是全好耶”？按，《学案》撮要，不失大旨。

8.《言行录》五（《医闾先生集》卷二）

为学先要正趋向（1），趋向正，然后可以言学（2），若趋向专在得失（3），即是小人而已矣（4）。

（1）此条康熙本及《辽海丛书》本文集，均连属上条，但两条意旨不同，连属似误。

（2）“然后可以言学”，文集此下有 81 字，《学案》删之。

（3）“若趋向专在得失”，文集作“若趋向专志于得”。按，《学案》更改，只在修饰。

（4）“即是小人而已矣”，文集无“而已”二字。

9.《言行录》六（《医闾先生集》卷二）

政事学问原自一贯（1），今人学自学，政自政，判而为二，所学徒诵说而已（2），未尝施之政事；政事则私意小智而已，非本之学问也（3），故欲政事之善（4），必须本之学问（5）。

（1）“政事学问原自一贯”，文集与康熙本皆作“古之政事学问，一贯事耳”。

（2）“所学徒诵说而已”，文集与康熙本皆句前有“故”字。按，《学案》省文，失却原文所示之因果关系。

（3）“非本之学问也”，文集与康熙本皆作“未尝本之学问也”，其下有 37 字，《学案》删之。

（4）“之善”，文集作“之尽善”。

（5）“必须”，文集作“须”。

10.《言行录》七（《医闾先生集》卷二）（此条合两条为一）

白沙后有书来（1），谓其前时讲学之言，可尽焚之。意有自不满者（2）。圣人之法，细密而不粗率，如人贤否，一见之，便不言我已知其为人，必须仔细试验考察之。今人一见，便已得其实（3），真俗语所谓假老郎也（4）。

（1）“白沙后有书来”，文集句前有“先生尝曰”一句。

（2）“意有自不满者”，文集作“意有不满者在”。按，两句主要差一“自”字，但关系甚大。如《学案》句，是白沙对自己不满。如文集句，是白沙或对贺钦不满。据《言行录》他处文，白沙来信表示的，是对自己不满，然则《学案》为意思之确定，加入“自”字。按，文集此句以上为一条，此句以下属另外一条，与上条相隔三条，《学案》此处两条合并，亦未见意义，殆抄录时未分之误。

（3）“今人一见，便已得其实”，文集“今人”下有“观人”二字，句读因此应为“今人观人，一见便已得其实”。按，《学案》省文，亦不失意义。

（4）“俗语”，文集作“俗人”。

12.《言行录》八（《医闾先生集》卷二）

读书须求大义（1），不必缠绕于琐碎传注之间。

（1）“大义”，文集作“大指义”。

16.《言行录》十（《医闾先生集》卷二）

世教不明，言天理者不知用之人事（1），言人事者不知本乎天理，所以一则流于粗浅，一则入于虚无（2）。

（1）“世教不明”，文集句后有“故”字，属于下句。按，《学案》删此字，失却原文所示因果关系。

（2）“虚无”，文集作“高虚”。

17.《言行录》十一（《医闾先生集》卷二）

有以私嘱者（1），先生正理喻之，因谓门人曰（2）：“渠以私意干我（3），我却以正道劝之。渠是拖人下水（4），我却是救人上岸（5）。”

（1）“有以私嘱者”，文集作“人有求为私属者”。

（2）“因谓门人曰”，文集作“退谓家人曰”。

（3）“渠以私意干我”，文集作“渠来以私意求我”。

（4）“渠是拖人下水”，文集作“渠欲拖人下水”。

（5）“我却是救人上岸”，文集作“我却救渠上岸”，后又有“不亦可乎”四字。按，此条《学案》各处修饰，不及文集原文之切实。

18.《言行录》十二（《医闾先生集》卷二）

世风不善，豪杰之士挺然特立（1），与俗违拗，方能去恶为善（2）。

（1）“世风不善，豪杰之士挺然特立”，文集作“风俗不善，须豪杰之士挺然特立”。按，“须”字《学案》似是抄漏。

（2）“去恶为善”，文集作“去恶从善”。

19.《言行录》十三（《医闾先生集》卷二）

静无资于动（1），动有资于静，凡理皆如此。如草木土石是静物，便皆自足，不资于动物。如鸟兽之类，便须食草栖木矣。故凡静者多自给，而动者多求取。故人之寡欲者，多本于安静，而躁动营营者，必贪求也（2）。

(1)“静无资于动”，文集此句前有“问”字。

(2)“必多贪求也”，文集此句后有“先生曰：亦是如此”句作结束。按，此条可作《学案》编纂之范例观。问答文字，因为答者同意问者所言，遂以问者之言当答者（作者）之言。

22.《言行录》十四（《医闾先生集》卷三）

事之无害于义者（1），从俗可也。今人以此坏了多少事。

(1)“害于义”，文集与康熙本皆作“害义”。

23.《言行录》十五（《医闾先生集》卷三）

天地间本一大中至正之道，惟太过不及，遂流于恶。如丧葬之礼，自有中制，若墨氏之薄，后世之侈（1），皆流于恶者也。……

(1)“后世之侈”，文集此句前有“与”字。

（五）《明儒学案》卷六：邹智《学案》

1.《奉白沙书》(《乾坤正气集·立斋遗文》卷四，《四库全书·立斋遗文》卷五《奉石斋先生》第二、三首）

克修书来，问东溟几万里，江门未盈尺，妄以“道冲而用之不盈”之意答之，未知先生之意果然耶？不然，则作者为郢书，解者为燕说矣（1）。京师事，智自知之。但先生所处，是陈太丘、柳士师以上规模，晚生小子，脚跟未定，不敢援以为例耳。然亦当善处之，计不至露圭角也。朱子答陈同父书云："颜鲁子以纳甲推其命，正得《震》之九四。"先生所推与之合耶？果若此义（2），其于朱子何所当耶？幸教！

（1）按，此首在文集为《奉白沙书》第二首，此条抄录之前，文集有197字，之后有26字。此条"京师事"以下文字，则属于《奉白沙书》第三首。这两首所说事情，没有关系，《学案》合在一处，殆亦抄录时未分之误。

（2）"合耶"，文集《乾坤正气集》本相同，《四库全书》本作"命"。"果若"，两本皆作"若果"。

2.《读石翁诗》（《四库全书·立斋遗文》卷五《读石翁诗柬》、《陈景元为录石斋集，止得己酉年分》）

皇王帝伯一蒲团，落尽松花不下坛。岂是江山制夫子，只缘夫子制江山（1）。

乾坤谁执仲尼权，硬敢删从己酉年（2）。大笠蔽天牛背稳，不妨相过戊申前（3）。某录石翁诗，止得己酉年所作（4）。

（1）按，《乾坤正气集·立斋遗文》未载诗。康熙本《学案》只录一诗，此篇未录，其题目文集作"读石翁诗柬"。

（2）"硬敢"，文集作"便敢"，康熙本作"梗敢"。

（3）"相过"，文集作"写过"。

（4）按，此句实即文集所见之诗题："陈景元为录石斋集，止得己酉年分"，《学案》为题目归类之便，改原题为附注。

（六）《明儒学案》卷六：林光《学案》

1.《记白沙语》一（《南川冰蘗全集》卷六《明故翰林院检讨白沙陈先生墓碣铭》）

先生初筑阳春台，日坐其中（1），用功或过，几致心病。后悟其非，且曰（2）："戒慎与恐惧，斯言未云偏。后儒不省事，差失毫厘间。"盖验其弊而发也。

（1）"先生初筑阳春台，日坐其中"，文集此处原文26字，《学案》以11字综括之。

（2）"且曰"，文集作"所谓"。按，文集"所谓"，用以印证"后悟其非"之言；《学案》更改，用以加强前言。

2.《记白沙语》二（《南川冰蘗全集》卷六《明故翰林院检讨白沙陈先生墓碣铭》）

曾论明道论学数语精要（1），前儒谓其太广难入，叹曰（2）："谁家诱出鸳鸯谱，不把金针度与人。"

（1）"曾论明道论学数语精要"，文集作"尝读明道先生论学数语，极精要"。按，《学案》省文，意在精简。

（2）"叹曰"，文集作"先生叹曰"。按，《学案》省"先生"二字，易致误会。

3.《记白沙语》三（《南川冰蘗全集》卷六《明故翰林院检讨白沙陈先生墓碣铭》）

先生教人，其初必令静坐，以养其善端。尝曰：“人所以学者，欲闻道也。求之书籍而弗得，则求之吾心可也，恶累于外哉！此事定要觑破，若觑不破，虽日从事于学，亦为人耳。斯理识得，为己者信之（1），诗文末习，著述等路头，一齐塞断，一齐扫去，毋令半点芥蒂于胸中，然后善端可养，静可能也。始终一竟（2），勿助勿忘，气象将日佳，造诣将日深，所谓至近而神，百姓日用而不知者（3），自此迸出面目来也。”

（1）“斯理识得，为己者信之”文集“识得”作“识时”。按，《学案》殆因字形致误。

（2）“始终一竟”，别本作“一境”，文集作“一意”。按，“始终一意”，指上面所说扫断著述以养善端之工夫而言，《学案》改“意”作“竟”，殆因形误，改作“境”者（如中华书局本及浙江古籍出版社《黄宗羲全集》本），又作“境界”臆度，失却原意。

（3）“百姓日用而不知者”，文集句后有“始”字，属于下句。

四、《白沙学案》的文字差异问题

以上的校勘，显示了《明儒学案》文本上的种种问题。这些问题，有些是不同版本的《明儒学案》本身所产生的，主要涉及的是个别文字或句子上的别异，偶尔也有录文长短之别，都是比较简单的问题。另外一些则是《明儒学案》原稿所产生的问题，这些问题相对复杂，它们涉及黄宗羲对于明儒材料的选择和编辑上所做的改动问题。

以下分开讨论。

（一）《明儒学案》康熙本与乾隆本的文本差异

（一·一）整体内容上的差异

白沙《学案》“论学书”部分，乾隆本共37条，康熙本相同。“语录”部分，乾隆本7条，康熙本只有6条，但其实一样，因为乾隆本的第2条，康熙本错误地连属第1条。按，乾隆本第2条，在《语录》原本（卷一），是独立的一条，故此康熙本未予分开，是错误的。“题跋”4条，两本相同，而康熙本有胜于乾隆本之处：“题跋”第3条《赠彭惠安别言》（此条见于《语录》而未见于白沙文集），乾隆本“富贵贫贱威武一也”句，康熙本作“富贵贫贱■■患难一也”，墨钉二字，《双槐岁钞》作“夷狄”。康熙本涂墨，以示避讳；乾隆本删去此二字，又改“患难”二字为“威武”，连白沙原来的意思，也受了影响。道光重刻本《白沙子语录》同句作“富贵贫贱患难一也”，删去“夷狄”二字，也是为之避讳，但至少还能保留原来的意思。“著撰”11条，康熙本只有10条，没有乾隆本第4条的《论铢视轩冕尘视金玉》条；这是唯一少于乾隆本的整条文字。

显著的文字错误连属，也发生在贺钦《学案》8，康熙本（和《辽海丛书》本贺钦文集一样）误连于其上一条。

显著的整条删节，还有邹智《学案》2，该条录诗两首，康熙本删节其第一首。

显著的文字删节，见于白沙《学案》“著撰”第5条；康熙本删节了见于乾隆本尾后的119字。也见于张诩《学案》6，康熙本删节“若此者，天也，非人力也”句后100字。

（一·二）个别字句上的差异

白沙《学案》乾隆、康熙两本相同的58条中，文字完全相同的，有31条（“著撰”第5条，康熙本删节了见于乾隆本尾后的119字，但其保存的，也文字相同）。此外的27条，以及其他四个《学案》的10条，康熙本与乾隆本有各种字句上的差异。这些差异，却又不少与见于文集上的相同。以下分类列示。

1. 句多者，有一处。（张诩《学案》5，多“其可乎”句。）

2. 句阙者，有二处。（“论学书”1，阙“非初学不言且也”句。李承箕《学案》1，阙“可以观”句。）

3. 文字互乙者，有七处。（“论学书”7，“惟视义何如”句，“何如”作“如何”。“论学书”9，“然在学者，须自度量如何”句，“度量”作“量度”，如文集；但“如何”，文集作“何如”。“论学书”36，“人禀气习尚不同”句，“禀气”作“气禀”，如文集。“著撰”2，“是之谓”作“是谓之”，如文集。“著撰”6，“一信血气”作“一信气血”，如文集。张诩《学案》5，“死生趋舍”作“生死趋舍”，如文集。）

4. 字异者，有十九处。（“论学书”9，“然在学者，须自度量如何”句，“然在”作“然自”。按，此处是康熙本误会，作了“自学者”解。“论学书”13，“终日乾乾，只是收拾此理而已”句，“此理”作“此心”，此处以意改易，错误甚大。“论学书”20，“实是笼侗”句，作“实自笼侗”。“论学书”21，“时振”人名，作“时矩”，如文集。“论学书”29，“尊卑老幼”作“尊卑老少”，如文集。“论学书”32，“未若立木于空中”句，“木”字作“本”，按作“立本”，疑误。“论学书”33，“某久处危地”句，“某”作“麽”；按，此处错误，或为稿本字形所致。“语录”1，“圣贤乏人，邪说并兴”句，“乏人”作“之人”，明显手民之误。“语录”6，“失了元初体段，愈认道理不出，又不可太漫，漫则流于泛滥而无所归”句，“愈认”作“愈甚”，不成文理。“著撰”3，“诚伪之间足矣”句，“足矣”作“足耳”，如文集。“著撰”8，“将来成就结果处”句，“结果”作“结裹”，如文集。“又安知足履平地，结果为何如也”句，“结果”作“之果”。按，此处文集作“又安知足履平地者，果为何如也”。“之果”二字连上下文，意思犹算接近。张诩《学案》1，“骊黄牝牡”作“雌黄牝牡”，明显字误。张诩《学案》6，“迟迟至于二十余年之久”，“之久”作“之交”，明显笔误。贺钦《学案》9，“判而为二”，后多一“故”字，属下句，如文集。贺钦《学案》6，“非本之学问也”，作“未尝本之学问也”，如文集。贺钦《学案》22，“害于义”作“害义”，如文集。邹智《学案》2，“硬敢”作“梗敢”。）

5. 文字应多却少字者，有二处。（“论学书”34，“焉往而不泰然也耶”句，“而不”作“而不得”。“论学书”36，“何患不得到古人佳处也”句“不得到”作“不到”。）

6. 文字同时增损改变者，有三处。（“论学书”11，“冀得开悟人主也。惜宰相不悟”两句，“人主”只作“主”，“惜”作“惜乎”。按，此条抄录者最为误会，似原稿已有错误。《白沙先生行状》及《语录》，均上句作“冀得间悟主也”；下句则惟《行状》作“惜乎当时宰相不悟”，多“当时”二字。“题跋”3，“富贵贫贱威武一也”句，作“富贵贫贱■■患难一也”。按，墨钉二字，为避讳“夷狄”二字，原句殆与《双槐岁钞》所见者相同。贺钦《学案》9，“政事学问原自一贯”，作“古之政事学问，一贯事耳”，如文集。）

7. 改文成词者，有一处。（“论学书”19，“人心本来体段”句，“本来体段”改作“本体”。）

上一节的校勘以及以上的差异分类，显示了乾隆本与康熙本之间的相异处，理由离不开彼此不同的对原稿原文之误解，为求通读而误改误增误删，对原稿字画辨认不够清晰，偶然脱漏，纯粹手民之误等等。

但重要的是，乾隆本与康熙本的文字，主要是相同的。《白沙学案》上下两卷，乾隆本和康熙本同见选录的有 84 条，两本文字全同的便有 54 条。在本文校勘的 67 条中，两本没有差异的也有 38 条。这反映了，《明儒学案》异于文集的文字，在《明儒学案》的原稿便已存在。上列康熙本七类字句异于乾隆本的 35 个差异中，康熙本文句和文集相同的有 13 处。很明显，乾隆本的文字异于文集的较多，但两本与《文集》的重要相异之处，反而多数相同。这又反映了，一方面是康熙本的校雠工夫较为严谨。贾念祖雍正十三年的修补本，其书末识语说，于康熙原刻本“为订正其鲁鱼之谬者百有余字”，看来说的是真话。另一方面是《明儒学案》与文集的异文，应该源于黄宗羲（或者抄写誊录者）抄录时，对文集所做的改动。

（二）《明儒学案》文字与其所据书籍文字的差异

上一节的校勘也显示了，《明儒学案·白沙学案》选录的文字，同样存在多种与其所从出的原本文字的差异，并且往往在同一处的选录中，存在多处的差异。尤其在白沙《学案》部分，这种差异更加显著。

这些差异，主要源于以下的各种原因。

1. 出于两篇的文字，刻本合为一条。

“论学书”13，尾后有如下 18 字：“夫以无所着之心行于天下，亦焉往而不得哉。”这 18 字应该单独作为“论学书”的第 14 条。它们在《全集》属于《学案》所引此条之前的另外一篇“与林郡博”书，与“论学书”13 的意思也不相蒙。此条在康熙本及乾隆本均在顶格开始，而其前一行的末格字下，又没有终段符号，故此后来传刻的，包括中华书局本和浙江古籍出版社《黄宗羲全集》本，都误将它与上一条连属起来。贺钦《学案》10，合并了两条意义不相关的《言行录》原文。邹智《学案》1，合并了两处情事不相关的书信节文。这些或都是抄录时失于分隔的结果，但问题似乎都先出于《学案》原稿。

2. 原文一篇，分为两条或数条。

这样的断裂，无害于思想、理念的表述，但有碍于了解思想、理念的背景和脉络。“论学书”1、2，原本在文集属于卷二同一篇的《复赵提学佥宪》第一首；“论学书”33、34，在文集同属于卷三《与湛民泽》第十首，都是例子。李承箕《学案》2，所抄录的李氏“文集”文字，其头21字，出于李承箕《大崖李先生文集》卷一八《石翁陈先生墓志铭》，以后所引的两处诗句，则出自白沙文集附录的张诩撰《白沙先生行状》，也是例子。

3. 抄录多是节取。

这种情形最多。原集被抄录入《学案》的文字，其见于《学案》录文之前及（或）之后的文字，会被删节。这是出于精简篇幅，去除枝蔓的考虑所致。这种做法，同样不利于了解思想、理念的背景和脉络。这样的删节，理应是黄宗羲自己所做的。

4. 原文中间删节数句，或以一二字代替一句。

这是精简文字，节省篇幅之故所致，同样是无碍思想之表述，但不利于对思想背景的透露。“论学书”3（《复赵提学》第三首）可以示例，其问题所在处，文字用〔 〕标出：

> （以上删节原文183字）承谕有为毁仆者，有曰“自立门户”者，是“流禅学”者，甚者则曰“妄人率人于伪”者。〔凡于数者之诋，执事皆不信之，以为毁人者无所不至，

自古圣贤未免见毁于人。甚矣，执事之心异于时人之心也。〕仆〔又〕安敢与之强辩。姑以迹之近似者〔为执事陈〕(言)之。……而仆自己丑得病，五六年间，自汗时发，母氏〔加〕(年)老，是以不能出门耳。(下有原文255字未抄入。)

按，以上引文，第一处删节原文44字，第二处删1字，第三处以“言”字代替“为执事陈”4字，均对白沙被人诋毁之内容的实情没有影响，第四处改“加”为“年”，不免减轻了白沙原来的强调语气。但总的看来，影响不大。

5. 对原本文字的增删和更改。

这种情形甚多。其缘故不一，有出于纯粹的抄误、抄漏，有出于纯粹的误解，有出于精简文字、修饰字句的好意等。上一节的校勘记显示了，这些缘故导致的文本差异，对于文字的意义而言，有时可以是无关宏旨的，偶然还能够改正原集的错误，或令原文更加通顺(如贺钦《言行录》中的若干条)，但也经常使文字的原来意思无法正确地表达。像白沙《学案》的“论学书”1、2、11，“题跋”3，“著撰”5、8、11，张诩《学案》2、6，贺钦《学案》4、10、19，林光《学案》3各处，都明显有这样的情形。

五、结　语

从本文的校勘分析看，《明儒学案·白沙学案》中，白沙《学案》的选抄“过程”，可能是这样的：黄宗羲先看《白沙子语录》，从中选录了若干条，为了审慎而标注各条原来的题目，再将选录的文字和白沙文集比对(按，《语录》所载各条，不少没有题目，而多作“陈子曰”，《明儒学案》则除了“语录”7条之外，每条都有题目)，补回题目。在这过程中，他又抄录了文集的其他文字

（故此有《语录》所未见的文字），并且给这些抄录文字进行分类，变成“论学书”、“语录”、“题跋”、“著撰”四类。李承箕《学案》和林光《学案》，也都可能不是直接从他们的文集中取材的。

这个选录过程道出了，《白沙学案》上、下两卷所载的各家文字，无疑并不“皆从全集纂要钩玄”地选取出来。这种情形有时导致一家的论学“宗旨”无法得到显示，像李承箕和林光的例子都是这样。有的即使取自“全集”，也不甚能够反映作者的宗旨，像邹智的例子便是。至于白沙《学案》的 7 条“语录”原文，由于《全集》之中并不经见，是否就是白沙本人的原话，能否正确地表现他的宗旨，也都只能是存疑的。

对于原文的节取，原意在于减省篇幅，精简文字，但也不利于了解作者的立言背景和文字脉络。对于原文的增损改变，原意为的是修饰字句，通达意思，但也往往因误解而产生误解，甚至曲解。这种情形，有的是刻本导致的，但更多的是稿本导致的。这样的文本问题，《明儒学案》中其他的学案也有出现，《白沙学案》只是较为严重的一个而已。至于这些问题是否全部都由黄宗羲本人所导致的，我们还不能只凭《白沙学案》两卷便作判断。

（作者补记：本文在未获见万历十一年刊唐伯元编次之《白沙先生文编》及万历二十五年刊杨起元纂辑之《白沙先生语录》的情况下，从清康熙五十三年新宁陈遇夫重订杨起元所编《白沙先生语录》并加以增订的《白沙子语录》中，见到《明儒学案·白沙学案上》所载白沙文集所未见之白沙“语录”七条，因而认为这些文字应是黄宗羲从杨氏《白沙先生语录》中抄出，而黄氏并将选录自白沙文集的其他文字，一并分类加上标题。近经黎业明《唐伯元编次之〈白沙先生文编〉——兼论黄宗羲〈明儒学案·白沙学案上〉之取材问题》［中山大学岭南文化研究院、哲学系、历史系印行《理学与岭南社会文化国际学术研讨会会议论文集》，广东南海，2014

年 6 月 25–29 日，页 187–216］一文指出，该七条语录连同其他多处与白沙文集有差异之文字皆见于唐伯元所编《白沙先生文编》，而唐编又较杨编《白沙先生语录》早出，故此《明儒学案·白沙学案上》的取材应该来自唐编。这是经过文本比勘后的正确结论，特为揭示，并以见黎先生批评本文之推论为“纯属想象臆测”者，其来自有缘故，文献如果足征，一经比对，更无论说足言。作者，二〇一五年八月二十五日）

《明儒学案·姚江学案》的文本问题

一、引　言

《明儒学案》卷十《姚江学案》所录的王阳明文字，根据的是刘宗周选录的《阳明传信录》，并非如黄宗羲在《明儒学案·发凡》中所说的“是编皆从全集纂要钩玄，未尝袭前人之旧本也”。黄宗羲径取刘宗周的选编，并且连刘宗周的评语也一并抄录，原因不难理解，虽然他无所说明。刘宗周不只是他的老师，还是对阳明学说有真切理解的儒者。从《阳明传信录》书前《小引》所说此书的选录原则和编纂目的看，此书应是足够正确地反映阳明思想精粹之作，是认识阳明的学术准则和学说宗旨的有用之书。黄宗羲舍己从人，径用《阳明传信录》，反而是有识见之举。

可是，《姚江学案》所载，毕竟是选上选的文字，读者因而会系心的问题，除了所选是否恰当之外，还有在过录时有否因“编辑”加工而导致意思改变。刘宗周《阳明传信录》所见的阳明文字，是以某篇文章或某条语录作单元的。这些单元的文字是否便如阳明原书所见的一样，还是个中存在增删改动的情形，影响到读者对阳明的理解？这个问题同样存在于黄宗羲《明儒学案》抄录《阳明传信录》之事上。

我们经过文本对比发现，其实刘宗周在抄录阳明文章和语录时、黄宗羲在抄录刘宗周的选录时，都并非照抄所据原文，而是对之各作损益删节。这样做的理由，刘、黄二氏都没有说明，我们只能以理度之。但其后果，却往往导致阳明原意被表述不足或错误理解。最明显之处是，黄宗羲并未全部取录刘宗周所选录的文字。《阳明传信录》共有三卷，分别旨在表述阳明的“学则”、“教法”和“宗旨”，抄录阳明长短文字凡 166 条（节、首）〔卷一 47 条、卷二 26 条、卷三 93 条〕，其中附有刘宗周评语者凡 113 条〔卷一 31 条、卷二 20 条、卷三 62 条〕，而评语则共有 118 则〔卷一 31 条、卷二 21 条、卷三 66 条〕。《明儒学案・姚江学案》只抄录了《阳明传信录》的第一卷（《语录》）和第三卷（《传习录》）。第一卷只抄录了刘氏原书 47 条中的 45 条，评语则只抄录了这 45 条中原有的 30 条中的 28 条。第三卷只抄录了刘氏原书 93 条中的 71 条，评语则只抄录了这 71 条中原有的 51 条中的 43 条，其中还有两条是被节取的。由此可见，《姚江学案》之于《阳明传信录》是选上选的。更严重的问题，则是文字上的节上节情形。

本文以《明儒学案・姚江学案》中的《阳明传信录》文字、《刘宗周全集》中该书的同条文字以及《王阳明全集》中被选抄的同篇文字进行比较，显示其差异情形，并试提揭差异所可能导致的后果。下文依照《明儒学案》所载《阳明传信录》的次序，先比较其中的《语录》部分，再比较随后的《传习录》部分。《传习录》部分篇幅较大，本文只选取其中尤能显示问题所在的二十多条，以作说例。

本文的《明儒学案》文本，用乾隆郑氏二老阁刊本之光绪修补印本，加以现代标点，并参考康熙贾氏紫筠斋刊本之雍正印本。据以比勘的用书是:（一）刘宗周《阳明传信录》，用戴琏璋、吴光主编,《刘宗周全集》(台北:“中研院”中国文哲研究所筹备处,1996年)第四册,《遗编》卷十一、十三〔卷十二《明儒学案》未见抄录〕。(二)王守仁《王阳明全集》，用吴光等编校本(杭州：浙江古籍出版社，2011年)；收入《四部丛刊》的万历元年南京刊本《王文成公全书》。

本文校勘凡例如下:

1. 以《明儒学案》与《阳明传信录》、《王阳明全集》参校。

2. 各条编号以斜线(/)标示其分别见于《明儒学案》及《阳明传信录》的顺序。

3. 凡《明儒学案》文字与《阳明传信录》原书文字别异之处,《明儒学案》取代《阳明传信录》的以圆括号( )标示,《阳明传信录》原文用方括号〔 〕标示。

4.《阳明传信录》、《明儒学案》文字与《王阳明全集》无异者不标示，异者标示;《王阳明全集》原文，见于附注。

5. 先列《姚江学案》原文，其中刘宗周评语用别样字体，随后为差异之处之提揭或略论，依问题在条文中出现之先后为次序。

二、文本比较[1]

(一)《阳明传信录·小引》

暇日读《阳明先生集》，摘其要语，得三卷。首《语录》，录

〔1〕 本文为比勘而抄录的《明儒学案》文字以及《阳明传信录》和《王阳明全集》文字，由刘勇、洪国强、邓霆诸君帮助完成，谨表感谢。

先生与门弟子论学诸书，存学则也；次《文录》，录先生赠遗杂著，存教法也；又次《传习录》，录诸门弟子所口授于先生之为言学言教者，存宗旨也。

先生之学，始出词章，继逃佛、老，终乃求之六经，而一变至道，世未有善学如先生者也，是谓学则。先生教人，吃紧在去人欲而存天理，进之以知行合一之说，其要归于致良知，虽累千百言，不出此三言为转注，凡以使学者截去之[1]绕，寻向上去而已，世未有善教如先生者也，是谓教法。而先生之言良知也，近本之孔、孟之说，远溯之精一之传，盖自程、朱一线中绝，而后补偏救弊，契圣归宗，未有若先生之深切著明者也，是谓宗旨。则后之学先生者，从可知已。不学其所悟而学其所悔，舍天理而求良知，阴以叛孔、孟之道而不顾，又其弊也。说知说行，先后两截；言悟言参，转增学虑，吾不知于先生之道为何如！间尝求其故而不得，意者先生因病立方，时时权实互用，后人不得其解，未免转增离歧乎？宗周因于手抄之余，有可以发明先生之蕴者，僭存一二管窥，以质所疑，冀得藉手以就正于有道，庶几有善学先生者出，而先生之道传之久而无弊也。因题之曰“传信”云。〔时〕崇祯〔岁在〕己卯〔秋〕七月（既）望〔后二日〕，后学刘宗周书〔于朱氏山房之解吟轩〕。

按，《姚江学案》所抄《阳明传信录·小引》的落款句，文字有所删改。黄宗羲大概出于节省文字，去除不必要信息的负担之故，而且删节后的文字对于了解刘宗周的意思也没有影响，所以作了如上所见的节省。但这对于研究刘宗周的“学术思想史”则无帮助，因为重要的著书地点的信息因而不见。

---

〔1〕《刘宗周全集》本《阳明传信录》之校勘记云：底本“去”字下原缺一字，应为“缠”字。按，《明儒学案》所据刘氏原书则为“之”字，亦于义为长。

（二）语录

（1/1）[1]刊落声华，务于切己处着实用力。所（谓）〔云〕静坐事，[2]非欲坐禅入定，盖因吾辈平日为事物纷拏，未知为己，欲以此补小学收放心一段（功）〔工〕夫耳。明道云："才学便须知有着力处，既学便须知有得力处[3]。"诸友宜于此处着力，方有进步，异时始有得力处也。"学要鞭辟近里着己"、"君子之道，闇然而日章"、"为名与为利，虽清浊不同，然其利心则一"、"谦受益"、"不求异于人而求同于理"，此数（语）〔言〕[4]宜书之壁间，常目在之。举业不患妨功，惟患夺志，只如前日所约，循循为之，亦自两无相碍。所谓"知得，则洒扫应对便是精义入神也"。[5]〔以上〕《与辰中诸生》

刊落声华，是学人第一义。

1. 正文之后注引文出处之"《与辰中诸生》"，其前原书有"以上"二字。此处删去，盖因此前与同一受者之另一

---

〔1〕"刊落声华"前，《王阳明全集》（以下简称《王集》）有"谪居两年，无可与语者，归途乃得诸友，何幸何幸！方以为喜，又遽尔别去，极怏怏也。绝学之余，求道者少，一齐众楚，最易摇夺，自非豪杰，鲜有卓然不变者。诸友宜相砥砺夹持，务期有成。近世士夫亦有稍知求道者，皆因实德未成而先揭标榜，以来世俗之谤，是以往往隳堕无立，反为斯道之梗，诸友宜以是为鉴"等文字。《与辰中诸生》一文，见于《王集》卷四，页156–157。

〔2〕"所云静坐事"，《王集》作"前在寺中所云静坐事"。

〔3〕"得力处"，《王集》作"着力处"，查万历元年本《王文成公全书》（以下简称万历《王集》），正作"得力处"。

〔4〕《王集》同《学案》作"语"。

〔5〕此句《王集》作"所谓知得洒扫应对，便是精义入神也"。

条并未抄录。

2. 以“谓”代“云”，有泛言与专指之别。“所云静坐事”，《王阳明全集》作“前在寺中所云静坐事”。此处省文遂失事情背景。

3. “言”，《王阳明全集》同《姚江学案》作“语”。可见《学案》有取阳明原集校勘。

（2/2）[1]志道恳切，固是诚意，然急迫求之，则反为私己，不可不察也。日用间何莫非天理流行，但此心常存而不放，则义理自熟。孟子所谓“勿忘勿助，深造自得”者矣。[2]《答徐成之》

此语自是印过程、朱。

1. 此条省去首句之前文字，故不能知刘宗周评语之理据。

（3/3）[3]圣人之心，纤翳自无所容，自不消磨刮。若常人之心，

---

〔1〕“志道恳切”前，《王集》有“汝华相见于逆旅，闻成之启居甚悉，然无因一面，徒增悒怏。吾乡学者几人，求其笃信好学如吾成之者谁欤？求其喜闻过、忠告善道如吾成之者谁欤？过而莫吾告也，学而莫吾与也，非吾成之之思而谁思欤？嗟！吾成之，幸自爱重！自人之失其所好，仁之难成也久矣。向吾成之在乡党中，刻厉自立，众皆非笑，以为迂腐，成之不为少变。仆时虽稍知爱敬，不从众非笑，然尚未知成之之难得如此也。今知成之之难得，则又不获朝夕相与，岂非大可憾欤！修己治人，本无二道。政事虽剧，亦皆学问之地，谅吾成之随在有得。然何从一闻至论，以洗凡近之见乎？爱莫为助。近为成之思进学之功，微觉过苦。先儒所谓”等文字。《答徐成之》一文，见于《王集》卷四，页157。

〔2〕“自得者矣”后，《王集》有“学问之功何可缓，但恐着意把持振作，纵复有得，居之恐不能安耳。成之之学，想亦正不如此。以仆所见，微觉其有近似者，是以不敢不尽。亦以成之平日之乐闻，且欲以是求教也”等文字。

〔3〕“圣人之心”前，《王集》有“昨晚言似太多，然遇二君亦不得不多耳。其间以造诣未熟，言之未莹则有之，然却自是吾侪一段的实工夫。思之未合，请勿轻放过，当有豁然处也”等文字。《答黄宗贤应元忠》一文，见《王集》卷四，页158。

如斑垢驳杂之镜，须痛加刮磨一番，尽去其驳蚀，然后纤尘即见，才拂便去，亦自不消费力，到此已是识得仁体矣。若驳杂未去，其间固（去）〔自〕有一点明处，尘埃之落，固亦见得，亦才拂便去。至于堆积于驳蚀之上，终弗之能见也。此学利困勉之所由异，幸弗以为烦难而疑之也。凡人情好易而恶难，其间亦自有私意气习缠蔽，在识破后，自然不见其难矣。古之人至有出万死而乐为之者，亦见得耳。向时未见得向里面意思，此工夫自无可讲处，今已见此一层，却恐好易恶难，便流入禅释去也。昨论儒、释之异，明道所谓“敬以直内则有之，义以方外则未”，毕竟连敬以直内亦不是者，已说到八九分矣。《答黄宗贤、应元忠》

已见后方知难，政为此镜子时时不废拂拭在。儒、释之辨，明道尚泛调停，至先生始一刀截断。

1. “固去有”原文作“固自有”，文意明白，“去”字没意义，或者属于形似致误。

（4/4）〔1〕仆近时与朋友论学，惟说立诚二字。杀人须就咽喉上着

〔1〕“仆近时”前，《王集》有“书来，及纯甫事，恳恳不一而足，足知朋友忠爱之至。世衰俗降，友朋中虽平日最所爱敬者，亦多改头换面，持两端之说，以希俗取容，意思殊为衰飒可悯。若吾兄真可谓信道之笃而执德之弘矣，何幸何幸！仆在留都，与纯甫住密迩，或一月一见，或间月不一见，辄有所规切，皆发于诚爱恳恻，中心未尝怀纤毫较计。纯甫或有所疏外，此心直可质诸鬼神。其后纯甫转官北上，始觉其有恝然者。寻亦痛自悔责，以为吾人相与，岂宜有如此芥蒂，却有〔万历《王集》作“是”〕堕入世间较计坑陷中，亦成何等胸次！当下冰消雾释矣。其后人言屡屡而至，至有为我愤辞厉色者。仆皆惟以前意处之，实是未忍一日而忘纯甫。

刀，吾人为学当从心髓入微处用力，自然笃实光辉，虽私欲之萌，真是（红）〔洪〕炉点雪，天下之大本立矣。若就标末（粧）〔妆〕缀比拟，凡平日所谓学问思辨者，适足以为长傲遂非之资，自以为进于高明光大，而不知陷于（狠）〔狼〕戾险嫉，亦诚可哀也已。[1]

诚无为，便是心髓入微处，良知即从此发窍者，故谓之立天下之大本。看来良知犹是第二义也。

1. “狠”、“狼”形似，《王阳明全集》正作“狠”字，《阳明传信录》自是手民之误。

（5/5）[2]吾辈通患，正如池面浮萍，随开随蔽。未论江海，但在活水，浮萍即不能蔽。何者？活水有源，池水无源，有源

（接上页）盖平日相爱之极，情之所钟，自如此也。旬日〔万历《王集》作“月”〕间复有相知自北京来，备传纯甫所论。仆窃疑有浮薄之徒，幸吾党间隙，鼓弄交构，增饰其间，未必尽出于纯甫之口。仆非矫为此说，实是故人情厚，不忍以此相疑耳。仆平日之厚纯甫，本非私厚，纵纯甫今日薄我，当亦非私薄。然则仆未尝厚纯甫，纯甫未尝薄仆也，亦何所容心于其间哉！往往见世俗朋友易生嫌隙，以为彼盖苟合于外，而非有性分之契，是以如此，私窃叹悯〔万历《王集》作“间”〕。自谓吾党数人，纵使散处敌国仇家，当亦断不至是。不谓今日亦有此等议论，此亦惟宜自反自责而已。孟子云：‘爱人不亲反其仁，行有不得者，皆反求诸己。’自非履涉亲切，应未识斯言味永而意恳也”等文字。《与黄宗贤五》一文，见于《王集》卷四，页 164–165。

〔1〕“也已”后，《王集》有“以近事观之，益见得吾侪往时所论，自是向里。此盖圣学的传，惜乎沦落堙埋已久，往时见得，犹自恍惚。仆近来无所进，只于此处看较分晓，直是痛快，无复可疑”等文字。

〔2〕“吾辈”前，《王集》有“别后工夫，无因一扣，如书中所云，大略知之。‘用力习熟，然后居山’之说，昔人尝有此，然亦须得其源”等文字。《与黄宗贤六》，见《王集》卷四，页 165–166。

者由己，无源者从物，故凡不息者有源，作辍者皆无源故耳。以上《与黄宗贤》

开处不是源，莫错认。

（6/6）[1]变化气质，居常无所见，惟当利害、经变故、遭屈辱，平时愤怒者到此能不愤怒，忧惶失措者到此能不忧惶失措，始是得力处，[2]亦便是用力处。天下事虽万变，吾所以应之，不出乎喜怒哀乐四者。此为学之要，而为政亦在其中矣。[3]

---

〔1〕“变化气质”前，《王集》有“别后，有人自武城来，云纯甫始到家，尊翁颇不喜，归计尚多抵牾。始闻而惋然，已而复大喜。久之，又有人自南都来者，云‘纯甫已莅任，上下多不相能’。始闻而惋然，已而复大喜。吾之惋然者，世俗之私情；所为大喜者，纯甫当自知之。吾安能小不忍于纯甫，不使动心忍性，以大其所就乎？譬之金之在冶，经烈焰，受钳锤，当此之时，为金者甚苦，然自他人视之，方喜金之益精炼，而惟恐火力锤煅之不至。既其出冶，金亦自喜其挫折锻炼之有成矣。某平日亦每有傲视行辈、轻忽世故之心，后虽稍知惩创，亦惟支持抵塞于外而已。及谪贵州三年，百难备尝，然后能有所见，始信孟氏‘生于忧患’之言非欺我也。尝以为‘君子素其位而行，不愿乎其外。素富贵，行乎富贵；素贫贱，行乎贫贱；素患难，行乎患难，故无入而不自得’。后之君子，亦当素其位而学，不愿乎其外。素富贵，学处乎富贵；素贫贱患难，学处乎贫贱患难，则亦可以无入而不自得。向尝为纯甫言之，纯甫深以为然，不审迩来用力却如何耳。近日相与讲学者，宗贤之外，亦复数人，每相聚，辄叹纯甫之高明。今复遭时磨励若此，其进益不可量，纯甫勉之！汪景颜近亦出宰大名，临行请益，某告以”等文字，《与王纯甫》一文，见《王集》卷四，页166–167。

〔2〕“始是得力处”，《王集》作“始是能有得力处”。

〔3〕“其中矣”后，《王集》有“景颜闻之，跃然如有所得也。甘泉近有书来，已卜居萧山之湘湖，去阳明洞方数十里耳，书屋亦将落成，闻之喜极。诚得良友相聚会，共进此道，人间更复有何乐！区区在外之荣辱得丧，又足挂之齿牙间哉”等文字。

工夫只是致中和。

1. “始是得力处”，《王阳明全集》作“始是能有得力处”，可见《阳明传信录》已有省文，文句删节后意义亦稍有不同。

(7/7) [1]在物为理，处物为义，在性为善，因所指而异其名，实皆吾之心也。心外无物，心外无（言）〔事〕，心外无理，心外无义，心外无善。吾心之处事物，纯乎理而无人（伪）〔欲〕[2]之杂谓之善，非在事物有定所〔之〕可求也。处物为义，是吾心之得其宜也，义非在外可袭而取也。格者，格此也。致者，致此也。必曰事事物物上求个至善，是离而二之也。伊川所云“才明彼，即晓此”，是犹谓之

〔1〕“在物为理”前，《王集》有“纯甫所问，辞则谦下，而语意之间，实自以为是矣。夫既自以为是，则非求益之心矣。吾初不欲答，恐答之亦无所入也。故前书因发其端，以俟明春渡江而悉。既而思之，人生聚散无常，纯甫之自是，盖其心尚有所惑而然，亦非自知其非而又故为自是以要我者，吾何可以遂已？故复备举其说以告纯甫。来书云：‘学以明善诚身，固也。但不知何者谓之善？原从何处得来？今在何处？其明之之功当何如？入头当何如？与诚身有先后次第否？诚是诚个甚的？此等处细微曲折，尽欲扣求启发，而因献所疑，以自附于助我者。’反复此语，则纯甫近来得力处在此，其受病处亦在此矣。纯甫平日徒知存心之说，而未尝实加克治之功，故未能动静合一，而遇事辄有纷扰之患。今乃能推究若此，必以渐悟往日之堕空虚矣。故曰纯甫近来用功得力处在此。然已失之支离外驰而不觉矣。夫心主于身，性具于心，善原于性，孟子之言性善是也。善即吾之性，无形体可指，无方所可定，夫岂自为一物，可从何处得来者乎？故曰受病处亦在此。纯甫之意，盖未察夫圣门之实学，而尚狃于后世之训诂，以为事事物物，各有至善，必须从事事物物求个至善，而后谓之明善，故有‘原从何处得来，今在何处’之语。纯甫之心，殆亦疑我之或堕于空虚也，故假是说以发我之蔽。吾亦非不知感纯甫此意，其实不然也。夫”等文字。《与王纯甫二》，见于《王集》卷四，页167–169。

〔2〕《王集》作“伪”。

二。性无彼此，理无彼此，善无彼此也。[1]以上《与王纯甫》

先生恢复心体，一齐俱了，真是有大功于圣门，与孟子性善之说同。

1. “心外无言”在此没有意义，“言”字应为“事”字形似之误。
2. “伪”字，《王阳明全集》同，可见《姚江学案》有取阳明原集校勘处。
3. “之”字删去，句意或可改变。“非在事物有定所可求也”句，意思是由“非在事物有定”与“所可求也”组成；“非在事物有定所之可求也”句，意思是由“非在事物有定所”与“之可求也”组成。阳明之意，实谓事物之理，唯在变动不居之吾心，实无“定所”可求而得之。

（8/8）[2]《大学》之所谓诚意，即《中庸》之所谓诚身也。《大

---

〔1〕“彼此也”后，《王集》有“纯甫所谓‘明之之功当何如？入头处当何如？与诚身有先后次第否？诚是诚个甚的？’且纯甫之意，必以明善自有明善之功，诚身又有诚身之功也。若区区之意，则以明善为诚身之功也。夫诚者，无妄之谓。诚身之诚，则欲其无妄之谓。诚之之功，则明善是也。故博学者，学此也；审问者，问此也；慎思者，思此也；明辨者，辨此也；笃行者，行此也。皆所以明善而为诚之之功也。故诚身有道，明善者，诚身之道也；不明乎善，不诚乎身矣。非明善之外别有所谓诚身之功也。诚身之始，身犹未诚也，故谓之明善；明善之极，则身诚矣。若谓自有明善之功，又有诚身之功，是离而二之也，难乎免于毫厘千里之谬矣”等文字。

〔2〕“《大学》”前，《王集》有“又云：‘格物之说，昔人以扞去外物为言矣。扞去外物则此心存矣。心存，则所以致知者，皆是为己。’如此说，即是‘扞去外物’为一事，‘致知’又为一事。‘扞去外物’之说，亦未为甚害，然止捍御于其外，则亦未有拔去病根之意，非所谓克己求仁之功矣。区区格物之说亦不如此”等文字。《答王天宇二》，见《王集》卷四，页 176–178。

学》之所谓格物致知，即《中庸》之所谓明善也。博学、审问、慎思、明辨、笃行，皆所以明善而为诚身之功也，非明善之外别有所谓诚身之功也。格物致知之外，又岂别有所谓诚意之功乎？《书》之所谓精一，《语》之所谓博文约礼，《中庸》之所谓尊德性而道问学，皆若此而已。[1]《答王天宇》

先生既言格致即《中庸》明善之功，不离学问思辨行，则与朱子之说何异？至又云“格其物之不正以归于正”，则不免自相龃龉，未知孰是。

（9/9）[2]学绝道丧，俗之陷溺，如人在大海波涛中，且须援之登岸，然后可授之衣而与之食。若以衣食投之波涛中，是适重其溺，彼将不以为德而反以为尤矣。故凡居今之时，且须随机导引，因事启沃，宽心平气以熏陶之，俟其感发兴起，而后开之以其说，是故为力易而收效溥。[3]《寄李道夫》

今且识援之登岸是何物。

---

〔1〕“而已”后，《王集》有“是乃学问用功之要，所谓毫厘之差，千里之谬者也”等文字。

〔2〕“学绝”前，《王集》有“此学不讲久矣。鄙人之见，自谓于此颇有发明。而闻者往往诋以为异，独执事倾心相信，确然不疑，其为喜慰，何啻空谷之足音！别后时闻士夫传说，近又徐曰仁自西江还，益得备闻执事任道之勇，执德之坚，令人起跃奋迅。‘士不可以不弘毅，任重而道远’，诚得弘毅如执事者二三人，自足以为天下倡。彼依阿偻你之徒虽多，亦奚以为哉？幸甚幸甚！比闻（列）〔莅〕郡之始，即欲以此学为教。仁者之心，自然若此，仆诚甚为执事喜，然又甚为执事忧也”等文字。《寄李道夫》一文，见《王集》卷四，页178–179。

〔3〕“收效溥”后，《王集》有“不然，将有扞格不胜之患，而且为君子爱人之累。不知尊意以为何如耶”等文字。

（10/10）[1]使在我果无功利之心，虽钱谷兵甲，搬柴运水，何往而非实学，何事而非天理，况子史诗文之类乎？使在我尚（有）〔存〕功利之心，则虽日谈道德仁义，亦只是功利之事，况子史诗文之类乎？一切屏绝之说，犹是[2]泥于旧（闻）〔习〕，平日用功未有得力处。[3]《与陆元静》

勘得到。

1. 以“有”代“存”，应是形似之误。
2. “犹是”，《王阳明全集》作“是犹”。按，两者意思稍有分别，改动或因此句在阳明原集意思尚未终止。
3. 改“旧习”为“旧闻”，殆以此传之后尚有“请一洗俗见”（未抄）之文之故。但“习”字意思较重，而“平日用功未有得力处”，正是“习”之证明。

（11/11）[4]数年切磋，只得立志辨义利。若于此未有得力处，却

---

〔1〕“使在我”前，《王集》有“所问《大学》、《中庸》注，向尝略具草稿，自以所养未纯，未免务外欲速之病，寻已焚毁。近虽觉稍进，意亦未敢便以为至，姑俟异日山中与诸贤商量共成之，故皆未有书。其意旨大略，则固平日已为清伯言之矣。因是益加体认研究，当自有见；汲汲求此，恐犹未免旧日之病也。‘博学’之说，向已详论，今犹牵制若此，何邪？此亦恐是志不坚定，为世习所挠之故”等文字。《与陆原静》一文，见《王集》卷四，页179–180。

〔2〕“犹是”，《王集》作“是犹”。

〔3〕“得力处”后《王集》有“故云尔。请一洗俗见，还复初志，更思平日饮食养身之喻，种树栽培灌溉之喻，自当释然融解矣。‘物有本末，事有终始，知所先后，则近道矣。’吾子之言，是犹未是终始本末之一致也，是不循本末终始天然之序，而欲以私意速成之也”等文字。

〔4〕“数年”前，《王集》有“沿途意思如何？得无亦有走作否”等文字，《寄薛尚谦》，见《王集》卷四，页183。

是平日所讲尽成虚（话）〔语〕，平日所见皆非实得。[1]

义利二字，是学问大关键，亦即儒、释分途处。

1. 以“话”代“语”，稍有口语与文语之别；亦有可能是字形相近致误。

（12/12） 经一蹶者长一智，今日之失，未必不为后日之得，但已落第二义。须从第一义上着力，一真一切真。[2] 以上皆《与薛尚谦》

识得第一义，即迁善改过皆第一义。

（13/13） [3] 理无内外，性无内外，故学无内外。讲习讨论，未尝非内也；反观内省，未尝遗外也。夫谓学必资于外求，是以己性为有外也，是义外也，用智者也。谓反观内省为求之于内，是以己性为有内也，是有我也，自私者

---

〔1〕 “实得”后，《王集》有“不可以不猛省也”等文字。

〔2〕 “一切真”后，《王集》有“若这些子既是，更无讨不是处矣。此间朋友聚集渐众，比旧颇觉兴起。尚谦既去，仕德又往，欧阳崇一病归，独惟乾留此，精神亦不足。诸友中未有倚靠得者，苦于接济乏人耳。乞休本至今未回，未免坐待。尚谦更静养几月，若进步欠力，更来火坑中乘凉，如何”等文字。

〔3〕 “理无内外”前，《王集》有“来教谓：‘如必以学不资于外求，但当反观内省以为务，则正心诚意四字亦何不尽之有？何必于入门之际，便困以格物一段工夫也？’诚然诚然。若语其要，则‘修身’二字亦足矣，何必又言‘正心’？‘正心’二字亦足矣，何必又言‘诚意’？‘诚意’二字亦足矣，何必又言‘致知’，又言‘格物’？惟其工夫之详密，而要之只是一事，此所以为精一之学，此正不可不思者也。夫”等文字。《答罗整庵少宰书》，见《王集》卷二，页 82–83。此条出自《传习录》。

也。是皆不知性之无内外也。故曰："精义入神，以致用也；利用安身，以崇德也"；"性之德也，合内外之道也。"此可以知格物之学矣。格物者，《大学》之实下手处，彻首彻尾，自始学至圣人，只此工夫而已，非但入门之际有此一段也。夫正心、诚意、致知、格物，皆所以修身，而格物者，其所以用力日〔1〕可见之地。故格物者，格其心之物也，格其意之物也，格其知之物也；正心者，正其物之心也；诚意者，诚其物之意也；致知者，致其物之知也。此岂有内外彼此之分哉？〔2〕《答罗整庵少宰》

整庵又有答先生书云："前三物为物三，后三物为物一"，为自相矛盾。要之物一也，而不能不（散）〔殽〕而为两，散而为万。先生之言，自是八面玲珑。

1. 评语中以"散"代"殽"，应是改正形似之误，亦于义为长。

---

〔1〕"日"，《刘宗周全集》本《阳明传信录》、《王阳明全集》本《传习录》所载皆同，陈荣捷《王阳明传习录详注集评》卷二据施本、俞本改为"实"；《学案》中华整理本据贾本亦改为"实"。

〔2〕"彼此之分哉"后，《王集》有"理一而已。以其理之凝聚而言，则谓之性；以其凝聚之主宰而言，则谓之心；以其主宰之发动而言，则谓之意；以其发动之明觉而言，则谓之知；以其明觉之感应而言，则谓之物。故就物而言谓之格，就知而言谓之致，就意而言谓之诚，就心而言谓之正。正者，正此也；诚者，诚此也；致者，致此也；格者，格此也。皆所谓穷理以尽性也。天下无性外之理，无性外之物。学之不明，皆由世之儒者认理为外，认物为外，而不知义外之说，孟子盖尝辟之，乃至袭陷其内而不觉，岂非亦有似是而难明者欤？不可以不察也"等文字。

(14/14)[1]昔夫子谓子贡曰："赐也，(汝)〔女〕[2]以予为多学而识之者与？"对曰："然。非与？"子曰："非也。予一以贯之。"然则圣人之学，乃不有要乎？彼释氏之外人伦，遗物理，而堕于空寂者，固不得谓之明其心矣。若世儒之外务讲求考索，而不知本诸(身)〔心〕[3]者，其亦可[4]谓穷理乎？[5]《与夏敦夫》

洙、泗渊源，原是如此。得曾子发明，更是朴实头地。曾子就诚处指点，先生就明处指点，一而已矣。

1. "女"《王集》作"汝"，可见《姚江学案》有参考阳明原集处。
2. "诸"与"心"间，《王阳明全集》有"其"字。
3. 以"身"代"心"，理念大异。"本诸身"要求见诸躬行，"本诸心"要求自我反省，求证于心。两者各有道理，但阳明原意是要学者"本诸其心"。
4. 末句"其亦可谓穷理乎？"《王阳明全集》"可谓"二字之间有"以"字，于意思关系不大。

---

〔1〕"昔夫子"前，《王集》有"不相见者几时，每念吾兄忠信笃厚之资，学得其要，断能一日千里。惜无因亟会，亲睹其所谓历块过都者以为快耳"等文字。《与夏敦夫》，见《王集》卷五，页192。

〔2〕《王集》作"汝"。

〔3〕"诸"与"心"间，《王集》有"其"字。

〔4〕"可"字后，《王集》有"以"字。

〔5〕"穷理乎"后，《王集》有"此区区之心，深欲就正于有道者。因便辄及之，幸有以教我也"等文字。

（15/15）[1]心无动静者也。其静也者，以言其体也；其动也者，以言其用也，故君子之学，无间于动静。其静也，常觉而未尝无也，故常应；其动也，常定而未尝有也，故常寂。常应常寂，动静皆有事焉，是之谓集义。集义故能无祇悔，所谓动亦定、静亦定者也。心一而已，静其体也，而复求静根焉，是挠其体也；动其用也，而惧其易动焉，是废其用也。故求静之心即动也；恶动之心非静也。是之谓动亦动，静亦动，将迎起伏，相寻于无穷矣。故循理之谓静，从欲之谓动。欲也者，非必声色货利外诱也，有心之私皆欲也。故循理焉，虽酬酢万变，皆静也。濂溪所谓"主静"，无欲之谓也，是谓集义者也。从欲焉，虽心斋坐忘，亦动也。告子之强制，正助之谓也，是外义者也。[2]《答伦彦式》

与《定性书》相为表里。

（16/16）且[3]以所见者实体诸心[4]，必将有疑；果无疑，必将有

〔1〕"心无动静者也"前，《王集》有"谕及'学无静根，感物易动，处事多悔'，即是三言，尤是〔万历《王集》作"见"〕近时用工之实。仆罔所知识，何足以辱贤者之问？大抵三言者，病亦相因。惟学而别求静根，故感物而惧其易动；感物而惧其易动，是故处事而多悔也"等文字。《答伦彦式》，见《王集》卷五，页195。

〔2〕"者也"后，《王集》有"虽然，仆盖从事于此而未之能焉，聊为贤者陈其所见云尔"等文字。

〔3〕"以所见者"前，《王集》有"承示《大学原》，知用心于此深密矣。道一而已，论其大本大原，则"六经"、"四书"无不可推之而同者，又不特《洪范》之于《大学》而已。此意亦仆平日于朋友中所常言者。譬之草木，其同者，生意也；其花实之疏密，枝叶之高下，亦欲尽比而同之，吾恐化工不如是之雕刻也。今吾兄方自喜以为独见新得，锐意主张是说，虽素蒙信爱如鄙人者，一时论说当亦未能遽入。且愿吾兄"等文字，《答方叔贤》，见《王集》卷五，页197。"且"字，《王集》无。

〔4〕"心"，《王集》作"身"。

得；果无得，又必有见。[1]《答方叔贤》

如此用功，真不怕不长进。

1. “实体诸心”，《王阳明全集》作“实体诸身”。此处关系理解甚大，《姚江学案》却未据改，可见校雠、抄录都有问题。

（17/17）[2]孟子云：“是非之心，智[3]也”；“是非之心，人皆有之”，即所谓良知也。孰无是良知乎？但不能致之耳。（曷）〔易〕谓：“知至，至之。”知至者，知也；至之者，致知也，此知行之所以一也。[4]

良知之智，实自恻隐之仁来。

1. 原文无误，“曷”是“易”字的形似之误。“知至至之”是《易·乾文言》语。“曷”字作问句，与末句不相应，而前引孟子，此引《易经》以说明道理，自然而合理。又按，“智”字《王阳明全集》作“知”，两字通用，故

〔1〕“有见”后，《王集》有“然后鄙说可得而进也。学之不明几百年矣。近幸同志如甘泉、如吾兄者，相与切磋讲求，颇有端绪。而吾兄忽复牵滞文义若此，吾又将谁望乎？君子论学，固惟是之从，非以必同为贵。至于入门下手处，则有不容于不辩者，所谓毫厘之差，千里之谬矣。致知格物，甘泉之说与仆尚微有异，然不害其为大同。若吾兄之说，似又与甘泉异矣”等文字。

〔2〕“孟子”前，《王集》有“致知之说，向与惟濬及崇一诸友极论于江西，近日杨仕鸣来过，亦尝一及，颇为详悉。今原忠、宗贤二君复往，诸君更相与细心体究一番，当无余蕴矣”等文字。《与陆原静二》，见《王集》卷五，页202。

〔3〕“智”，《王集》作“知”。

〔4〕“一也”后，《王集》有“近世格物致知之说，只一知字尚未有下落，若致字工夫，全不曾道着矣。此知行之所以二也”等文字。

《姚江学案》亦未见改。

(18/18)[1]妄心则动也，照心非动也。恒照则恒动恒静，天地之所以恒久而不已也。照心固照也，妄心亦照也，其为物不贰，则其生物不息，有刻暂停则息矣，非至诚无息之学矣。

(19/19) 心之本体，无起无不起，虽妄念之发，而良知未尝不在，但人不知存，则有时而或放耳。虽昏塞之极，而良知未尝不明，但人不知察，则有时而或蔽耳。虽有时而或放，其体实未尝不在也，存之而已耳。虽有时而或蔽，其体实未尝不明也，察之而已耳。[2]

(20/20) 性无不善，故知无不良。良知即是未发之中，即是廓然大公、寂然不动之本体，人人之所同具者也。但不能不昏蔽于物欲，故须学以去其昏蔽，然于良知之本体，初不能有加损于毫末也。[3]

(21/21) 理，无动者也。常知常存，常主于理，即不睹不闻、无

---

〔1〕“妄心”前，《王集》有“来书云：‘下手工夫，觉此心无时宁静。妄心固动也，照心亦动也；心既恒动，则无刻暂停也。是有意于求宁静，是以愈不宁静耳。’夫”等文字。《答陆原静书》，见《王集》卷二，页67–77。按，此实出《传习录》。《答陆原静》部分多省略来书内容，以下这些省略内容不出，仅出阳明所言。

〔2〕“已耳”后，《王集》有“若谓良知亦有起处，则是有时而不在也，非其本体之谓矣”等文字。

〔3〕“毫末”后，《王集》有“知无不良，而中、寂、大公未能全者，是昏蔽之未尽去，而存之未纯耳。体即良知之体，用即良知之用，宁复有超然于体用之外者乎”等文字。

思无为之谓也。不睹不闻、无思无为，非槁木死灰之谓也。睹闻思为一于理，而未尝有所睹闻思为，即是动而未尝动也。所谓“动亦定，静亦定”，体用一原者也。

（22/22）未发之中，即良知也，无前后内外而浑然一体者也。有事无事，可以言动静，而良知无分于有事无事也；寂然感通，可以言动静，而良知无分于寂然感通也。动静者所遇之时，心之本体固无分于动静也。理，无动者也，动即为欲。循理，则虽酬酢万变而未尝动也；从欲，则虽槁心一念而未尝静也。

（此）〔能〕戒慎恐惧者是良知。

1. 评语以“此”代“能”，导致意义不清。评语着重的是良知的自然能力。改字句则将良知的能力限定在“戒慎恐惧”上。

（23/23）照心非动者，以其发于本体明觉之自然，而未尝有所动也。有所动，即妄矣。妄心亦照者，以其本体明觉之自然者，未尝不（存）〔在〕于其中，但有所动耳。无所动，即照矣。无妄无照，非以妄为照，以照为妄也。照心为照，妄心为妄，是犹有妄有照也。有妄有照，则（有）〔犹〕（二）〔贰〕也，（二）〔贰〕则息矣。无妄无照，则不贰，不贰则不息矣。

1. “存”与“在”形似而意近，稍有轻重及一般与确定之别。
2. 以“有”代“犹”，或因二字音近所致。“犹”有表示程度含义，其后之状态为更高，此处用之，符合句意。

（24/24）必欲此心纯乎天理，而无一毫人欲之私，此作圣之功也。必欲此心纯乎天理，而无一毫人欲之私，非防于未萌之先，而克于方萌之际，不能也。防于未萌之先，而克于方萌之际，此正《中庸》戒慎恐惧、《大学》致知格物之功，舍此之外，无别功矣。[1]

（25/25）不思善不思恶时认本来面目，此佛氏为未识本来面目者设此方便。本来面目，即吾圣门所谓良知。今既认得良知明白，即已不消如此说矣。随物而格，是致知之功；即佛氏之常惺惺，亦是常存他本来面目耳。体段（功）〔工〕夫大略相似，但佛氏有个自私自利之心，所以便有不同。

（26/26）[2]病疟之人，疟虽未发，而病根自在，则亦安可以其疟之未发，而遂忘其服药调理之功乎？若必待疟发而后服药调理，则既晚矣。[3]以上皆《答陆元静》

---

〔1〕“功矣”后，《王集》有“夫谓‘灭于东而生于西’、‘引犬上堂而逐之’者，是自私自利，将迎意必之为累，而非克治洗荡之为患也。今曰‘养生以清心寡欲为要’，只‘养生’二字，便是自私自利，将迎意必之根。有此病根潜伏于中，宜其有‘灭于东而生于西’、‘引犬上堂而逐之’之患也”等文字。

〔2〕“病疟”前，《王集》有“圣人致知之功至诚无息，其良知之体皦如明镜，略无纤翳。妍媸之来，随物见形，而明镜曾无留染，所谓‘情顺万事而无情’也。‘无所住而生其心’，佛氏曾有是言，未为非也。明镜之应物，妍者妍，媸者媸，一照而皆真，即是生其心处。妍者妍，媸者媸，一过而不留，即是无所住处。病疟之喻，既已见其精切，则此节所问可以释然”等文字。

〔3〕“晚矣”后，《王集》有“致知之功无间于有事无事，而岂论于病之已发、未发邪？大抵原静所疑，前后虽若不一，然皆起于自私自利，将迎意必之为祟。此根一去，则前后所疑自将冰消雾释，有不待于问辨者矣”等文字。

“照心固照，妄心亦照”二语，先生自为注疏已明，读者幸无作玄会。未病服药之说，大是可思。

（27/27）[1]君子之所谓敬畏者，非有所恐惧忧患之谓也，乃戒慎不睹、恐惧不闻之谓耳。君子之所谓洒落者，非旷荡放逸、纵情肆意之谓也，乃其心体不累于欲、无入而不自得之谓耳。夫心之本体，即天理也；天理之昭明灵觉，所谓良知也。君子之戒慎恐惧，惟恐其昭明灵觉者，或有所昏昧放逸，流于非僻邪妄，而失其本体之正耳。戒慎恐惧之功无时或间，则天理常存，而其昭明灵觉之本体无所亏蔽，无所牵扰，无所恐惧忧患，无所好乐忿懥，无所意必固我，无所歉馁愧怍；和融莹彻，充塞流行，动容周旋而中礼，从心所欲而不逾，斯乃所谓真洒落矣。是洒落生于天理之常存，天理常存生于戒慎恐惧之无间，孰谓敬畏之增，〔乃〕反为（乐）〔洒落〕之累耶！[2]《（与）〔答〕舒国用》

最（是）〔足〕发明宋儒主敬之说。

〔1〕“君子”前，《王集》有“夫谓‘敬畏之增，不能不为洒落之累’，又谓‘敬畏为有心，如何可以无心而出于自然，不疑其所行’？凡此皆吾所谓欲速助长之为病也。夫”等文字。《答舒国用》，见《王集》卷五，页203–204。

〔2〕“累耶”后，《王集》有“惟夫不知洒落为吾心之体，敬畏为洒落之功，歧为二物而分用其心，是以互相抵牾，动多拂戾而流于欲速助长。是国用之所谓‘敬畏’者，乃《大学》之‘恐惧忧患’，非《中庸》‘戒慎恐惧’之谓矣。程子常言：‘人言无心，只可言无私心，不可言无心。’戒慎不睹，恐惧不闻，是心，不可无也。有所恐惧，有所忧患，是私心，不可有也。尧舜之兢兢业业，文王之小心翼翼，皆敬畏之谓也，皆出乎其心体之自然也。出乎心体，非有所为而为之者，自然之谓也。敬畏之功无间于动静，是所谓‘敬以直内，义以方外’也。敬义立而天道达，则不疑其所行矣”等文字。

1. 去“乃”字，意在省练，却失去刘宗周原有的强调。
2. 改“洒落”为“乐”，有自我定义，私换主题之病。洒落固然是乐，但本条主题与全文说的都是洒落。
3. 评语之以“是”代“足”，应是文字形似之误。

（28/28）[1]《系》言“何思何虑”，是言所思所虑只是一个天理，更无别思别虑耳，非谓无思无虑也，故曰：“同归而殊（途）〔涂〕，一致而百虑，天下何思何虑。”云殊途，云百虑，则岂谓无思无虑耶？心之本体即是天理，[2]只是一个，更何[3]思虑得！天理原（自）〔是〕[4]寂然不动，原自感而遂通，学者用功，虽千思万虑，只是要复他本来体用而已，不是以私意去安排思索出来，故明道云：“君子之学，莫若廓然而大公，物来而顺应。”若以私意〔去〕安排思索，便是用智自私矣。何思何虑，正是工夫，在圣人分上便是自然的，在学者分上便是勉然的。[5]《答周道通》

如此，方与不思善恶之说迥异。

---

〔1〕“系言”前，《王集》有“所论亦相去不远矣，只是契悟未尽。上蔡之问与伊川之答，亦只是上蔡、伊川之意，与孔子《系辞》原旨稍有不同”等文字。《启问道通书》，见《王集》卷二，页 62–66。
〔2〕“只”字前，《王集》有“天理”二字。
〔3〕“更何”，《王集》作“更有何可”。
〔4〕《王集》作“自”。
〔5〕“勉然的”后，《王集》有“伊川却是把作效验看了，所以有‘发得太早’之说。既而云‘却好用功’，则已自觉其前言之有未尽矣。濂溪‘主静’之论，亦是此意。今道通之言虽已不为无见，然亦未免尚有两事也”等文字。

1. “只是一个”句前,《王阳明全集》有“天理”二字。无此二字,“只是一个”或将被认作“心之本体”。
2. “更何”,《王阳明全集》作“更有何可”。
3. “原自”,《王阳明全集》相同,异于刘宗周原书之“原是”,可见刘宗周于所抄原文有改动处;但亦可能是形似之误。
4. 原书前因有“不是以私意去安排思索出来”句,故后有“若以私意〔去〕安排思索”句,形成排比对称。《姚江学案》于后句删“去”字,更觉凝练。

(29/29)〔1〕性善之端,须在气上始见得,若无气,亦无可见矣。恻隐、羞恶、辞让、是非即是气。程子谓“论性不论气不备,论气不论性不明”,亦是为学者各执〔2〕一边,只得如此说。若见得自性明白时,气即是性,性即是气,原无性气之可分也。以上《答周道通》

先生之见,已到八九分。但云“性即是气,气即是性”,则合更有商量在。

1. “各执一边”,《王阳明全集》作“各认一边”。按,“认”与“执”,形容上有轻重之别,而“执”字较重。此处刘宗周改阳明原集文字,而黄宗羲未之察觉或处理。

---

〔1〕“性善”前,《王集》有“‘生之谓性’,‘生’字即是‘气’字,犹言‘气即是性’也。气即是性,‘人生而静以上不容说’,才说‘气即是性’,即已落在一边,不是性之本原矣。孟子‘性善’,是从本原上说。然”等文字。
〔2〕“执”,《王集》作“认”。

（30/30） [1]谨独即是致良知。[2]《与黄勉之》

〔千圣同符〕

1. 此条刘宗周评语被删除，不知何意。

（31/31） 凡谓之行者，只是着实去做这件事，若着实做学问思辨〔的〕工夫，则学问思辨亦便是行矣。学是学做这件事，问是问做这件事，思辨是思辨做这件事，则行亦便是学问思辨矣。若谓学问思辨之，然（后）〔後〕去行，却如何悬空先去学问思辨得？行时又如何去得（個）〔箇〕[3]学问思辨的事？行之明觉精察处便是知，知之真切笃实处便是行。若行而不能（明觉精察）〔精察明觉〕，便是冥行，便是"学而不思则罔"，所以必须说（個）〔箇〕知；知而不能真切笃实，便是妄想，便是"思而不学则殆"，所以必须说（個）〔箇〕行。（原）〔元〕来只是一个工夫。凡古人说知行，皆是就一（個）〔箇〕工夫上补偏救弊说，不似今人截然分作两件事做。某今说知行合一，虽亦是就今时补偏救弊说，然知行体

---

〔1〕"谨独"前，《王集》有"乐是心之本体。仁人之心，以天地万物为一体，䜣合和畅，原无间隔。来书谓'人之生理，本自和畅，本无不乐，但为客气物欲搅此和畅之气，始有间断不乐'是也。时习者，求复此心之本体也。悦则本体渐复矣。朋来则本体之䜣合和畅，充周无间。本体之䜣合和畅，本来如是，初未尝有所增也。就使无朋来而天下莫我知焉，亦未尝有所减也。来书云'无间断'，意思亦是。圣人亦只是至诚无息而已，其工夫只是时习。时习之要，只是谨独"等文字。《与黄勉之》，见《王集》卷五，页 207–208。

〔2〕"良知"后，《王集》有"良知即是乐之本体。此节论得大意亦皆是，但不宜便有所执著"等文字。

〔3〕"个"，《王集》作"做"。《答友人问》，见《王集》卷六，页 222–224。

段亦本来如是。[1]《答友人问》

1. “行时又如何去得（個）〔箇〕学问思辨的事”句，“个”字《王阳明全集》作“做”。此处是刘宗周改阳明原集，而黄宗羲未之察改。原文“去得做”，在使分“学问思辨”与“行”为二之矛盾显得更为明显。改作“去得个”，此意不能表达。
2. 改“精察明觉”作“明觉精察”，或以上文已有“明觉精察”之文。但这是就“行”而“知”的结果而言。“精察明觉”是就“行”本身的展开而言。不能先精察，便无由明觉；有明觉又自能精察，才是“知”，否则“便是冥行”。原文符合阳明一贯重行的思想。
3. 注文删“《答友人问》”，因同题见于下条。

（32/32） 知行原是两（個）〔箇〕字说一个工夫，这一（個）〔箇〕工夫，须（着）〔著〕此两个字，方说得完全无弊病。若头脑处见得分明，见得原是一个头脑，则虽把知行分作两（個）〔箇〕说，毕竟将来做那一个工夫，则始或未便融会，终所谓百虑而一致矣。若头脑见得不分明，原看做两（個）〔箇〕了，则虽把知行合作一（個）〔箇〕说，亦恐终未有凑泊处。况又分作两截去做，则是从头至尾更没讨下落处也。（已上）《答友人问》

所谓头脑，（是）〔只〕良知二字。

---

〔1〕“如是”后，《王集》有“吾契但着实就身心上体履，当下便自知得。今却只从言语文义上窥测，所以牵制支离，转说胡涂，正是不能知行合一之弊耳”等文字。

1. 评语以“是”代“只”，失却原有强调。

（33/33）[1]夫物理不外于吾心，〔外吾心〕而求物理，无物理矣。遗物理而求吾心，吾心又何物耶？心之体，性也，性即理也。故有孝亲之心，即有孝之理；无孝亲之心，即无孝之理矣。有忠君之心，即有忠之理；无忠君之心，即无忠之理矣。理岂外（于）〔於〕吾心耶？晦庵谓人之所以为学者，心与理而已。心虽主乎一身，而实管乎天下之理；理虽散（于）〔在〕万事，而实不外乎一人之心。是其一分一合之间，而未免已启学者心理为二之弊。〔此后世所以有专求本心，遂遗物理之患，正由不知心即理耳。夫外心以求物理，是以有阇而不达之处。此告子义外之说，孟子所以谓之不知义也。心一而已，以其全体恻怛而言谓之仁，以其得宜而言谓之义，以其条理而言谓之理。不可外心以求仁，不可外心以求义，独可外心以求理乎？外心以求理，此知行之所以二也。求理于吾心，此圣门知行合一之教，吾子又何疑乎？〕

〔吾心之良知，即所谓天理也。〕

1. 此条只节录《阳明传信录》所录前半段文字，而《阳明

〔1〕“夫物理”前，《王集》有“知之真切笃实处，即是行；行之明觉精察处，即是知；知行工夫本不可离。只为后世学者分作两截用功，失却知行本体，故有合一并进之说。真知即所以为行，不行不足谓之知，即如来书所云‘知食乃食’等说可见，前已略言之矣。此虽吃紧救弊而发，然知行之体本来如是，非以己意抑扬其间，姑为是说以苟一时之效者也。‘专求本心，遂遗物理’，此盖失其本心者也”等文字，《答顾东桥书》，见《王集》卷二，页46–62。按，此实出《传习录》。

传信录》则只取录阳明原文之中间一段。《阳明传信录》原文之后段，是说“专求本心，遂遗物理之患，正由不知心即理耳”之意。“夫物理不外于吾心，〔外吾心〕而求物理，无物理矣”句，去“外吾心”，难以成句，且有“直求吾心”之误会。此处或可见刻意省文之过。

2. “理虽散（于）〔在〕万事”句，“于”、“在”二字意同，而“于”雅于“在”。
3. 此条连刘宗周的评语亦删。按，《阳明传信录》内刘宗周评语中有“天理”一词者，多条被删，黄宗羲似乎对“天理”二字有所顾虑。

（34/35）〔1〕明道云：“只穷理，便尽性至命。”故必仁极仁，而后谓之能穷仁之理；义极义，而后谓之能穷义之理。仁极仁，则尽仁之性矣〔2〕。学至于穷理，至矣，而尚未措之

〔1〕“明道”前，《王集》有“夫学问思辨行，皆所以为学，未有学而不行者也。如言学孝，则必服劳奉养，躬行孝道，然后谓之学，岂徒悬空口耳讲说，而遂可以谓之学孝乎？学射则必张弓挟矢，引满中的；学书则必伸纸执笔，操觚染翰；尽天下之学无有不行而可以言学者，则学之始固已即是行矣。笃者，敦实笃厚之意，已行矣，而敦笃其行，不息其功之谓尔。盖学之不能以无疑，则有问，问即学也，即行也；又不能无疑，则有思，思即学也，即行也；又不能无疑，则有辨，辨即学也，即行也；辨既〔万历《王集》作‘即’〕明矣，思既慎矣，问既审矣，学既能矣，又从而不息其功焉，斯之谓笃行，非谓学、问、思、辨之后而始措之于行也。是故以求能其事而言谓之学，以求解其惑而言谓之问，以求通其说而言谓之思，以求精其察而言谓之辨，以求履其实而言谓之行。盖析其功而言则有五，合其事而言则一而已。此区区心理合一之体，知行并进之功，所以异于后世之说者，正在于是。今吾子特举学、问、思、辨以穷天下之理，而不及笃行，是专以学、问、思、辨为知，而谓穷理为无行也已。天下岂有不行而学者邪？岂有不行而遂可谓之穷理者邪”等文字。

〔2〕“仁之性矣”后，《王集》有“义极义则尽义之性矣”等文字。

于行，天下宁有是耶？是故知不行之不可以为学，则知不行之不可以为穷理矣。知不行之不可以为穷理，则知知行之合一并进，而不可以分为两节事矣。夫万事万物之理不外于吾心，而必曰穷天下之理，是殆以吾心之良知为未足，而必外求于天下之广，以（稗）〔裨〕补增益之，是犹析心与理而为二也。夫学、问、思、辨、笃行之功，虽其困勉至于人一己百，而扩充之极至于尽性知天，亦不过致吾心之良知而已，良知之外，岂复有加于毫末乎？今必曰穷天下之理，而不知反求诸其心，则凡所谓善恶之机，真妄之辨者，舍吾心之良知，亦将何以〔1〕致其体察乎？〔2〕

1. 以“稗”代“裨”，明显错误，殆属形似而致的手民之误。
2. 末句“何以致”《王阳明全集》作“何所致”，意义稍有别。“何所”犹“何处”。

（35/36） 夫良知之于节目事变，〔3〕犹规矩尺度之于方圆长短也。节目

〔1〕 “以”，《王集》作“所”。

〔2〕 “乎”后，《王集》有“吾子所谓‘气拘物蔽’者，拘此蔽此而已。今欲去此之蔽，不知致力于此，而欲以外求，是犹目之不明者，不务服药调理以治其目，而徒伥伥然求明于其外，明岂可以自外而得哉？任情恣意之害，亦以不能精察天理于此心之良知而已。此诚毫厘千里之谬者，不容于不辨，吾子毋谓其论之太刻也”等文字。

〔3〕 《王集》卷二《答顾东桥》作“夫良知之于节目时变”，页54。“夫良知”前，《王集》有“‘道之大端易于明白’，此语诚然。顾后之学者，忽其易于明白者而弗由，而求其难于明白者以为学，此其所以‘道在迩而求诸远，事在易而求诸难’也。孟子云：‘夫道若大路然，岂难知哉？人病不由耳！’良知良能，愚夫愚妇与圣人同，但惟圣人能致其良知，而愚夫愚妇不能致，此圣愚之所由分也。‘节目时变’，圣人夫岂不知，但不专以此为学，而其所谓学者，正惟致其良知以精察此心之天理，而与后世之学不同耳。吾子未暇良知之致，而汲汲焉顾是之忧，此正求其难于明白者以为学之弊也”。

事变之不可预定，犹方圆长短之不可胜穷也。故规矩诚立，则不可欺以方圆，而天下之方圆不可胜用矣。尺度诚陈，则不可欺以长短，而天下之长短不可胜用矣。良知诚致，则不可欺以节目（事）〔时〕变，而天下之节目（事）〔时〕变不可胜应矣。毫厘千里之谬，不于吾心良知一念之微而察之，亦将何所用其学乎？是不以规矩而欲定天下之方圆，不以尺度而欲尽天下之长短，吾见其乖张谬戾，日劳而无成也已。吾子谓语孝于温凊定省，孰不知之？然而能致其知者鲜矣。若谓粗知温凊定省之仪节，而遂谓之能致其知，则凡知君之当仁者，皆可谓之能致其仁之知，知臣之当忠者，皆可谓之能致其忠之知，则天下孰非致知者耶？以是而言，可以知致知之必在于行，而不行之不可以为致知也明矣。知行合一之体，不益较然矣乎？夫舜之不告而娶，岂舜之前已有不告而娶者为之准则，故舜得以考之何典、问诸何人而为此耶？抑亦求诸其心一念之良知，权轻重之宜，不得已而为此（耶）〔邪〕？武之不葬而兴师，岂武之前已有不葬而兴师者为之准则，故武得以考之何典、问（诸）〔之〕何人而为此（耶）〔邪〕？抑亦求诸其心一念之良知，权轻重之宜，不得已而为此（耶）〔邪〕？使舜之心而非诚（于）〔於〕为无后，武之心而非诚于为救民，则其不告而娶与不葬而兴师，乃不孝不忠之大者，而后之人不务致其良知，以精察义理于此心感应酬酢之间，顾欲悬空讨论此等变常之事，执之以为制事之本，以求临事之无失，其亦远矣。以上皆《答顾东桥》

良知之说，只说得（個）〔箇〕即心即理，即知即行，更无别法。

1. 以“事变”代“时变”，殆因起句便有“节目事变”之文。但阳明原集此条“事变”之文皆作“时变”。可见刘宗周有更改阳明原文处，而《姚江学案》从刘宗周过录后又有所径改，并未参校阳明原集。

（36/37）[1]天下古今之人，其情一而已矣。先王制礼，皆因人情而为之节文，是以行之万世而皆准。其或反之吾心而有所未安者，非其传记之讹（缺）〔阙〕，则必古今〔之〕风气习俗之异宜者矣。此虽先王未之有，亦可以义起，三王之所以不相袭礼也。若徒拘泥于古，不得于心而冥行焉，是乃非礼之礼，行不著而习不察者矣。[2]

一部礼经，皆〔当〕如此看。

1. 首句《王阳明全集》以“盖”字起句。“则必古今风气习俗之异宜者矣”句“古今”后之“之”字，亦同《王阳明全集》。前起是刘宗周删阳明原文，后起是《姚江学案》删刘宗周录文〔亦即删阳明原文〕，反映校雠之不一律。
2. 评语去“当”字，失原有的肯定之意。

（37/38）学绝道丧之余，苟有兴起向慕于[3]学者，皆可以为同

〔1〕“天下”前，《王集》卷六《寄邹谦之》有“盖”，页215。

〔2〕此句后尚有“后世心学不讲，人失其情，难乎与之言礼。然良知之在人心，则万古如一日，苟顺吾心之良知以致之，则所谓不知足而为屦，我知其不为蒉矣”等文字。

〔3〕“学”字前，《王集》卷六《寄邹谦之》有“是”字，页214。

志，不必铢称寸度而求其尽合于此。以之待人可也，若在我之所以为造端立命者，则不容有毫发之或爽矣。道，一而已。仁者见〔之谓之〕仁，知者见〔之谓之〕知。释氏之所以为释，老氏之所以为老，百姓日用而不知，皆是道也，宁有二乎？今古学术之诚伪邪正，何啻碔砆美玉，〔然〕有眩惑终身而不能（辨）〔辯〕者，正以此道之无二，而其变动不拘，充塞无间，纵横颠倒，皆可推之而通。世之儒者各就其一偏之见，而又饰之以比拟仿像之功，文之以章句假借之训，其为习熟既足以自信，而条目又足以自安，此其所以诳己诳人，终身没溺而不悟焉耳。然其毫厘之差，而乃致千里之谬，非诚有求为圣人之志而从事于惟精惟一之学者，莫能得其受病之源，而发其神奸之所由伏也。若某之不肖，盖亦尝陷溺于其间者几年，伥伥然既自以为是矣。赖天之灵，偶有悟于良知之学，然后悔其向之所为者，固包藏祸机，作伪于外，而心劳日拙者也。十余年来，虽痛自洗剔创艾，而病根深痼，萌（孽）〔蘖〕时生。所幸良知在我，操得其要，譬犹舟之得舵，虽惊风巨浪，颠沛不无，尚犹得免于倾覆者也。夫旧习之溺人，虽已觉悔悟，而其克治之功尚且其难若此，又况溺而不悟，日益以深者，亦将何所（抵）〔底〕[1]极乎？（已）〔以〕上《寄邹谦之》

只一伪字，是神奸攸伏处。以先生之善变也，经如许（煅）〔锻〕炼而渣滓未尽，犹然不废〔工〕力如此。

〔1〕《王集》作“抵”字。

1. “苟有兴起向慕于学者”句，《王阳明全集》“学者”之前有“是”字，未见校补。此字使此句不是泛言学，而是指定说理学、心学之学，关系大。
2. “仁者见仁，知者见知”，省去原书两处“之谓之”三字，属于省文之故。
3. “有眩惑终身而不能（辨）〔辩〕者”句，省原书句首“然”字，失却不应然而然之意。
4. “孽”为“蘖”之误，是形似所致。
5. “辨”与“辩”可通用，但以“抵”代“底”，却使意思改变。“抵”是到达意，“底”有到达而不迁的完成意义。阳明用的是后者之意。
6. 注文以“已”代“以”，显然之误。
7. 评语“犹然不废力如此”句，缺“工”字。按，《阳明传信录》在功夫、功力等词上，都以“工”字代“功”字。故省“工”字，作“不废力”，遂使前后文意自相矛盾。作“不费工力〔功力〕”，始合上文发展之理。

（38/39）[1]人者，天地万物之心也；心者，天地万物之主也。心即天，言心则天地万物皆举之矣。[2]《答（李）〔季〕明德》

1. 注文“李”、“季”为形似的手民之误，“季”字是。“季明德”即季本。

---

〔1〕 此句前省“其间又云：‘人之为学，求尽乎天而已。’此明德之意，本欲合天人而为一，而未免反离而二之也”等文字。见《王集》卷六《答季明德》（丙戌），页228。

〔2〕 此句后尚有“而又亲切简易。故不若言人之为学，求尽乎心而已”等文字。

（39/40）大抵学问工夫，只要主意头脑的[1]当，若主意头脑专以致良知为事，则凡多闻多见，莫非致良知之功。盖日用之间，见闻酬酢，虽千头万绪，莫非良知之发用流行。除却见闻酬酢，亦无良知可致矣。[2]《答欧阳崇一》

1. “的当”，《王阳明全集》作“是当”，刘宗周径改，黄宗羲亦未校改。

（40/41）〔近来讲〕学者往往〔多〕说“勿忘勿助”工夫甚难，[3]〔问之，则云：“〕才着意便是助，才不（着）〔著〕意便是忘。[4]〔”因〕问之云：[5]“忘是忘个甚么？助是助个甚么？”其人默然无对。[6]因与说：[7]“我此间讲学，却只说个‘必有事焉’，不说‘勿忘勿助’。必有事焉者，只是时时去集义。若时时去用必有事的工夫，而或有时间断，此便是忘了，即须勿忘；时时去用必有事的工夫，而或有时欲速求效，此便是助了，即须勿助。

---

〔1〕“的”字，《王集》作“是”。见全集卷二《答欧阳崇一》。此句前省文颇多，此段主要回答欧阳德论见闻亦良知之用。崇一来书云：“师云：‘德性之良知，非由于闻见，若曰多闻择其善者而从之，多见而识之，则是专求之见闻之末，而已落在第二义。’窃意良知虽不由见闻而有，然学者之知未尝不由见闻而发；滞于见闻固非，而见闻亦良知之用也。今曰‘落在第二义’，恐为专以见闻为学者而言。若致其良知而求之见闻，似亦知行合一之功矣。如何？”

〔2〕此句后尚有“故只是一。若曰致其良知而求之见闻，则语意之间未免为二，此与专求之见闻之末者虽稍不同，其为未得精一之旨，则一而已。‘多闻择其善者而从之，多见而识之’，既云‘择’，又云‘识’，其良知亦未尝不行于其间，但其用意乃专在多闻多见上去择识，则已失却头脑矣”等文字。

〔3〕《王集》作“近岁来山中学者，往往多说勿忘无助工夫甚难”。

〔4〕“忘”字后，《王集》尚有“所以甚难”。

〔5〕《王集》作“区区因问之云”。

〔6〕“对”字后，《王集》尚有“始请问”。

〔7〕《王集》作“区区因与说”。

〔其〕工夫全在必有事〔焉〕上〔用〕，勿忘勿助只就其间提撕警觉而已。若工夫原不间断，〔即〕不须更说勿忘；原不欲速求效，〔即〕不须更说勿助。今却不去必有事上用工，而乃悬空守（着）〔著〕一（個）〔箇〕勿忘勿助，此〔正〕如烧锅煮饭，锅内不曾渍水下米，而乃专去添柴放火，[1]吾恐火候未及调停而锅〔已〕先破裂矣。[2]（所谓时时去集义者，）〔夫必有事焉只是集义，集义〕只是致良知。说集义，则一时未见头脑；说致良知，〔即〕当下便有（用工实地）〔实地步可用工〕。”《答聂文蔚》

致良知，只是存天理之本然。

1. 此条删节甚多，但不害意，而有特色——文从字顺、文省意赅、改对话为独白论述之文雅。
2. “才不（着）〔著〕意便是忘”句后，《王阳明全集》有“所以甚难，区区”六字〔然后接刘宗周所抄，“问之云”前原集有“因”字〕；“其人默然无对”句后，《王阳明全集》有“始请问，区区”五字，《明儒学案》皆改对话为陈述。此后删原书八字，皆为省文之故，而末尾两句乃至改写。
3. “所谓时时去集义者，只是致良知。说集义，则一时未见头脑；说致良知，当下便有用工实地”句（35字），

〔1〕“火”字后，《王集》尚有“不知毕竟煮出个甚么物来”。

〔2〕《王集》此下颇多文字被省：“近日一种专在勿忘勿助上用工者，其病正是如此。终日悬空去做个勿忘，又悬空去做个勿助，浺浺荡荡，全无实落下手处，究竟工夫只做得个沉空守寂……”

原书为“夫必有事焉只是集义，集义只是致良知。说集义，则一时未见头脑；说致良知，即当下便有实地步可用工。”（41字）可见《明儒学案》综撮改写之处，并省6字。

（41/42） 良知只是一（個）〔箇〕，随（他）〔地〕[1]发见流行处，当下具足，更无去来，不须假借。然其发见流行处，却自有轻重厚薄，毫发不容增减者，所谓天然自有之中也。虽则轻重厚薄毫发不容增减，而原（来）〔又〕只是一（個）〔箇〕。[2]（同上）〔以上皆《答聂文蔚》〕

1. “他”、“地”二字形似，《王阳明全集》作“他”，作“地”或出刘宗周径改，或因手民之误所致。
2. 以“来”代“又”，是黄宗羲改刘宗周而改王阳明，但却失强调语气。

（43/44） 凡人言语正到快意时，便截然能忍默得；意气正到发扬时，便翕然能收敛得；愤怒嗜欲正到腾沸时，便廓然能消化得，此非天下之大勇[3]不能也。然见得良知亲切时，其工夫又自不难。[4]《与宗贤》

（44/45）[5]《象山文集》所载，未尝不教其徒读书穷理，而自谓

〔1〕《王集》卷二《答聂文蔚》作“他”，页92。

〔2〕《王集》此句后尚有“虽则只是一个，而其间轻重厚薄又毫发不容增减，若可得增减，若须假借，即已非其真诚恻怛之本体矣”等文字。

〔3〕“大勇”后，《王集》卷六《与宗贤》（丁亥）有“者”字。

〔4〕《王集》此句后尚有“缘此数病，良知之所本无，只因良知昏昧蔽塞而后有。若良知一提醒时，即如白日一出，而魍魉自消矣”等文字。

〔5〕“象”字前，《王集》卷二一《答徐成之》（二、壬午）有“今观”二字，页845。

理会文字颇与人异者，则其意实欲体之于身。其亟所称述以诲人者，曰“居处恭，执事敬，与人忠”；曰“克己复礼”；曰“万物皆备于我，反身而诚，乐莫大焉”；曰“学问之道无他，求其放心而已”；曰“先立乎其大者，而小者不能夺”。是数言者，孔〔子〕、孟〔轲〕之言也，(恶)〔乌〕在其为空虚者乎？独其易简觉悟之说，颇为当时所疑。然易简之说出于《系辞》，觉悟之说虽有同于释氏，然释氏之说，亦自有同于吾儒而不害其为异者，惟在于几微毫(忽)〔发〕[1]之间而已。晦庵之言，[2]曰“居敬穷理”；曰“非存心无以致知”；曰“君子之心常存敬畏，虽不见闻，亦不敢忽，所以存天理之本然，而不使离于须臾之顷也”。是其为言虽未尽莹，亦何尝不以尊德性为事，而又(恶)〔乌〕在其为支离者乎？独其平日汲汲于训解，虽韩文、《楚(辞)〔词〕》、[3]《阴符》、《参同》之属，亦必与之注释考辨，而论者遂疑其玩物。又其心(虑)〔恐〕学者之躐等，而或失之于妄作，使必先之以格致而无不明，然后有以实之于诚正而无所谬。世之学者(挂)〔掛〕一漏万，求之愈繁而失之愈远，至有(疲)〔敝〕力终身，苦其难而卒无所入，则遂议其支离，不知此乃后世学者之弊，〔而〕当时晦庵之自为，〔则〕亦岂至是乎？[4]仆尝

〔1〕《王集》作“忽”，此处有省文，至下句前有“吾兄是晦庵，而谓其专以道问学为事”。

〔2〕《王集》作“然晦庵之言”。

〔3〕《王集》作“辞”。

〔4〕《王集》此下尚有“是吾兄之是晦庵，固犹未尽其所以是也”至“不得于心而惟外信于人以为学，乌在其为学也已”等文字。

以为晦庵之与象山，虽其所为学者若有不同，而要皆不失为圣人之徒。今晦庵之学，天下之人童而习之，既已入人之深，有不容（于）〔於〕论辨者。〔而〕独〔惟〕象山之学，则以其（常）〔尝〕与晦庵之有言，而遂籓篱之。使若由[1]、赐之殊科焉，则可矣，乃〔遂〕摈放废斥，[2]若碔砆之与美玉，则岂不过甚矣乎？夫晦庵折衷群儒之说，以发明《六经》、《语》、《孟》之旨于天下，其嘉惠后学之心，真有不可得而议者。而象山辨义利之分，立大本，求放心，以示后学笃实为己之道，其功亦宁可得而尽诬之？而世之儒者附和雷同，不究其实而概目之以禅学，则诚可冤也已。《答徐成之》

1. 此条所有省略原书文字，主要为省文。
2. 以“毫忽”代“毫发”，同《王阳明全集》所见，刘宗周改“忽”为“发”，以粗幼代轻重、多少代大小，意思便稍不同。
3. “晦庵之言”，《王阳明全集》作“然晦庵之言”。
4. 以“楚辞”代“楚词”，是；《王阳明全集》亦作“楚辞”。
5. 以“虑”代“恐”，以“疲”代“敝”，均减轻原文所意的轻重程度。
6. “使若由、赐之殊科焉，则可矣”数句，“由”字《阳明传信录》原书作“繇”，盖避明熹宗朱由校、明思宗朱由检名讳所致。
7. “使若由、赐之殊科焉，则可矣；乃〔遂〕摈放废斥，若碔砆之与美玉，则岂不过甚矣乎”诸句，刘宗周原书

〔1〕“由”，《刘宗周全集》本《阳明传信录》作“繇”。
〔2〕《王集》作“而遂摈放废斥”。

文字与《王阳明全集》皆同，但“乃〔遂〕摈放废斥”句“乃”字，《王阳明全集》作“而”字，轻重不同。

（45/46）凡工夫只是要简易真切。愈真切，愈简易，愈简易，愈真切。《寄安福诸同志》

简易真切，是良知〔二字〕做手法。

1. 评语删“二字”二字，失却概念专指之意。

（三）《传习录》

〔徐爱记　字曰仁，余姚人〕各条

（2/2）爱问：“至善只求诸心，恐于天下事理有不能尽。”〔先生〕曰：“心即理也。[1]此心无私欲之蔽，即是天理，不须外面添一分。以此纯乎天理之心，发之事父便是孝，发之事君便是忠，发之交友治民便是信与仁，只在此心去人欲、存天理上用功便是。”爱曰：“如事父一事，其间温凊定省之类有许多节目，〔不知〕亦须讲求否？”[2]〔先生〕曰：“如何不讲求？只是有个头脑，只就[3]此心去人欲、存天理上讲求。如讲求冬温，[4]也只是要尽此心之孝，恐怕有一毫人欲间杂；讲求夏凊，也只是要尽此心之孝，恐怕有

〔1〕此句之前，《王集》有“心即理也，天下又有心外之事、心外之理乎？”至“都只在此心”等文字，见《王集》卷一，页2–3。

〔2〕此句《王集》作“不亦须讲求否”，见《王集》卷一，页3。

〔3〕“只就”字后，《王集》有“只是就”，见《王集》卷一，页3。

〔4〕此句《王集》作“就如讲求冬温”，见《王集》卷一，页3。

一毫人欲间杂。[1]此心若无人欲，纯是天理，是个诚于孝亲（之）〔的〕心，冬时自然思量父母寒，自去求〔个〕温的道理；[2]夏时自然思量父母热，自去求〔个〕清的道理。[3]〔这都是那诚孝的心发出来的条件。[4]〕譬之树木，这诚孝的心便是根，许多条件便是枝叶，须先有根然后有枝叶，不是先寻了枝叶然后去种根。《礼记》〔言：〕‘孝子之有深爱者，必有和气；有和气者，必有愉色；有愉色者，必有婉容。’便是如此。[5]”

至善本在吾心，首赖先生恢复。

1. 此条“先生”二字均被省略，二字之省略，通及全文，凡“先生曰”都只存“曰”。这个节省，有时却会引起说者是谁的问题。
2. 以“之”代“的”，省“个”字，都是改口语为文言之作。
3. 删去“这都是那诚孝的心发出来的条件”句，却使随后的“许多条件便是枝叶”句，显得突兀。

（3/3）（爱问：）“〔爱因未会先生“知行合一”之训，与宗贤、惟贤往复辩论，未能决，以问于先生。先生曰：“试举看。”爱曰：“如〕今人尽有知〔得〕父当孝、兄当弟者，

---

〔1〕 此句之后，《王集》尚有“只是讲求得此心”句，见《王集》卷一，页3。

〔2〕 此句《王集》作“便自要去求个温的道理”，见《王集》卷一，页3。

〔3〕 此句《王集》作“便自要去求个清的道理”，见《王集》卷一，页3。

〔4〕 此句之后，《王集》尚有“却是须有这诚孝的心，然后有这条件发出来”等文字，见《王集》卷一，页3。

〔5〕 此句《王集》作“须是有个深爱做根，便自然如此”，见《王集》卷一，页3。

却不能孝、不能弟,〔便是〕知〔与〕行分明是两件。”〔先生〕曰:“此已被私欲(间)〔隔〕断,不是知行本体〔了〕。[1]未有知而不行者,知而不行,只是未知,圣贤教人知行,正是要复那本体。[2]故《大学》指个真知行与人看,说‘如好好色,如恶恶臭’。见好色属知,好好色属行;只见〔那〕好色时已自好了,不是见〔了〕后又立个心去好。闻恶臭属知,恶恶臭属行;只闻〔那〕恶臭时已自恶了,不是闻〔了〕后别立个心去恶。”爱曰:“古人(分)〔说〕知行(为两)〔做两个〕,亦是要人见(得)〔个〕分晓。一行(工夫做知)〔做知的工夫〕,一行(工夫做行)〔做行的工夫〕,(则)〔即〕工夫始有下落。”〔先生〕曰:“此却失了古人宗旨〔也〕。某尝说知是行的主意,行是知的工夫;知是行之始,行是知之成。若会得时,只说一个知,已自有行在;只说一个行,已自有知在。古人所以既说知又说行者,[3]只为世间有一种人,懵懵懂懂,任意去做,[4]全不解思维省察,只是个冥行妄作,[5]所以必说个知,方才行得是。又有一种人,茫茫荡荡,悬空去思索,全不肯(着)〔著〕[6]实躬行,只是个揣摩影响,[7]所以必说一个行,方才知得真。此是古人不得已补偏救弊的说话。”[8]

---

〔1〕 此句《王集》作“不是知行的本体了”,见《王集》卷一,页4。

〔2〕 此句之后,《王集》尚有“不是着你只恁的便罢”句,见《王集》卷一,页4。

〔3〕 此句《王集》作“古人所以既说一个知又说一个行者”,见《王集》卷一,页5。

〔4〕 此处《王集》作“懵懵懂懂的任意去做”,见《王集》卷一,页5。

〔5〕 此句《王集》作“也只是个冥行妄作”,见《王集》卷一,页5。

〔6〕《阳明传信录》“著”字,《王集》皆作“着”,《明儒学案》皆与之相同。

〔7〕 此句《王集》作“也只是个揣摩影响”。见《王集》卷一,页5。

〔8〕 此句之后,《王集》有“若见得这个意时,即一言而足。今人却就将知行分作两件去做,以为必先知了,然后能行,我如今且去讲习讨论,做知的工夫,待知得真了,方去做行的工夫,故遂终身不行,亦遂终身不知。此不是小病痛,其

今若知得宗旨，即说两个亦不妨，亦只是一个；若不会宗旨，便说一个亦济得甚事？只是闲说话。

“只见那好色时已是好了，不是见了后又立个心去好。只闻那恶臭时已是恶了，不是闻了后又立个心去恶。”〔此语最分明。〕此是先生洞见心体处，既不是又立个心去好恶，则决不是起个意去好恶可知，固知意不可以起灭言（也）。

1. 此条起头的删节，失却开头便能清楚提揭以下要论说的是“知行合一”要旨。
2. 各处的单字省略，以及后半段之改“说”为“分”，改“做两个”为“为两”，改“见个”为“见得”，都是改口语为文言之作。
3. 改“一行做知的工夫，一行做行的工夫”为“一行工夫做知，一行工夫做行”，文句更见锻炼，但意思或有小异。
4. “古人所以既说知又说行者”句，参校《王阳明全集》，可见刘宗周已有省文之作。
5. 评语部分，两个“那”字未如所引原文之被删去。可见此二字在正文之被删，也属随意。原因似是在不影响原意的情况下，使文字趋于凝练和净洁。评语中删去“此语最分明”句，道理一样。

（5/5）〔先生曰：〕[1]“知是心之本体，心自然会知。见父自然知

（接上页）来已非一日矣。某今说个知行合一，正是对病的药，又不是某凿空杜撰，知行本体原是如此”等文字，见《王集》卷一，页5。

〔1〕“先生曰”《王集》作“又曰”，见《王集》卷一，第7页。按，此条为徐爱与阳明讨论格物之义的末条。

孝，见兄自然知弟，见孺子入井自然知恻隐，此便是良知，不假外求。若良知之发，更无私意障碍，即所谓充其恻隐之心，而仁不可胜用矣。〔然在〕常人不能无私意〔障碍〕，所以须用致知格物之功，胜私复（礼）。〔理，即心之〕良知更无障碍，得以充塞流行，便是致其知。知致则意诚。”

既云至善是心之本体，又云知是心之本体，（盖）〔益〕知只是知善知恶，知善知恶正是心之至善处。

既谓之良知，决然私意障碍不得，常人与圣人同。

1. 此条改原文“胜私复理，即心之良知更无障碍”为“胜私复礼。良知更无障碍”，既以“礼”代“理”，亦因而改变句读。但以“礼”代“理”，自为一句，却不合原意。阳明是从“心即理”理念论说，这里主要也没有“克己复礼”的含义。“理”作“礼”，有可能是二字同音而默写致误。
2. 评语以“盖”代“益”，应是因形似而致的手民之误。

（6/6）（问“博约”。）〔爱问：“先生以博文为约礼功夫，深思之未能得，略请开示。”先生〕曰：“礼字即是理字。理之发见可见者谓之文，文之隐微不可见者谓之理，只是一物。约礼只是要此心纯是一个天理，要此心纯是天理，须就理之发见处用功。如发见（于）〔於〕事亲时，就在事亲上学存此天理；发见（于）〔於〕事君时，就在事君上学存此天理；〔发见于处富贵贫贱时，就在处富贵贫贱上学存此天理；发见于处患难夷狄时，就在处患难夷狄上学存此天理；〕至于作止语默，无处不然，[1] 这便是博学于文，便是约礼的（工）〔功〕夫。[2] 博文即是惟精，约礼即是惟一。”

1. 以“博约”二字代替起头 24 字，省去闲字，主题更见明晰。
2. 删“发见于处富贵贫贱时，就在处富贵贫贱上学存此天理；发见于处患难夷狄时，就在处患难夷狄上学存此天理”两对句，因为大旨已见，同样意义的例子不用尽列。或者亦因避免“夷狄”一词而删。

（8/8） 爱因旧说汩没，始闻先生之教，〔实是〕骇愕不定，无入头处。其后闻之既（熟）〔久〕，〔渐知〕反身实践，〔然后〕始信先生之学为孔门嫡传，舍是皆旁[3] 蹊小径、断港绝河矣。如说格物是诚意〔的〕工夫，明善是诚身〔的〕工夫，穷理是尽性〔的〕工夫，道问学是尊德性〔的〕工夫，博文是约礼〔的〕工夫，惟精是惟一〔的〕工夫，〔诸如〕此类，始皆落落难合，（久之）〔其后思之既久，〕不觉手舞足蹈。

愚按：曰仁为先生入室（弟子）〔首座〕，所记〔先生〕《语录》，其言去人欲、存天理者，不一而足。又曰：“至善是心之本体，然未尝离事物。”又曰：“即尽乎天理之极处。”则先生心宗教法，居然只是宋儒（矩矱）〔衣钵〕，但

---

〔1〕 此句后，《王集》尚有“随他发见处，即就那上面学个存天理”等文字，见《王集》卷一，页 7。

〔2〕 此句《王集》作“这便是博学之于文”，见《王集》卷一，页 7。

〔3〕 “旁”字《王集》作“傍”，见《王集》卷一，页 12。

先（生）[1]提得头脑清楚耳。

1. 此条所删单字，均收文字净洁，改口语为文言的雅驯之效。然以“久之”综撮“其后思之既久”，却失“思之”的专指之效。
2. 评语中以“弟子”代“首座”、“矩矱”代“衣钵”，或旨在避免佛教用语。

〔陆澄记　字符静，归安人〕各条

（10/10）孟源有自是好名之病，先生〔屡责之。一日警责方已，一友自陈日来工夫请正。源从傍曰：“此方是寻着源旧时家当。”先生曰：“尔病又发。”源色变，拟议欲有所辩。[2]先生曰：“尔病又发。”因〕喻之曰：“此是汝一生大病根。譬如方丈地内种此一大树，雨露之滋，土脉之力，只滋养得这个大根。四旁纵要种些嘉谷，上〔面〕被此树〔叶〕遮覆，下〔面〕被此树〔根〕盘结，如何生长得成？须（是）〔用〕伐去此树，纤根勿留，方可种植嘉种。不然，任汝耕耘培壅，只〔是〕滋养得此根。”

1. 此处首数句被删节，不足以见删后首句“此是汝一生大病根”之何为而言。
2. “面”、“叶”两处被删，意思并未改变，均可以意会之而不失所指。

---

〔1〕《阳明传信录》无“生”字。

〔2〕此句《王集》作“议拟欲有所辩”，见《王集》卷一，页12。

（19/21）问：“（知至）〔致知〕[1]然后可以言（意诚）〔诚意〕，今天理人欲知之未尽，如何用得克己（工）〔功〕夫？”〔先生〕曰：“人若真实切己用功不已，则（于）〔於〕此心天理之精微，日见一日，私欲之细微，亦日见一日。若不用克己工夫，〔终日只是说话而已，〕天理（私欲）终不自见。[2]如〔人〕走路一般，走得一段方认得一段，走到歧路处，有疑便问，问了又走，方（才）〔渐〕能到〔得所到之处〕。[3]今〔人〕（于）〔於〕已知之天理不肯存，已知之人欲不肯去，〔且〕只管愁不能尽知，〔只管〕闲讲，何益〔之有〕？且待克得自己无私可克，方愁不能尽知，亦未迟在。”

1. 改“致知”、“诚意”为“知至”、“意诚”，连同下句理解，是王阳明从工夫之开始上说，黄宗羲则从工夫之结果上说。但从阳明下句说“今天理人欲知之未尽”，可见之前说的应是“致知、诚意”的工夫而已。
2. 从“终日只是说话而已”句被删去之省文改句，皆见文省而意赅之美。
3. “天理（私欲）终不自见”句，以“私欲”插入“天理”之后，形成对立统一，使前后的相对之意紧密呼应。

（21/23）〔曰：“〕澄于中字之义尚未明。〔”〕曰：“此须自心体认出来，非言语所能喻。中只是天理。”〔曰：“何者为天理？”曰：“去得人欲，便识天理。”〕曰：“天理何以

〔1〕 此处《王集》作“知至”，见《王集》卷一，页22。
〔2〕 此句《王集》作“天理终不自见，私欲亦终不自见”，见《王集》卷一，页22。
〔3〕 此句《王集》作“方渐到得欲到之处”，见《王集》卷一，页22。

谓之中？”曰：“无所偏倚。”曰：“无所偏倚〔是〕何等气象？”曰：“如明镜〔然，〕全体莹彻，〔略〕无纤尘（点）染〔着〕[1]。”曰：“（当其已发，或着在好色好利名上，方见偏倚）〔偏倚是有所染着。如着在好色、好利、好名等项上，方见得偏倚〕。若未发时，〔美色名利皆未相着，〕何以〔便〕知其有所偏倚？”曰：“〔虽未相着，然〕平日（美色名利）〔好色、好利、好名〕之心，（原未尝无，病根不除，则暂时潜伏，偏倚仍在。须是平日私心荡除洁净，廓然纯乎天理，方可谓中。）〔既未尝无，即谓之有；既谓之有，则亦不可谓无偏倚。譬之病疟之人，虽有时不发，而病根原不曾除，则亦不得谓之无病之人矣。须是平日好色、好利、好名等项一应私心，扫除荡涤，无复纤毫留滞，而此心全体廓然，纯是天理，方可谓之喜怒哀乐未发之中，方是天下之大本。〕”

〔此即朱子“至静之中，无少偏倚”之说，先生则直以良知二字贯之，终不着静时一项功夫。平日二字亦约略言之耳。〕

1. 此条多删去问句，略去单字多处。
2. 以“点染”代“染着”，也有避开佛教词汇（观念）之意。
3. 改句——以“当其已发，或着在好色好利名上，方见偏倚”取代“偏倚是有所染着。如着在好色、好利、好名等项上，方见得偏倚”——导出“已发”观念，因为以

〔1〕“著”字《王集》作“着”。此段其他“著”字亦然，见《王集》卷一，页25。

下有“若未发时”语，亦因原文结句为“方可谓之喜怒哀乐未发之中，方是天下之大本”，可见前后呼应，亦不失哲学之深意。但综撮长句，加以改写，文省而意有时转弱，如以“平日美色名利之心”代“平日好色、好利、好名之心”之类，删除“病疟”数句（以 33 字代 105 字），都不如原文之亲切。

4. 后段大半被改写，以“原未尝无，病根不除，则暂时潜伏，偏倚仍在。须是平日私心荡除洁净，廓然纯乎天理，方可谓中”综撮原文“既未尝无”起文字。
5. 评语删去，既不能见阳明与朱子无异之处，亦失阳明自有之特点。

（24/27） 问：“程子云‘仁者以天地万物为一体’，何墨氏兼爱反不得谓之仁？”〔先生〕曰：“〔此亦甚难言，须是诸君自体认（出来）始得。〕仁是造化生生不息之理，虽（弥）〔弥〕漫周遍，无处不是，然其流行发生亦（自有）〔只是个〕渐[1]。〔所以生生不息。如冬至一阳生，必自一阳生，而后（渐渐）至于六阳，若无一阳之生，岂有六阳？惟阴亦然。〕惟其（有）渐，所以（必）〔便〕有（个）发端处；惟（其）有〔个〕发端处，所以生（生不息）。〔惟其生，所以不息。〕譬之（于）木，其始抽芽便是〔木之〕生意发端处，（然后有干有枝叶）〔抽芽然后发干，发干然后生枝生叶[2]〕。父子兄

〔1〕 此句《王集》作“然其流行发生，亦只有个渐”，见《王集》卷一，页 28。
〔2〕 《传习录》原文此句下尚有“然后是生生不息。若无芽，何以有干有枝叶？能抽芽，必是下面有个根在。有根方生，无根便死。无根何从抽芽”，见《王集》卷一，页 28。

弟之爱,〔便〕是人心生意发端处,如木之抽芽;自此而仁民而爱物,(如木之有干有枝叶也)〔便是发干生枝生叶〕。墨氏〔兼爱,〕[1]将〔自家〕父子兄弟与途人一(例)〔般看〕,便〔自〕没了发端处,[2]安能生生〔不息〕?[3]安得谓之仁?〔孝弟为仁之本,却是仁理从里面发生出来。〕"

只此便可勘佛氏之学。〔墨子曰:"施由亲始",佛氏并不乐闻。〕

1. 数处省文,使原文所欲辨析的"渐"意,不免减弱。
2. "譬之(于)木,其始抽芽便是〔木之〕生意发端处,(然后有干有枝叶)〔抽芽然后发干,发干然后生枝生叶〕。父子兄弟之爱,〔便〕是人心生意发端处,如木之抽芽;自此而仁民而爱物,(如木之有干有枝叶也)〔便是发干生枝生叶〕"等句各处之改写,稍省原文之字数,亦稍失原文所示的发生次序。
3. 整篇可见尽力去闲言浮词,使口语趋于文言的做法。

〔薛侃记　字尚谦,揭阳人〕条

(26/30)〔希渊问:"圣人可学而至。然伯夷、伊尹于孔子,才力终不同,其同谓之圣者安在?"先生曰:"〕圣人之所

〔1〕 此句《王集》作"墨氏兼爱无差等",见《王集》卷一,页 28。
〔2〕 此句之后,《王集》尚有"不抽芽便知得他无根"句,因而其前句之逗号应为句号;见《王集》卷一,页 28。
〔3〕 此句《王集》作"便不是生生之息",见《王集》卷一,页 28。

以为圣，只是此心纯乎天理而无人欲之杂，犹精金之所以为精，但以其成色足而无铜铅之杂也。人到纯乎天理方是圣，金到足色方是精。然圣人之才力亦有大小不同，犹金之分两有轻重。〔尧、舜犹万镒，文王、孔子犹九千镒，禹、汤、武王犹七八千镒，伯夷、伊尹犹四五千镒。才力不同，而纯乎天理则同，皆可谓之圣人。犹分两虽不同，而足色则同，皆可谓之精金。以五千镒者而入于万镒之中，其足色同也；以夷、尹而厕之尧、孔之间，其纯乎天理同也。盖〕所以为精金者，在足色而不在分两；所以为圣者，在纯乎天理而不在才力也。〔故虽凡人而肯为学，使此心纯乎天理，则亦可为圣人。犹一两之金比之万镒，分两虽悬绝，而其到足色处可以无愧。故曰'人皆可以为尧、舜'者以此。〕学者学圣人，不过是去人欲而存天理〔耳〕，犹炼金而求其足色（耳）。〔金之成色所争不多，则锻炼之工省而功易成，成色愈下而锻炼愈难。人之气质，清浊粹驳，有中人以上，中人以下，其于道有生知安行，学知利行，其下者必须人一己百，人十己千，及其成功则一。〕后世不知作圣之本〔是纯乎天理〕，却专去知识才能上求圣人，〔以为圣人无所不知，无所不能，我须是将圣人许多知识才能，逐一理会始得。故不务去天理上着工夫，徒〕敝[1]精竭力，从册子上钻研，名物上考索，形迹上比拟，知识愈广而人欲愈滋，才力愈多而天理愈蔽。正如见人有万镒精金，不务锻（鍊）〔煉〕成色，〔求无愧于彼之精纯，〕而乃妄希分两，〔务同彼之万

〔1〕“敝”字《王集》作“弊”，见《王集》卷一，页31。

镒，〕锡铅铜（铗）〔鐵〕杂然〔而〕投（之），分两愈增而成色愈下，（及）〔既〕其（稍）〔梢〕末，无复有金矣。”〔时曰仁在旁[1]，曰：“先生此喻，足以破世儒支离之惑，大有功于后学。”先生又曰：“吾辈用功，只求日减，不求日增。减得一分人欲，便是复得一分天理。何等轻快脱洒！何等简易！”〕（薛侃记）

〔又只举天理比勘，真是旷古眼孔。〕

1. 此条删节甚多，其中“尧、舜犹万镒，文王、孔子犹九千镒”一段，尤为引起阳明被批评之处。删节的具体情形，反映只见道理，不尽细节的节录原则。又，被省去文句，颇多属于闲句。
2. “故虽凡人而肯为学，使此心纯乎天理”一节被删，少了人皆可以为尧舜的鼓励之意。
3. “金之成色所争不多，则锻炼之工省而功易成”一节被删，失却人可以透过努力而变化气质之意。
4. 最后被删“吾辈用功，只求日减，不求日增”一节，失却存天理、去人欲的一个基本方法。
5. 评语被删，“天理”二字因而不见。

（27/31） 侃去花间草，〔因〕曰：“天地间何善难培、恶难去？”先生曰：〔“未培未去耳。”少间，曰：〕“此等看善恶，皆从躯壳起念，〔便会错。”侃未达。曰：“〕天地生意，花草一般，何曾有善恶之分？子欲观花，则以花

〔1〕“旁”字《王集》作“傍”，见《王集》卷一，页31。

为善，以草为恶；如欲用草时，(复)〔则〕以草为善矣。”[1]曰：“然则无善无恶乎？”曰：“无善无恶者理之静，有善有恶者气之动，不动(于)〔於〕气，即无善无恶，是谓至善。”曰：“佛氏亦无善无恶，何以异？”曰：“佛氏(着)〔著〕在无〔善无恶〕上，便一切〔都〕不管〔，不可以治天下〕。圣人无善无恶，只是无有作好，无有作恶，(此之谓)不动(于)〔於〕气。〔然遵王之道，会其有极，便自一循天理，便有个裁成辅相。〕”曰：“草既非恶，(是)〔即〕草不宜去矣！”曰：“如此却是佛、老意见，草若有碍，(理亦宜去)〔何妨汝去〕。”曰：“如此又是作好作恶？”曰：“不作好恶，非是全无好恶，[2]只是好恶一循(于)〔於〕理，不去(着)〔又著〕一分意思，即是不曾好恶一般。”〔曰：“去草如何是一循于理，不着意思？”曰：“草有妨碍，理亦宜去，去之而已。偶未即去，亦不累心。若着了一分意思，即心体便有贻累，便有许多动气处。”〕曰：“然则善恶全不在物？”曰：“只在汝心。循理便是善，动气便是恶。”曰：“毕竟物无善恶。”曰：“在心如此，在物亦然。世儒惟不知此，舍心逐物，将格物之学错看了。〔终日驰求于外，只做得个义袭而取，终身行不着，习不察。”曰：“‘如好好色，如恶恶臭’，则何如？”曰：“此正是一循于理。是天理合如此，本无私意作好作恶。”曰：“‘如好好色，如恶恶臭’，安得非

〔1〕 此句之后，《王集》尚有“此等善恶，皆由汝心好恶所生，故知是错”等文字，见《王集》卷一，页31。

〔2〕 此句之后，《王集》尚有“却是无知觉的人。谓之不作者”等文字，见《王集》卷一，页32。

意？”曰：“却是诚意，不是私意。诚意只是循天理。虽是循天理，亦着不得一分意，故有所忿懥好乐，则不得其正，须是廓然大公，方是心之本体。知此即知未发之中。”伯生曰：“先生云，‘草有妨碍，理亦宜去’，缘何又是躯壳起念？”曰：“此须汝心自体当。汝要去草，是甚么心？周茂叔牕[1]前草不除，是甚么心？”〕

先生之言自是端的，与天泉证道之说迥异。

1. 删“然遵王之道”数句，失去阳明论说的政治含义元素。
2. 此条是《传习录》中重要一条，可见阳明之善恶决定于心的良知论，其中“无善无恶者理之静”一言，是黄宗羲引以反驳王畿的“四无论”的主要根据，也是他判断四句教首句“无善无恶心之体”之言应非出于阳明的理据。但从这段全文看，此言应属阳明。
3. 删去“草有妨碍，理亦宜，去之而已”前后数句，即隐约了“无善无恶心之体”的含义。按，阳明说的心体，是超善恶的，也是他所说的“至善”；之所以有恶，是“气”的运动之故。
4. 删去原文最后的“终日驰求于外，只做得个义袭而取”一大段，也失去阳明论说中对心决定善恶是非的中心论点。
5. 此条的诸多删节，能使文章简洁紧凑，但论辨之细微深入，也相应褪色不少。通读全文，能引起的思考更多，此条则黄宗羲的“引导性”较多。

〔1〕“牕”字《王集》作“窗”，见《王集》卷一，页33。

（30/34） 梁日孚问（“主一”）〔：“居敬穷理是两事，先生以为一事，何如？”先生曰：“天地间只有此一事，安有两事？若论万殊，礼仪三百，威仪三千，又何止两？公且道居敬是如何？穷理是如何？”曰：“居敬是存养工夫，穷理是穷事物之理。”曰：“存养个甚？”曰：“是存养此心之天理。”曰：“如此亦只是穷理矣。[1]且道如何穷事物之理？”曰：“如事亲，便要穷孝之理；事君，便要穷忠之理。”曰：“忠与孝之理，在君亲身上？在自己心上？若在自己心上，亦只是穷此心之理矣。且道如何是敬？”曰：“只是主一。”“如何是主一？”曰：“如读书，便一心在读书上；接事，便一心在接事上。”曰：“如此[2]却是逐物，成甚居敬功夫？”日孚请问〕。曰：“一者，天理。主一，是一心在天理上。若只知主一，不知一即是理，有事时便[3]逐物，无事时便是（着）〔著〕空。惟其有事无事，一心皆在天理上用功，所以居敬亦即是穷理。就穷理专一处说，便谓之居敬；就居敬精密处说，便谓之穷理，〔却〕不是居敬了别有个心穷理，穷理时别有个心居敬。名虽不同，（工）〔功〕夫只是一事。”[4]〔问：“穷理何以即是尽性？”曰：“心之

---

〔1〕 此句之后，《王集》有一“曰”字，见《王集》卷一，页36。按，此“曰”字疑为衍文。

〔2〕 “如此”之后，《王集》有“则饮酒，便一心在饮酒上；好色，便一心在好色上”等文字，见《王集》卷一，页36。

〔3〕 “便”之后《王集》有“是”字，见《王集》卷一，页36。

〔4〕 此句之后，《王集》有“就如《易》言‘敬以直内，义以方外’，敬即是无事时义，义即是有事时敬，两句合说一件。如孔子言‘修己以敬’，即不须言义；孟子言‘集义’，则不须言敬。会得时，横说竖说，工夫总是一般。若泥文逐句，不识本领，即支离决裂，工夫都无下落”等文字，见《王集》卷一，页36–37。

体，性也，性即理也。穷仁之理，直要仁极仁；穷义之理，直要义极义。仁义只是吾性，故穷理即是尽性。”[1]日孚曰：“先儒谓‘一草一木亦皆有理，不可不察’，如何？”先生曰：“夫我则不暇。公且先去理会自己性情，须能尽人之性，然后能尽物之性。”日孚悚然有悟。〕

1. 此条删节首尾文字甚多，只集中表现“主一”即只是主于天理，“一心皆在天理上用功”，故居敬穷理只是一回事之意。又，整段问答辩论变成个人独白说理。
2. 删去首段，因而亦略去居敬穷理的工夫论，也减弱了所抄录的阳明之说的理论力度。抄录的是集中表现阳明之说之法，失却对比参照，却看不到其说所以有力之故。

（31/35） 正之问：“戒惧是己所不知时工夫，慎独是己所独知时工夫。”[2]〔先生〕曰：“只是一个工夫。无事时固是独知，有事时亦是独知。（于此用功）〔人若不知于此独知之地用力，只在人所共知处用功，便是作伪，便是‘见君子而后厌然’。此独知处便是诚的萌芽。此处不论善念恶念，更无虚假，一是百是，一错百错，正是王霸义利、诚伪善恶界头。于此一立立定〕，便是端本澄源，便是立诚。[3]（若只在人所共知处用功，便是作伪。）今若又分戒惧为己所不知，〔即〕工夫便支离[4]。既戒惧，

---

〔1〕 此句之后，《王集》有“如孟子说‘充其恻隐之心，至仁不可胜用’，这便是穷理工夫”等文字，见《王集》卷一，页37。

〔2〕 此句之后，《王集》有“此说如何”句，见《王集》卷一，页38。

〔3〕 此句之后，《王集》有“古人许多诚身的工夫，精神命脉全体只在此处，真是莫见莫显，无时无处，无终无始，只是此个工夫”等文字，见《王集》卷一，页38。

〔4〕 此句之后，《王集》有“亦有间断”句，见《王集》卷一，页38。

即是知（己。”曰：“）〔己若不知，是谁戒惧？如此见解，便要流入断灭禅定。”曰：“不论善念恶念，更无虚假，则〕独知之地，更无无念时耶？”曰：“〔戒惧亦是念。〕戒惧之念，无时可息。若戒惧之心稍有不存，不是昏瞶，便已流入恶念。”[1]

〔无虚假便是诚，便是善，更何恶念。〕

戒惧不是念，可言是思。思只是思诚。思是心之本官，思而动（于）〔於〕欲为念。故念当除而思不可除。后人专喜言无思，至（于）〔於〕念，则以为是心之妙用，不可除。是倒说了，他只要除理障耳。

1. 此条是删节而改写之例。首见的删节文字，以“于此用功”的自己文字开头，以原句中的“只在人所共知处用功，便是作伪”来总括改写他句。
2. 评语两条，都是对阳明所说“念”的意思不表同意。首条是不以“念”值得考虑，故删；第二条则是引申阳明之意，故存。

（32/40） 蔡希渊问：“〔文公〕《大学》新本先格致而后诚意，工夫似与首章次第相合，（若）〔如〕[2]先生从旧本〔之说〕，〔即〕诚意反在格致之前（矣）〔，于此尚未释然〕。”〔先生〕曰：“《大学》工夫即是明明德，明明

〔1〕 此句之后，《王集》有“自朝至暮，自少至老，若要无念，即是己不知。此除是昏睡，除是槁木死灰”等文字，见《王集》卷一，页38。

〔2〕 “若如”两字，《王集》均有，见《王集》卷一，页42。

德（只）〔即〕[1]是个诚意，诚意工夫只是格〔物〕致〔知〕。若以诚意为主，去用格〔物〕致〔知〕[2]工夫，[3]工夫始有下落，即为善去恶，无非是诚意的事。如新本先去穷格事物之理，即茫茫荡荡都无（着）〔著〕落处，须〔用〕添个敬字，方才牵扯得〔向〕身心上来，〔然〕终〔是〕没根源。（且既）〔若〕须〔用添个〕敬字，缘何孔门倒将〔一个〕最（要紧）〔紧要〕的〔字〕落了，直待千余年后〔要〕人（添）〔来〕补〔出〕？正谓以诚意为主，即不须添敬字。（此）〔提出个诚意[4]，正是〕学问大头脑[5]，于此不察，真（是）〔所谓毫厘之差，〕千里之谬。大抵《中庸》工夫只是诚身，诚身之极便是至诚；《大学》工夫只是诚意，诚意之极便是至善。〔工夫〕总是一般。〔今说这里补个敬字，那里[6]补个诚字，未免画蛇添足。〕”（已上俱薛侃记。）

先生疏《大学》，惟此段最端的无病。明明德只是个诚意，若意字看得分晓，〔委的〕不必说正心更有工夫（矣）〔了〕。

1. 此条省略各字，主要在使文章凝练净洁，无不必要之语。可见其读者对象为深造之学者。

---

〔1〕“即”字《王集》作“只”，见《王集》卷一，页42。
〔2〕“知”字之后，《王集》有“的”字，见《王集》卷一，页42。
〔3〕“工夫”之后，《王集》有“即”字，见《王集》卷一，页42。
〔4〕此句《王集》作“所以提出个诚意来说”，见《王集》卷一，页42。
〔5〕“大头脑”后，《王集》有“处”字，见《王集》卷一，页42。
〔6〕《刘宗周全集》本《阳明传信录》校勘记云：“里”，底本作“理”，据《王集》改。

2. 评语去“委的”二字，刘宗周强调之意因而减低。

〔黄直记〕各条

（41/53）问：“儒者（夜气）〔到三更时分〕，[1]胸中思虑，空空静静，与释氏之静（却）〔只〕一般，〔两下皆不用，〕此时何所分别？”〔先生〕曰：“动静只是一个，那（夜气）〔三更时分〕空空静静〔的〕，〔只是存〕天理（在中），即是[2]应事接物的心。应事接物的心亦是循〔此〕天理，便是（夜气）〔[3]三更时分〕空空静静的心。故动静〔只是一个，〕分别不得，知得动静合一，释氏毫厘差处亦自莫（掩）〔揜〕[4]矣。”

1. 以“夜气”代“到三更时分”，即以儒者熟悉的特定概念，代替不需要寻绎的一般意思。此条删节可见改口语为文言之迹。
2. 此条文字、文句删节后，阳明的动词语气因之不显。

〔黄修易记〕各条

（43/55）〔先生尝言：“〕佛氏不（着）〔著〕相，其实（着）〔著了〕相；吾儒（着）〔著〕相，其实不（着）〔著〕相。〔”请问。曰：“〕佛怕父子累，却逃了父子；怕君臣累，却逃了君臣；怕夫妇累，却逃了夫妇，都

〔1〕“胸中”之前，《王集》有“扫荡”二字，见《王集》卷三，页107。
〔2〕“即是”之后，《王集》有“如今”二字，见《王集》卷三，页107。
〔3〕“三更”之前，《王集》有“那”字，见《王集》卷三，页107。
〔4〕“揜”字《王集》作“掩”，见《王集》卷三，页107。

是（着）〔为个君臣、父子、夫妇着了〕相，便须逃避。〔如〕吾儒有个父子，还他以仁；有个君臣，还他以义；有个夫妇，还他以别，何曾（着）〔著〕父子、君臣、夫妇的相？”

先生（于）〔於〕佛氏一言而内外夹攻，更无剩义。

1. 此条见改问答为独白之迹。

（45/57）〔先生曰：“〕诸君（工）〔功〕夫最不可助长。上智绝少，学者无超入圣人之理，一起一伏，一进一退，自是（工）〔功〕夫节次，不可以我前日（曾）用〔得〕（工）〔功〕夫〔了〕，今却不济，便要矫强做出一个没破绽的模样，这便是助长，连前些子（工）〔功〕夫都坏了。[1]只要常常怀个‘遁世无闷，不见是而无闷’之心，依此良知，忍耐做去，不管（毁誉荣辱）〔人非笑，不管人毁谤，不管人荣辱，任他功夫有进有退，我只是致良知[2]〕，久久自然有得力处。〔”又曰：“人若着实用功，随人毁谤，随人欺慢，处处得益，处处是进德之资；若不用功，只是魔也，终被累倒。”〕

1. 此条见改口语为文言之迹，亦是尽去不必要之词。

〔钱德洪记〕各条

〔1〕此句之后，《王集》有“此非小过，譬如行路的人，遭一蹶跌，起来便走，不要欺人做那不曾跌倒的样子出来。诸君”等文字，见《王集》卷三，页111。

〔2〕此句之后，《王集》有“的主宰不息”五字，见《王集》卷三，页111。

（46/58）（言立志。）〔何廷仁、黄正之、李侯璧、汝中、德洪侍坐。先生顾而言曰："汝辈学问不得长进，只是未立志。"侯璧起而对曰："珙亦愿立志。"先生曰："难说不立，未是必为圣人之志耳。"对曰："愿立必为圣人之志。"先生〕曰："〔你〕真有圣人之志，良知上更无不尽。良知上留得些子别念（挂）〔掛〕带，便非必为圣人之志矣。"〔1〕

1. 以"言立志"取代缘起的一段问答，而只记阳明回答之言，主题明白，要旨具在，然却失却语境。

（54/66）〔朱本思〕问："人有虚灵，方有良知，若草木瓦石之类，亦有良知否？"〔先生〕曰："人的良知就是草木瓦石的良知，若草木瓦石无人的良知，不可以为草木瓦石矣。岂惟草木瓦石为然，天地无人的良知，亦不可为天地矣。盖天地万物与人原是一体，其发窍之最精处，是人心一点灵明，〔风雨露雷、日月星辰、禽兽草木、山川土石，与人原是一体。〔2〕〕故五谷禽兽之类皆可以养人，药石之类皆可以疗疾，只为同此一气，故能相通耳。"

只为性体原是万物一源，故如人参温，能补人，便是遇父子而知亲；大黄苦，能泻人，便是遇君臣而知义，如何无良知？又如人参能退邪火，便是遇君臣而知义；大黄

〔1〕 此句之后，《王集》有"洪初闻时心若未服，听说到此不觉悚汗"等文字，见《王集》卷三，页115。

〔2〕 此句《王集》作"与人原只一体"，见《王集》卷三，页118。

能顺阴气，便是遇父子而知亲，如何说此良知又是人得其全，物得其偏者？

1. 删“朱本思”三字，于整条主旨无大碍，然却生问者或为此录的记者钱德洪之误会。
2. 删去“风雨露雷、日月星辰、禽兽草木、山川土石，与人原是一体”数句，整段的逻辑因果、例子的合理性都不能彰显。

（55/67） 问：“〔大〕人与物同体，如何《大学》又说个厚薄？”〔先生〕曰：“〔惟是〕道理自有厚薄，比如身是一体，把手足捍头目，岂是〔偏要〕薄手足？其道理合如此。禽兽与草木同是爱的，把草木去养禽兽，又忍得？人与禽兽同是爱的，宰禽兽以养亲，〔与〕供祭祀，燕宾客，心又忍得？至亲与路人同是爱的，（颠沛患难之际）〔如箪食豆羹，得则生，不得则死〕，不能两全，宁救至亲，不救路人，心又忍得？这是道理（合）[1]该如此。及至吾身与至亲，更不得分〔别〕彼此厚薄，盖以仁民爱物皆从此出，此处可忍，更无所不忍矣。《大学》所谓厚薄，是良知上自然的条理，〔不可逾越，此〕便谓之义；顺这个条理，便谓之礼；知此条理，便谓之智；终始[2]这条理，便谓之信。”

既是自然的条理，则不如此便是勉然的，更何条理？

---

〔1〕“合”字《王集》亦有，见《王集》卷三，页118–119。
〔2〕“终始”之后，《王集》有“是”字，见《王集》卷三，页119。

所以佛氏一切胡乱，只得粉碎虚空，归之侊侗。

1. 此条删改，意在改口语为文言，使文字更趋驯雅，但却令应有之意思不足。如以“颠沛患难之际”代“如箪食豆羹，得则生，不得则死”，是以笼统语代具体语，不能使随后的“不能两全”显得实在。
2. “《大学》所谓厚薄，是良知上自然的条理”，“不可逾越”才是义，对这个条件的其他反应，才是礼智信，可见“不可逾越”之删去，会令意思不明。

（66/84）（门人）〔薛尚谦、邹谦之、马子莘、王汝止侍坐。因〕叹先生自征宁藩（以）〔已〕来，天下谤议益众。〔请各言其故。有言先生功业势位日隆，天下忌之者日众；有言先生之学日明，故为宋儒争是非者亦日博；有言先生自南都以后，同志信从者日众，而四方排阻者日益力。先生曰：“诸君之言，信皆有之。但吾一段自知处，诸君俱未道及耳。”诸友请问。〕先生曰：“我在南都（以）〔已〕前，尚有些子乡愿[1]意思在。[2]今信得（这）〔个〕良知[3]真是真非，信手行去，更不（着）〔著〕些覆藏，[4]才做得个狂者〔的〕胸次，（故）[5]〔天下之〕人都说我行不揜言也〔罢〕。”〔尚谦出曰：“信得此过，方是圣人真血脉。”〕（已上俱钱德洪记）

---

〔1〕“乡愿”之后，《王集》有“的”字，见《王集》卷三，页127。
〔2〕“今”字前，《王集》有“我”字，见《王集》卷三，页127。
〔3〕“这个良知”《王集》作“这良知”，见《王集》卷三，页127。
〔4〕“覆藏”之后，《王集》有“我今”二字，见《王集》卷三，页127。
〔5〕“故”字《王集》作“使”，见《王集》卷三，页127。

读此，方知先生晚年真面目，我辈如何容易打过关捩子也。然向后正大有事在。

1. 此处主要在突出阳明个人之见。首次“先生曰”之后文字被删，遂使此条之语境顿失，而各种可能的其他原因因而不见。
2. 末句以“故”代“天下之”以及删去“罢”，文章语气因而异于原来。

〔黄以方记（黄以方即黄直）〕各条

（68/86）〔门人〕有言〔邵端峰论〕童子不能格物，只教以洒扫应对〔之说〕。〔先生〕曰：“洒扫应对就是[1]物，童子良知只到此，（只）〔便〕教去洒扫应对，（便）〔就〕是致他这一点良知〔了〕。（又）如童子（之）〔知〕畏先生长者，此亦是他良知处，故虽（遨嬉）〔嬉戏中〕，见了先生长者，便去作揖恭敬，是他能格物以致敬师长之良知[2]。〔童子自有童子的格物致知。”又曰：“〕我这里〔言〕格物，自童子以至圣人，皆是此等工夫。但圣人格物，便（更）〔是〕[3]熟得些子，不消费力。”[4]

1. 此条删略，主要是令文字趋于驯雅。

---

〔1〕“就是”之后，《王集》有“一件”二字，见《王集》卷三，页132。

〔2〕“良知”之后，《王集》有“了”字，见《王集》卷三，页132。

〔3〕“是”字《王集》作“更”，见《王集》卷三，页132。

〔4〕“费力”后，《王集》尚有“如此格物，虽卖柴人亦是做得，虽公卿大夫以至天子，皆是如此做”等文字，见《王集》卷三，页132。

（69/88）〔门人问曰：“知行如何得合一？且如《中庸》言‘博学之’，又说个‘笃行之’，分明知行是两件。”先生曰：“博学只是事事学存此天理，笃行只是学之不已之意。”又问：“《易》‘学以聚之’，又言‘仁以行之’，如何？”先生曰：“也是如此。事事去学存此天理，则此心更无放失时，故曰‘学以聚之’。然常常学存此天理，更无私欲间断，此即是此心不息处，故曰‘仁以行之’。”又问：“孔子言‘知及之，仁不能守之’，知行却是两个了？”先生曰：“说‘及之’，已是行了，但不能常常行，已为私欲间断，便是‘仁不能守’。”又〕问：“〔心即理之说，〕程子云‘在物为理’，如何（云）〔谓〕‘心即理’？”〔先生〕曰：“在物为理，在字上当添一心字，此心在物则为理。如此心在事父则为孝，在事君则为忠之类（是也）。〔”先生因谓之曰：“〕诸君要识得我立言宗旨。我如今说个心即理[1]，只为世人分心与理为二，[2]便有许多病痛。如五（霸）〔伯〕攘夷狄，尊周室，都是一个私心，便不当理。人却说他做得当理，只心有未纯，往往慕悦其所为，要来外面做得好看，却与心全不相干。分心与理为二，其流至（于）〔於〕（霸）〔伯〕道之伪而不自知，故我说个心即理，要使知心理是一个，便来心上做工夫，不去袭取（于）〔於〕义[3]，便是王道之真。[4]”〔又问：“圣贤言语许多，如何却要打做一个？”曰：[5]

〔1〕“心即理”之后，《王集》有“是如何”三字，见《王集》卷三，页133。

〔2〕“便有”之前，《王集》有“故”字，见《王集》卷三，页133。

〔3〕此句《王集》作“不去袭义于外”，见《王集》卷三，页133。

〔4〕此句之后，《王集》有“此我立言宗旨”句，见《王集》卷三，页133。

〔5〕“曰”字后，《王集》有“我不是要打做一个，如曰”等字，见《王集》卷三，页133。

“夫道，一而已矣。”又曰：“其为物不贰，则其生物不测。天地圣人皆是一个，如何二得？”〕

〔看此宗旨二字，见先生洞视千古血性。知行合一之说更无可疑。〕

1. 此条删去上半，遂使质疑知行合一之说的各种提法不见，因而亦不能见王阳明回答之是否有力。
2. 此条只取阳明论“心即理”事一段。
3. 删去下半结尾数句，不见阳明的万象合一观，也失去原有对于首段的呼应。按，“心即理”说得虚，“知行合一”说得实，自有分别。
4. 评语被删，因为关于“知行合一”的文字并未抄录。

〔王畿记〕唯一一条

（71/93） 丁亥年九月，先生起〔复〕征思、田。〔将命行时，〕德洪与汝中论学，（德洪）〔汝中〕举先生教言，曰：“无善无恶[1]心之体，有善有恶[2]意之动，知善知恶是良知，为善去恶是格物。”〔德洪曰：“此意如何？”〕汝中曰：“此恐未是究竟话头。若说心体是无善无恶，意亦是无善无恶[3]，知亦是无善无恶[4]，物亦是无善无恶[5]

〔1〕“无善无恶”之后，《王集》有“是”字，见《王集》卷三，页128。
〔2〕“有善有恶”之后，《王集》有“是”字，见《王集》卷三，页128。
〔3〕此句之后，《王集》有“的意”二字，见《王集》卷三，页128。
〔4〕此句之后，《王集》有“的知”二字，见《王集》卷三，页128。
〔5〕此句之后，《王集》有“的物”二字，见《王集》卷三，页128。

矣。若说意有善恶，毕竟心体还有善恶在。”德洪曰：“心体是天命之性，原无善恶[1]，但人有习心，意念上见有善恶在。格致诚正修，（此）〔正〕是[2]复[3]性体（工）〔功〕夫，若原无善恶，（工）〔功〕夫亦不消说矣。”是夕〔侍〕坐天泉桥，各举请正。先生曰：“〔我今将行，正要你们[4]讲破此意。〕二君之见正好相资[5]，不可各执一边。我这里接人原有二种，利根之人，直从本源上悟入。人心本体原是明莹无滞[6]，原是个未发之中。利根之人，一悟本体即是（工）〔功〕夫，人己内外一齐俱透[7]。其次不免有习心在，本体受蔽，故且教在意念上实落为善去恶，（工）〔功〕夫熟后，渣滓去〔得〕尽[8]，本体亦明（净）〔尽〕了。汝中之见，是我[9]接利根人的；德洪之见，是我[10]为其次立法的。〔二君〕相取为用，则中人上下皆可引入（于）〔於〕道。〔若各执一边，眼前便有失人，便于道体各有未尽。〕”既而曰：“已后〔与朋友〕讲学，〔切〕不可失了我的宗旨：无善无恶[11]心之体，有善有恶[12]意之动，

---

〔1〕 此句《王集》作“原是无善无恶的”，见《王集》卷三，页128。
〔2〕 “正是”《王集》作“此正是”，见《王集》卷三，页128。
〔3〕 “复”字后《王集》有“那”字，见《王集》卷三，页128。
〔4〕 “你们”后，《王集》有“来”字，见《王集》卷三，页128。
〔5〕 “相资”后，《王集》有“为用”二字，见《王集》卷三，页128。
〔6〕 “无滞”后，《王集》有“的”字，见《王集》卷三，页129。
〔7〕 “俱透”后，《王集》有“了”字，见《王集》卷三，页129。
〔8〕 “尽”字后《王集》有“时”字，见《王集》卷三，页129。
〔9〕 “是我”之后，《王集》有“这里”二字，见《王集》卷三，页129。
〔10〕 同上。
〔11〕 “无善无恶”之后，《王集》有“是”字，见《王集》卷三，页129。
〔12〕 “有善有恶”之后，《王集》有“是”字，见《王集》卷三，页129。

知善知恶[1]是良知，为善去恶是格物。[2]这话头随人指点，自没病痛，[3]原是彻上彻下（工）〔功〕夫。利根之人，世亦难遇，〔本体功夫，一悟尽透，此颜子、明道所不敢当，岂可轻易望人！〕人有习心，不教他在良知上实用为善去恶（工）〔功〕夫，只去悬空想个本体，一切事为俱不（着）〔著〕实，不过养成一个虚寂，〔此个〕病痛不是小小，不可不早说破。”〔是日德洪、汝中俱有省。〕（王畿《天泉证道记》）

先生每言，至善是心之本体。又曰：“至善只是尽乎天理之极，而无一毫人欲之私。”又曰：“良知即天理。”《录》中言“天理”二字，不一而足，有时说“无善无恶者理之静”，亦未（尝）〔曾〕径说“无善无恶是心体”，若心体果是无善无恶，则有善有恶之意又从何处来？知善知恶之知又从何处来？为善去恶之功又从何处（起）〔来〕？无乃语语（断流绝港乎？）〔绝流断港？〕快哉，四无之论！先生当（于）〔於〕何处作答？却又有“上根下根”之说，谓教上根人只在心上用工夫，下根人只在意上用工夫，又岂《大学》八目一贯之旨？又曰：“其次且教在意念上（着）〔著〕实用为善去恶工夫，久之心体自明。”蒙谓才（着）〔著〕念时，便非本体，人若只在念起念灭上用工夫，一世合不上本体〔了〕，〔正〕所谓南辕而北辙也。先生解《大学》，（于）〔於〕“意”字

〔1〕“知善知恶”之后，《王集》有“的”字，见《王集》卷三，页129。

〔2〕“这话头”之前，《王集》有“只依我”三字，见《王集》卷三，页129。

〔3〕“原是”之前，《王集》有“此”字，见《王集》卷三，页129。

原看不清楚，所以（于）〔於〕四条目处未免架屋叠床至此。及门之士一再摹之，益失本色矣。先生他日有言曰："心意知物只是一事。"此是定论。既是一事，决不是一事皆无。蒙因为龙溪易一字曰："心是有善无恶之心，则意亦是有善无恶之意，知亦是有善无恶之知，物亦是有善无恶之物。"不知先生首肯否？或曰："如何定要说个有善无恶？"曰："《大学》只说致知，如何先生定要说个致良知，多这良字？"其人默然。学术所关，不敢不辩。

1. 此条首句删"复"字，因而不知这是阳明父丧服阕之后之事；再删"将命行时"，因而不见其为出征临发之时之事，整个事情的语境因而不明。
2. "先生起〔复〕征思、田。〔将命行时，〕德洪与汝中论学，（德洪）〔汝中〕举先生教言曰：'无善无恶心之体，有善有恶意之动，知善知恶是良知，为善去恶是格物。'〔德洪曰：'此意如何？'〕"此句将首先提出四句教问题的王畿改为钱德洪，影响对事实的判断甚大。按，《传习录》所记，《阳明年谱》亦同，均因王畿起疑而发问于阳明。《明儒学案》此处之张冠李戴，不知何意。但从原书可见，四句教确是阳明之教，阳明认为绝无弊病，王畿则有所质疑。王畿对这教义只是不满，四句却非出于王畿或其学者之杜撰。
3. 王畿、钱德洪的辩论内容以及王阳明的回答，所删单字及语句，影响意思不大，主要是净洁文章之故。

三、《姚江学案》《语录》部分未录之《阳明传信录》语录两条及跋语

（一）《阳明传信录》原书《语录》第 34 条：（出《传习录》卷二《答顾东桥书》中之一段）

〔此段大略似是而非，盖承沿旧说之弊，不可以不辨也。夫学、〕问、思、辨、行，皆所以为学，未有学而不行者也。如言学孝，则必服劳奉养，躬行孝道，而后谓之学，岂徒悬空口耳讲说，而遂可以谓之学孝乎？学射则必张弓挟矢，引满中的；学书则必伸纸执笔，操觚染翰。尽天下之学无有不行而可以言学者，则学之始固已即是行矣。笃者，敦实笃厚之意，已行矣，而敦笃其行，不息其功之谓（尔）〔耳〕。盖学之不能以无疑，则有问，问即学也，即行也；又不能无疑，则有思，思即学也，即行也；又不能无疑，则有辨，辨即学也，即行也。辨既明矣，思既慎矣，问既审矣，学既能矣，又从而不息其功焉，斯之谓笃行。非谓学、问、思、辨之后而始措之于行也。是故以求能其事而言谓之学，以求解其惑而言谓之问，以求通其（说）〔理〕而言谓之思，以求精其察而言谓之辨，以求履其实而言谓之行。盖析其功而言则有五，合其事而言则一而已。此区区心理合一之体，知行并进之功，所以异于后世之说者，（正在于是）〔此也〕。

按，此条首句《阳明传信录》原书误阙“学”字，遂使句意不完。又，此条《阳明传信录》原书此下有字数相若文字，别为一条，即原书第 35 条、《姚江学案》内《语录》部分顺序之第 34 条，而《姚江学案》于其前后之文又均有所删节，如见于以下方括号内者。

〔今吾子特举学、问、思、辨以穷天下之理，而不及笃行，是专以学、问、思、辨为知，而谓穷理为无行也已。天下岂有不行而学者邪？岂有不行而遂可谓之穷理者邪？〕……（上见的《姚江学案》《语录》部分第 34 条文字）……〔不务服药调理以治其目，而徒伥伥然求明于其外，明岂可以自外而得哉？任情恣意之害，亦以不能精察天理于此心之良知而已。此诚毫厘千里之谬者，不容于不辨，吾子毋谓其论之太刻也。〕

按，《姚江学案》未抄之《阳明传信录》第 34 条文字，与《学案》录为第 34 条之文字，各有意旨。未抄的一条阐释的是知行合一、知行并进之旨。所抄的一条着重阐释心与理为一之义。两条并存，亦似无妨。

（二）（《阳明传信录》原书《语录》第 47 条）

昔有十家之村，皆荒其百亩，而日惟转粜于市，取其赢余以赡朝夕者。邻村之农劝之曰："尔朝夕转粜，劳费无期，曷若三年耕可余一年之食，数年耕可积而富矣。"其二人听之，舍粜而田。八家之人竞相非沮遏，室人老幼亦交遍归谪曰："我朝不粜则无以为饔，暮不粜则无以为飧，朝夕不保，安能待秋而食乎？"其一人力田不顾，卒成富家；其一人不得已复弃而粜，竟贫馁终身焉。今天下之人，方皆转粜于市，忽有舍粜而田者，宁能免于非谪乎？要在深信勿疑，力田而不顾，乃克有成耳。《答毛以乘》

按，此条大意在说要专心诚心，立志独行，不为外界所动摇影响。但所传达之意思不明显，亦不直接，故不抄录似亦无妨。

（三）《阳明传信录》原书卷末陈奕昌跋语

《阳明传信录》三卷，蕺山子刘子手定，吾师梨洲先生

《学案》百卷，此其一也。有明之学，白沙开其端，至阳明而闻性道之蕴，今日学脉嗣续而不绝者，伊谁之力欤？阳明其人也。于殁后，其门下持论不无过高，即教法四句已不能归一，故其后流弊以情识为良知，以想象为本体，由择焉而不精也。子刘子悉加辩正，名之曰《传信》，所谓澄源端本，学者庶乎无他歧之惑矣。故先为校刻以告天下。康熙戊午年十月既望，海宁学人陈奕昌谨跋。

按，此条在《明儒学案》体例而言，不录为是。此处可注意者，是"吾师梨洲先生《学案》百卷，此其一也"句。由此可见康熙十七年（1678）初冬《明儒学案》初稿已成，而初稿为一百卷。今本六十二卷，是继后的编订。

四、贾本之异同

（一）康熙紫筠斋贾本《姚江学案》多出《许半圭先生璋》、《王黄轝先生文辕》两个传记，即上虞许璋传、山阴王文辕传。

（二）许璋传记："许璋字半圭，越之上（余）〔虞〕人。"此处"上余"是"上虞"之误。按，此传郑本所无，故误在贾本，中华书局本已经改正。

（三）贾本无《阳明传信录》之《小引》。

（四）《语录》部分，贾本无郑本所见如下各条之刘宗周评语：（第2条）"志道恳切，固是诚意"；（第5条）"吾辈通患，正如池面浮萍"条；（第6条）"变化气质，居常无所见"条；（第9条）"学绝道丧，俗之陷溺，如人在大海波涛中"条；（第10条）"使在我果无功利之心，虽钱谷兵甲"条；（第16条）"且以所见者实体诸心，必将有疑"条；（第22条）"未发之中，即良知也，无前后内外而浑然一体者也”条；（第26条）“病疟之人，疟虽未发，而病根自在”；（第33条）“知行原是两（個）〔箇〕字说一个工夫”〔郑本亦因截去后半，连评语亦删〕。

（五）《语录》部分，贾本将郑本第18条与第23条连为一条。第18条全文如下：“妄心则动也，照心非动也。恒照则恒动恒静，天地之所以恒久而不已也。照心固照也，妄心亦照也，其为物不贰，则其生物不息，有刻暂停则息矣，非至诚无息之学矣。”第23条全文如下：“照心非动者，以其发于本体明觉之自然，而未尝有所动也。有所动，即妄矣。妄心亦照者，以其本体明觉之自然者，未尝不（存）〔在〕于其中，但有所动耳。无所动，即照矣。无妄无照，非以妄为照，以照为妄也。照心为照，妄心为妄，是犹有妄有照也。有妄有照，则（有）〔犹〕（二）〔贰〕也，（二）〔贰〕则息矣。无妄无照，则不贰，不贰则不息矣。”按，贾本合二为一，是将论说妄心、照心者合一论说。但刘宗周《阳明传信录》原书并不如此，可见贾本改动郑本；贾本全书文字较郑本约少四分之一，则郑本当为原稿。

（六）《语录》部分，贾本将郑本第24条与第25条连为一条。第24条全文如下：“必欲此心纯乎天理，而无一毫人欲之私，此作圣之功也。必欲此心纯乎天理，而无一毫人欲之私，非防于未萌之先，而克于方萌之际，不能也。防于未萌之先，而克于方萌之际，此正《中庸》戒慎恐惧、《大学》致知格物之功，舍此之外，无别功矣。”第25条全文如下：“不思善，不思恶，时认本来面目，此佛氏为未识本来面目者设此方便。本来面目，即吾圣门所谓良知。今既认得良知明白，即已不消如此说矣。随物而格，是致知之功，即佛氏之常惺惺，亦是常存他本来面目耳。体段（功）〔工〕夫大略相似，但佛氏有个自私自利之心，所以便有不同。”按，此两条意旨不一而连为一条，其故难说。

（七）《语录》部分，贾本节录郑本第 33 条，并连第 35 条为一条。第 33 条——“夫物理不外于吾心，〔外吾心〕而求物理，无物理矣”条，贾本节录至“是其一分一合之间，而未免已启学者心理为二之弊”句，连接第 34 条——“明道云：‘只穷理，便尽性至命。’”条为一条，未见道理所在。

（八）《语录》部分，郑本第 27 条——“君子之所谓敬畏者，非有所恐惧忧患之谓也”条，刘宗周评语“最（是）〔足〕发明宋儒主敬之说”之文，贾本误连于正文。

（九）《语录》部分，贾本径改者，亦可能根据他书。如郑本第 13 条——“理无内外，性无内外，故学无内外”条，内文“夫正心、诚意、致知、格物，皆所以修身而格物者，其所以用力日可见之地”句。“日”字，《刘宗周全集》本《阳明传信录》、《王阳明全集》本《传习录》所载皆同；陈荣捷《王阳明传习录详注集评》卷二据施邦耀本、俞嶙本改为“实”字。《明儒学案》中华整理本亦据贾本改为“实”。

（十）《传习录》部分，贾本无郑本所见如下各条之刘宗周评语：（第 7 条）“爱问：道心常为一身之主”条；（第 9 条）“澄问：主一之功”条；（第 13 条）“问：宁静存心时可为未发之中否”条；（第 16 条）“唐诩问：立志是长存个善念”条；（第 42 条）：“文公格物之说，只是少头脑”条；（第 60 条）“良知是个是非之心，是非只是个好恶”条。

（十一）《传习录》部分，有刘宗周评语见于郑本而为贾本删节者：（第 2 条）“爱问：至善求诸心”条；（第 35 条）“崇一曰：先生致知之旨”条；（第 51 条）“问：释氏亦务养心”条；（第 54 条）“问：人有虚灵，方有良知”条；（第 71 条）“丁亥年九月，先生起征思、田”条。

（十二）郑本未抄录之文字，贾本亦未抄，又有郑本抄而贾本未见者，包括郑本《语录》部分第1条（“刊落声华，务于切己处着实用功”条）与第20条（“性无不善，故知无不良”条）;《传习录》部分第48条（“不睹不闻是说本体，戒慎恐惧是说工夫否”条）及刘宗周评语（“此非玄语”……）；第58条（“问：孔子所谓远虑，周公夜以继日”条）及刘宗周评语（“又摄在天理二字内”……）。

五、结　语

通过以上比勘至少可见，《姚江学案》及其所据的《阳明传信录》文字差异颇多，对研究者而言实在不容忽视。首先牵涉的是节取原文的问题。刘宗周选抄阳明文字时，已经对原文有所节录，黄宗羲录取刘宗周的选本时，又再作了删节。从整个选录情形看，《语录》部分黄宗羲选录的比刘宗周原选的只少了2条，但《传习录》部分却少了很多，只从《阳明传信录》的93条中选取71条。刘宗周删节《语录》及《传习录》的原文整体较少，但黄宗羲删节刘宗周抄录的文字却所在多有，而且改动字句之处也多；连带刘宗周的评语，也有多条被删或被节。选本删节原文本来自有无可奈何甚至无可厚非的原因：工费之省和文章之美都要求篇幅删繁就简。但删节的结果，往往先会失去文字的语境，又会导致曲解原意。所以要尽量不失原意，编录者和读者都要倍加小心。

从《姚江学案》的文本来看，黄宗羲改动的单字有两类，第一类属于俗字、通用字和异体字，第二类是意义有别的文字。第一类是一致的，各条所见均同，可能是出于当时的写刻习惯。以下各字都是显而易见的。我们依照《姚江学案》/《阳明传信录》各条的次序（以下的各类对比，排列相同），先标示《阳明传信录》原书之字（包括本文未列举的各条），再标示《姚江学案》所改之字。（一律改的，只显示首次出现之处。）《语录》部分所见如下：（第1/1条）“云”作“谓”，（第4/4条）“洪”作“红”，（第4/4条）“妆”作〔“粧”〕，（第14/14条）“女”作“汝”，（第23/23条）“贰”作“二”，（第25/25条）“工夫”作“功夫”〔一律〕，（第28/28条）“涂”作“途”，（第31/31条）“後”作“后”〔一律〕，（第31/31条）“箇”作“個”〔一律〕，（第31/31条）“元”作“原”，（第32/32条）“著”作“着”〔一律〕，（第33/33条）“於”作“于”〔一律〕，（第35/36条）“邪”作“耶”〔一律〕，（第36/37条）“阙”作“缺”，（第37/38条）“辩”作“辨”，（第44/45条）“乌”作“恶”，（第44/45条）“掛”作“挂”。《传习录》部分所见如下：（第3/3条）“著”作“着”〔一律〕，（第6/6条）“於”作“于”〔一律〕，（第6/6条）“功夫”作“工夫”〔一律〕，（第11/11条）“才”作“纔”，（第12/12条）“豫”作“与”，（第23/26条）“他日”作“它日”，（第23/26条）“予”作“余”，（第23/26条）“止”作“只”，（第24/27条）“瀰”作“弥”，（第25/28条）“他”作“它”，（第26/30条）“煅煉”作“煅鍊”，（第26/30条）“鐵”作“銕”，（第36/48条）“也”作“亦”，（第38/50条）“从”作“随”，（第41/53条）“揜”作“掩”，（第44/56条）“斗”作“鬬”，（第57/71条）“的”作“之”，（第58/72条，评语）“说”作“言”，（第69/88条）“谓”作“云”，（第69/88条）“五伯”作“五霸”，（第69/88条）“的”作“者”，（第71/93条）“曾”作“尝”。其他“是、即”，“如、若”，“個、箇”的互用，亦随处可见。

意义有别的异字，有的应是源于手民，多以字形相似、声音相同致误。见于《语录》部分的例如:(第3/3条)"自"误作"去"〔形似之误?〕,(第10/10条)"存"误作"有"〔形似之误?〕,(第11/11条)"语"误作"话"〔形似之误〕,(第13/13条,评语)"榖"误作"散"〔形似之误〕,(第17/17条)"易"误作"曷"〔形似之误〕,(第23/23条)"在"误作"存"〔形似之误〕,(第34/35条)"裨"误作"稗"〔形似之误〕,(第37/38条)"蘖"误作"孽"〔形似之误〕,(第44/45条)"尝与"误作"常与"〔音同之误〕。见于《传习录》部分的例如:(第5/5条)"理"误作"礼"〔音同之误〕,(第5条,评语)"益"误作"盖"〔形似之误〕,(第13/14条、评语)"切"误作"功"〔形似之误〕,(第26/30条)"既"误作"及"〔音同之误〕,(第26/30条)"梢"误作"稍"〔形似之误〕,(第66/84条)"已"误作"以"〔音同之误〕。

这些文字别异反映了《姚江学案》原书之校勘不精。《姚江学案》应是参校过阳明原集,但并不精细,也不一致,这从《阳明传信录》与《王阳明全集》出现的异体字或俗字,《姚江学案》并非全同于王集可见。文字的差异有的应是出于编者、录者、校者的更改。更改应是源于认为原文有误,但结果却是改者自生误解在先,读者为之误导在后。

其他异于原书的文字,绝大多数源于编者有意的改动。以下仍照《姚江学案》/《阳明传信录》的排列次序,但先列原书之文,以见改变所在。见于《语录》部分的例:〔原书——改变〕(第7/7条)"心外无事——心外无言",(第10/10条)"泥于旧习——泥于旧闻",(第14/14条)"本诸心者——本诸身者",(第22/22条,评语)"能戒慎恐惧者是良知——此戒慎恐惧者是良知",(第23/23条)"则犹贰也——则有二也",(第27/27条)"〔乃〕反为洒落之累耶——〔乃〕反为乐之累耶",(第31/31条)

“精察明觉——明觉精察”，（第 35/36 条）“节目时变——节目事变”，（第 41/42 条）“而原又只是一个——而原来只是一个”。[1]见于《传习录》部分的包括：〔原书——改变〕（第 7/7 条）“天理——天命”，（第 8/8 条）“闻之既久——闻之既熟”，（第 19/21 条）“方渐能到——方才能到”，（第 21/23 条）“染着——点染”，（第 27/31 条）“则以——复以”，（第 35/45 条[2]）“沦埋——埋没”，（第 38/50 条）“分限——分量”，（第 48/60 条，评语）“齐明盛服——斋明盛服”，（第 50/62 条）“貌象——象貌”，（第 61/76 条，评语）“勘得破——看得破”，（第 66/84 条）“信得个良知——信得这良知”，（第 68/86 条）“嬉戏——遨嬉”，（第 68/86 条）“便是——便更”，（第 71/93 条）“何处来——何处起”，（第 71/93 条，评语）“绝流断港——断流绝港”。这些差异文字本来意义不同，径改之后便令原意遭到歪曲或改变，原来的强调被减弱，原来的因果关系不见彰显，原来的经典文字变样，原来的措辞次序倒转。

个别文字省略及文句改写，其原因主要应是出于“文章”的考虑。黄宗羲或其“执行编辑”，大抵认为透过文字的润色，可以达到文从字顺和文省意赅的效果，同时能够使一些口语文言化，收文字雅驯之美，所以勇于径改。整体上看，《姚江学案》的改动和加工，有对有错，有精有粗，有简练也有误导，但明显有改口语为文言使文字趋于雅驯的表现。至于有没有透

---

〔1〕《姚江学案》异于《阳明传信录》的文字，也有与《王集》相同者，可见曾以《王集》校勘：如〔原书——改变〕《语录》（第 1 条）此数言——此数语；（第 7 条）纯乎理而无人欲——纯乎理而无人伪；（第 28 条）天理原是寂然不动——天理原自寂然不动；（第 41 条）随地发见流行处——随他发见流行处，凡改变之文字，皆同《王集》。

〔2〕《姚江学案》《传习录》部分第 35 条最后一句——“知来本无知，觉来本无觉，然不知，则遂沦埋”，《阳明传信录》别为一条，编次为第 45 条。

过文字损益而故令原意改变，引导读者别有解悟，我们不能遽下判断，只好存而不论。可以肯定的是，以黄宗羲对王阳明之尊崇，以《姚江学案》在《明儒学案》中的重要地位，居然出现了如本文所披示的文本差异情形，和因而产生的意义不一，却是出乎一般的想象所及，所以《明儒学案》仍待精校，学者才能安心使用。

《明儒学案》中之唐伯元文字

一、引　言

唐伯元，明代广东澄海人，万历二年（1574）进士，官至文选郎中致仕，《明史·儒林传》有传，称其“清苦淡薄……为岭海士大夫仪表”。黄宗羲《明儒学案》取其所著经解及论学书立案，为其学于吕怀，而吕怀学于湛若水，属诸“甘泉学案”。其所取文字，皆出唐氏《醉经楼集》。是集传本甚少，现代学者罕见，故凡论唐氏之学者，不取材于冯奉初所纂《潮州耆旧集》，必取材于《明儒学案》，以所载皆选录自文集之故也。然《耆旧集》所选二卷，疏序居半，其论学书信，实较《学案》所载为少，且《学案》全录“经解”诸篇，亦《耆旧集》所无，故以学术思想有关资料之切且备者而言，在《醉经楼集》全书未见之前，固必仍以《学案》为主也。

考《醉经楼集》刊本，今存有乾隆刻本残本、道光刻本及光绪重刻本，书末有唐氏世孙唐际虞跋，称“乾隆己巳，八世孙绍奎始梓行于世也”，是此书明代未有刊本也。《学案》所录，当别有本，或出传抄，或出明刊而清初失传，唐氏裔孙未见之本，要自早于清本，理宜尤为可据者也。然《学案》原有多刻，又有足本节本之别，其文字之异同，不但见于各本之间，亦且存于刊本与所录之各家原集，鲁鱼之讹，删润之过，学者不辨，累及识解，近代断句诸本，往往误读，此即其一故也。余尝为书辨释其概（《〈明儒学案〉点校释误》，台北：“中研院”历史语言研究所，1991 年），盖因疑寻解，未及全数与所本各原集比读，其于唐伯元之案，亦不例外。今因校读道光、光绪两刻《醉经楼集》，遂得与《学案》故城贾刻节本（即紫筠斋本，同《四库全书》本）、慈溪二老阁足本（1985 年中华书局校点本）、会稽莫刻节本（同《四部备要》本）各本逐一比对，乃见《学案》与原集之文字颇多异同，其可以互补归正者固无论矣，其因《学案》各种之误而足以导致误解唐氏原意者亦有之。兹为逐一校释，俾读者知唐氏学术自有独到之处，而用《学案》所载以论说其旨者，则当留意而精审焉。

二、《明儒学案》与《醉经楼集》异文考释

《学案》卷四二所录唐伯元文字，分两部分。前部分曰“醉经楼集解”，当读如“《醉经楼集》解”，盖经解凡四十九题六十九篇，附“诸子解”一题七篇，实即《醉经楼集》卷二“经解类”之全部。又有《格物修身解》一篇，原载文集卷六“杂著类”之内，题作《格物修身讲草》，殆以其所说者为《大学》之义，故并视如“经解”而稍改其题也。此部分各题次序，《学案》二老阁本与文集同，《格物修身解》次《诸子解》末条之后。贾本、莫本则次诸（第二十八条）《天鬼神解》之后，不知何故也。后部分曰“论学书”，二老阁本共录十五篇，贾本、莫本少录其一，均出文集卷五“书类”，其次序亦同文集，唯率省原文先后之泛言，盖选录之体例然也。

以下为作二书异文考校，并释订各所当从之概。所引待校原文，《明儒学案》则以二老阁足本为据，贾本、莫本有异同处，亦在举校。《醉经楼集》则本光绪二年刻本，为其于道光二十九年刻本有所校正也；其二本或有异文，亦并为之指出。

1.《身心性命解》条：

《学案》："性，天命也，惟圣人性其心，而心其身。"

《集》：次句作"惟圣人为能性其心"，余同。

按，《集》义为优。

2.《道德仁诚解》条：

《学案》："此吾道与异端之辨。"

《集》："辨"字作"别"。

3.《似吾解》条：

《学案》："《鲁论》记夫子之言至矣，《家语》得其十之七……"

《集》："《鲁论》记夫子之言，二十篇至矣。"

按，《学案》删"二十篇"三字，殆为意圆。

4.《一贯解》条：

《学案》："程子曰：'扩充得去，天地变化草木蕃。'"

《集》："扩充"作"充扩"，《学案》贾本、莫本同之。

按，作"充扩"是也。

5.《川上解》条：

《学案》："程子曰：'其要只在慎独。'"

《集》："慎独"作"谨独"，《学案》贾本、莫本同之。

6.《克己由己解》条：

《学案》："知其解者，宋儒惟明道一人。"

《集》：次句作"宋儒中惟明道一人"。

7.《问耻解》条：

《学案》:“有道穀，不足耻，九百粟，不可辞。怨欲可以为难，而不可以为仁，圣人虽因宪而发，实古今贤者之通患，为其不在中庸也。”

《集》:“不足耻”作“亦足耻”,“怨欲”前有“不行”,末句作“为其志不在中庸也”。

按,《集》首起明误;次二起皆是,《学案》盖抄漏所致。

8.《孔颜乐解》条:

《学案》:“以生死为昼夜。”

《集》:“以死生为昼夜”,《学案》贾本、莫本同之。

按,作“死生”是。

9.《大学中庸解》首条:

《学案》:“惟天地为大，惟学则天，故曰大学。……天行健，君子以自强不息。……乾之德，莫尽于九二……杂引《诗》、《书》互发，其讳也。”

《集》:“惟天地为大”作“盖惟天为大”。(《学案》贾本、莫本作“盖惟天地为大”),“天行健”下作“君子自强以不息”,“莫尽于九二”作“莫盛于九二”,“杂引《诗》、《书》互发”作“杂引《诗》、《书》,随处互发”。

按,《集》唯次起有误，盖《易》言“君子以自强不息”也;其他起皆是,《学案》增减异文，语意便殊，殆抄漏、误改两有也。

10.《鸢飞鱼跃解》条:

《学案》:“必有事焉而勿正心之谓儒，正心而无所事焉之谓释。《易》曰:‘终日乾乾，行事也。’程子曰:‘鸢飞鱼跃，与必有事焉而勿正意同，会得时，活泼泼地，不会得，只是弄精魂。’”

《集》:“行事也”句无“也”字,“鸢飞鱼跃”后作“与必有事焉而勿正心意同”,末句作“只是弄精神”(《学案》贾本、莫本同之）。

按，《集》首起误，《学案》次二起误。

11.《致曲解》条：

《学案》：“发而不中，反求诸已，此之谓致曲。”

《集》：“发而不中”下有“不怨胜己，行有不得”八字。

按，文当从《集》为是，《学案》删去八字，意殊不足。

12.《崇礼解》条：

《学案》：“礼者，性之德也。道问学，所以崇礼，所以尊性。”

《集》：末句作“所以尊德性”，《学案》贾本、莫本同之。

按，《学案》少“德”字，意遂欠缺，或抄漏所致。

13.《大经解》条：

《学案》：“凡一代皆有一代之大经，尧、舜授禅，禹治水，汤放伐……”

《集》：末句作“汤、武放伐”，《学案》贾本、莫本同之。

按，《集》无误。

14.《独解》条：

《学案》：“小人闲居为不善，不慎独也。无声无臭，赞独之善，或以为赞道，误矣。”

《集》：“赞独之善”作“赞独之义”。

按，《集》无可疑，《学案》殆因首句有“不善”字，误会而误改。

15.《不显解》条：

《学案》：“学者当仪型文王也。儒者既于不显为两解，无怪乎以慎独为漏言。”

《集》：“型”作“形”，“怪”作“惑”。

16.《孟子解》首条：

《学案》："夫子述而不作，弟子不敢著书。……曾子、子思忧其失传，始作《大学》、《中庸》，至孟轲氏而异端大起，争喙者多，始作《孟子》。三子皆不得已而著书。"

《集》：次句作"群弟子不敢著书"；"曾子、子思"作"子思子"，"三子"作"二子"，《学案》贾本、莫本两处同之。

按，《集》无可疑，唐氏本误从伪本《石经大学》所谓贾逵之言，故以为子思一人作《大学》为经，作《中庸》为纬也。《学案》失考，殆见《大学》名而径改增曾子，因并孟子作"三子"，大误唐氏之意。

17.《五霸解》末条：

《学案》："霸者慕道而让道。……吾儒之道，得王而大，得霸而贵。"

《集》："慕道"作"暮道"，末句作"得霸而尊"。

按，首起《集》误甚明，次起《学案》误亦甚明。

18.《说约解》条：

《学案》："博学详说，与博文同；将以说约，与约礼异。说约者，要约之约，求会通也；约礼者，约束之谓，能不畔而已。"

《集》："会通"作"会道"。

按，"道"字不误，上言"求会道"，下言"能不畔（道）"，均就"道"言，《学案》改"道"作"通"，失于通解。

19.《好货好色解》条：

《学案》："或谓孟子姑以引君，乃自卑以求行其言乎？"

《集》：次句作"毋乃自卑以求用其言乎"。

按，《学案》脱"毋"字甚明。

20.《立大解》条：

《学案》："仁义忠信，乐善不倦，此天爵也。既饱以德，饱乎仁义，所以不愿人之膏粱文绣也，立大也。"

《集》:“此天爵也”句下有“大也”二字。

按,《学案》二字或漏或删,遂使文意不足。

21.《大行不加解》条:

《学案》:“程子曰:‘泰山高矣,泰山顶上,已不属泰山。’”

《集》:“顶”字作“巅”字。

22.《性反解》条:

《学案》:“善夫扬雄氏之记之也,儒者曰:‘有所为而为者,皆利也。’又曰:‘有意为义,虽义亦利。’率天下而不敢为仁义,必此之言也。”

《集》:“儒者曰”下有“凡”字。

按,《集》似无疑。又,“儒者曰”起,《学案》贾本、莫本未抄,文意遂截。

23.《不谓性命解》首条:

《学案》:“君子者,反本穷原,尽性至命者也。”

《集》:“原”字作“源”字。

24.《经解》次条:

《学案》:“解字者,得少而失亦少;解意者,得不偿失,今之《章句》、《大全》是也。……诬经者……《己易》、《传习录》是也。”

《集》:“得少而失亦少”句下有“注疏是也”句,“己易”但作“易”。

按,《集》于上起无误,注疏与《章句》、《大全》对举,为解经得失程度之例,《学案》抄漏甚明。《己易》乃杨简著作,唐氏以与王阳明《传习录》并举,恶之也;《学案》不误,《集》有阙字。

25.《经解》第三条:

《学案》:“解经以传,不如解经以经,合而解则明,析而解则晦……不得，则姑置之，而后从他处求之。”

《集》：道光本“析”字作“折”字，《学案》贾本、莫本“而后从他处求之”句无“后”字。

26.《孝经解》首条：

《学案》：“与世所传唐明皇御制叙者。”

《集》：“与世所传唐明帝御制序者。”

27.《易解》次条：

《学案》：“解经之法，以经不以传，宜合不宜拆……此拆之尤舛，而自以其传代经也。”

《集》：“拆”字皆作“析”字，然《集》道光本则作“拆”。

按，《学案》、《经解》次条有“合而解则明，析而解则晦”文。“析”作“拆”，前后不一，此当从《集》作“析”为是。

28.《易解》第三条：

《学案》：“散在《系辞》者，皆是也。”

《集》：“辞”字作“词”字，“者”字又作“词”字。

按，《集》重“词”字，《学案》不误。

29.《乾坤解》条：

《学案》：“《乾》之亢与无首处即《坤》。”

《集》：“无首”作“弱”。

30.《初上解》条：

《学案》：“初以明本末，上以别尊卑，亦九六之义。”

《集》：“九六”作“六九”，《学案》贾本同之，莫本仍作“九六”。

31.《始生解》条：

《学案》：“贪生为凡民，甚则禽兽；知始者为君子，合德则圣且神。”

《集》：“贪生”下有“者”字，“甚则”下有“夷狄”二字。

“夷狄”二字，《学案》莫本同之，贾本则作“氓隶”。

按，《集》无可疑，有“者”字是；《学案》删“夷狄”，贾本改词，忌清人之讳所致也。

32.《书解》末条：

《学案》：“后有作者，文王似尧，孔子似舜，颜、曾、思、孟皆舜之徒也。”

《集》：“孟”字下有“程”字。

按，《集》是，程指大程，盖唐氏最崇拜之宋儒，《学案》或删或漏，皆失唐氏本意。

33.《礼解》末条：

《学案》：“《仪礼》中有记、有传、有义……”

《集》：“仪礼”作“礼仪”。

按，《学案》是也。

34.《春秋解》首条：

《学案》：“《春秋》尊夏、尊王、尊天、尊道，扶天纲，立地纪，所以托天子之权，行天子之事。”

《集》：“立地纪”作“立人纪”，“托”字作“託”字。

按，《集》无误，《学案》改“人”作“地”，乃误。

35.《春秋解》次条：

《学案》：“《春秋》责己谨严，待人平恕。”

《集》：此下有“故夷而夷，则夷之；夷而夏，则夏之；夷猾夏，夏变夷，则诛之”文。

按，《学案》取大旨而删衍义，失作者解经之意。

36.《诸子解》第三条：

《学案》：“辟佛、老，尊孟氏。”

《集》：“氏”字作“子”字。

37.《诸子解》第五条：

《学案》:“扬子云《美新论》，刘静修《渡江赋》，为千古不白之疑。……或曰以秦美新而甚之也。渡江，时不能违也，要之违心焉耳矣。详其语气大段，二子故难语伪。”

《集》:“扬子云”如字，“刘静修”作“刘靖修”，“或曰以秦美新而甚之也”作“或曰以秦美新，是秦而甚之也”，“时不能违也”作“特不能违也”，“详其语气大段”作“详其语气大颠”。

按，“扬”作“杨”，《集》与《学案》皆误，《学案》莫本亦误，贾本则不误。“静修”作“靖修”，《集》误，刘因号静修也。“或曰”句《集》文无可疑，《学案》去“是秦”二字，意反浅弱。“时”《集》作“特”，亦是，盖刘因乃唐氏所同情者也；《学案》改为“时”字，或以形近，然亦可通。

38.《格物修身解》条：

《学案》:“物有本末，身其本也，家国天下皆末也，未有本乱而末治者。物格者，知修身为本而已，非修身也。知修身为本，是谓知本，是谓知止，是谓知所先后，是谓物格知至。……齐明盛服……畜聚敛……格物者，知本也；修身者，立本也。知本，智也；立本，仁也；仁智合者，勇也。此合物与修身，始终之条理也。……将有行，将有为，凡有行，凡有为，或行而不得，或行而不通，一一反己、省己、责己、舍己，不敢一毫求人、责人，然后可以求人、责人。”

《集》:“物格者”起作“格物者，知修身为本而已，非修身为本，是谓知本，是谓知本，是谓知止，是谓知所先后，是谓物格知至”，“齐明”作“斋明”，“畜”作“蓄”，“仁智合者，勇也”作“仁智勇者，勇也”，“或行而不得”作“或为而不得”，“不敢一毫求人、责人”重句。

按，《集》文除“斋”、“蓄”二字，当从《大学》本文作“齐”、“畜”外，余皆无误。《学案》删改“格物者”后数句，文似平直，意实浅近，并失作者强调之深意。唐氏如《集》文之言，殆对李材止修学说而发，李以《大学》“此谓知本”之“本”与“壹是皆以修身为本”之“本”，合而为一，谓修身即止于至善也。唐氏概不以为然，故曰：“物格者，知修身为本而已”，而随即强调“非‘修身为本，是谓知本’（如李氏之意者）”，然后综之曰能知此别，乃“是谓知本，是谓知止”云云。“是谓知本”重文，分属上下两句，《学案》殆以衍文而删之，而并改其上二句以求通读，实不知作者之原意所在也。“仁智勇者，勇也”，谓勇于仁智之事，乃为勇也。《学案》殆以“勇”字重见而下句“此合物与修身”有“合”字，遂以“合”字改之。《集》“或为而不得”句无疑，为后文皆行与为并举也。“不敢一毫求人、责人”重文，下句语意始足。

39.《答孟吏部叔龙》书（此书《学案》文前省211字）：

《学案》：“曰‘性相近也’，曰‘人之所以异于禽兽者几希’，近且几希，则微之至。性犹未易言善，况心乎？……惜乎世无孟子也。然不可不为足下一言之。盖闻之，言学者惟道，道阴阳而已矣；言道者惟天，天道阴阳而已矣。……此《书》所贵精一执中……天地间一切覆载，而必有以处之，以人治人，以华治夷，以贤治不肖……故孟子曰‘声色臭味安佚，性也’，性不可谓无恶也。……学为君子谋，不为众人谋。众人，待君子而尽性者也。……性之者，不可得矣，得见复焉，可矣。……位禄寿富，孰不荣羡？”

《集》：“则微之至”下有“也信斯言也”五字，“然不可不为足下一言之”下有“惟裁教焉”句，“天道阴阳而已矣”作“天阴阳而已矣”，“此《书》所贵”作“此《书》所谓”，“以人治人”作“以人治物”，“性不可谓无恶也”作“乌可谓无恶也”（《学案》贾本同之，虽“乌”作“恶”），“众人，待君子而尽性者也”作“众人者”云云，“得见复焉”作“得见复焉者”（《学案》莫本同之），“位禄寿富”作“位禄寿昌”（《学案》贾本、莫本同之）。

按，《学案》唯删“惟裁教焉”，于义无碍，其余删改，均有未当。其删“也信斯言也”五字，或意在紧凑，而不免于导误，故中华书局点校本《学案》遂有“近且几希则微之，至性犹未易言善，况心乎”之句读，以“微之”作动词，而不知“微之至也”原应“道心惟微”而言也。

40.《答顾叔时季时昆仲》前书（此书《学案》文前省104字）：

《学案》：“性乾而身坤，性形上而身形下，心居其间，好则乾阳，怒则坤阴……心果待求，必非与我同类，心果可爱，则‘以礼制心，以仁存心’之言，无乃为心障欤？彼其原，始于陆氏误解‘仁人心也’一语……诸解之误，皆缘心学之误，览其全书，则自见耳。……程子谓‘鸢飞鱼跃’与‘必有事焉而勿正’意同。”

《集》：“心居其间”前有“独”字，“览其全书”作“会其全书”，“与必有事焉而勿正”下有“心”字（《学案》贾本、莫本均同之）。“以仁存心”作“以仁在心”，“彼其原”作“彼其源”。

按，《集》文当从，唯“以仁在心”之“在”字非，形似“存”而误刻也。

41.《答李中丞见罗》前书（此书《学案》文后省84字）：

《学案》：“然格物解误，则是书虽存，反增一障，可省也，亦可无也。……自我明高皇帝谕侍臣……然后直接数千载不传之绪。自是儒臣如蔡虚斋、林次崖……往往能通其善，然徒曰解之云尔，其学教人之旨不存焉。……观其以心斋自号自命，又乌在其以修身为本也？总之，张子厚所谓释氏以心法起灭天地，不免凝冰者……既揭止修，又标性善，其于学问源流，昭昭乎黑白分，而新学不能混矣。而元犹以为先生设科太广，门徒太盛……殆夫子所谓尺蠖屈，龙蛇蛰，藏身安身，将骎骎于德盛化神欤！”

《集》：“可省也”作“可有也”，“我明高皇帝”无“明”字，“直接数千载”无“数”字，“蔡虚斋”作“蔡蒙引”，“林次崖”作“林存疑”，“其学教人之旨不存焉”句“其”下有“自”字，“不免凝冰者”句“凝”作“疑”（《学案》莫本同之），“既揭止修”作“既揭正修”，“昭昭乎黑白分”作“昭昭乎白黑分”，“而元犹以为先生设科太广”句“犹”作“又”，“藏身安身”作“藏自安身”。

按，《集》“既揭正修”、“藏自安身”二处皆误，当从《学案》；“止修”误“正修”、“藏身”误作“藏自”，殆皆误刻。他文未误，其“蔡蒙引”、“林存疑”原指虚斋蔡清之《大学蒙引》及次崖林希元之《大学存疑》，《学案》改书二氏别号，殆为清晰。

42.《答李中丞见罗》后书（此书《学案》文前省62字）：

《学案》：“大教谓‘格致诚正，总是修身工夫，有一无二’者也。但先生之意，犹指格物为凡物之物……格此之谓格物，知此之谓知至。……而止修揭之说，犹二也。……孟子曰：‘行有不得者，皆反诸己’，必如大舜号泣旻天，负罪引慝，而后可言。夫反己者，天必佑之，况于人乎？”

《集》：“者也”作“是也”，“知此之谓知至”作“知此之谓知止”，“而止修揭之说”作“而正修双揭之说”，“皆反诸己”作“皆反求诸己”（《学案》贾本、莫本皆同之），“而后可言，夫反己者”处“夫”作“乎”。

按，诸异文皆《集》是，唯“止修”作“正修”，乃误。《学案》既以“是也”为“者也”，于是中华书局点校本（中华书局，1985，页1021）遂以“者也”连上句读，文意遂不相蒙；又以“乎”为“夫”，故点校本（中华书局，1985，页1022）遂以之属下句，不作“而后可言乎”读，失作者叹问抑扬之意。

43.《与叔时季时》书（此书《学案》文前省154字，后省12字）：

《学案》：“维卿之且别也，嘱曰：共致一柬，足下其自名以友弟称……无不可。曰：我与若皆长也，亦有说乎？曰：有。……今世不论少长……惟长者曰兄……则无少长……”

《集》：“无不可”作“元不可”，“我与若”作“吾与君”，“亦有说乎”作“曰有说乎”，二见“少长”皆作“长少”，“惟长者曰兄”作“惟称长者曰兄”。

按，《集》文无误，《学案》因误解而错改，而亦因错改而起误解，故原文当标读为“维卿之且别也，嘱曰：‘共致一柬，足下其自名以友弟称。’元不可，曰：‘吾与君皆长也。’曰：‘有说乎？’曰：‘有……。’”中华书局点校本乃标读为“嘱曰：‘共致一柬，足下其自名以友弟称，无不可。’曰：‘我与若皆长也，亦有说乎？’曰：‘有……。’”则既以维卿之言属诸伯元，又以伯元之言属诸维卿，问答之词互混，不审者读之，且竟有以书中以下要语为维卿之言矣。

44.《答原易》书（此书《学案》文前省57字，后省157字）：

《学案》：“吾辈在家、在乡……不求尽我分内。”

《集》：“我”字作“吾”。

45.《与维卿》书（此书《学案》文前省100字，后省24字）：

《学案》：“礼有以少为贵者……礼有举之莫敢废者，或因土俗所宜，如入乡问俗是也。礼有不近人情，而实为礼之至者……凡此处皆有天则，不容以意而轻上下之，故凡为上官者，御其所属，有必跪，有必揖，有必拜，有必留茶……恐养畜人材之方，不如此矣。”

《集》:“礼有举之”作“礼有以举之”,“如入乡”作“如古人入乡”,“而实为之至者”句“为”作“有”,两“凡”字皆作“兄”,“有必揖,有必拜”两句倒次,“恐养畜人材”作“恐养育人材”。

按,《学案》“而实为礼之至者”句是,两“凡”字亦是,《集》盖以形近误作“兄”也。其他以《集》为是。又中华书局点校本以“故凡为上官者”句“故”字属上文,误。

46.《答郭梦菊大参》书(此书《学案》文后省44字):

《学案》:“蒋先生与先师吕巾石先生,并为湛门高第,又曾于罗文恭集,即得见所解格物说而喜之。”

《集》:“吕巾石”作“吕中石”,“高第”作“高弟”,末句无“即”字。

按,《集》“巾”字误作“中”,殆缘手民;余皆是。

47.《答钱侍御》书(此书《学案》文前省242字,后省38字):

《学案》:“致知而不以修身为本,此致知所以遗格物,其去《大学》远矣。身在是而位亦在是,凡思而出位者……皆邪思也,其求止远矣。孟子曰:……又曰:‘夭寿不贰,修身以俟之。’……‘不获其身,不见其人’,未易言也。能虑、能得气象,姑缓理会……由反己而修己,由修己而忘己,则庶几哉!”

《集》:“此致知所以遗格物”后有“也”字,“身在是而位亦在是”句“而”作“则”,“其求止远矣”上有“以”字,“孟子曰”上有“至哉”二字,其下有“之言”二字,“夭寿”作“妖寿”,“未易言也”下有“其道光明,未易言也”句,“能虑、能得”下有“以后”二字,“由反己而修己,由修己而忘己”句两“修己”皆作“修身”(上“修己”《学案》贾本亦作“修身”),

"则庶几哉"作"则庶几矣"。

按,《集》"夭寿"为"妖寿",手民之误也。《学案》诸所删改,殆为文凑,而殊轻作者原意。

48.《答汪吉州》书(此书《学案》文前省75字,后省10字):

《学案》:"论吉州人物,谓闻之故老儿童公论,似求人当于贫中,若三罗是已。后因登匡山,有诗云:……足下谓必于学中寻人,殆未可草草。……不当以区区一偏之言为左券也。足下喜释,释自不妨儒,各自成家,正不必混而相借耳。……不但无益于儒,恐并其释者而失之。……就其讲者士风,如足下所云,亦可概睹。"

《集》:"故老儿童"作"故老叟儿童"(《学案》贾本同之),"似求人当于贫中"作"似求于贫中","足下谓必于学中寻人"作"足下谓必于讲学中寻人","区区一偏之言"作"区区一篇之言","释自不妨儒"句无"自"字,"正不必混而相借耳"句"相借"上有"两"字,"恐并其释者而失之"句"释者"作"释意"(《学案》贾本同之),"亦可概睹"句无"亦"字。

按,《集》文意明朗,唯"亦可概睹"当从《学案》。《学案》"足下谓必于学中寻人"句"学"前少一"讲"字,意思殊异;其改"一篇之言"作"一偏之言",殆未悟"一篇"即指文中所谓登匡山之诗也。

49.《答刘方伯》前书(此书《学案》文前省54字,后省35字):

《学案》:"吾既不欲死于妇人女子之手……遂发如兰书,以应玉车。若曰'吾辈与卓吾趣舍不同,自有同者在耳'。乃卓吾怫然,以其言无常也。玉车解不胜,元乃言曰:'世人出处,利与名而已。出者间或近名,而不胜其利;处者间或为利,而不胜其名。'"

《集》:“吾”字作“我”字,“遂发如兰书”作“遂发如兰之说”,“自有同者在耳”作“自当有同者在耳”,“以其言无常也”作“以其言无当也”,“利与名而已”作“名与利而已”。

按,《集》文无可疑,《学案》抄改自误。余尝以“遂发如兰书以应玉车”句读作“遂发如兰,书以应玉车”,谓意犹遂发如兰之言,书诸卷以应玉车之请(见《〈明儒学案〉点校释误》页259—260)。今得集本原无“书”字,而文作“如兰之说”,知意解稍殊,而句读为之误导矣。

50.《答刘方伯》后书(此书《学案》文前省43字,后省31字):

《学案》:“扬子云有言:……为今之学……拙践修耳。李道人名震湖泽之上,颇闻其旨主不欺,志在救时,可为独造。独其人似过于方外,寡渊默之思,露刚狭之象……门下当善成之,幸勿益其僻也。……盖因道人既以自省,又恐其反与于今世谈学之弊之甚,则关系不细耳。”

《集》:“扬子云”作“杨子云”(《学案》莫本同之),“拙践修耳”,下有“高明以为何如”句(“李道人”《学案》贾本、莫本作“李卓吾道人”),“志在救时”作“志在投时”,“露刚狭之象”作“露刚侠之象”,“幸勿益其僻也”作“勿愈益其僻也”,“又恐其反与于今世谈学之弊之甚”句“反”字作“友”。

按,《集》文多误,“幸勿”句之外,当从《学案》;《学案》所删句,无关大义。

51.《答余司理》书(此书《学案》文后省195字):

《学案》:“犹然世共贤之……自大贤以下,气不能无偏。气存而理犹存者,故理失而求之气可也。并其气而丧之,且侈然附于非礼之礼,如世道何!”

《集》:“世共贤之”作“世其贤之”,“气不能无偏”作“气皆不能无偏”，“气存而理犹存者”作“气存而理犹有存者”（《学案》贾本、莫本同之），“非礼之礼”作“非理之理”。

按，《集》无可疑，唯“世其贤之”句“其”字，殆手民之误，《集》道光本正作“世共贤之”。

三、结　语

《明儒学案》载《醉经楼集》文共九十一篇，其文字较诸原集，有所删节，亦有所增改，经本文对校二书而举释者，凡五十一篇，文辞字句之异百数十见，而异体字或通用字如词、辞，注、註，抄、钞，伯、霸，序、叙，考、攷，于、於，后、後，惟、维，个、個，恶、乌，耳、尔，耘、芸，挫、剉等，无关宏旨，且未之举；其文有一条而误数见者，亦有同条而二书各有正误者，是知但据《学案》之文，未必唐氏精义便可确得也。

《学案》之修饰原集文字，殆无可疑，观论学诸书之删除首尾稍无关于要义之文可知也。大抵在求文省词顺，亦有径正原集之显误者，盖选编之事或宜然者，然而抄录之际，或失之疏忽，或过于勇任，或错解原意，改正为误，遂至文异而意有不同。核其所至，大率《学案》得者十二，失者十八，所删节之处误多，所增改之处误少；其异文见于“经解”部分者，为各条原文有限，能致异解而未至于误读；其见于“论学书”部分者，为各书篇幅较长，而原文首尾多有节省，脉络背景或至不明，不免导致误读而并失作者之原意或微意者。原集之为可贵，故可见也，然原集误刻之处，固亦有因《学案》而得校正者，是《学案》又有所谓参考价值者矣。

梁启超与《节本明儒学案》

一、引　言

梁启超（1873—1929）在光绪三十一年（1905）选编的《节本明儒学案》一书，可能是“节本”之故，一向少被研究梁启超生平和思想者所注意，也未受到研究《明儒学案》者所研究。但从书本的内容以及著作目的等处看，此书与梁氏同年所著的《德育鉴》一书，其实与他在逃亡国外时期的政治志业有着莫大关系，而《明儒学案》原书正是他致力于维新运动时的主要思想源泉。本文从《节本明儒学案》的著述背景及内容特色的研究，探讨梁氏对清末中国政治前途的感想和主张，对同志的期待以及对中国文化的体会等事。

二、梁启超著书的学术思想与行事背景

梁启超《节本明儒学案》之作，与其对宋明理学要义有用于政治及社会改良的信念密不可分，而这信念的形成则与其成学历程关系密切。梁氏十七岁中举，次年在京会试，认识康有为而拜其为师，次年正式日受所学于万木草堂。在此之前，他的思想渊

源和学术训练都是传统的。他直到十一岁初读张之洞《輶轩语》及《书目答问》时，“始知天地间有所谓学问者”。次年补生员，除了学习八股文之外，爱好唐诗及从祖父课读《史记》及《纲鉴易知录》，并且读毕父执所赠的《汉书》及姚鼐《古文辞类纂》。十三岁“始知有段、王之学，大好之，渐有弃帖括之志”。十五岁肄业广州学海堂，次年“为正班生，同时又为菊坡、粤秀、粤华之院外生”。主要学的是训诂之学。从《曼殊室戊辰笔记》所载可知，梁氏用所获膏火费购买的书籍，有“正续《皇清经解》、《四库提要》、《四史》、《二十二子》、《百子全书》、《粤雅堂丛书》、《知不足斋丛书》”，这些书籍可以视作他的涉猎范围。而据梁思成《致在君先生［丁文江］书》说，“学海堂省城专治经学之所，学生称专经生，与并行者菊坡书院专治词章”。[1] 由此可见，梁启超在师事康有为之前，其学问主要便是经史训诂词章之学。不过，他幼年时便已对“为人”之学和宋明历史有所了解。据其《三十自述》说：他“四五岁就王父及母膝下授《四子书》、《诗经》，夜则就睡王父榻，日与言古豪杰哲人嘉言懿行，而尤喜举亡宋亡明国难之事，津津道之”。[2] 有家中的教诲，加上科举必读“四书”，所以他对于身心性命之说必不陌生，但认真阅读宋明义理之学，包括阅读《明儒学案》，则是师事康有为之后才开始的。

康有为的学术，梁启超在光绪二十七年所撰的《南海康先生传》中，有详细的记载。据传，康氏“世以理学名家。……祖父赞修，为连州教谕，专以程朱之学提倡后进。……先生既早孤，

---

〔1〕 以上叙述及引文，见丁文江、赵丰田编，《梁启超年谱长编》（上海：上海人民出版社，1983），页16–20。

〔2〕《梁启超年谱长编》，页13–14。

幼受教育于大父。……年十八，始游朱九江先生之门。[十九岁大父丧。] 九江者，名次琦，号子襄，粤中大儒也。其学根底于宋明，而以经世致用为主。研究中国史学，历代政治得失，最有心得。……先生从之游，凡六年，而九江卒，其理学、政学之基础，皆得诸九江”。之后康在西樵山自修四年，“发明最多者为史学”，也泛及考据词章之学。“九江之理学，以程朱为主，而间采陆王。先生则独好陆王，以为直截明诚，活泼有用，故其所以自修及教育后进者，皆以此为鹄焉。既又潜心佛典，深有所悟。”于是能于性理之学，推进一层。“……先生一生学力，实在于是，其结果也，大有得于佛为一大事出世之旨。”后因上京师，路经香港，“见西人殖民政治之完整”，乃悉购江南制造局及西教会所译出各书尽读之。然后继以五六年的大江南北之旅行。〔1〕到了光绪十六年康梁一起会试下第时，康有为已经是粤士心目中的著名学者了。

梁启超忆述在京师与同科下第举人陈礼吉拜康有为为师之事说：初次谒见日，听康剧谈整日，而自己于从前所学，“一旦尽失其故垒。……明日再谒南海，请为学方针，先生乃教以陆王心学，而并及史学、西学之梗概。自是决然舍去旧学，自退出学海堂，而间日请业南海之门。生平知有学，自此始。”次年康氏应陈、梁要求，在广州长兴里开设万木草堂，十九岁的梁启超也开始了新的学问历程。〔2〕

万木草堂的学规学则，见于康有为所著《长兴学记》，可说是朱次琦“四行五学”的“增减与变化”。“四行谓敦行孝弟，崇

---

〔1〕 以上叙述及引文，见梁启超，《南海康先生传》，《饮冰室文集》（上海：中华书局，1936）册3，页59–62。

〔2〕《梁启超年谱长编》，页23。

尚名节，变化气质，检摄威仪；五学则为经学、子学、文学、掌故与词章。其学平实敦大，皆出躬行之余，特重气节，而主济人经世。”[1]康氏则“以孔学、佛学、宋明学为体，以史学、西学为用。其教旨专在激励气节，发扬精神，广求智慧。”[2]梁氏记康氏的具体教法以及其所学之得说，康氏“为讲数千年来学术源流，历史政治沿革得失，取万国以比例推断之。余与诸同学，日札记其讲义，一生学问之得力，皆在此年。……先生著《新学伪经考》，从事校勘，著《孔子改制考》，从事分纂。日课则《宋元明儒学案》、《二十四史》、《文献通考》等”。[3]这实际上便是宋明理学传统上的修己治人、内圣外王、性命与经济结合之学。而其中尤所重视的，则是人格教育。梁启超说康氏“其为教也，德育居十之七，智育居十之三，而体育亦特重焉”。[4]

万木草堂教学的纲领旨趣，梁启超制作一表以示其详，而最大的特点是，“凡学生人置一札记簿，每日各自记其内学外学及读书所心得、时事所见及，以自课。每朔则缴呈之，先生为之批评焉。”所谓内学，应该指的是属于学科的义理之学、考据之学、经世之学、文字之学；所谓外学，应该指的是学科之外的校中之演说、札记以及校外之体操、游历。要呈交批阅的札记簿分为六项记载。六项依次是养心、修身、接人、执事、读书、时务。梁启超盛称康氏教法的原创性及重要性说：“至其重精神，贵德育，善察中国历史之习惯，对治中国社会之病源，则后有起者，皆不

---

〔1〕 毛以亨，《梁启超》（香港：亚洲出版社，1957；台北县永和镇：华世出版社，1975），页28。

〔2〕 梁启超，《南海康先生传》，《饮冰室文集》册3，页62。

〔3〕 《梁启超年谱长编》，页24。

〔4〕 《南海康先生传》，页65。

得不师其意也。”[1]此说虽然是后来追述的，但以梁氏以后长期信仰陆王之学、重视道德教育的行事证之，康对梁在宋明理学强调人格教育这方面的影响，是决定性的。

这首先从梁启超在戊戌变法之前的为学主张可见一斑。光绪十八年梁氏著《读书分月课程》，根据的便是康有为之教。其中的《学要十五则》说，读书最重要的是获得义理，而获致义理自有程序于入学之始：“读象山、上蔡《学案》以扬其志气，读《后汉儒林、党锢传》、《东林学案》以厉其名节，熟读《孟子》以悚动其神明。大本既立，然后读《〔朱子〕语类》及群《学案》以养之。凡读义理之书，总以自己心得能切实受用为主。既有受用之处，则拳拳服膺，勿使偶失，已足自治其身，不必以贪多为贵也。”[2]此处可见其视学案为有益身心修养的义理之书，而所贵者惟在所读所学之能付诸身体力行。梁启超这个早年的主张，到维新失败之后，到致力于宪政时期，还是一样的。

梁启超此时主张要读的书，通及经、史、子、理学之要典，加上西学，“缺一不可”，而读时各有侧重，故此不会“繁难”。[3]他列出一套“最初应读之书”：经学书以公羊家之《春秋》为重，以辨伪经及以《礼记》为主之礼学著作为主；史学书以《史记》、《汉书》之学术传记为主；子学书包括先秦诸大家以及《吕氏春秋》、《淮南子》；理学书主要是《宋元学案》、《明儒学案》两书中的学案；西学书只有七种。[4]又据康有为之教，再将诸书的阅读次序列了一个半年完成的《读书次第表》，表前冠以这样的读

〔1〕《南海康先生传》，页65–66。

〔2〕梁启超，《读书分月课程》，《饮冰室合集·专集》（上海：中华书局，1936）册15，页30。

〔3〕《读书分月课程》，页4。

〔4〕同上书，页5–11。

法说明："学者每日不必专读一书。康先生之教，特标专精、涉猎二条。无专精则不能成，无涉猎则不能通。今将各门之书，胪列其次第，略仿朝经暮史、昼子夜集之法，按月而为之表，有志者可依此从事焉。"[1] 其中以学案为主的理学书的分月读法如下：

1. 象山、上蔡、《朱子语类》读总论为学之方、东林、白沙

2. 姚江、江右王门、泰州、浙中王门、《朱子语类》训门人

3. 遍读《宋元学案》、《明儒学案》、《国朝学案》各总序并读其所编次诸儒之传（其言论姑暂缓）

4. 濂溪、百源、明道、伊川、横渠

5. 晦翁学案（甚劣，姑读耳）、东莱、南轩、甬上四先生、艮斋、止斋、水心、龙川、《朱子语类》

6.《朱子语类》[2]

这个次序是具指导性的；要读的学案虽然是宋明俱有，程朱陆王并列，而次序的编排，则显示了对陆王心学的优先重视。

梁启超在光绪二十三年作的《万木草堂小学学记》、《湖南时务学堂学约》，其内容同样以万木草堂所受的为基础，而对于学者"专求切己受用"的理学，则更加重视其"养心"之一面。《万木草堂小学学记》说，"略依南海先生《长兴学记》，演其始教之言"共为八条。八条依次是：立志、养心、读书、穷理、经世、传教（指传孔子之教）、学文、卫生（略如体育）。其中立志、养心，正是理学教育的基础。"养心"条下说："后人言及心学，辄指为逃禅，此大误也。天下学问，不外成己成物二端。欲求成己，而不讲养心，则眼耳鼻舌身意根尘相引，习气相熏，必

〔1〕《读书分月课程》，页 11。

〔2〕 同上书，页 12–15。

至堕落。欲求成人，而不讲养心，则利害毁誉称讥苦乐，随在皆足以败事。故养心者，学中第一义也。养心有二法门，一曰静坐之养心，二曰遇事之养心。”他主张初学者每日静坐一二小时以“求其放心”。〔1〕

《湖南时务学堂学约》的条约一共十条，依次是：立志、养心、治身、读书、穷理、学文、乐群、摄生、经世、传教。与《万木草堂小学学记》比较起来，此处多了治身、乐群两条；次序也稍有调整，以经世、传教为为学之终。这是因为这份学约的对象是成年的学生。但立志和养心两事仍然是为学之始。“养心”条下并引曾国藩的故事说，“曾文正在戎马之间，读书谈学如平时，用能百折不回，卒定大难，大儒之学，固异于流俗哉！……故养心者，治事之大原也。……养心之功课有二：一、静坐之养心，二、阅历之养心。学者在学堂中，无所谓阅历，当先行静坐之养心，……此是学者他日受用处，勿以其迂阔而置之也。”〔2〕

此篇论“治身”之要义，在于“扫除习气，专务笃实”，而“治身之功课，当每日于就寝时，用曾子三省之法，默思一日之言论行事，失检者几何，而自记之”。〔3〕论“读书”处，没有特别谈及读学案、语录之类，只说“今与诸君子共发大愿，将取中国应读之书，第其诵课之先后，或读全书，或书择其篇焉，或读全篇，或篇择其句焉。专求其有关于圣教，有切于时局者，而杂引外事，旁搜新义以发明之。量中材所能肄业者，定为课分，每日一课，经学、子学、史学与译出西书，四者间日为课焉。……读书之功课，凡学者每日设札记一册，分专精、涉猎两门，每日必

〔1〕 梁启超，《万木草堂小学学记》，《饮冰室文集》册 2，页 33–34。
〔2〕 梁启超，《湖南时务学堂学约》，《饮冰室文集》册 2，页 24–25。
〔3〕《湖南时务学堂学约》，页 25。

就所读之书，登新义数则，其有疑义，则书而纳之待问匭，以待条答焉”。[1]这样的兼备读书与治身之学，仍是理学家之说。

整体上看，梁启超在戊戌变法之前，已经极重视宋明理学的教义和教法，重视德育甚于智育，而视养心为行动之本。这种思想，即使在光绪二十五年维新运动失败后逃亡在日本时也没有改变。梁氏是年在日本著《自由书》，此书其中一篇名《养心语录》，说的是立志决心、勇往直前的重要性，重点仍在养心，可见他对“心学”相信之坚。[2]次一篇名《烟士披里纯》，讲至诚动气乃能成事之意。[3]又一篇名《无欲与多欲》，倡孟子说的“养心莫善于寡欲”，但要有舍我而救世的大欲。[4]这些文章便连题目都是宋明理学家的。

梁启超选编《节本明儒学案》于其“流亡办报时期”的中期。[5]此时期他个人与时局变迁的关系，令他对于道德更加重视。从梁氏的行事可见，他二十六岁戊戌变法（1898）失败后，被通缉而流亡日本。在日本和康有为号召保皇，与孙中山的兴中会革命派对立，虽然曾经日人居间，谈论和合，而终于主张各异其端，各行其是。[6]是年，梁氏“在海外最早创办的报纸”、十日一期的《清议报》创刊，成为“保皇党时代第一份新创的机关报”。[7]

---

〔1〕《湖南时务学堂学约》，页26。

〔2〕梁启超，《自由书》，《饮冰室合集·专集》册2，页15。

〔3〕《自由书》，页70–73。

〔4〕同上书，页73–75。

〔5〕毛以亨，《梁启超》，页12。此书将梁启超的传记分为如下五期：（1）“少年读书时期”：同治十二年至光绪二十年〔1873—1894、1–22岁〕；（2）“维新运动时期”：光绪二十年至光绪二十四年〔1894—1898、22–26岁〕；（3）“流亡办报时期”：光绪二十四年至民国元年〔1898—1912、26–40岁〕；（4）“民初从政时期”：民国元年至民国八年〔1912—1919、40–47岁〕；（5）“文化运动的晚年”：民国八年至民国十八年〔1919—1929、47–57岁〕。

〔6〕吴天任，《民国梁任公先生启超年谱》（台北：台湾商务印书馆，1988）册1，页317。

〔7〕《民国梁任公先生启超年谱》册1，页318。

次年梁启超游檀香山，停留半年，访孙中山之同志及其兄孙德彰等，“渐以组织保皇会之说进，谓名为保皇，实则革命”。[1]明年庚子（1900）三月，义和团起于京师，导致八国联军之役。于是康有为在加拿大建立保皇会，而国内有自立军大举勤王之谋，梁氏乃自檀岛回国赴义。七月抵达上海，而汉口自立军事败。[2]是年冬天他应澳洲保皇党之邀游澳，联络侨胞，至次年（辛丑1901）四月中离开，返回东京。[3]同年十一月作《南海康先生传》，“详述南海之生平事迹与其学术政治思想。”[4]同月，《清议报》出版满一百期而停刊。[5]是年开办广智书局。[6]

光绪二十八年，梁启超三十岁，正月，他主持的半月刊《新民丛报》在横滨出版；“先生日撰五千言，以《新民说》、《新民议》两篇为主”，[7]成为国人争先阅读的畅销报刊。[8]同月，他发表《保教非所以尊孔论》，与康有为尊孔而成立孔教的重要主张产生矛盾，康梁在思想上开始分道。[9]是时“清廷两宫回銮以来，仍无变法维新决心，酣嬉腐化，一如故态。保皇党员以为无可救药，多有主张激进，实行革命自立者”。梁启超与党员数辈“皆倡言之”。而康有为在印度，则主张只宜君主立宪。[10]梁氏后来“默察世界大势与中国内情，亦渐觉倡行革命破坏之不宜，曾书致南海，颇自克责”，与康有为“此后误会大致冰释”，而主张立

〔1〕《民国梁任公先生启超年谱》册1，页357。
〔2〕同上书，页427。
〔3〕同上书，页458。
〔4〕同上书，页466。
〔5〕同上书，页468。
〔6〕同上书，页471。
〔7〕《民国梁任公先生启超年谱》册2，页473。
〔8〕同上书，页476。
〔9〕同上书，页478。
〔10〕同上书，页490。

宪如康之意。[1]

光绪二十九年春，梁氏应美洲保皇党之邀，游历加拿大、美国各地（后来著有《新大陆游记》）。是时，美东多地已有中国维新会之组织，[2]而康氏亦于是年将保皇党扩充至南洋各地，并且改名为宪政会。[3]梁氏也“至是惩于新党棼乱腐败之所为，乃益不敢复倡革命，有书与蒋观云言之”。[4]梁氏在美途中，一路各埠筹款，以备康氏收买死士办事之用，“而同志不谅，复相诟骂”，梁氏激愤至欲自杀。[5]

梁氏次年正月返国，先至香港开保皇大会，二月末由香港至上海，三月复返日本。[6]“是时保皇与革命两党，冲突日烈，报纸喧腾，论战不已。二三月间，革命派之《香港中国日报》与《世界公益报》等，为文于先生多所诬妄，先生因登辨妄广告一则于《新民丛报》以辟谣，而两派相攻，终未少息。”[7]“五月，清廷诏赦戊戌党人，惟南海与先生及中山除外。”[8]由于党派主张之争，康梁与中山之间也出现不了同仇敌忾的结果。

光绪三十一年，梁启超三十三岁，仍在日本，专心著述以作号召之资。是年写成文字甚多，著述有单行的《节本明儒学案》、《德育鉴》、《王荆公》等，均篇幅甚大，同时发表与革命党论战文章及散文也很多。“是年君宪与革命两大派，笔战益烈，先生以《新民丛报》宣传政治改良，维持君主立宪，反对排满革命；

---

〔1〕《民国梁任公先生启超年谱》册2，页540。

〔2〕同上书，页545。

〔3〕同上书，页565。

〔4〕同上书，页571。

〔5〕同上书，页574。

〔6〕同上书，页585。

〔7〕同上书，页586。

〔8〕同上书，页587。

而革命方面，则方成立同盟党于东京，刊行《民报》，鼓吹革命，以推翻清朝，建立共和为主。两报论战，每期皆有敌对文字，锋镝相攻，各不相让。”[1]《节本明儒学案》就是在这样的情况之下出现的，其动力是梁氏对于革命党人行为之不满，对于德育之一贯重视，对于同志需要加强道德修养的思想。

三、宋明理学与德育之重要性

梁启超因为自己的理学修为背景，早对国民的道德教育十分重视，流亡日本和访游檀香山及澳洲之后，对于外国的文化历史又多了新的体会，所以益感领导培养国民道德者之道德培养刻不容缓。光绪二十七年（1901）他开始著作《新民说》，其中重要的内容便是论说这个问题。此书共有二十节，次年完成，并在其新办的《新民丛报》连续刊登。其中的第五节《论公德》和第十八节《论私德》，后来成为写作《德育鉴》一书的缘起。

《论公德》篇认为公德是国人最缺乏的。中国先哲之言道德，为时甚早，所言甚富，但其实偏于私德，公德并不发达：“试观《论语》、《孟子》诸书，吾国民之木铎，而道德所从出者也，其中所教，私德居十之九，而公德不及其一焉。”公德不发达的结果，导致国人不能良好地成为群体，因而不能良好地成为国家。由于“道德之立，所以利群也”，[2]故此国家、群体之成功形成，基本靠的便是公德。

《论私德》篇文字甚多，冠以一段如引言者，其中说：“吾自去年著《新民说》，其胸中所怀抱欲发表者，条目不下数十，而

〔1〕《民国梁任公先生启超年谱》册2，页613。
〔2〕梁启超，《论公德》，《新民说》，《饮冰室合集·专集》册3，页12、14。

以《公德篇》托始焉。论德而别举其公焉，非谓私德之可以已，谓夫私德者，当久已为尽人所能解悟能践履，抑且先圣昔贤，言之既已圆满纤悉，而无待末学小子之哓哓词费也。乃近年以来，举国嚣嚣靡靡，所谓利国进群之事业，一二未睹，而末流所趋，反贻顽钝者以口实，而曰新理想之贼人子而毒天下。噫，余又可以无言乎？作《论私德》。”由此可见，梁启超之详说私德，是针对性的有感而发之论。当时的所谓新进者，在他看来，是言行不一，私德难以服众，有害于维新事业的发展。故此，该文所揭示的私德，实为新民之国的共同之本。篇中着重说：“是故欲铸国民，必以培养个人之私德为第一义；欲从事于铸国民者，必以自培养其个人之私德为第一义。”倡导维新之士，都应责以私德之培养。问题是，私德应该如何做才能培养出来。[1]

《论私德》从“私德与公德之关系”、“私德堕落之原因”和“私德之必要”这三个分节来析述这个问题。梁启超列述了五个私德堕落的原因，最后一个与学术有关，最为重要，为此他特意列制二个附表示意。附表一名《中国历代民德升降表》，从中表示，民德可分六级，东汉最高为第一级，春秋、宋、明末次之为第二级，清中叶在第五级，“今日”最末为第六级。附表二名《中国历代民德升降原因表》，总结原因如下：东汉民德之所以高，以其人“尚气节，崇廉耻，风俗称最美”。宋之民德为“尚气节而稍文弱”。明朝则“发扬尚名节，几比东汉”。清朝之所以卑下，因为“庸懦、卑劣、狡诈”。“现今”最差，“混浊达于极点，诸恶俱备”。[2]

梁启超在这两个附表所发表的论点，是相当传统的：政治与

---

〔1〕 梁启超，《论私德》，《新民说》，《饮冰室合集 · 专集》册 3，页 118、119。

〔2〕 梁启超，《论私德》，《新民说》，页 127–130。

学术及风俗是互为因果的，而士人应当为移风易俗之领袖。清末之所以民德最下，正是由于士大夫学术不良以致士风士习都趋于败坏。梁氏以如下的大篇文字，论析其所观感的士俗卑下之故及其见于当前的流弊：

……唐之与宋，其专制之能力相若，其君主之贤否亦不甚相远，而士俗判若天渊者，唐儒以词章浮薄相尚，宋儒以道学廉节为坊也。……明祖刻薄寡恩，挫抑廉隅，达于极点，而晚明士气，冠绝前古者，王学之功，不在禹下也。然则近今二百年来民德污下之大原，从可睹矣。……〔清人〕排斥宋明，不遗余力，〔而独夸汉学〕……彼汉学则何所谓学？……吾见夫本朝二百年来学者之所学，皆牛鬼蛇神类耳，而其用心亦正与彼相等〔谓内廷演戏者避祸之心〕。盖王学之激扬蹈厉，时主所最恶也，乃改而就朱学；朱学之严正忠实，犹非时主之所甚喜也，乃更改而就汉学。……故宋学之敝，犹有伪善者流，汉学之敝，则并其伪者而亦无之。……

五年以来〔算自百日维新起〕，海外之新思想，随列强侵略之势力以入中国，始为一二人倡之，继焉千百人和之。彼其倡之者，固非必尽蔑旧学也，以旧学之简单而不适应于时势也，而思所以补助之，且广陈众义，促思想自由之发达，以求学者之自择。而不意此久经腐败之社会，遂非文明学说所遽能移植。于是自由之说入，不以之增幸福，而以之破坏秩序；平等之说入，不以之荷义务，而以之蔑制裁；竞争之说入，不以之敌外界，而以之散内团；权利之说入，不以之图公益，而以之文私见；破坏之说入，不以之箴膏肓，而以之灭国粹。……要而论之，魏晋间清谈、乾嘉间之考据，与夫现今学子口头之自由平等权利破坏，其挟持绝异，其性质相同。……及今不救，恐后此欧学时代，必将有以行恶为荣者。今已萌芽于一小部分之青年矣。夫至以行恶为荣，则洪水猛兽，足喻斯惨耶？君子念此，肤粟股栗矣。[1]

以上的现实情况，依照梁启超之见，都可以归纳为学术思想的相关问题。是士人的私德堕落，才催生诸多外来新说的流弊，而根本的挽救之道，只有从个人私德之培养做起。在“私德之必要”分节的后半，梁启超论列了“德育”三项的具体内容，论说其培养之道，并且就“今之言破坏者，动曰一切破坏”的情况，反省自己从前在《论公德》篇所表示的“渴望发明一新道德”以补助人心的想法，表示“由今以思，此直理想之言，而决非今日可以见诸实际者也”。他更认为，“今欲以一新道德易国民，必非徒以区区泰西之学说所能为力也。”挽救国民道德之道，还得依赖能够受用的传统学说以作培养之资：“使择古人一二语足以针砭我而夹辅我者，则终身由之不能尽，而安身立命之大原在是矣。”[2]

梁氏接着以正本、慎独、谨小三个子目论说三个求道以育德的做法。每目之中，他都列举了一些古人之言作为接引，加以发明，而所引的古人主要是明儒王阳明。在“正本”目中，他大段引载了王阳明的《拔本塞源论》，阐发阳明抨击“功利”思想之意。文中又针对性地质疑当时的“爱国论”者之所论是出自真心，还是源于功利，并且揭发了当时对他施以抨击者如下的文过之言：“顷见某报有排斥鄙人奋道德之论者，谓‘今日只当求爱国忘身之英雄，不当求束身寡过之迂士。既为英雄矣，即稍有缺点，吾辈当恕其小节，而敬其热心。’又曰：‘欲驱发扬蹈厉龙拏虎掷

---

〔1〕 梁启超，《论私德》，《新民说》，页 125–128。

〔2〕 同上书，页 131、137。

之血性男子，而一一循规蹈矩粹面盎背，以入于奄奄无气之途，吾不知亡国之惨祸，既在目前，安用此等腐败迂阔之人格为也。'"梁启超接着说："吾以为此言又与于自文之甚者。"[1]立本的要义是培养出自己的真心诚意，做事应从公着想，不为私利考虑。

在"慎独"目中，梁启超认为慎独即是王阳明所说的致良知。致良知之教在晚明影响甚大，但也有因被误解和曲解而导致社会道德败坏的情形。梁启超在此借题发挥说："晚明之所以猖狂者，以窃子王子直捷简易之训以为护符也。今日所以猖狂者，则窃通行之爱国忘身自由平等诸口头禅以为护符也。"所以他在阐述致良知说时，引载了阳明言论多处，又引阳明高弟钱德洪之引申。他认为，王学末流之弊，其故在于浙中所传之王学失真，刘宗周后以慎独救正是对症下药，而阳明之说则实无过。[2]"谨小"目一再引钱德洪和刘宗周之语，又引曾国藩戒烟之事为实例。他主张，因为"我辈之根器本薄弱，而自治力常不足以自卫也"，所以但当坚守"大德不逾闲"之训，而不可轻从"小德出入可也"之训，对于细小之事，也要谨慎处理。[3]

梁启超最后总结，重申为何对王门之说多所引述："以上三者，述鄙人所欲自策励之言也。天下之义理无穷，仅举三义者，遵梨洲之教，以守约为贵也。多述前贤训言者，末学谫陋，所发明不能如前贤也。专述子王子与其门下之言，所愿学在是，他虽有精论，未尝能受也。"他也承认，"若问鄙人于此三者自得力与否，固踧然无以为对也。"之所以仍以言论示人，是自附于孟子所言责善乃朋友之道之义，"以言论友天下士"。[4]

---

〔1〕 梁启超,《论私德》,《新民说》，页 138。

〔2〕 同上书，页 140。

〔3〕 同上书，页 141。

〔4〕 同上书，页 142–143。

这里值得注意的是，梁启超称遵黄梨洲守约为贵之教的说法。这指的是此节稍前所引的黄宗羲如下二言："学问之道，以各人自用得着者为真"；"大凡学有宗旨，是其人之得力处，亦是学者之入门处。天下之义理无穷，苟非定以一二字，如何约之使其在我"。[1] 这是黄宗羲《明儒学案发凡》内的说法。正本、慎独、谨小三节所引的王阳明及王门之言，也见于《明儒学案》。明显可见，《明儒学案》实为梁氏的思想资源，而其书的编著原理、精神对他甚有影响。《论私德》篇之所载所言，加上"欲以言责自效于国民"的志愿或说辞，实可看成他以后选编《节本明儒学案》的张本。

但梁启超以上的论说，有识之士也有认为尚且不足的。黄遵宪光绪三十年七月致书梁氏说："公自悔功利之说、破坏之说足以误国也，乃一意反而守旧，欲以讲学为救中国不二法门。公见今日之新进小生造孽流毒，现身说法，自陈己过，以匡救其失，维持其弊，可也，谓保国粹即能固国本，此非其时，仆未敢附和也。如近日《私德篇》之胪列阳明学说，遂能感人，亦不过二三上等士夫耳。言屡易端，难于见信，曷贵多言。仆为公熟思而审处之，诚不如编教科书之为愈也。于修身伦理，多采先秦诸子书，而益以爱国合群自治尚武诸条，以及理化实业各科，以制时宜，一定趋向。"[2] 黄遵宪建议的是以系统性的教科书内容，给予国民共同的整体教育。梁启超则仍以《德育鉴》、《节本明儒学案》来做培育道德的基本读本，虽然在《德育鉴》内，他已采用了不少经典和一些先秦诸子之言。黄遵宪、梁启超二人意见各有其故，而黄说梁的《论私德》只能感动极少数的"上等士夫"，却不是梁所能认

[1] 梁启超，《论私德》，《新民说》，页 137。
[2] 《民国梁任公先生启超年谱》册 2，页 590-591。

同的。梁启超只是相信，变化风俗是少数上流人物之事，而且行之必有效果。他所重视和希望的，正是这些“二三上等士夫”必有培养自己道德的方法，来培养其公德基础的私德。

四、《节本明儒学案》的选编缘起及其内容

《节本明儒学案》成于光绪三十一年（1905）。上一年十月，梁启超致书蒋观云，其中所言可见编著此书的缘起。梁氏说：“仆于十日前有姊之丧（原注：其夫在此，姊随家君来，遂居于此，以产孪子，力不胜而亡。仆少丧母，与姊相依为命，觏此大故，痛澈心骨）。心绪恶劣，不能自胜。读尊著《养心用心论》，惠我良多，日来惟读《明儒学案》，稍得安心处，拟节钞之印行，公谓何如？”〔1〕据此可见，梁启超是年有阅读《明儒学案》之事，而此书且因姊丧而成了他的治心之药，他此时打算节钞全书加以刊行。

但节抄刊行《明儒学案》之事，却不是为了修养他个人的身心。《节本明儒学案》书前的《例言》落款署“乙巳十月，后学梁启超钞竟记”，〔2〕可见他用了整整一年始告成事。据《例言》最后一条所说：“若日力不逮者，则拙著《德育鉴》及《王阳明传》可参观也”，似乎这个节本是完成于《德育鉴》之后，而《德育鉴》之《例言》则又署是年十一月，晚了此书一月。〔3〕毫无疑问，这二书是同时进行的著述。值得思考的问题倒是，这二书是否有从属关系，各自的目的又是什么等。《德育鉴》的内容取材于儒家“四书”及少数先秦诸子著作，但主要是取于《宋元学案》、

---

〔1〕《梁启超年谱长编》，页343。

〔2〕梁启超，《节本明儒学案》，《饮冰室丛著》第六种，上海商务印书馆，1916年。

〔3〕梁启超，《例言》，《德育鉴》，《饮冰室合集·专集》册6，页2。

《明儒学案》以及《朱子语类》和《王文成公全书》及曾国藩的传记言论，而以取于《明儒学案》者最多。这样看来，《德育鉴》可以是《节本明儒学案》的副产品。但该书却是思想完整、结构紧密、论说条畅的。可见，《明儒学案》是《德育鉴》的主要资料库，而《节本明儒学案》自有独立的用途，可以大致不误。

《节本明儒学案·例言》为此书的学术基础、著作目的以及读者对象提供了重要而明确的信息，据之可以说明此书的内容特色。其中重要的文字如下：

> 启超自学于万木草堂，即受《明儒学案》，十年来以为常课，每随读随将精要语圈出，备再度研览，代书绅云尔。乃今取旧读数本，重加厘订，节钞以成是编。非敢点窜《尧典》，涂改《清庙》，良以今日学绝道丧之余，非有鞭辟近里之学以药之，万不能矫学风而起国衰。求诸古籍，惟此书最良。而原本浩瀚，……祖国古籍应读者又无量，……以至有限之日力而治多数不可缓之学问，其安能殚？故公此本于世，亦为同志略节精力云尔。……〔道学与科学〕界线最当分明。道学者，受用之学也，自得而无待于外者也，通古今中外而无二者也。科学者，应用之学也，藉辨论积累而始成者也，随社会文明程度而进化者也。故科学尚新，道学则千百年以上之陈言，当世哲人无以过之。科学尚博，道学则一言半句，可以毕生受用不尽。老子曰："为学日益，为道日损。"学谓科学也，道谓道学也。……顾明儒言治心治身之道备矣。而其学说之一大部分，则又理也气也性也命也太极也阴阳也，或探造物之原理，或语心体之现象，凡此皆所谓心的科学也。其于学道之功，本已无与。……故以读科学书之心眼以读宋明语录，直谓之无一毫价值可也。今本书所

钞，专在治心治身之要，其属于科学范围者，一切不钞。

以上可见，《明儒学案》是梁启超长时间内常读之书，《节本》且是以读过的本子作为根据。梁启超认为此书正是当今的药病之书，有助于纠正学术风气，振兴衰败之国家。《节本》之作，只是想帮助志在挽救中国的同志能够较快速地获得身心修养之道而已，其意旨在于应用。

《例言》接着说此书的取材，是针对著作目的而选的。《明儒学案》篇幅大，言论多，缘故是因"诸儒言下手工夫，多互相针砭救正，……皆针对当时学风以立言"。这些言论都是所谓"药药之药"，不是本来的治病之药，对于治病并不适用，"故将此类辨论一概不钞，惟江右一派，多矫当时放任之弊，此弊虽今之不悦学者亦多犯之，故稍存录焉。"此外抄录的，对现在来说，都是有针对性的，针对的是当时的放任之人。

《明儒学案》原书六十二卷，清代刻本有康熙紫筠斋本（或称贾本），乾隆二老阁本（或称郑本）和道光莫晋本（简称莫本），《节本明儒学案》没有提及根据哪一个版本，但从内容考察，根据的是二老阁本。〔1〕《例言》说《节本》编次为十二卷，收入民国五年（1916）上海商务印书馆出版的《饮冰室丛著》本则并未分卷，只是依照原书的原来次序选录。〔2〕《明儒学案》原书有十九个学案，依二老阁本的编次是：崇仁、白沙、河东、三原、姚江、浙中王

〔1〕《节本明儒学案》没有抄录贾本、莫本收入的《河东学案》的杨应诏，《姚江学案》的许璋、王文辕，《浙中王门学案》的胡瀚，《南中王门学案》的薛甲，《甘泉学案》的王道等人传记或语录，可见梁启超采用的版本是二老阁本。

〔2〕《饮冰室丛著》第六种《节本明儒学案》二册，共620页。原书版权页载：此书著作兼发行者为新会梁启超；印刷所：上海商务印书馆；总发行所：北京等二十四地〔市〕商务印书馆；分售处：长沙等地及澳门、香港、新加坡等二十一处商务印书分馆；中华民国五年（1916）九月初版，十二月再版。

门、江右王门、南中王门、楚中王门、北方王门、粤闽王门、止修、泰州、甘泉、诸儒上、诸儒中、诸儒下、东林、蕺山。还有附案五人，有传记而无语录。这十九个学案同样见于《节本》，所以《例言》说的十二卷，可能原来是将浙中等六个王门学案合成一个王门学案，又将诸儒学案的上中下分案合成一个诸儒学案。此书《饮冰室丛著》本分为二册，共有620页，除了梁氏的《例言》之外，包括了原书的《发凡》（但没有黄宗羲的原序）、目次、《师说》、各个学案的选录。目次也用原书各个学案的名称，但全书不用卷数，人物列名于学案的一共196人，附见于某人传内的共10人，附案共5人，见于目次的一共是211人。原书每个学案的案序，连同一些案中所见的人物传记（如姚江学案、泰州学案中的）也照抄；每案选取若干条，选录的原文，有的在原书是成条的，而节本再加以节录。全书大约有23万多字，约占原书的四分之一，连同正文之前的约5500字，全书大约24万字。

各个学案有语录被抄录的人物以及各人被抄录的语录（包括论学书、游记、证学录、杂著之类）条数如下：

一　崇仁——吴与弼30，胡居仁12，魏校9，夏尚朴3〔四人、54条〕

二　白沙——陈献章15，贺钦9〔二、24〕

三　河东——薛瑄43，吕柟17〔二、60〕

四　三原——杨爵5〔一、5〕

五　姚江——王守仁115，加徐爱按语1〔一十一、116〕

六　浙中王门——徐爱5，钱德洪15，王畿37，季本3，董穀3，黄宗明3，程文德2，徐用检3〔八、71〕

七　江右王门——邹守益16，邹善5，邹德涵5，欧阳德9，聂豹10，罗洪先42，刘文敏13，刘阳7，黄弘纲2，陈九川1，王时槐10，邓以谠4，陈嘉谟2，万廷言2，邹元标10，罗大纮

2〔十六、150〕

八　南中王门——周冲1，朱得之4，周怡2，唐顺之3〔四、10〕

九　楚中王门——蒋信2〔一、2〕

十　北方王门——孟秋1，尤时熙10〔二、11〕

十一　粤闽王门——〔零、0〕

十二　止修——李材3〔一、3〕

十三　泰州——王艮11，王襞6，王栋9，赵贞吉5，罗汝芳7，耿定向9，潘士藻5，何祥3，祝世禄12，周汝登2，刘塙（=确）3〔十一、72〕

十四　甘泉——湛若水6，洪垣6，唐枢1，蔡汝楠3，许孚远2，冯从吾5〔六、23〕

十五　诸儒上——曹端12，蔡清5〔二、17〕

十六　诸儒中——崔铣2，张岳4〔二、6〕

十七　诸儒下——李中11，霍韬4，吕坤29，吕维祺2，郝敬2，金铉3，孙奇逢5〔七、56〕

十八　东林——顾宪成12，高攀龙33，钱一本14，孙慎行1（加黄宗羲按语1），顾允成9，刘永澄7，黄尊素1，吴钟峦5〔八十一、83〕

十九　蕺山——刘宗周71〔一、71〕

总计有语录被选者共79人，抄录的语录共834条，此外有对语录加作按语者2人及其按语2条。抄录最多的明儒语录依次是王守仁115条，刘宗周71条，薛瑄43条，罗洪先42条，高攀龙33条，吴与弼30条，吕坤29条。

(一)《节本明儒学案》的眉批

梁启超在这79人中的16人的一些语录上作了眉批。这些眉批，包括批于《泰州学案》案序中的颜山农、何心隐二人传记的，散见于9个学案，共有104条，2822字。眉批所及的人物以及批语的条数如下：吴与弼6条，胡居仁2条，吕柟1条、王守仁33条，钱德洪1条，王畿7条，罗洪先14条，刘文敏1条，黄弘纲1条，李材1条，《泰州学案》序所见传记等4条（总论、人物2、黄梨洲），韩贞1条，夏廷美1条，王栋1条，赵贞吉4条，顾宪成1条，刘宗周25条〔十六十二人、104条〕。给予眉批最多的三人是：王阳明32条（加刘宗周识语1条），罗洪先14条，刘宗周25条。三人占了全部近七成。最短的批语只有2字，四、五、六、七、八字的都有，最长的二条有257字、520字。

这些眉批的内容，有提示明代儒学发展史的；有单纯评论明代学术或理学观念的，主要属于提点、发明、疏解之类；也有和理学与佛学、理学的宗教性有关的问题。而最有特色的，则是具有明显针对性的有感而发之言，足以代表梁启超此时的信向及是非褒贬之所在。整体看来，这些眉批是节抄此书时作的，至少大部分应该如此。

《节本》的眉批最有意思的是那些针对当时人物，包括《例言》中所称的“同志”者而发之言。这类批语的关键字眼是界定时间的“今日”（包括“今”、“今世”、“今学者”等）和类别人物的“吾辈”（包括“吾侪”、“我辈”、“小子”等）这两个词语。此外，尤为醒目的是关于德育与智育、科学与道学、阳明教法的精要等问题。以下将这些批语稍予归类抄录，以见梁氏所认为于德性之学最有意义的是什么，他本人当时最关心注意的是什么，他对人对事的重要见解和主张又是什么等。（引文之后的方括号内的页码，是此书《饮冰室丛著》本的原来页码；凡眉批所下之处的断句，用＊号标示。）

1.〔蕺山学案，刘宗周语〕学者静中既得力，又有一段读书之功，自然遇事能应。若静中不得力，所读之书，又只是章句而已，则且教之就事上磨炼去。自寻常衣食以外，感应酬酢，莫非事也。其间千万变化，不可端倪，而一一取材于心，如权度之待物。然权度虽在我，而轻重长短之形，仍听之于物，我无与焉，所以情顺万事而无情也。故事无大小，皆有理存，劈头判个是与非。见得是处，断然如此，虽鬼神不避；见得非处，断然不如此，虽千驷万钟不回。又于其中条分缕析，铢铢两两，辨个是中之非，非中之是，似是之非，似非之是。从此下手，沛然不疑，所行动有成绩。又凡事有先着，当图难于易，为大于细。有要着，一着胜人千万着；失此不着，满盘败局。又有先后着，如低棋以后着为先着，多是见小欲速之病。又有了着，恐事至八九分，便放手，终成决裂也。盖见得是非后，又当计成败，如此方是有用学问。世有学人，居恒谈道理井井，才与言世务便疏。试之以事，或一筹莫展。这疏与拙，正是此心受病处，非关才具。*谚云："经一跌，长一识。"且须熟察此心受病之原，果在何处，因痛与之克治去，从此再不犯跌，庶有长进。学者遇事不能应，只有练心法，更无练事法。练心之法，大要只是胸中无一事而已。无一事乃能事事，便是主静工夫得力处。又曰："多事不如少事，省事不如无事。"〔页 609〕

眉批：世有以讲学为无用之业者，宜日三复此篇。学之不讲，国之无人才也宜矣。

2.〔姚江学案，王阳明语〕使在我果无功利之心，虽钱谷兵甲，搬柴运水，何往而非实学，何事而非天理，况子史诗文之类乎？使在我尚有功利之心，则虽日谈道德仁义，亦只是功利之事，况子史诗文之类乎？一切屏绝之说，犹是泥于旧闻，平日用功未有得力处。*〔页 111〕

眉批：然则以功利之心谈爱国者何如？

3.〔蕺山学案，刘宗周语〕问万物皆备之义。曰："才见得有个万物，便不亲切，须知盈天地间，无所谓万物者。万物皆因我而名，如父便是我之父，君便是我之君，类之五伦以往，莫不皆然。然必实有孝父之心，而后成其为我之父，实有忠君之心，而后成其为我之君，此所谓反身而诚。至此才见得万物非万物，我非我，浑成一体，此身在天地间，无少欠缺，何乐如之？" *〔页 600〕

眉批：所谓主观说也。必实有爱国之心，然后成其为我之国。

4.〔姚江学案，王阳明语〕爱问："今人尽有知父当孝、兄当弟者，却不能孝、不能弟，知行分明是两件。"曰："此已被私欲间断，不是知行本体。未有知而不行者，知而不行，只是未知。圣贤教人知行，正是要复那本体。* 故《大学》指个真知行与人看，说如好好色，如恶恶臭。见好色属知，好好色属行；只见好色时已自好了，不是见后又立个心去好。闻恶臭属知，恶恶臭属行；只闻恶臭时已自恶了，不是闻后别立个心去恶。"爱曰："古人分知行为两，亦是要人见得分晓，一行工夫做知，一行工夫做行，则工夫始有下落。"曰："此却失了古人宗旨。某尝说知是行的主意，行是知的工夫；知是行之始，行是知之成。若会得时，只说一个知，已自有行在；只说一个行，已自有知在。古人所以既说知又说行者，只为世间有一种人，懵懵懂懂，任意去做，全不解思维省察，只是个冥行妄作，所以必说个知，方才行得是。又有一种人，茫茫荡荡，悬空去思索，全不肯着实躬行，只是个揣摩影响，所以必说一个行，方才知得真。此是古人不得已补偏救弊的说话。今若知得宗旨，即说两个亦不妨，亦只是一个；若不会宗旨，便说一个亦济得甚事，只是闲说话。" **〔页 127、128〕

眉批：此语直令人无所逃遁，凡吾辈日言爱国而无实行者，皆未知国之可爱也，推之一切皆如此。

眉批：后此天泉四句之争辨，先生所谓只是闲说话也。

5.〔姚江学案，王阳明语〕学绝道丧，俗之陷溺，如人在大海波涛中，且须援之登岸，然后可授之衣而与之食。若以衣食投之波涛中，是适重其溺，彼将不以为德而反以为尤矣。故凡居今之时，且须随机导引，因事启沃，宽心平气以熏陶之，俟其感发兴起，而后开之以其说，是故为力易而收效溥。*〔页 111〕

眉批：近世智育日进，而德育日敝，皆坐此也。

6.〔姚江学案，王阳明语〕爱问："至善只求诸心，恐于天下事理有不能尽。"曰："心即理也，此心无私欲之蔽，即是天理，不须外面添一分。以此纯乎天理之心，发之事父便是孝，发之事君便是忠，发之交友治民便是信与仁，只在此心去人欲存天理上用功便是。"爱曰："如事父一事，其间温凊定省之类有许多节目，亦须讲求否？"曰："如何不讲求？只是有个头脑，只就此心去人欲存天理上讲求。如讲求冬温，也只是要尽此心之孝，恐怕有一毫人欲间杂；讲求夏凊，也只是要尽此心之孝，恐怕有一毫人欲间杂。此心若无人欲，纯是天理，是个诚于孝亲之心，冬时自然思量父母寒，自去求温的道理；夏时自然思量父母热，自去求凊的道理。譬之树木，这诚孝的心便是根，许多条件便是枝叶，须先有根然后有枝叶，不是先寻了枝叶然后去种根。*《礼记》'孝子之有深爱者必有和气，有和气者必有愉色，有愉色者必有婉容'，便是如此。"〔* 页 127〕

眉批：科学，枝叶也。道学，根也。

7.〔姚江学案，王阳明语〕圣人之所以为圣，只是此心纯乎天理而无人欲之杂，犹精金之所以为精，但以其成色足而无铜铅之杂也。人到纯乎天理方是圣，金到足色方是精。然圣人之才力亦有大小不同，犹金之分两有轻重，所以为精金者，在足色而不在分两，所以为圣者，在纯乎天理而不在才力也。学者学圣人，不过是去人欲而存天理，犹炼金而求其足色耳。后世不知作圣之本，却专去知识才能上求圣人。敝精竭力，从册子上钻研，名物上考索，形迹上比拟，知识愈广而人欲愈滋，才力愈多而天理愈蔽。正如见人有万镒精金，不务锻炼成色，而乃妄希分两，锡铅铜铁杂然投之，分两愈增而成色愈下，及其梢末，无复有金矣。*〔页135〕

眉批：崇拜科学而蔑道学者，与夫误认科学以为道学者，读此当憬然。

8.〔姚江学案，王阳明语〕学绝道丧之余，苟有兴起向慕于学者，皆可以为同志，不必铢称寸度而求其尽合于此，以之待人可也。若在我之所以为造端立命者，则不容有毫发之或爽矣。道，一而已，仁者见仁，知者见知。释氏之所以为释，老氏之所以为老，百姓日用而不知，皆是道也，宁有二乎？今古学术之诚伪邪正，何啻碔砆美玉，有眩惑终身而不能辨者，正以此道之无二，而其变动不拘，充塞无间，纵横颠倒皆可推之而通。世之儒者各就其一偏之见，而又饰之以比拟仿像之功，文之以章句假借之训，其为习熟既足以自信，而条目又足以自安，此其所以诳已诳人，终身没溺而不悟焉耳。然其毫厘之差而乃至千里之谬，非诚有求为圣人之志而从事于惟精惟一之学者，莫能得其受病之源，而发其神奸之所由伏也。若某之不肖，盖亦尝陷溺于其间者几年，伥伥然既自以为是矣。赖天之灵，偶有悟于良知之学，然后悔其向之所为者，固包藏祸机，作伪于外，而心劳日拙者也。十余年来，虽痛自洗剔创艾，而病根深痼，萌蘖时生。所幸良知在我，操得其要，譬犹舟之得舵，虽惊风巨浪，颠沛不无，尚犹得免于倾覆者也。夫旧习之溺人，虽已觉悔悟，而其克治之功尚

且其难若此，又况溺而不悟，日益以深者，亦将何所抵极乎？ *〔页 121—122〕

眉批：今世傲狠险戾之徒，侈然以平等自由口头禅相号者，正以有成说使之自信自安也。○此段真语语警切，所谓杀人从咽喉上着刀也。以先生之贤，而犹云有神奸攸伏，犹云包藏祸心，作伪于外，吾侪自审，根器视先生何如，学力视先生何如，其可以一刻自恕哉？

9.〔蕺山学案，刘宗周语〕先生叹曰："人谓为人不如为己，故不忠。看来忠于己谋者亦少，如机变，如蠢息，如欺世盗名，日日戕贼此身，误认是占便宜事。"有友问："三代之下，惟恐不好名，名字恐未可抹坏。"王金如云："这是先儒有激之言，若论一名字，贻祸不是小小。"友谓："即如今日之会，来听者亦为有好名之心耳，即此一念，便亦足取。" * 先生曰："此语尤有病，这会若为名而起，是率天下而为乱臣贼子，皆吾辈倡之也。诸友裹足而不可入斯门矣。"友又谓："大抵圣贤学问，从自己起见，豪杰建立事业，则从勋名起见。无名心，恐事业亦不成。"先生曰："不要错看了豪杰，古人一言一动，凡可信之当时，传之后世者，莫不有一段真至精神在内。此一段精神，所谓诚也。惟诚，故能建立，故足不朽。稍涉名心，便是虚假，便是不诚，不诚则无物，何从生出事业来？" **〔页 597、597—598〕

眉批：今日会却甚多，试一勘，果为名而起否？

眉批：此言学道之应用处，最为深切。今世学者，不肯学圣贤，而欲以豪杰自居，岂知成圣贤成豪杰，皆同此一条路上来耶？今之无豪杰宜矣。

10.〔江右王门，罗洪先语〕知纵肆，是良知；知不能，却常自欺，是瞒良知。自知瞒良知，又是良知；形之纸笔，公然以为美谈，是不肯（原作"背"）致良知也。此病岂他人能医耶？ *

〔页 243〕

眉批：此病今方传染。

11.〔崇仁学案，胡居仁语〕古人老而德愈进者，是持守得定，不与血气同衰也。今日才气之人，到老年便衰，是无持养之功也。*〔页 34〕

眉批：今多少青年志士，不到老已衰，正坐不学道。

12.〔河东学案，吕柟语〕黄惟因问："白沙在山中十年，作何事？"先生曰："用功不必山林，市朝也做得。昔终南僧用功三十年，尽禅定也。有僧曰：'汝习静久矣，同去长安柳街一行。'及到，见了妖丽之物，粉白黛绿，心遂动了，一旦废了前三十年工夫。可见亦要于繁华波荡中学。故于动处用功，佛家谓之消磨，吾儒谓之克治。"*〔页 84〕

眉批：我辈刻刻案，须是长安柳街。

13.〔江右王门，刘文敏语〕功利之习，沦肌浃髓，苟非鞭辟近里之学，常见无动之过，则一时感发之明，不足以胜隐微深痼之蔽，故虽高明，率喜顿悟而厌积渐，任超脱而畏检束，谈玄妙而鄙浅近，肆然无忌而犹以为无可无不可，任情恣意，遂以去病为第二义，不知自家身心尚荡然无所归也。*〔页 259〕

眉批：当时学者，以去病为第二义，其弊既若彼，今学者以病为不必去，且明目张胆，以保任拥护之，又将何如？

14.〔姚江学案，王阳明语〕刊落声华，务于切己处着实用力。所谓静坐事，非欲坐禅入定，盖因吾辈平日为事物纷拏，未知为己，欲以此补小学收放心一段功夫耳。明道云："才学便须知有着力处，既学便须知有得力处。"诸友宜于此处着力，方有进步，异时始有得力处也。"学要鞭辟近里着己"；"君子之道，闇然而日章"；"为名与为利，虽清浊不同，然其利心则一"；"谦受益"；"不求异于人而求同于理"，此数语宜书之壁间，常目在之。

举业不患妨功，惟患夺志，只如前日所约，循循为之，亦自两无相碍，所谓“知得，则洒扫应对便是精义入神”也。*〔页 108〕

眉批：收放心工夫，不独小学为然，我辈并此无之，更不得不补也。主静，非王学究竟，实其下手也。

15.〔崇仁学案，吴与弼语〕累日思，平生架空过了时日。*〔页 29〕

眉批：吾辈犯此否？

16.〔姚江学案，王阳明语〕病疟之人，疟虽未发，而病根自在，则亦安可以其疟之未发，而遂忘其服药调理之功乎？若必待疟发而后服药调理，则既晚矣。*〔页 116〕

眉批：我辈宜常常自审疟根。

17.〔姚江学案，王阳明语〕门人叹先生自征宁藩以来，天下谤议益众。先生曰：“我在南都以前，尚有些子乡愿意思在。今信得这良知真是真非，信手行去，更不着些覆藏，才做得个狂者胸次，故人都说我行不掩言也〔罢〕。”*〔页 146〕

眉批：此见先生学日进，而真面目日与人以共见，吾辈当学者在此。

18.〔江右王门，罗洪先语〕果能收敛翕聚，如婴儿保护，自能孩笑，自能饮食，自能行走，岂容一毫人力安排。试于临民时验之，稍停详妥贴，言动喜怒，自是不差；稍周章忽略，便有可悔。从前为“良知时时见在”一句误却，欠却培养一段功夫，培养原属收敛翕聚。甲辰夏，因静坐十日，恍恍见得，又被龙溪“诸君”一句转了。总为自家用功不深，内虚易摇也。孟子言“皆有怵惕、恻隐之心”，由于“乍见”；言“平旦好恶与人相近”，由于“夜气所息”，未尝言“时时有是心”也。末后四端须扩而充之，自然火然泉达，可以保四海。夜气苟得其养，无物不长。所以须养者，缘此心至易动故也。未尝言“时时便可致用，皆可保四海也”。扩充不在四端后，却在常无内交要誉恶声之心，所谓以直养也。养是常息此心，常如夜之所息，如是则时时可似“乍见”与“平旦”时，此圣贤苦心语也。阳明拈出良知，上面添一致字，便是扩养之意。良知良字，乃是发而中节之和。其所以良者，要非思为可及，所谓不虑而知，正提出本来头面也。今却尽以知觉发用处为良知，至又易致字为依字，则是只有发用无生聚矣。* 木常发荣必速槁，人常动用必速死，天地犹有闭藏，况于人乎？是故必有未发之中，方有发而中节之和；必有廓然大公，方有物来顺应之感。平日作文字，只漫说过去，更不知未发与廓然处何在，如何用功？诚鹘突半生也。真扩养得，便是集义，自浩然不夺于外。此非一朝一夕可得。然一朝一夕，亦便小小有验，但不足放乎四海。譬之操舟，舵不应手，不免横撑直驾，终是费力。时时培此，却是最密地也。〔页 237〕

眉批：此段最是用力不二法门。天下无代价之物，岂吾辈学圣可以顷刻之悟而遂得耶？心至易动，不可不警惕。

19.〔蕺山学案，刘宗周语〕世言上等资质人，宜从陆子之学；下等资质人，宜从朱子之学。吾谓不然。惟上等资质，然后可学朱子，以其胸中已有个本领，去做零碎工夫，条分缕析，亦自无碍。若下等资质，必须识得道在吾心，不假外求，有了本领，方去为学，不然只是向外驰求，误却一生矣。*〔页 601〕

眉批：此论最确。故吾辈只当学陆子，非徒不敢自居上等资质，抑亦社会日趋复杂，势迫我不能不向外驰求，无此以自药，乃误一生也。

20.〔泰州学案序〕

〔原文甚长，见原书页 348—356〕

眉批：泰州之学，为世所诟病，当时无贤不肖，畏之如蝎，梨洲固心许之，然不能太撄时论，故稍予微辞，抑亦补偏救弊之意。其所赞评，谓“多能以赤手搏龙蛇，掀翻天地，前不见古人，后不见来者”；谓“赤身担当，无有放下时节”，真能写出诸贤气象。盖诸贤实学道有得之真豪杰也。阳明之教，即知即行，不行不得谓之知。泰州诸贤，以非常之自信力，而当下即行其所信。阳明活用孔孟之学，泰州又活用阳明之学者也。必如泰州，然后阳明学乃真有关系于社会于国家也。本节所纪诸贤，梨洲不以入之《学案》正文，盖微外之。然观山农、心隐诸举动，其可以为今日我辈之模范者何多也。日本自幕府之末叶，王学始大盛，其著者曰大平中斋，曰吉田松阴，曰西乡南洲，曰江藤新平，皆为维新史上震天撼地人物。其心得及其行事，与泰州学派盖甚相近矣。井上哲次郎著一书曰《日本阳明派之哲学》，其结论云：“王学入日本，则成为一日本之王学，成活泼之事迹，留赫奕之痕迹，优于支那派远甚。”（原著第六二七页）嘻！此殆未见吾泰州之学风焉尔。抑泰州之学，其初起气魄虽大，然终不能敌一般之舆论，以致其传不能永，则所谓活泼赫奕者，其让日本专美亦宜。接其传而起其衰，则后学之责也。〇梨洲少时携锥入都，谋复仇，其气象与山农、心隐一何相类，其后乃稍别之耳。〇井上氏又云：“阳明派之人，著书率少，其行状即代著书。且所以感化人者，比著书之效果更大。盖彼等以知行合一为主义，常实行其所知，故所行即所知之发现也。观其学术，当于此焉求之。”吾谓山农、心隐之行事，皆足以廉顽立懦，宜以至精之学说视之。〇梨洲所以不列诸贤于学案正文者，谓其纯于禅，非复儒也。习气哓哓，儒佛之辨，则此自是当时习气耳。明道谓邵康节豪杰之士，若泰州诸贤，皆所谓豪杰之士也。观心斋父子之所证，何其与康节相肖。

21.〔蕺山学案，刘宗周语〕朱夫子答梁文叔书曰：“近看孟子道性善，称尧、舜，此是第一义。若于此看得透，信得及，直下便是圣贤，更无一毫人欲之私做得病痛。若信不及，孟子又说过第二节工夫，又只引成覸、颜渊、公明仪三段说话，教人如此发愤，勇猛向前，日用之间，不存留一毫人欲之私在这里。此外更无别法。”此朱子晚年见道语也。学者须占定第一义做工夫，方是有本领学问，此后自然歇手不得，如人行路，起脚便是长安道，不患不到京师。然性善、尧、舜，人人具有，学者何故一向看不透，信不及？正为一点灵光，都放在人欲之私上。直是十分看透，遂将本来面目，尽成埋没。骤而语之以尧、舜，不觉惊天动地，却从何处下手来？学者只是克去人欲之私。欲克去人欲之私，且就灵光初放处讨分晓，果认得是人欲之私，便实时克了。阳明先生致良知三字，正要此处用也。孟子他日又说个道二，仁与不仁，不为尧、舜，则为桀、纣，中间更无一发可容混处。*学者上之不敢为尧、舜，下之不屑为桀、纣，却于两下中，择个中庸自便之途，以为至当，岂知此身早已落桀、纣一途矣。故曰：“纣之不善，不如是之甚也。”学者惟有中立病难医。凡一切悠悠忽忽，不激不昂，漫无长进者皆是。看来全是一团人欲之私，自封自固，牢不可破。今既捉住病根在，便合信手下药。学者从成覸、颜渊、公明仪说话，激发不起，且急推向桀、纣一路上，果能自供自认否？若供认时，便是瞑眩时，若药不瞑眩，厥疾不瘳，正为此等人说法。倘下之苟不为桀、纣，上之又安得不为尧、舜？（《第一义说》）〔页 605〕

眉批：最能发明阳明法门。曾文正曰：“不为圣贤，便为禽兽。”

22.〔江右王门，罗洪先语〕 龙溪之言曰：“先师提掇良知，乃道心之微，一念灵明，无内外，无寂感。吾人不昧此一念灵明，便是致知，随事随物不昧此一念灵明，便是格物。良知是虚，格物是实，虚实相生，天则乃见。盖良知原是无知而无不知，原无一物，方能类万物之情。或以良知未尽妙义，于良知上搀入无知意见，便是异学。或以良知不足以尽天下之变，必加见闻知识补益而助发之，便是俗学。吾人致知工夫不得力，第一意见为害。意见是良知之贼，卜度成悟，明体宛然，便认以为良知。若信得良知过时，意即是良知之流行，见即是良知之照察，彻内彻外，原无壅滞，原无帮补，所谓丹府一粒，点铁成金。若认意见以为实际，本来灵觉生机封闭愈固，不得出头。学术毫厘之辨，不可不察也。”然质之阳明先生所言，或未尽合。先生尝曰：“良知者，天命之性，心之本体，自然昭明灵觉者也。”是谓良知即天性矣。《中庸》言性，所指在于不睹不闻，盖以君子之学，惟于其所不睹不闻者而戒慎恐惧耳，舍不睹不闻之外无所用其戒慎恐惧也。夫不睹不闻，可谓隐而未形、微而未著矣。然吾之发见于外者，即此未形者之所为，而未始有加；吾之彰显于外者，即此未著者之所为，而未始有加。由是言之，谓良知之体至虚可也，谓其本虚而形实亦可也，今曰“良知是虚格物是实”，岂所谓不睹不闻有所待而后实乎？先生又曰：“至善者，心之本体，动而后有不善，而本体之知，未尝不知也。”是以良知为至善矣。《大学》之言至善，其功在于能止，盖以吾心之体固有至善，而有知之后，得止为难。知而常止，非夫良之止其所，孰能与于此？故定静安虑者，至善也；能定能静能安能虑者，止至善也。能止而后至善尽为己有，有诸己而后谓之有得。先之以定静安者，物之所由以格，止之始也；后之以虑者，知之所以为至，止之终也。故谓致知以求其止可也，谓物则生于定静亦可也。今曰“虚实相生天则乃见”，岂定静反由虑而相生乎？先生又曰：“良知是未发之中。”又曰：“当知未发之中，常人亦未能皆有。”岂非以良知之发，为未泯之善端，未发之中，当因学而后致？盖必常静常定，然后可谓之中。则凡致知者，亦必即其所未泯，而益充其所未至，然后可以为诚意，固未尝以一端之善为圣人之极则也。今曰“若信得良知过时，意即是良知之流行，见即是良知之照察”云云，夫利欲之盘固，遏之犹恐弗止，而欲从其知之所发，以为心体；以血气之浮扬，敛之犹恐弗定，而欲任其意之所行，以为工夫，畏难苟安者，取便于易从，见小欲速者，坚主于自信。夫注念反观，孰无少觉？因言发虑，理亦昭然。不息之真既未尽亡，先入之言又有可据，日滋日甚，日移日远，将无有以存心为拘迫，以改过为粘缀，以取善为比拟，以尽伦为矫饰者乎？而其灭裂恣肆者，又从而诪张簧鼓之，使天下之人遂至于荡然而无归，则其陷溺之浅深，吾不知于俗学何如也！＊先生又曰：“知者意之体，物者意之用。”未尝以物为知之体也。而绪山乃曰：“知无体，以人情事物之感应为体。无人情事物之感应，则无知矣。”夫人情事物感应之于知，犹色之于视、声之于听也。谓视不离色，固有视于无形者，而曰色即为视之体，无色则无视也，可乎？谓听不离声，固有听于无声者，而曰声即为听之体，无声则无听也，可乎？（戊申《夏游记》）〔页245—248〕

眉批：阳明之教，药也，而末流因药生病。念庵又药之药也。凡学王学者，日三复此段，庶无大过乎？

23.〔止修学案，黄宗羲撰李材传〕先生初学于邹文庄，学致良知之学。已稍变其说，谓：“致知者，致其知体。良知者，发而不加其本体之知，非知体也。”已变为性觉之说，久之喟然曰：“总是鼠迁穴中，未离窠臼也。”于是拈“止修”两字，以为得孔、曾之真传。止修者，谓性自人生而静以上，此至善也，发之而为恻隐四端，有善便有不善。知便是流动之物，都向已发边去，以此为致，则日远于人生而静以上之体。摄知归止，止于人生而静以上之体也。然天命之真，即在人视听言动之间，即所谓身也。若刻刻能止，则视听言动各当其则，不言修而修在其中矣。使稍有出入，不过一点简提撕，修之工夫，使之常归于止而已。故谓格致诚正，四者平铺。四者何病？何所容修？苟病其一，随病随修。著书数十万言，大指不越于此。夫《大学》修身为本，而修身之法，到归于格致，则下手之在格致明矣。故以天下国家而言，则身为本，以修身而言，则格致又其本矣。先生欲到归于修身，以知本之本，与修身为本之本，合而为一，终觉龃龉而不安也。性情二字，原是分析不开，故《易》言“利贞者，性情也”。无情何以觅性？《孟子》言恻隐羞恶辞让是非，即是仁义礼智，非恻隐羞恶辞让是非之上，又有一层仁义礼智也。虞廷之言道心，即中也。道心岂中之所发乎？此在前贤不能无差，先生析之又加甚耳。即如先生之所谓修，亦岂能舍此恻隐羞恶辞让是非之可以为主宰者，而求之杳冥不可知者乎！“上天之载，无声无臭，至矣。”此四端者，亦曾有声臭乎？无声无臭犹不足以当性体乎？犹非“人生而静以上”乎？然则必如释氏之所谓语言道断，父母未生前，而后可以言性也。止修两挈，东瞻西顾，毕竟多了头面。若单以知止为宗，则摄知归止，与聂双江之归寂一也。先生恐其邻于禅寂，故实之以修身。若单以修身为宗，则形色天性，先生恐其出于义袭，故主之以知止。其实先生之学，以止为存养，修为省察，不过换一名目，与宋儒大段无异，反多一张惶耳。许敬庵曰：“见罗谓道心人心总皆属用，心意与知总非指体。此等立言，不免主张太过。中固是性之至德，舍道心之微，更从何处觅中？善固是道之止宿，离心意与知，却从何处明善？性无内外，心亦无内外，体用何从而分乎？”高忠宪曰：“《大学》格致，即《中庸》明善，所以使学者辨志定业，绝利一源，分剖为己为人之界，精研义利是非之极，要使此心光明洞达，无毫发含糊疑似于隐微之地，以为自欺之主。不然，非不欲止欲修，而气禀物欲拘蔽万端，皆缘知之不至也。工夫吃紧沉

着，岂可平铺放在，说得都无气力。”两公所论，皆深中其病。*〔页 345—348〕

眉批：见罗之标题“止修”，大率因当时龙溪、泰州派下言现成良知，流入玩弄光景一边，令无忌惮者可以自托，故以此矫之。其答许敬庵有云：“昔之支离者，不过支离于训解；今之支离者，乃至支离于心体，此真可为痛伤者也。”此其改宗之原因也。彼极排良知之说，谓此不过阳明补偏救弊之言；又自言：“稍有知识，皆阳明先生之赐，惟标宗旨，则不敢苟同。”其苦心可以推见。但见罗说，又不过就阳明说而补偏救弊耳，所谓药之药也。今日吾辈读之，觉见罗之药，实不能如阳明之药之受用。盖今日我辈所犯者，阳明以前社会之普通病，非阳明门下之特别病也。故见罗之学，当时虽极有力，由今观之，亦赘疣耳。高忠宪所谓“平铺放在，说得无甚气力，不如阳明之紧切远矣”。

以上的引文和眉批反映了，梁启超选编此书时，他关心的是参与维新政治以及挽救人心、社会、国家的志士的个人道德素质。他认为，国家要有真人才，国人要真爱国，则其教育不能只重视智育而忽视德育，不能只讲增进知识的科学，不讲培养德性的道学。道学所教的是做人的“头脑”、主旨，是德育的根本，科学只是为道学服务，其所发明和讲求研究的，只能增进智育。人才之德智兼备，才是国家前途之所赖。而在如何培养道德以端正根本之事上，他肯定讲学尤其讲攸关身心修养的宋明理学绝对有用。

梁启超当下系念最深的是所谓“爱国”问题。在他的认识中，爱国是主观的，是无条件的；人爱国必须出自真心，不能怀着功利的私心；要知道我与国家为一，才能真正地爱国。当时大言爱国之人，其实不能说是爱国；其所提倡的革命破坏、自由平等之类口头禅式的成说，梁氏指之为诳己诳人之说。他提醒自己的同志要自省，要用功克服这类恶习。时人参与政治，多是出于功利之心，只想以豪杰自处，为的无非是名。他提醒同志，要成为豪杰，建立不朽的事业，便要认真从事道学，要有诚信，不要有好名之心。豪杰和圣人一样，都要本着诚意做事，才能有所成就。

在梁启超看来，当时学者之大病在于功利之心，而学者竟认为此病不必去除。梁氏认为这些学者的致病之由是自身不肯致其良知，其以自己的败德为美谈，正反映了其志在于功利虚名。青年志士要免于此病而不至于未老先衰，则必须学道。但学道不可流于空言，要在事上磨炼以得之。在修养上要做求放心工夫，而从主静入手，以静坐为实习之始；要深刻自省自己的缺点，自问有无虚耗光阴，日作无益身心之事。做事要凭良知，认清真是真非而实践之。做人处世要以真面目示人。总之，心中良知，要平时用功培养，不可以任情率意为致良知。

梁启超在眉批中极力表彰王阳明的知行合一之教。陆王心学要人对自己有信心，相信自己的能力，依靠自己之所学。阳明之教，是非善恶，最要分明，含糊本身就是病痛之源，所以知行合一说所着重的，其实在行，而致良知说所教的，是即知即行，彻底行动。人致良知，便是认真自我检讨，马上改过从善，将应该做的事做去。行动是挽救人心、维新政治的决定因素，故此他特别推崇泰州学派的作为，认为泰州学派才是真能发扬王学的社会教育意义的。他并且举说日本明治维新之成功，以证明王学之实用，作为再度努力维新的思想资源。他希望同志有的是泰州派中的真豪杰、真行动，但却要不犯泰州后学的流弊。而要免除明末王学的流弊，便要坚持像罗洪先所综提的，从存心、改过、取善、尽伦四方面上用功。整体而言，他始终主张阳明与泰州之学为应该服膺和学习效法。

（二）梁启超的学问观及对理学书之始终重视

梁启超对于“学问”的看法，是陆王学说所主张的尊德性而道问学的整体观。学问的目的是成人，因此做人与读书、德育与智育合一不分。身心修养则是为学永远应有之事。民国十二年（1923）他为东大国学研究所作题为《治国学的两条大路》的演讲说：“我以为研究国学有两条应走的大路：一、文献的学问：应该用客观的科学方法去研究；二、德性的学问：应该用内省和躬行的方法去研究。”可见他早年所持的学问观没有改变，仍是“为学与做人”的主题。文献的学问，即是当时人说的“整理国故”，属于专家之学。而德性的学问，“这可说是国学里头最重要的一部分，人人应当领会的，必走通了这一条路，乃能走上那一条路［文献的学问］。”此学“即人生哲学”，是“我们祖宗的精神所在”。此学又是中国先哲所独步于世界的，非西方形而上学、科学所能及。“这类学问，必须自证，必须躬行，这却是西人始终未看得到的一点。”他在演讲中特别提到王阳明的知行合一之教，并说：“其实阳明也不过是就孔子已有的发挥。”〔1〕所以他对于像《明儒学案》这类有助于身心修养的道学之书也就始终重视。

他在1923年著的《国学入门书要目及其读法》中，将国学的入门必读书分为如下五类：甲、修养应用及思想史关系书类，乙、政治史及其他文献学书类，丙、韵文书类，丁、小学书及文法书类，戊、随意涉览书类。从次序的编排可以见到，他对于修养应用的重视。所谓修养应用，是说这些书籍之所教是能够让学者实行的。

“修养应用及思想史关系书”包括：《近思录》、《朱子年谱附

〔1〕 梁启超，《治国学的两条大路》，《饮冰室文集》册14，页110、114、116。

朱子论学要语》、《传习录》、《明儒学案》、《宋元学案》等。“随意涉览书”中，有王艮的《王心斋先生全书》。他在《传习录》条下注说：“读此可知王学梗概，欲知其详，宜读《王文成公全书》，因阳明以知行合一为教，要合观学问事功，方能看出其全部人格，而其事功之经过，具见集中各文，故阳明集之重要，过于朱陆诸集。”在《明儒学案》、《宋元学案》条下注说：“此二书卷帙虽繁，吾总望学者择要浏览，因其为六百年间学术之总汇，影响于近代甚深，其汇诸家为一编，读之不甚费力也。”在《王心斋先生全书》条下注说：“吾常名心斋为平民的理学家，其人有生气。”〔1〕由此可见他对道学或理学之为有益个人身心修养之学是深信不疑的，而宋元明三朝《学案》则是此学的取资总汇。

《国学入门书要目及其读法》又附录了一个“最低限度之必读书目”，是为非专门的青年学生设的。所列书目只有“四书”、“五经”(《易》、《书》、《诗》、《礼记》、《左传》)，先秦诸子“老”、“墨”、“庄”、“荀”、“韩”五家，《战国策》、《四史》(《史记》、《汉书》、《后汉书》、《三国志》)、《通鉴》或《通鉴纪事本末》、《宋元明史纪事本末》，《楚辞》、《文选》、李、杜、韩、柳、白香山《集》，自选所好词曲集数种。他说：“以上各书，无论学矿，学工程，学〔任何其他者〕……皆须一读。若并此未读，真不能认为中国学人矣。”〔2〕这是“真正之最低限度”的书目。这个书名没有原来的“修养应用”类书。但理学毕竟是新儒学，其修己治人的基本主张也是奠基和提取于“四书”、“五经”的。从源头活水的意义上看，不读宋明理学之书，可以说是遗而不憾，但治国学而不读《学案》，则是近乎不可思议。

---

〔1〕 梁启超，《国学入门书要目及其读法》，《饮冰室合集·专集》册15，页6、18。
〔2〕《国学入门书要目及其读法》，页21。

五、结　语

梁启超自青年时从学于康有为始，学术和思想上的大宗旨和大方向，都以宋明理学的核心义理为依归。受到康有为的影响，他服膺宋明理学中的陆王之学，而于明儒之学，尤其王阳明所倡导及其门人所宣传的行的哲学，更为崇拜向往。从“公车上书”，到维新运动，到立宪运动，都体现了他的行的学问。《节本明儒学案》之作，从根本上看，也是一种行的哲学的实践，而此哲学就是王阳明的哲学。

梁启超选编《节本明儒学案》时，身为流亡外国之人，历经变法失败，清廷日益腐败，国家趋向败亡之境，人心为海外传入的新思想所冲击，他最关心的仍是传统士大夫所关心的人才和风俗问题，尤其人才和士习的问题。他期望的同志是有道德操守之人，不是口叫爱国而心怀功利之徒。在亲身阅历美洲、澳洲等地的西洋文化以及日本的东洋文化之后，开了眼界，回视当时提倡革命、主张破坏一切固有价值和秩序的激进人士，他更加相信中国固有的德性之学对于维新中国的政治和社会最为重要，并且是外来学说所不能取代的。他强调“所以成就伟大之人格”的德育的重要性，主张以清朝学者一般轻视的宋明理学来平衡外来新思想，以能够让人“受用”的道学来平衡属于智育范畴的科学。没有这样的旧学根底而热衷于外来新说，在梁启超看来，流弊终会至于洪水猛兽。口头禅式的倡导而没有诚意的实践，更是他所痛心和恐惧的。

梁启超虽然思想与时并进，但其思想基础仍是传统士大夫的。他的学问观念是整体的，智育与德育并重，而因为学之目的在于做人，故此德育尤其重要。他深信学术救国之道，相信少数人可以影响社会，形成风俗。但这些少数的精英，必须先是德才兼备之人。道德之说，中国起源甚早，而先哲所言做人之道及身心修养的哲理，不但不逊于西方的论说，而且更加贴近国情。因此对这些精英的人格和行事最有益的，便莫过于以传统宋明理学论说的德育哲理和方法来给予培养。对此他深信不疑，认为此学实已令他自己“受用”，故而应向同志之士广为推介，助其精进。《明儒学案》是最能有助于达到这个德育目的的古籍，所以他的节本之作，正是从需要发展德育以及有助德育发展的立场而来的。

《节本明儒学案》也是梁启超阐扬王学内容的重要工具。自从师事康有为而入陆王之学的藩篱之后，梁氏便成了王阳明学说的信徒。在精读《明儒学案》多年多次之后，他已视《明儒学案》实为王门之学案，故此《节本明儒学案》所抄录的主要便是王门人物的行事和言论。就中评点最切中的，大都也在王学大师们之所言。

梁启超之服膺王学，可谓终身一以贯之。民国十五年十二月（1926）他在北京学术讲演会及清华学校讲授《王阳明知行合一之教》，从时间和内容上看，足以证明此点。在演讲中，他用力批评当时的教育是将“学校变成智识贩卖场”，令学生“就修养方面论，把可塑性最强的青年时代白白过了，到毕业出校时，品格已经成型，极难改进”。针对青年学生的这种“痛苦”和“危险”，他郑重地推荐王阳明的讲学宗旨说：“我告诉你唯一的救济法门，就是依着王阳明知行合一之教做去。……我以为阳明知行合一这句话，总算是最有永久价值而且最适用于现代潮流的了。”[1]这是他晚年对阳明学说的价值认定。在致力于维新和立宪的中年时期，他的良知便是将阳明的致良知和知行合一之教大事阐释宣传，作为爱国救国者的身心修养之资。一言以蔽之，梁启超之精研《明儒学案》，始终是与他的政治和教育事业的发展分不开的。

---

〔1〕 梁启超，《王阳明知行合一之教》，《饮冰室文集》册 15，页 23–24。

《明儒学案点校释误》前言

梨洲黄宗羲著《明儒学案》一书，网罗明代儒者二百余家，人立一案，先之以传记，述其人行事大节而兼评其学术要旨之得失，次列其人学说要语，以为学者深造自得之资。自谓凡所选录之言，各“从全集纂要钩玄”，而信于诸家之宗旨，为能各“得其要领”。[1]雍、乾以降，备受重视，版凡数刻，印甚多次。近代梁启超以与黄氏原编、全祖望（1705—1755）补修之《宋元学案》并列“国学入门书”内“修养应用及思想史关系书类”之中，以二书“为六百年间学术之总汇，影响近代甚深”，故“卷帙虽繁”，而人有“择要浏览”之必要焉。[2]胡适在其“只为普通青年人想得一点系统的国学知识的人设想”而拟之《一个最低限度的国学书目》中，亦列二书于“思想史之部”，亦为其“保存原料不少，为宋明哲学最重要又最方便之书”故也。[3]是二书为研治宋、元、明儒家学术思想之要籍，

---

〔1〕《明儒学案·发凡》第 4 条、第 1 条。

〔2〕梁启超，《国学入门书要目及其读法》（台北：成文出版社，1977，《书目类编》第 94 册影印 1960 年排印本），页 7（总页 42025）。

〔3〕胡适，《一个最低限度的国学书目》（台北：成文出版社，1977，《书目类编》第 94 册影印 1960 年排印本），页 1、8（总页 42057、42064）。

无复疑义；流传广远，理固宜然。其中《明儒学案》系梨洲之定本原书，且所采用之明人文集，颇有今世失传或极罕见者，[1]其价值又非《宋元学案》之所能并拟。近年出版侯外庐等编著《宋明理学史》一书，且为立专章讨论，以为是书“迄今仍然是研究明代理学史具有重要学术价值的著作，必须加以悉心研讨”。[2]盖一编在手，不唯明人之思想大略具呈，即各家之事迹与乎黄氏个人自得之言，亦均粲然并列；一书三美，学者苟善读之，为用正非浅少。

《明儒学案》成于康熙十七八年间（1678—1679），[3]传世版本，历来系统有三：一则康熙三十二年（1693）故城贾朴完刻之紫筠斋本，即乾隆中《四库全书》所据以著录者；一则乾隆四年（1739）慈溪郑性完刻之二老阁本，即光绪八年（1882）冯全垓据以重印者；一则道光元年（1821）会稽莫晋刻本。三本以紫筠斋本最早出，然因改动原编次序，“杂以臆见，失黄子著书本意”，[4]为世诟病。莫刻虽据紫筠斋本，由能订正次序，并加校字之功，又出二老阁本重印之前，故一时称善本焉。[5]民国十九年（1930）上海商务印书馆刊《万有文库》（断句）

〔1〕如卷一六所引邹德泳、卷二六唐鹤征、卷三九洪垣、卷四二杨时乔、卷五一卢宁忠、卷五二李经纶、卷五七朱天麟、卷六一吴钟峦等人文集，均极难见或已失传；卷三二邓豁渠传所从出之《南询录》及卷四二所引王道《顺渠先生文录》，愚所及见者，亦唯日本内阁文库所藏稀见本。

〔2〕侯外庐、邱汉生、张岂之主编，《宋明理学史》（北京：人民出版社，1987）下卷，页781。是书下卷第三编第二八章（页781–822）题“《明儒学案》及其对明代理学的总结”，即为专门讨论《明儒学案》之专章。

〔3〕此年份之考定，从吴光说。参看吴光，《黄宗羲著作汇考》（台北：台湾学生书局，1997），页17–19。

〔4〕《明儒学案·郑性序》。

〔5〕以上各本细节，北京中华书局点校本《明儒学案·前言》（页4–5）有所论述。《黄宗羲著作汇考》（页20–28）言之更详。

本，[1]民国二十五年（1936）上海世界书局发行国学整理社刊《四朝学案》（断句）本[2]及同年上海中华书局刊《四部备要》本，[3]均据莫刻排印，为后来之普及本。另有《万有文库》编内缪天绶选注本[4]及民国三十四年（1945）重庆正中书局印行国立编译馆刊李心庄重编删节本，[5]亦均唯莫刻是据。然论编次之当，选录之富，则二老阁本固最优胜。[6]

顾各本字句颇有异同，在专家且不免有时而费解，况又字逾百万，奥词深意，层出屡见，在初学及一般自学者更未必皆能望文知义而快收开卷之益，此所以《万有文库》与世界书局两断句本及1985年北京中华书局所刊沈芝盈点校本[7]之尤为有贡献于学界也。盖文字之正误，义理攸关，而标点有使文章"义显意明，有不待论说而自见"[8]之功用；标点而确，又兼有导读之旁效焉。沈氏点校本以二老阁本为据，实有见地，而又校之以贾、莫二本，则其完善又可想见。故以内容言，以功能言，以所出版机构之信誉言，其为多数读者今后据用之本，几

〔1〕此本民国二十八年（1939）收入《万有文库简编》第一、二集内；1968年台北台湾商务印书馆收入《国学基本丛刊》内；均为原本之影印本。1974年台北河洛图书出版社亦据之影印发行。

〔2〕此本1961年台北世界书局影印为台一版，收入《历代学案》第一期书之内，其后并曾多次印刷。

〔3〕此本1966年台北台湾中华书局影印台一版，其后并曾多次印刷。

〔4〕此本1968年台北台湾商务印书馆影印为台一版，收入《人人文库》之内，其后并曾多次印刷。此本所选原书各家文字，分量极其有限。

〔5〕此本1959年台北正中书局影印为台一版，其后并曾多次印刷。据其"凡例"，此本于原书"约去三分之一"。

〔6〕郑氏二老阁本优点之论，可参看《黄宗羲著述汇考》，页12–28。

〔7〕1985年10月第1版，正文1603页，附人名索引，全书1103千字，印数7000册。

〔8〕脱脱等撰，《宋史》（北京：中华书局，1977）卷四三八《何基传》，页12979。

于无疑。1987年台湾华世出版社之为发行影印本版，[1]殆亦职是故也。

所惜沈氏之点校，错误实繁。其缘手民所致而校对疏忽成过者，间或有之；其由文辞义理之析解不精，史实典故之考求未核而致误者，实为主因。驯至文辞句读之误，较之《万有文库》及世界书局两本所见者，为数更多；文句之句、逗、分、顿、冒、引、叹、问等符号之误用，与乎专名及书名二号之误标者，所在触目；即使段落之错分，亦所未免。其于文字之校勘，用功尤浅。虽云据用贾、莫二本互校，而其实多忽而未校；又以徒用异本对校，未能取证于原书所引文集，故于各本相同之显误，亦未见有所订正。其于引文辞句之起止，则又率凭臆断，未曾比核于所出之书，而不幸臆则屡误，以至文脉断截者有之，辞语破碎者有之，意旨晦涩者有之，而由辞句之误属以致议论之误归者，尤为害事。凡上各类之误，即以个人所见，亦且千数百起，就中与文字有关者过二百，与句读有关者近八百，与点号有关者近二百，与专名及书名两号有关者过二百，与引文有关者二百数十，不有救正，何利学术，此《点校释误》之所由作也。

或谓文字及标点之误，在专家自能随在纠正，毋庸专著为之遍释。是固通言，然即以句读一项论之，则1930年初版之《万有文库》本及1936年初版之世界书局本，实多错误（其适与沈本所误相同者，亦凡三百八十余见），而其后各自印行多次，并无校正之事，则是前辈专家有未任纠正之责者矣。1987年美国出版多位华洋学者之英译节本，其有所误，亦多在各本误断之

〔1〕 1987年2月台1版，精装3册，平装6册。

处，[1]则是当代专家亦有未及纠正之处者矣。实状如此，则是误非一家之误，而事有当为读者所共同正视者矣。梨洲发凡是书，有"以水济水，岂是学问"之言，[2]则凡读是书者，当立不为梨洲所讥之志。爰以沈氏校本为主，《万有文库》及世界书局断句本为辅，依沈本页次条举全书各类点校之误，各为释说改正，其有沈本字句为历来各本所不同及所并误者，亦悉校出订正，使凡读者于文义疑似之处，是非难辨之际，有因分析而得所据依也。或将来更见善本，则此《释误》文，又可略充注解之用。盖无往而非为自学及非专习明史者设想也，万一所举不谬，固已无违于学术公有之义矣。其释误原则及范围，具见凡例。

〔1〕 Julia Ching, ed., *The Records of Ming Scholars* (Honolulu: University of Hawaii Press, 1987), xxi+336 pages. 是书译黄宗羲《序》、《凡例》、各案总序 17 篇，个人传记 42 篇。译者共十人。Julia Ching 贡献最巨，凡译传记 19 篇，并《序》、《凡例》及各案总序全文。译文据《四部备要》本，未言参沈氏点校本。其译误适类本《释误》所条举者如下：p.67（第 3 段）刘宗周论罗洪先处引号，误如《释误》第 16 条所举。p. 83（第 1 段）胡居仁评娄谅指搬木得法是道处引文，误近《释误》第 25 条所举。p. 97（第 2 段）钱能被撤句下即接王恕被调南京事，误如《释误》第 141 条所举。p. 177（第 1 段）王艮论安心安身处，以"缗蛮黄鸟"句为王艮所言，误如《释误》第 690 条所举。p.180（第 2 段）溢引陈献章语，误如《释误》第 697 条所举。p. 187（第 4 段）罗汝芳所言"是则予之心得岂病乎"九字文意，误如《释误》第 745 条所举。p. 195（第 3 段）以二耿见刘初泉时不以兄弟关系相告之语出于耿定向，误如《释误》第 790 条所举。p. 197（第 3 段）"谕德"译"the honorific Yü -te"，不译官名，误似《释误》第 792 条所举。p. 251（第 4 段）以"At the assembly held in the capital"译"首善之会"，误似《释误》第 1365 条所举。p. 261（第 3 段）以"assembly of Chen-jen Hui"译"证人之会"，误似《释误》第 1387 条所举。又，p. 166（第 2 段）以颜钧与周怡（恭节）二诗为一诗，亦误。原书引诗八句，既无对仗之句，又"垓"、"台"、"来"三韵两见，则不待详诗意之转换而知其为用韵之七绝矣。然沈本亦八句作一次引，见《释误》第 681 条；使其每四句分别标引，误会固可避免。

〔2〕《明儒学案·发凡》第 6 条。

《明儒学案点校释误》所释引文之误

按：《明儒学案点校释误》一书内容包括如下八种正误及解释：1. 字句之误；2. 段落之误；3. 断句之误；4. 当断不断之误；5. 点号之误；6. 专名号之误；7. 书名号之误；8. 引文之误。以下所选均属“引文之误”部分，每条的编号、页数、行数，均照所据1991年台北“中研院”历史语言研究所刊行该书的原来编号。唯引号的用法上，该书用传统引号，首引的单引号作「……」，引中引的双引号作『……』，此处用新式引号，但以“……”当原单引号，‘……’当原双引号。各条原文以“（文同上条）”代替的，其原文均在注释中呈现，但非必要时，不录该条的“释误”。

（9）页4–5，行13 – 行1

孟子曰“君子深造之以道”，欲其自得之也，不闻其以自然得也。

释误：引文当及次句，二句系《孟子·离娄下》篇14章原文。

（11）页 8，行 7–10

愚按：四句教法，考之阳明集中，并不经见。……至龙溪先生始云："四有之说，猥犯支离，势必进之四无而后快。既无善恶，又何有心意知物？终必进之无心、无意、无知、无物而后元。"如此，则"致良知"三字，着在何处？

释误："四有"至"而后元"一处，引号当去。所以致误，盖以"如此"二字，有承转之意欤？但文中"既无善恶"起，已自否定其前之说，其非龙溪之言可知。各句实刘宗周评论龙溪学说之言；"四有之说，猥犯支离"二语；"既无善恶，又何有心意知物"二语，特刘氏综括龙溪意旨，作自家立论之端耳。

（13）页 9，行 7–9

又申言之曰："此理在心目间，由本而之末，万象纷纭而不乱，自末而归本，一真湛寂而无余，因以自附于卓如之见。"

释误：引文当止"无余"句。所引系罗钦顺原语，见本书（按：此指 1985 年北京中华书局版沈芝盈点校本《明儒学案》，下同）页 1110，行 11—12。"无余"下逗号，当改句号。

（16）页 12，行 4–5

或曰："先生之主静，不疑禅欤？"曰："古人主教皆权法，王先生之后，不可无先生。吾取其足以扶持斯道于不坠而已。”况先生已洞其似是而出入之，逃杨归儒，视无忌惮者，不犹近乎？

释误：次引引文当尽“不犹近乎”句，盖均为刘宗周答或问之言也。或人以禅疑罗洪先，倘如原标，则刘氏之解无归宿，不能落实。

（23）页32，行12–14

程子曰：“人心自由便放去，又以思虑纷扰为不静，遂遏绝思虑以为静。殊不知君子九思，亦是存养法，但要专一。若专一时，自无杂虑。”

释误：引文只当首句。所引程子语，系伊川之语，见《二程集》卷18。[1] 次句而下，系作者综述及论辨伊川旨意之言。

（25）页44，行5–8

（胡居仁）又言：“克贞见搬木之人得法，便说他是道，此与运水搬柴相似，指知觉运动为性，故如此说。道固无所不在，必其合乎义理而无私，乃可为道，岂搬木者所能？盖搬木之人，故不可谓之知道；搬木得法，便是合乎义理，不可谓之非道，但行不着，习不察耳。”先生之言，未尝非也。

---

〔1〕 程颢、程颐：《二程集·河南程氏遗书》（台北：里仁书局，1982年，影印大陆点校本）卷一八，页203。

释误：此段溢引，引文当止“岂搬木者所能”句。本书页1120行13–15[1]（罗钦顺学案）引同语，亦以此句及其上文出胡氏《居业录》。“盖”字以下，均黄宗羲驳胡申娄（克贞）之言。按：此所引语，《四库全书》及《正谊堂全书》本《居业录》、《四库全书》本《胡文敬集》及《正谊堂全书》本《胡敬斋集》均未载，但为胡居仁语，似无疑。又，“故不可谓之知道”句之“故”字，为“固”之误。贾本、莫本均不误。

（27）页44–45，行15–行2

> 叶畏斋问知，曰：“行陈寒谷。”问行，曰：“知未达。”曰：“知至至之，知终终之，非行乎？未之能行，惟恐有闻，非知乎？知行合一，学之要也。”

释误：此处论知行合一之旨甚明。知行并举为问答，知“陈寒谷”为问者，当加专名号。数句当如下标读：“叶畏斋问知。曰：‘行。’陈寒谷问行。曰：‘知。’未达。曰：‘……’”且如原标点，则第三“曰”下为谁人之言，竟不可知，亦可思过半也。按：《万有文库》本及世界书局本断句不误。

（50）页67，行7

> 圣人定之以中正、仁义而主静，立人极焉。自注云：无

---

〔1〕《明儒学案》（下文简称《学案》）作：《居业录》云：“娄克贞见搬木之人得法，便说他是道。此与运水搬柴相似，指知觉运动为性，故如此说。夫道固无所不在，必其合乎义理而无私，乃可为道，岂搬木者所能？设使能之，亦是儒者事矣，其心必以为无适而非道。然所搬之木，苟不合义，亦可谓之道乎？”

欲故静。

释误："圣人"起至"极焉"，当加引号。"自注云"下四字，亦当加引号。均周敦颐《太极图说》中文，[1]以前文未及是篇之名，故引号尤为必要。

（52）页67，行9

（文同上条。[2]《万有文库》本及世界书局本句读同）

释误：引号及引文句读均误。止引号当移置"妄动"字下，该处并加句号。所引《集注》语，见《朱子大学章句》经1章。[3]

（59）页71，行8–9

（文同上条）[4]

---

〔1〕 周敦颐：《周濂溪集》（上海：商务印书馆，1936年，《丛书集成初编》本）卷一，页17。

〔2〕 51条作：主静之静，不与动时对，乃《大学》定静之静。《集注》云："静，谓心不妄动是也。"释误："不与动时"句，各本文俱相同；《东岩集》卷1"动时"作"动字"。按：下句特言"定静之静"，谓"主静"之静字，当作"定静"之静字解，不作"动静"之静字解。文集原句无误，此当从之改正。

〔3〕 本《释误》所引《四书章句集注》，系用《四部备要》本。

〔4〕 58条作：予偶检得《四家语》，内有黄蘖对裴休云："当下即是动念，则非伫立之顷。"遂觉胸中如有石头磕然而下（《万有文库》本及世界书局本断句同）。释误："动念则非"四字，当连读为句。四字与其上"当下即是"为对。"伫立"以下，已起新意，故"之顷"下句号，当改逗号。

释误：引文当只“当下即是，动念则非”（用改正句读）二句。数句文意谓因读黄蘗语而得悟入，当下轻松，如胸中石头之顿去。

（71）页76，行9–10

> （《中庸》）又云：“故至诚无息。不息则久，久则征。如此者，不见而章，不动而变，无为而成。”

释误：“久则征”下，宜加止引号。“如此者”下，宜加起引号。所引《中庸》语，同章节取故也。[1]

（75）页80，行8–9

> 尹直《琐缀录》谓“先生初至京，潜作十诗颂太监梁方，方言于上，乃得授职。及请归，出城辄乘轿张盖，列槊开道，无复故态”。丘文庄采入《宪庙实录》，可谓遗秽青史。

释误：此引上溢下不足。尹直既诋陈献章若是，则无称之为“先生”之理；“丘文庄”二句，若在引文之外，则成黄宗羲评陈之语，与以下黄氏为陈辩诬之言，立成矛盾。引号误置，固甚明了。以尹氏《謇斋琐缀录》卷七原文校之，[2]正见“先

---

〔1〕 Julia Ching, ed., *The Records of Ming Scholars* (Honolulu: University of Hawaii Press, 1987), p.84，译文亦以此二句属之白沙。

〔2〕 尹直：《謇斋琐缀录》（台北：台湾学生书局，1969年，景明蓝格钞本），卷七，页5下－6上。

生”二字为溢，而引文当止“青史”之句。“《宪庙》”书名号，当改专名号。

（87）页89，行7–8

《易》曰：“天地变化，草木蕃时也。”（《万有文库》本及世界书局本句读同）

释误：引文当止“蕃”字，字下并加逗号。所引系《易·坤文言》语。[1]

（99）页104，行3

白沙称（林光）“其所见甚是超脱，甚是完全。盖自李大厓而外，无有过之者”。

释误：引文当起“所见”字上，止“完全”字下，《白沙子》卷三与《林郡博书》六首之六原文如此。[2]按：林光与李承箕大厓均白沙之门人，凡师之称较弟子，极少如是，故知引号有所误用。

（106）页111，行1–4

又言：“气有聚散，理无聚散。以日光飞鸟喻之，理如

〔1〕 本《释误》所引为《易经》，均以朱熹《易本义》（台北：世界书局〔第四版〕，1964）为据。

〔2〕 陈献章：《白沙子》（上海：商务印书馆，1935–1936年，《四部丛刊三编》本）卷三，页22上。

日光，气如飞鸟，理乘气机而动，如日光载鸟背而飞，鸟飞而日光虽不离其背，实未尝与之俱往。而有间断之处，亦犹气动，而理虽未当与之暂离，实未尝与之俱尽而有灭息之时。”

释误：引号当始“理如日光”句。其上三句，为黄宗羲提纲之语，故“又言”下冒号当去。“实未尝”起十三字，当连读；“俱往”下原有句号，当去。盖俱往无间者，谓日光之理；俱尽无息者，谓如飞鸟之气；文为对举，句读当与相符也。按：《万有文库本》及世界书局本断句与此略异，然亦误。又，此引原文，见本书页 119 行 10–11，[1]该处标点，与此处又不一致，亦误；此指出，下不复辨。

（109）页 123，行 8

《孟子》之“知性”，即《大学》之“物格尽心，即知至”也。（《万有文库》本及世界书局本断句同）

释误：“知性”下文，当如下标引：“即《大学》之‘物格’；‘尽心’，即‘知至’也。”“知性”、“尽心”系《孟子》语及理念，“物格”、“知致”系《大学》语及理念，作者此处举二书为互证。

---

〔1〕《学案》作：理如日光，气如飞鸟，理乘气机而动，如日光载鸟背而飞。鸟飞而日光虽不离其背，实未尝与之俱往；而有间断之处，亦犹气动而理虽未当与之暂离，实未尝与之俱尽，而有灭息之时。

（121）页 131，行 8–10

“小泉泉水隔烟萝，……欲烦洗雪起沉疴。白云封镲万山林，……关、闽、濂、洛待君寻。”

释误：“沉疴”下，当加止引号；“白云”上，当加起引号。所引诗原有二首，当分引以示别。

（133）页 149，行 7–8

如《易》‘闲邪则诚自存’。（《万有文库》本及世界书局本句读同）

释误：“《易》”下文，唯“闲邪”二字当加引号。《易·乾文言》：“闲邪存其诚。”此处“则”字而下，系本《易》之推论，故“闲邪”下当加逗号。

（139）页 155，行 2–4

此言本自无弊，乃谓“本体光明，犹镜也；工夫，刮磨此镜者也”。若工夫即本体，谓刮磨之物即镜，可乎？此言似是而非。

释误：引文当止“可乎”句。所引原语，见本书页 156 行

12–13。[1]两“此言”句，均黄宗羲之按语。

（142）页161，行4–6

> 诗本性情，有邪有正，读之可以兴其好善、恶恶之心，故曰“兴于诗”。礼以谨节文，……可以立于乡，立于朝，故曰“立于礼乐，以和神人，用之于郊庙，……则宾主情洽”。不特此也，……故曰“成于乐”。

释误：“立于礼”三字当为一引，如“兴于诗”、“成于乐”二者；“情洽”下止引号，当去。“立于礼乐”之“乐”，当属下句；字下原有逗号，当改句号。按：《万有文库》本及世界书局本断句不误。

（149）页168，行11–12

> 或问：“程子未出门，使民之时当何如？”曰：“此俨若思时也。俨若思，即是戒慎恐惧之意，……”

释误：此处引文，当如下标读：“或问程子：‘未出门使民之时，当何如？’曰：‘此俨若思时也。’”此处非以程子未出门使民时之事为问，乃以《论语·颜渊》2章“出门如见大宾，使民如承大祭”二语问程子以其前当作何状。程子所答，亦唯一句。

---

〔1〕《学案》作：圣人之心，如明镜止水，故此心本体光明，犹镜也；工夫，磨刮此镜者也。谓工夫即本体，谓磨刮之物即镜，可乎？镜光明，不能不为尘垢所翳；人心光明，不能不为物欲所杂。

下“俨若思”下文，为作者引申之说。按：此处第二引号，有起无止，殆亦手民之误。又，《万有文库》本及世界书局本断句大体不误。

（151）页179，行5–8

（阳明）先生之格物，谓“致吾心良知之天理于事事物物，则事事物物皆得其理。以圣人教人只是一个行，如博学、审问、慎思、明辨皆是行也。笃行之者，行此数者不已是也”。先生致之于事物，致字即是行字，以救空空穷理。只在知上讨个分晓之非，乃后之学者测度想象。求见本体，只在知识上立家当，以为良知，……

释误：引文当止“皆得其理”句。所引原文，出《传习录》中《答顾东桥书》第六首。[1]“以圣人教人”下文，乃黄宗羲综合阳明意思之语。“空空穷理”下句号，当作逗号；“分晓之非”下逗号，当作句号；以足强调“致”即“行”之意。“测度想象”下句号，当作逗号。“乃”字为转语，用以见后之学者未会“致”即“行”为阳明之主意，而徒以“致良知”之“知”字为用功所在之误。

（155）页188，行7–8

故曰：“精义入神，以致用也；利用安身，以崇德也；

〔1〕王守仁：《阳明全书》（上海：中华书局，1936年，《四部备要》本）卷二，页4下–5上。

> 性之德也，合内外之道也。”

释误：引文当止“以崇德也”句。所引系《易·系辞下》传5章文。

（184）页232，行3–5

> 吾师既殁，吾党病学者善恶之机生灭不已，乃于本体提揭过重，闻者遂谓“诚意不足以尽道，必先有悟而意自不生，格物非所以言功，必先归寂而物自化。”遂相与虚忆以求悟……

释误：此处引号当去，盖所言均作者综述之语也。且“闻者”所指多人：“必先有悟”云云，是龙溪之说，“必先归寂”云云，是双江之说，若加引号，或致当一家所语之误。

（194）页237，行7–8

> 师时出一险语以激之，如“投水石于烈焰之中，一时解化，纤滓不留，此亦千古之大快也”。

释误：此处引号当去。“投水石”数句，特言师言之效果，非师言之本身如此。

（203）页242，行7

> 涓流积至沧溟水，拳石崇成太华岑。先师谓象山之学得

力处全在积累，

释误：“涓流”二句，系象山诗，此引为其下说之张本，故当加引号。

（220）页254–255，行16–行1

（思默自叙，……）“但念与虚未免作对法，不能全体光明超脱，奈何？”曰：“此是思默静中一路功课，……”

释误：“但念”至“奈何”三句，引号当去。此首系王龙溪赠万思默之文，开头（“思默自叙”）至“奈何”，均思默自叙之言，为龙溪引以立己说者。开头既不用引号，此处自不当复用，以乱体例。龙溪之说，始于“曰”下。

（235）页261，行9–10

寂性之体，天地之根也，而曰‘非内果在外乎’？感情之用，形器之迹也，而曰‘非外果在内乎？’抑岂内外之间，别有一片地界可安顿之乎？

释误：第三句起，当如下标引断句：“而曰‘非内’，果在外乎？……而曰‘非外’，果在内乎？”盖引号内为王龙溪立论之原语，二“果在”及“抑岂”句之间，为聂双江质疑之语。按：《万有文库》本及世界书局本无此条。

（243）页 266–267，行 16 – 行 1

孟子曰：“凡有四端于我，知皆扩而充之。若火之始然，泉之始达，天机所感，人力弗得而与。”

释误：引文当止“泉之始达”句。语见《孟子·公孙丑上》篇。按：《万有文库》本及世界书局本无此条。

（249）页 268，行 5–6

师曰：“良知是未发之中，寂然大公的本体，便自能发而中节，便自能感而遂通。感生于寂，和蕴于中，体用一原也。”磨镜种树之喻，历历可考，而谓之茫昧支离，则所未解。

释误：引文当止“感而遂通”句。语据《传习录》中卷答陆澄之问者。[1]“感生于寂”下，系聂豹推绎阳明之意而为己说之辞。聂氏主归寂，故有是说。按：此所引语，与原文稍有出入，盖凭记诵而非据抄故者。

（251）页 268，行 8–10

（文同上条）。[2]

---

〔1〕《阳明全书》卷二，页 19。

〔2〕《释误》250 条作：（程子）又曰：“不专一，则不能直，遂不翕聚，则不能发散，是以广大生焉。广大之生，原于专翕，而直与辟，则专翕之发也，必如此而后可以言潜龙之学。”释误：“遂”字当连上句读。“专一”、“直遂”与“翕聚”、“发散”，皆互举之文，盖本《易·系辞上》传 6 章乾坤静专动直，静翕动辟之言而为说者。按：《万有文库》本及世界书局本无此条。

释误：引文当止“则不能发散”句。所引系程明道语，见《二程集》卷11。[1]

（253）页269，行9–10

> 故吾儒格物之功，无间于动静。故曰：“必有事焉，是动静皆有事。广大之生，原于专翕，专翕即寂也。直与辟即是寂体之流行，非有二也。”

释误：引文只当“必有事焉”四字，及“广大之生，原于专翕”八字。前四字系《孟子》语，引之以承上启下。后八字系聂双江语，原文见本书页268行9，[2]王龙溪引之以发己意。

（254）页269–270，行16–行1

> ‘驭气摄灵，与定息以接天地之根’诸说，……

释误：“灵”下“定”上，当分别加双引号。各自为一说故也。

（286）页296，行10–11

> 永嘉或问，天下外物也，父子天伦也，瞽瞍杀人，舜窃

〔1〕《二程集·河南程氏遗书》卷一一，页129。

〔2〕《学案》作：“……广大之生，原于专翕，而直与辟，则专翕之发也，必如此而后可以言潜龙之学。”

负而逃，知有父而不知有天下也。圣人复起，不易斯言。

释误："或问"二字，当加书名号。永嘉指张璁，"或问"即张氏《大礼或问》一文之省称。"天下"起，至"天下也"五句，系《大礼或问》中语，[1]当加引号；"或问"下逗号，当改冒号。

（303）页312，行5–9

先生尝言："圣贤切要工夫，莫先于格物，盖吾心本来具足格物者，格吾心之物也，……格物则知自致也。龙溪谓：'古人格物之说，是千圣经纶之实学。……离格物则知无从而致矣。'吾儒与二氏毫厘不同正在于此。"其实先生之论格物，最为谛当。

释误：此处引文误属。"格物则知自致也"句，当加止引号，以终万鹿园之言。"龙溪谓"下双引号，当改单引号；止双引号当去，"吾儒"句亦龙溪之语。梨洲欲说鹿园论格物之为谛当，故引龙溪之论格物者为同异比观。

（307）页314，行2

有兵宪问"慈悲解脱之说"。先生曰：（后略）

释误：引号当止"解脱"字下。

---

〔1〕文见陈子龙等：《明经世文编》（北京：中华书局，1962，影印崇祯十一年刊本），卷一七六，页8上–下，《张文忠公文集·正典礼第二疏》。

(316)页 322，行 12

嗣后一传百讹，“师心即圣”，为虚无漭荡之论，……

释误：引号当去。四字为一般语。

(319)页 325，行 11

周子曰：“几，善恶。善有善几，恶有恶几。”

释误：“周子曰”下，当只引“几善恶”三字。句出《通书·诚几德第三》。

(324)页 330–331，行 8 – 行 1

先生（胡瀚）曰：“先师标致良知三字，……真所谓滴骨血也。吾党慧者论证悟，……俱得其说之一偏。且夫主宰既流行之主宰，流行即主宰之流行，君亮之分别太支。汝中无善无恶之悟，心若无善，知安得良？故言无善不如至善。天泉证道其说不无附会，汝止以自然为宗，季明德又矫之以龙惕。……良知本无寂感，……文蔚曰：‘良知本寂，……使寂而常定，则感无不通。’似又偏向无处立脚矣。宋儒学尚分别，故勤注疏；明儒学尚浑成，故立宗旨。然明儒厌训诂支离，而必标宗旨以为的，其弊不减于训诂。道也者，天下之公道，学也者，天下之公学也，何必列标宗旨哉？”先生之学，则以求心为宗，……

释误：此处自“先生曰”下，均胡瀚评“吾党”各得“一偏”之说，所举各家，明至聂文蔚止，故引号当止“似又偏向无处立脚矣”句。胡瀚有《今山集》，无由见查，然以文意之转变观之，“宋儒学尚分别”以下，似为黄宗羲之综合评论无疑。盖胡氏所处，尚为明之中世，无由作宋明二代整体不同之比较，唯梨洲于易代之后，乃能作如是之反观。其所以为是论，盖以起“先生之学”下专论胡氏之文，以见胡氏亦不能自免于标立宗旨之风也。

（329）页337，行2

> 若以惩忿之功为第二义，则所谓“如好好色，如恶恶臭，已百已千”者，皆为剩语矣。

释误：“恶臭”下，当加止引号；“已百”上，当加起引号。“好色”、“恶臭”两句为《大学》语；[1]“已百已千”为《中庸》“人一能之，已百之，人十能之，已千之”之省。以语出二书，故引号当分别用。

（330）页337，行14

> 来教谓：“心有主宰，遇非礼则勿视、勿听，将无以非礼为，在事事物物上求之乎？”

释误：引文当止“勿听”二字。“非礼为”下逗号，当去。

---

〔1〕 本《释误》所引《大学》分章，均以朱熹《四书章句集注》（《四部备要》本，上海：中华书局，1936）中《大学章句》为据。

“将无”为发问词，其下即所疑问之事。如原引法，文意已自矛盾。按:《万有文库》本及世界书局本无此条。

（338）页 343，行 14–15

故‘亦临亦保，昭事上帝。不怨不尤，知我其天。’初无二途辙。

释误：此处引号可去，改经语成文故也。必欲存引，则“上帝”下，当加止引号；“不怨”上，当加起引号。“亦临亦保”，系《诗·思齐》句“不显亦临，无射亦保”之省；“昭事上帝”，系《诗·大明》句。[1]二句虽各有所指，以其同出《诗经》，同属《大雅》，而此处行文，系上下八字为对句，故可作一处引。“不怨”八字，系《论语·宪问》35 章“不怨天，不尤人，下学而上达，知我者其天乎”之省。[2]

（369）页 366，行 14–15

周子谓:“诚无为，神发知。知神之为知，……方知得诚意。”

释误：引文当只“诚无为”三字；句出《通书·诚几德第三》。“神发知”三字，殆作者综绎《通书》此章及下章《圣第

〔1〕 本《释误》所引《诗经》，均以朱熹《诗集传》（台北：台湾中华书局〔台四版〕，1971）为据。

〔2〕 本《释误》所引《论语》篇章，均以杨伯峻《论语译注》（北京：中华书局，1958）为据。

四》之意；三字下文，又为发挥之词。

（370）页368，行7–10

> 来教云："虚灵是体，知觉是用，必虚而后灵。……此是周、程正法眼藏，可容以所知所觉混能知能觉耶？夫知觉一而已，欲动而知觉始失其虚灵，虚灵有时失而知觉未尝无，似不可混而一之。……故不可歧而二之。然亦为后儒有此四字而为之分疏"云尔。

释误：引文当止"能知能觉耶"句。其下即欧阳德就（上抄）聂双江来书所言而发之论。来书谓"知觉是用，必虚而后灵"，此言"虚灵有时失而知觉未尝无"，反论了然，故知"夫知觉一而已"句起，为答者之辞。

（374）页372，行13–15

> 是时同门为良知之学者，以为"未发即在已发之中，盖发而未尝发，故未发之功却在发上用，先天之功却在后天上用。"其疑先生之说者有三：……

释误：引文当只首句。"盖"字下三句，系黄宗羲说明上句之语。

（375）页376，行9–10

> "良知"二字，始于《孟子》"孩提之童，不学不虑，知

爱知敬，真纯湛一，由仁义行”。大人者不失其赤子之心，亦以其心之真纯湛一，即赤子也。

释误：此处引号可去，以非直引《孟子》故也。必欲加引，则次止引号当移上置“知敬”字下，盖其上三句为节《孟子·尽心上》篇15章之文者。“由仁义行”四字，虽出《孟子·离娄下》篇7章，然此乃径以经文为己语，可不加引。“大人者不失其赤子之心”句，出《孟子·离娄下》篇12章，当加引号。

（380）页381，行1

亀山一派，每言“静中体认”，又言“平日涵养，只此四字，便见吾儒真下手处”。

释误：第二次引，当只“平日涵养”四字。按：此处两引各四字，均综括罗从彦语为文者。[1]“只此四字”二句，特作者强调“平日涵养”一言之语。

（381）页381，行3–4

程子曰：“有天德便可语王道。”其要只在慎独。中是天德，和是王道，故曰“苟衤至德，至道不凝，戒慎不睹，恐

---

〔1〕 罗从彦原语，见黄宗羲、全祖望：《宋元学案》（北京：中华书局，1986）卷三九，页1288。其一曰：“学问之道，不在多言，但默坐澄心，体认天理。”其一曰：“近日涵养，必见应事脱然处否？须就事兼体用下工夫，久久纯熟，渐可见浑然气象矣。”

惧不闻，修德之功也”。

释误：上起引文，当止第二句。所引系明道语，见《二程集》卷14。[1]“王道”下句号，当改逗号。次引当止“不凝”字下，字下逗号，当改句号；所引系《中庸》27章语，原文“苟非”作“苟不”。

（394）页395，行15–16

无存无忘，此乃渊寂之极，正庄子“横心所念，无非利害之境”。然彼则自不念利害，始自有次第矣。（《万有文库》本及世界书局本断句同）

释误：引号当去，庄子无此语；“庄子”二字书名号，当改专名；“始”字当连上句读。按：“横”有充溢之意，文意若谓无存无忘之境，正如庄子满心所念者，只是利害之境，但庄子则由不念利害开始，自有其功夫次第，非即以无存无忘为自得之终境也。故下文接以“夫功夫与至极处，未可并论”之言。

（396）页396，行5–6

来教云：“良知之体本虚，而万物皆备。”物是良知凝聚融结出来的，可谓真实的当矣。

释误：引文当至“出来的”句。该句系王龙溪原语，见本书

---

〔1〕《二程集·河南程氏遗书》卷一四，页141。

页 312 行 7–8。[1]“皆备”下句号，当改分号；“出来的”下逗号，当改句号。

（398）页 398，行 2–3

假使知几之说，如来教所云，是乃“圣门第一关头”，何止略示其意于《易》之文，（后略）

释误：引号当去。此言系作者之自说。

（399）页 398，行 3–4

子思之传《中庸》，使其功夫如来教所云，则必曰“戒慎”乎？其初可睹恐惧乎？其初可闻，何乃以不睹不闻为言，（后略）

释误：“所云”下四句，当如下标断：“则必曰戒慎乎其初可睹，恐惧乎其初可闻。”原标断法，可谓无义之甚。按：《万有文库》本及世界书局本断句不误。

（401）页 399，行 3–5

“从前为良知时时见在”一句误却，欠却培养一段功

〔1〕《学案》作：龙溪谓：“古人格物之说，是千圣经纶之实学。良知之感应谓之物，是从良知凝聚出来。格物是致知实下手处，不离伦物感应而证真修。离格物则知无从而致矣。”

夫，……甲辰夏，因静坐十日，恍恍见得，又被“龙溪诸君”一句转了。总为自家用功不深，内虚易摇也。

释误：第一引，当起“良知”二字；第二引，当只“诸君”二字。“从前”表时，与下“甲辰夏”应。“诸君”系龙溪语之省引。

（405）页 401，行 15–16

周子所谓主静者，乃无极以来真脉络。其自注云：“无欲故静，是一切染不得，一切动不得，……便可替代为此物也。”

释误：引文当只“无欲故静”四字；四字系《太极图说》中自注，余语均非。

（429）页 415，行 9–10

而绪山乃曰：“知无体，以人情事物之感应为体。”无人情事物之感应，则无知矣。夫人情事物感应之于知，犹色之于视，声之于听也。

释误：引文当止“则无知矣”句。本书页 232 行 16，钱绪山曰：“知无体，以感应之是非为体，无是非，即无知也。”彼处以“是非”为言，此处以“感应”为言，意互举也。

（431）页 420，行 5–7

先生闻之曰：“斯言知我哉！《录》有之，‘良知者，未发之中，寂然大公之本体'，固吾师所传也。问之友人，或然或否，洪先曰：'吾学也，困辨弗明，弗可以措。'" 叙而梓之，告于知言者。

释误："或然或否"下，当加止引号；该处原有逗号，当改句号，以结"先生"（聂双江）之言。"洪先曰"下两双引号，当各改单引号。按：此处所抄为罗洪先序聂豹《困辨录》之文，故罗氏自称以名。双江于罗为等辈，其称之，必以字号也。唯双江有友人未全然其说而但洪先为能知己之言，故洪先"叙而梓"其书也。

（434）页424，行3

濂溪曰："诚则无事。"又曰："诚无为，终之以艮。"则曰艮为非也，为不止矣。

释误："又曰"下数句，当如下标引："诚无为。终之以艮，则曰：'艮（此字误，说见下条）[1]非为也，为不止矣。'""诚无为"三字，见《通书·诚几德第三》；"则曰"下二句，见《通书·蒙艮第四十》。

（439）页439，行5–9

先生著为《易蕴》，无非此意。所谓"性命兼修，立体之功，

〔1〕435条作：濂溪曰："诚则无事。"又曰："诚无为，终之以艮。"则曰艮非为也，为不止矣。释误："艮非为也"句，各本均同，《念庵文集》（《文渊阁四库全书》本）卷一〇原文亦同。按："艮"当作"止"。《通书·蒙艮第四十》："艮其背，背非见也。静则止，止非为也，为不止矣。"

> 即宋儒之涵养；致用之功，即宋儒之省察。涵养即是致中，省察即是致知。立本致用，特异其名耳。然工夫终是两用，两用则支离，未免有顾彼失此之病，非纯一之学也。总缘认理气为二。造化只有一气流行，流行之不失其则者，即为主宰，非有一物以主宰夫流行，然流行无可用功体，当其不失则者而已矣”。

释误：此处引号当去；“所谓”以下，皆黄宗羲评刘邦采所学之语故也。详此抄之前之文，知刘氏以“常知不落念，是吾立体之功，常过不成念，是吾致用之功，二者不可相杂。常知常止，而愈常微也”（页 438 行 14–15），为自得之学。以之较此处“特异”、“未免”、“总缘”等处文意，明见所在均与刘氏所主者不协，知引号之不当用也。必欲突出刘氏学旨，只宜于“性命兼修，立体之功”及“致用之功”二处，各加引号。

（444）页 449–450，行 15 – 行 2

> 先生曰：“以意念之善为良知，终非天然自有之良。知为有意之知，觉为有意之觉，胎骨未净，卒成凡体。于是而知阳明有善有恶之意，知善知恶之知，皆非定本。意既有善有恶，则知不得不逐于善恶，只在念起念灭上工夫，一世合不上本体矣。”

释误：引文当止“卒成凡体”句。所引黄洛村原文，见页 450 行 12–13。[1]“于是而知”以下，系黄宗羲融会引申之语。

---

〔1〕《学案》作：自先师提揭良知，莫不知有良知之说，亦莫不以意念之善者为良知。以意念之善为良知，终非天然自有之良。知为有意之知，觉为有意之觉，胎骨未净，卒成凡体。

（445）页 451，行 1–2

但子思子云："喜怒哀乐之未发谓之中。"中也者，天下之大本也。

释误：引文当尽末句；所引系《中庸》首章之文。

（447）页 459，行 2–3

顾念庵铭其墓犹云："良知即未发之中，无分于动静者也。"指感应于酬酢之迹，而不于未发之中，恐于致良知微有未尽。是未契先生之宗旨也。

释误：引文当止"微有未尽"句；语见《献征录》卷三五罗洪先撰陈九川墓志铭。[1] 盖以此处上文观之，黄宗羲实以陈九川为得致良知之说者，而"指感应"起三句，乃与之矛盾，故知其为念庵之语也。

（453）页 469，行 4–8

（王时槐）又言："佛家欲直悟未有天地之先，……彼盖不知盈宇宙间一气也，……此至真之气，本无终始，不可以先后天言，……若谓'别有先天在形气之外'，不知此理安顿何处？盖佛氏以气为幻，不得不以理为妄，世儒分理气为二，

---

〔1〕 焦竑：《国朝献征录》（台北：台湾学生书局，1965，影印万历刊本）卷三五，页 73 上，罗洪先撰《礼部郎中致仕明水陈公九川墓志铭》。

而求理于气之先，坠堕佛氏障中。”非先生岂能辨其毫厘耶？

释误：引文当起“欲直悟”上字，止“安顿何处”句。此王时槐原语，见本书页473行5–8。[1]“佛家”二字，该处只作“今人”；此处作“佛家”，系黄宗羲所改，但大义无误。“盖佛氏以气为幻”句下文，又为黄氏演析之语。

（455）页471，行7–9

所谕“欲根盘结，理原于性，是有根者也”。欲生于染，是无根者也。惟理有根，故虽戕贼之久，而竟不可泯，惟欲无根，故虽习染之深，而究不能灭性也。使欲果有根，则是欲亦原于天性，人力岂能克去之哉！

释误：引文当只“欲根盘结”四字。其下文皆辨析此四字立论之非；结尾整句，意尤明显。

（459）页485，行10

《乾》用九，“见群龙无首”，《坤》用六，“利永贞”。

释误：上引当并“用九”二字，下引当并“用六”二字；二

---

〔1〕《学案》作：今人以孩提爱敬便属后天，而扩充四端皆为下乘，只欲人直悟未有天地之先，言语道断，心行处灭，乃为不学不虑之体，此正邪说淫辞。彼盖不知盈宇宙间一气也，即使天地混沌，人物销尽，只一空虚亦属气耳。此至真之气，本无终始，不可以先后天言，故曰“一阴一阳之谓道”。若谓别有先天在形气之外，不知此理安顿何处？

句分别为《乾》、《坤》两卦《象》辞。

（463）页 491，行 7–9

> （邓以赞）谓“阳明知是知非为良知，特是权论。夫知是知非不落于是非者也，……犹之好好色，恶恶臭，好恶之体，何尝落于色臭哉”！在阳明实非权论，……

释误：引文当止“特是权论”句；邓以赞原语，见本书页 495 行 1。[1]“夫知是知非”下，当加逗号。此语而下，为黄宗羲驳邓氏之言。按：《万有文库》本及世界书局本句断不误。

（472）页 496–497，行 12 – 行 5

> 《乾惕斋警语》曰：“夫人一心之应感，……必欲一一效其所为，则舛矣。”又曰：“天地絪缊，……故曰‘君子之道鲜矣’。又曰‘苦修后悟，方是真悟，了悟后修，方是真修。必有事焉而勿正，心勿忘，勿助长，未尝致纤毫之力’。此其存之之道，……子夏亦曰‘切问近思’。”

释误：此卷载《乾惕斋警语》，以“又曰”起者，凡九处，每处各为一议论，知所载凡十条。故此处“道鲜矣”下，当加单止引号，其下“又曰”下，当加单起引号。“苦修后悟”上双引号，当移下置“必有事焉”句上；“必有事焉”起四句，为程明道之语，[2]其上为作者之言。

---

〔1〕《学案》作：阳明以知是知非为良知，权论耳。夫良知何是何非，知者其照也。
〔2〕《二程集 · 河南程氏遗书》卷二上，页 17。

（475）页 500，行 10–12

> 调父曰："夫纷纷名号，由人所称，信矣。……凿与灭，皆不可以为道。……"

释误：此处末句，亦为原条末句，语为刘调父之语，当补止引号于句末。按：此误殆手民所致。

（481）页 503，行 14

> 小人一节，或云自欺之蔽。

释误："小人"二字，当加引号。二字系《大学》"诚意"章"小人闲居为不善"一节节目之省。

（497）页 513，行 12–14

> 今夫理之说曷始乎？《诗》曰："我疆我理。"释者曰："理定其沟涂也，谓人定之也，非谓沟涂自定也。"然则谓理在沟涂可乎？《书》曰："燮理阴阳。"释者曰："燮理，和调之也，谓人调之也，非谓阴阳之自调也。"然则谓理在阴阳可乎？

释误："自定也"下及"自调也"下止引号，当分别移置"理定其沟涂也"句及"和调之也"句下。两"谓"字句及两"非谓"字句，系作者就释者之言而作之推论；两"然则"句，系作者驳说"理"不通者之诘语。

（498）页 514，行 9–12

程叔子言：“圣人本天，禅氏本心。本天者以为道之大原出于天，……而人心之私不与焉。彼释氏三界惟心，……视三界山河大地不足为有无，非本心者之误欤？”胡子曰：（后略）

释误：引文当只首二句八字。余文《二程集》未经见，盖论者引程叔子语为开端，以论释氏“本心”之所以为非。“胡子曰”以下，则胡直不然此论之说也。

（508）页 526，行 10

（文同上条）。[1]

释误：“予”字为“子”字之讹（说见上条）；[2]“子曰”下文：“及其知之一也”，“及其成功一也”，两句，出《中庸》14 章及 20 章，当分别引之。

（533）页 556，行 6–8

又谓“生而知之者义理耳，若夫礼乐名物，古今事变，亦必待学而知，如此则礼乐名物，古今事变，与此心义理为两物矣”。此阳明先生所以力为之辨，……

---

〔1〕 507 条作：予曰：“及其知之一也，及其成功一也，则果何时耶？”遂记以自饬。

〔2〕 释误“予曰”之“予”，各本均作“子”字。按：以下文观之，作“子”是。此处误，殆手民所致。

释误：引文当止“亦必待学而知”句；该句原有逗号，当改句号。“又谓”者，为与阳明持异见之后儒；“如此”而下，则宋仪望（此文作者）驳后儒以申阳明之言。若原标引，则后儒之言，固已前后不协，自失理由矣。

（541）页565–566，行15－行1

> 承谕“学不分内外寂感，浑然天则”，此极则语。第云“默自检点，内多迁移，虽吾丈检身若不及之诚，而以真性未悟，真功未精为疑，定犹惑于近学。谓‘一悟皆真’，亦纽（字当作‘狃’，说见上条）[1]于故学，为功深始得耶？”又云：“过此一关，想有平康之路，似犹悬臆。”窃意平康之体，即所谓无内外寂感，……

释误：“迁移”下，当加止引号；“一悟皆真”四字双引号，当改单引号；“始得耶”下引号，当去；“悬臆”下引号，当移上置“平康之路”字下。此处为邓元锡《寄王秦关书》文，凡引句，皆秦关来书中语，余为元锡对此数语之评骘。

（549）页570，行15

> 问“知”，“曰先自知”。问“仁”，曰“先自爱”。

释误：首见“曰”字，当在引号之外。此误殆属手民。

---

〔1〕 540条作：谓“一悟皆真”，亦纽于故学，释误：“纽”字二老阁本同，《四库全书》、《四部备要》、《万有文库》、世界书局四本均作“狃”。按，作“狃”是。

（563）页 585，行 12–14

上蔡尝问“天下何思何虑？”伊川云：“有此理，只是发得太早。在学者功夫，固是必有事焉而勿忘，……须是不滞于有，不坠于无方得。”（《万有文库》本及世界书局本断句同）

释误：“伊川云”下引文，当只首二句；“在”字并当连上句读。《河南程氏外书》卷 12 伊川原语如下：“是则有此理，贤却发得太早在。”〔1〕

（564）页 587，行 11

不足谓之学。

释误：此句末当加止引号。盖上文（页 586 行 14）。“阳明先生曰”下有起引号，而此处为本条之终结也。漏标殆为手民之误。

（567）页 588，行 6–11

或问“三教同异”。阳明先生曰：“道大无名，若曰各道其道，是小其道矣。”心学纯明之时，天下同风，各求自尽。……三教之分，亦只如此，……故曰：“仁者见之谓之仁，知者见之谓之知。”才有所见便有所偏。

释误：“是小其道矣”下止引号，当移置末句“便有所偏”

〔1〕《二程集·河南程氏外书》卷一二，页 426。

字下。“故曰”下起止单引号，当改双引号。按：此处整段皆朱得之所称述之阳明语，大旨在谓三教原同一家，然阳明本意或未便如此。

（573）页592，行10–11

> 讷溪谓：“司训邵西林曰：‘子愤士之不率教乎？……凡教倦即是学厌。’”

释误：此处单引号当去，双引号当改单引号；“谓”下冒号，亦当去。引内所言均教学之事，均讷溪谓为司训之邵氏者。如原标引，则不知邵氏对谁说话而讷溪何为而引邵氏之言也。

（576）页599，行8–15

> 先生（唐顺之）之辨儒释，言“儒者于喜怒哀乐之发，……至于天地万物，皆吾喜怒哀乐之所融贯。佛者于喜怒哀乐之发，……至于天地万物澹然无一喜怒哀乐之交。故儒佛分途，只在天机之顺逆耳。夫所谓天机者，即心体之流行不息者是也。……与本体了不相干，亦不可以此比而同之也。”

释误：引文当止“澹然无一喜怒哀乐之交”句。所引唐顺之语，见本书页603行6–8。[1]此处引文，较彼已有删节。“故儒佛

〔1〕《学案》作：儒者于喜怒哀乐之发，未尝不欲其顺而达之。其顺而达之也，至于天地万物，皆吾喜怒哀乐之所融贯，而后一元无间者可识也。佛者于喜怒哀乐之发，未尝不欲其逆而销之。其逆而销之也，至于天地万物，泊然无一喜怒哀乐之交，而后一元无间者可识也。

分途”二句，为黄宗羲综结唐氏论旨之语。其下则黄氏自家之发挥。按：下“至于天地万物”下，当加逗号；《万有文库》本及世界书局本句断不误。

（584）页 611，行 7–8

> 知而勿行，犹勿知也，即曰“安行”。在圣人自视，未尝不曰“望道”，未见未尝不曰“学如不及”。

释误：“犹勿知也”下逗号，当改句号。“安行”下句号，当改逗号。“未见”二字，当移上置“望道”字下，并在引内。“即”字犹言“即使”；“望道不及”与“学如不及”，为并举之句。按：《万有文库》本及世界书局本句断不误。

（587）页 615，行 11–12

> 《中庸》内省不疚，……正是未发。故曰：“人所不见，若省之念发时，则十目所视矣。”安得尚言不见也？

释误：此处滥引。起止引号当于“人所不见”四字及“十目所视”四字二处，各用一次。所引均《中庸》原句。“故曰”承“未发”而来，故“未发”下句号，当改逗号。

（596）页 630，行 10–12

> 明道语游、杨二子曰：“且静坐三字，极有斟酌。盖谓初学之心，平日未尝收拾，譬如震荡之水，未有宁时，不教

他默坐，何缘认得此心。”元来清净湛一，能为万化根本，认出来时，自家已信得了，方好教他就动处调习，非是教人屏日用离事物做工夫，乃是为初学开方便法门也。

释误：此处溢引误甚，引文当只“且静坐”三字，为一句；原“三字”下逗号，当去。余文均为作者针对明道所语“且静坐”句而发者。“盖”字以下，即作者自申所以需“斟酌”之故。盖作者恐“且静坐”三字易“为初学开方便法门”，故为推原明道本意之说也。按：此三字实明道告谢显道语，见《二程集》卷一二。[1]

（606）页638，行2–5

先生大指以“心体本自澄澈，有意克己，便生翳障。盖真如的的，一齐现前，如如而妙自在，必克己而后言仁，则宣父何不以克伐仁原宪耶？弘山谓‘良即是知，知即是良，良外无知，知外无良’。师门之宗传固如是也。此即现成良知之说，不烦造作，动念即乖。夫良知固未有不现成者，而现成之体，极是难认，此明道所以先识仁也。”

释误：此处单引号可去，双引号当改单引号，盖原引中言，为黄宗羲之综论也。必欲范围孟秋之意，单止引号只能用于“原宪耶”字下。张后觉弘山为孟秋之师，孟或称引师说，不宜但举其号而不加尊称；且孟固不必引师说为借重，以显自家之无有自得也。“此即现成良知之说”句，至原止引号前七句，更见对前

[1] 《二程集·河南程氏遗书》卷一二，页432。

言之不满，其非孟氏之言，无复疑义。

（612）页 644，行 11–12

> 但曰“正”，曰“则取裁于我”，曰“通则物各付物”。“取裁于我”，意见易生；“物各付物”天则乃见。

释误：此处意重“正”、“则”二字，文当如下标断：“但曰‘正’、曰‘则’，取裁于我；曰‘通’，则物各付物。取裁于我，意见易生；物各付物，天则乃见。”按：《万有文库》本及世界书局本断句不误。

（670）页 689，行 10

> “乃若其情，则可以为善矣。”乃所谓善也，孟子认定了性善，故情可以为善。

释误：引文当止“乃所谓善也”句；句下原有逗号，当改句号。三句系《孟子·告子上》6 章原文。

（675）页 693，行 7–8

> 泉翁云：“物至而后义生，义生而后知有所措。夫知有所措而后格之，则未履其物，不必豫格之也。”与吾师“所格只当机之物”颇合。

释误：上引当只首二句。“夫”下文为作者推绎之语。

（676）页 693–694，行 14 – 行 2

> 唐仁卿信《石经大学》，谓“置知止能得于格物之前”，似乎先深而后浅，殆不知圣学之止为入窍，修为工夫也。……谓“物有本末一条，次致知在格物之下”，以释格物，殆不知此条教人以知止之法，是混止而为修也。

释误：前引当止“似乎先深而后浅”句，后引当止“以释格物”句。前引文见唐氏《醉经楼集》附刻《石经疏》；[1]后引《石经疏》及同书下首《古石经大学序》，均无其文，然同书所载《古石经大学》本文所改经文条次，正如引文所言，为改本之要项，故“以释格物”亦唐氏语也。此处两“谓”字，当作“以”字理解。

（678）页 698，行 8

> 鸢之飞，鱼之跃，便是率性，不可复。问：“何以飞跃？”曰：“率性，飞者自飞，不知其所以飞……”（《万有文库》本及世界书局本断句同）

释误：此处为误多端；“飞者自飞”以上，当如下标断：“‘鸢之飞，鱼之跃，便是率性。’不可。复问：‘何以飞跃？’曰：‘率性。’”盖“不可”之前，为问学者欲邀同意之论。“不可”，即否定之。既被否定，故有下问。“率性”则答此问者也。“飞者自飞”以下，又学者因答而自为演绎之辞。按：此处“率性”后文，更无止引号，殆系手民之误。

---

〔1〕 唐伯元：《醉经楼集》（“中研院”历史语言研究所藏旧钞本）附刻，页 21 下。

（681）页 704，行 1–2

尝寄周恭节诗云："蒙蒙烟雨锁江垓，……湍流和月掇将来。若得春风遍九垓，……雉兔刍荛去复来。"

释误："将来"下，当加止引号；"若得"上，当加起引号。诗有二首故也。

（684）页 706–707，行 5－行 3

（邓豁）渠自序为学云："己亥，礼师，闻良知之学，不解。……因入黄安，居楚倥茅屋，始达父母未生前的、先天地生的、水穷山尽的、百尺竿头外的所谓不属有无，不属真妄，……向日鸡足所参人情事变的，豁然通晓，被月泉所误二十余年。……如今，也没有我，也没有道，终日在人情事变中，若不自与，泛泛然如虚舟飘瓦而无着落，脱胎换骨实在于此。渠学之误，只主见性，不拘戒律，……人但议其纵情，不知其所谓先天第一义者，亦只得完一个无字而已。嗟乎！是岂渠一人之误哉？"

释误：此处引文，当止"脱胎换骨实在于此"句。文出邓豁渠《南询录》一书，书虽稀见，尚有存本。[1]按："脱胎"句而上，

〔1〕《南询录》一书，不分卷，本文凡五十一页；前有万历十五年李宏父（即李贽）序、嘉靖四十四年自序，后有万历二十七年何继高跋；书为万历间刻本，日本内阁文库尚有存本。《学案》此处所引邓氏自序为学经过一段，见该书，页 46 上－48 下。

为邓氏自述为学得道经过之文，此句以下，为黄宗羲批评邓氏所学之语，文意本甚明白。点校者或但见整段均以“渠”字称邓，故遂以其全为邓之自白欤！然如原引法，是邓于己之所学，最终不唯承认错误，抑且彻底否定，于理亦无当矣。

（688）页 710–711，行 16 – 行 1

> 子刘子曰：“后儒格物之说，当以淮南为正。”第少一注脚，格知诚意之为本，而正修治平之为本，则备矣。

释误：此处引文，当尽末句；文为刘宗周之语，见本书页 1532 行 9–10。[1] 该处“第少一注脚”句，作“予请申之曰”五字；此处五字，系黄宗羲本师意而改以顺文意者。“则备矣”三字，亦黄氏所增以足师意者。句虽略异，义则一贯，故当全以刘说引之。若如原引，或将刘氏语分二引，是黄氏以师说为未足，误矣。

（690）页 711，行 3–4

> 乃先生又曰：“安其身而安其心者上也，不安其身而安其心者次之，不安其身又不安其心，斯为下矣。而以缗蛮为安身之法，无乃开一临难苟免之隙乎？”

释误：此处引文，当止“斯为下矣”句。所引系心斋王艮

〔1〕《学案》作：后儒格物之说，当以淮南为正。曰：“格知身之为本，而家国天下之为末。”予请申之曰：“格知诚意之为本，而正修齐治平之为末。”

语，见本书页713行8–9；[1]“缗蛮”二句及其下之文，为黄宗羲对王说之质疑。

（692）页712，行7–8

（问：“止至善为安身，亦何所据乎？”曰：“……）知本，知之至也，故曰：……修身立本也，立本安身也。”引《诗》释止至善，曰“‘缗蛮黄鸟，止于丘隅’，知所以安身也。”

释误：“立本安身也”下止引号，“缗蛮黄鸟”上单起引号，均当去。此条只一问一答故也；答词终条末。

（697）页719，行6–9

白沙云：“色色信他本来，何用尔脚劳手攘？……若无孟子工夫，骤而语之以曾点见趋，一似说梦。盖自夫子川上一叹，已将天理流行之体，一日迸出。……故言学不至于乐，不可谓之乐 。”

释误：引文当止“一似说梦”句。语出《白沙子》卷三《与

〔1〕《学案》作：有疑安身之说者，曰：“夷、齐虽不安其身，然而安其心矣。”曰：“安其身而安其心者，上也；不安其身而安其心者次之；不安其身又不安其心，斯为下矣。危其身于天地万物者，谓之失本；洁其身于天地万物者，为之遗末。”

林郡博》书六首之六；本书页84第1段[1]亦引此书，但题作《与林缉熙》。“盖自夫子”而下，为黄宗羲据上而发之论。

（706）页732，行8–9

> 谓“自身之主宰而言，……确然有主者，名之曰意耳。昔者，先师蕺山曰：……”

释误：“名之曰意耳”下，当加止引号；语为王栋之语，见本书页733行15–页734行2。[2]此处漏标，或出手民之误。蕺山即刘宗周，为黄宗羲之师，与王栋无涉。

（710）页735，行8

> 象山谓：“在人情事变上用功，正孟子必有事焉之意。”

---

〔1〕《学案》作：《与林缉熙》：终日乾乾，只是收拾此理而已。此理干涉至大，无内外，无终始，无一处不到，无一息不运，会此则天地我立，万化我出，而宇宙在我矣。得此欛柄入手，更有何事？古往今来，四方上下，都一齐穿纽，一齐收拾，随时随处无不是这个充塞。色色信他本来，何用尔脚劳手攘？舞雩三三两两，正在勿忘勿助之间，曾点些儿活计，被孟子打并出来，便都是鸢飞鱼跃。若无孟子工夫，骤而语之以曾点见趣，一似说梦。会得，虽尧、舜事业，只如一点浮云过目，安事推乎！此理包罗上下，贯彻终始，滚作一片，都无分别，无尽藏故也。自兹已往，更有分殊处，合要理会，毫分缕析，义理尽无穷，工夫尽无穷。书中所云，乃其统体该括耳。夫以无所著之心行于天下，亦焉往而不得哉！

〔2〕《学案》作：旧谓意者心之所发，教人审几于动念之初。窃疑念既动矣，诚之奚及？盖自身之主宰而言，谓之心；自心之主宰而言，谓之意。心则虚灵而善应，意有定向而中涵，非谓心无主宰，赖意主之。自心虚灵之中，确然有主者，而名之曰意耳。……

释误：引文当只首句。此句亦流传之节语，原语见象山《语录》，与此稍异。[1]

（712）页 736，行 4–5

> 曰："格物原是致知工夫，作两件拆开不得。故明翁曰'致知'，实在于格物，格物乃所以致知，可谓明矣。且先师说'物有本末'，言吾身是本，……"

释误："明翁"起三句，当如下标断："故明翁曰：'致知实在于格物，格物乃所以致知。'""可谓明矣"，即对引中二句而言。按：《万有文库》本及世界书局本断句不误。

（715）页 739–740，行 16 – 行 3

> 程子曰："明得尽，渣滓便浑化。此格言也。然不必质美者能之。……学者但当尽力此明，不必更求其次。"只缘当时说个其次，惟庄敬以持养之，遂使无限英雄，不敢自任质美，从事于浑化之功。

释误：引文当只首二句。所引系明道语，见《二程集》卷11。[2]"此格言也"，为作者按语，其下则作者之衍说。

---

〔1〕 陆九渊：《象山全集》（上海：中华书局，1936 年，《四部备要》本）卷三四，页 5 上；卷三五，页 4 上。

〔2〕 《二程集 · 河南程氏遗书》卷一一，页 133。

（716）页 740，行 2–3

（文见上条。《万有文库》本及世界书局本断句同）[1]

释误："说个其次"下逗号，当去。"其次惟庄敬以持养之"九字，当加引号。九字为程子语，作者引之，以表对贤者所言之遗憾。

（720）页 744，行 1–2

况朱子之学，犹未可以轻议。尝读《章句》，因其所发释明德，实其所发释诚意；又考诸《小注》，意是主张恁地。然则朱子皆非欤？

释误："因其所发"、"实其所发"、"意是主张恁地"三处，当各加起止双引号。前二句系朱子《大学章句》中注语；[2] 后一句亦朱子语，载《大学章句大全》内；[3]"小注"即此《大全》内小字注文，二字书名号当去。三处以系特释"明德"、"诚意"者，又均朱子本语，故当加引，否则或有以为作者语之误会。

（727）页 748，行 7–13

先生谓"禅不足以害人"者，亦自有说："朱子云：'佛

〔1〕 715 条作：程子曰："明得尽，渣滓便浑化。此格言也。然不必质美者能之。……学者但当尽力此明，不必更求其次。"只缘当时说个其次，惟庄敬以持养之，遂使无限英维，不敢自任质美，从事于浑化之功。

〔2〕《四书章句集注 · 大学》，页 1–2。

〔3〕 胡广等：《四书大全 · 大学章句大全》（《文渊阁四库全书》本），页 8 下。

学至禅学大坏。’盖至于今，禅学至棒喝而又大坏。……假使达摩复来，必当折棒噤口，涂抹源流，而后佛道可兴。”

释误：“亦自有说”下冒号，当改句号；其下单引号及此抄末句单引号，当并去；“朱子云”句双引号，当改单引号。盖此处为黄宗羲因先生（赵贞吉）之言而发之说，非赵氏之自言也。如原标引，是赵氏之为说，立自矛盾。

（752）页769，行8–16

（问者）曰："某常欲照管持守此个学问，有时不知不觉忽然忘记，此便是间断处也。”曰："此则汝之学问原系头脑欠真，其怪工夫不纯也。……我今劝汝，且把此等物事放下一边，待到半夜五更，……当此之际，轻轻快快转个念头，以自审问说道，学问此时虽不现前，而要求学问的心肠，则即现前也，照管持守工夫，虽未得力，而要去照管持守一段精神，却甚得力也。当此之际，又轻轻快快转个念头，以自庆喜说道，我何不把现前思想的心肠，来做个学问，把此段紧切的精神，来当个工夫，则但要时便无不得，随处去更无不有。所谓身在是而学即在是，……”

释误：“以自审问”及“以自庆喜”下，当各加逗号；其下两“说道”下逗号，当各改冒号并加双起引号，“却甚得力也”及“来当个工夫”下，当各加双止引号；“当个工夫”下逗号，当改句号。两双引号内文，皆答者（罗汝芳）假设问者当说之语。按：《万有文库》本及世界书局本无此条。

（756）页 776，行 13–14

> 《易》曰："水流而不息，物生而不穷，造化之妙。"原是贯彻浑融。

释误：此引"《易》曰"等句，本经并无其文。经文《坎·象》曰"水流而不盈"；《序卦》曰："物不可穷也。"此处文殆综经意而出诸记诵，必欲标引，至多只当为首二句。"妙"字下句号，当改逗号。

（768）页 799，行 1–2

> 故曰："道在迩而求诸远，事在易而求诸难。"人人亲其亲而长其长，而天下平也。

释误：此处引文，当尽末句。所引系《孟子·离娄上》篇 11 章文。

（771）页 801，行 6

> 今堂额谓复心者，则自吾身而言也。

释误："复心"二字，当加双引号。二字系堂之名，见于匾额上者也。

（783）页 815，行 11–12

共行只是人间路，得失谁知天壤分？此古人所以贵刀锯鼎镬学问也。

释误：首二句当加引号。盖为前人诗句，引之以发第三句者。

（784）页 816，行 10–11

尝谓惠能云："'本来无一物'，此是又有无一物者在。……"

释误："云"下冒号及单起引号，当移上置"谓"字下。如原标引，是明之耿定向语唐之惠能；不然，则其下均惠能所语。两作均误。

（793）页 830，行 4–7

先生曰："如此是二乘断灭之见，佛之所诃。夫佛氏所云不断灭者，以天地万物皆我心之所造，故真空即妙有，……此正佛氏之消煞也。"

释误：此处引文，当只首二句。二句为焦竑之语，见本书页 834 行 6；[1] 余为黄宗羲因焦说而发之论难。

---

〔1〕《学案》作：（曰："安得此言？）如此是二乘断灭之见，正佛之所诃也。"

（794）页 830，行 8–10

> 先生曰："真能知性知天，更说甚存养？一翳在眼，空花乱坠。夫存心养性，正所以尽心之功，《识仁篇》所言'存久自明'是也。……无翳乃可谓之存养，安得以存养为翳乎？"

释误：引文当止"空花乱坠"句。所引系焦竑语，原语见本书页 834 行 11–13，[1]此为节语。其下均黄宗羲对焦语之论难。"存久自明"四字双引号，当改单引号。

（795）页 830，行 11

> 先生谓："是异国土风是也。"然此千七百人者，(《万有文库》本及世界书局本句读同)（后略）

释误：此处引号可去。文当如下断句："先生谓是异国土风，是也。"必欲加引，当只引"异国土风"四字。四字系焦竑《答友人问释氏》书中语，原语"异"字作"佛"字，见本书页 834 行 14。[2]"是也"以下，为黄宗羲对焦语之评骘。

---

〔1〕《学案》作："伯淳言：'尽其心者，知其性也，佛所谓识心见性是也。若存心养性，则无矣。'"曰："真能知性知天，更说甚存养？尽心知性，所谓明得尽渣滓便浑化是也。存心养性，所谓其次庄敬以持养之是也。即伯淳之言，可以相证。""然释氏亦有保任之说，是否？"曰："古德不云乎，一翳在眼，空华乱坠。"

〔2〕《学案》作："伯淳言：'传灯千七百人，无一人达者，不然何以削发披缁而终？'"曰："削发披缁，此佛国土风。"

（801）页 835，行 15

（文见上条）[1]

释误："延之曰"下引文，当只首二句；"得力"下逗号，当改句号。"顾却无可得说"者，系潘士藻本人。唯其不得说，故有下文一日忽省之事。

（812）页 849，行 10–12

先生谓："吾人从有生来，习染缠绊，……惟是彼此互相虚下，开一条受善之路，此真洗涤肠胃良剂。"故终身不离讲席。

释误：引文当止"受善之路"句；句下逗号，当改句号。"此真"句，系黄宗羲之赞辞。

（827）页 867，行 15–16

（文同上条）[2]

释误："岂容复秘"句问号下，当加止引号。此脱或缘手

---

〔1〕800 条作：（潘士藻）得友祝延之世禄，时时为述所闻，随方开释，稍觉拘迫辄少宽之，既觉心懈辄鞭策之。久之，闭塞愤闷日甚。延之曰："经此一番苦楚，是一生得力，顾却无可得说。"一日自西长安街马上，忽省曰：……

〔2〕826 条作：且云："汝中所见是传心秘藏，……今已说破，亦是天机该发，世时岂容复秘？嗟乎！信斯言也，……"

民之误。

（831）页870，行7

故妄谓“生盲人，拄杖一时难放。”此意少便。（此下小字注“即前生生之机”六字）

释误：此处引号断句皆误，当如下标断：“故妄谓‘生’，盲人拄杖，一时难放。此意少便。”所引“生”字，即指原注“生生之机”之“生”。“妄谓”系作者（陶望龄）之谦称。文意谓自以为“生生之机”，犹“盲人拄杖，一时难放”之当下不容间断。按：《万有文库》本及世界书局本无此条。

（836）页874，行2–3

（文同上条）[1]

释误：此处末句适为一条之末，当有止引号。此漏殆手民所致。

（840）页881，行15

故《易》曰：“艮其背，不获其身；行其庭，不见其人。止之道也，夫‘不获其身’，……”

---

〔1〕 835条作：曰：“一眼看去，不见世间有非，自家有是，世间有得，自家有失，处安之立之而已矣。”（《万有文库》本及世界书局本断句同）

释误："不见其人"下，当加止引号。漏标殆缘手民之误。

（844）页 884，行 15–16

> 今云"格物者，事当于理之谓也"，不若云"随处体认天理之尽也"。

释误：次引当止"天理"字下；意谓所云不若此六字之能尽格物之义。

（848）页 888，行 1

> 孔子乃曰："小杖受，大杖逃，乃天理矣。"

释误：引文当只首二句。"乃天理矣"，系作者（湛若水）按语。

（849）页 889，行 6–7

> 盘亦问："何谓天德？何谓王道？"道通谓："君亦理会慎独工夫来，敢问慎独之与体认天理，果若是同与？"先生曰："体认天理与慎独，其工夫俱同。……"

释误："同与"下止引号，当移上置"工夫来"字下。"工夫来"下逗号，当改句号。"君亦理会慎独工夫来"句，系道通答盘之语。"敢问"二句，系道通问先生（甘泉）已所答是否即符先生"体认天理"之说。

（850）页890，行7–8

先生曰："如此推得好，自随处体认以下至实，非有二也。皆是可见，未应事时只一理，及应事时才万殊。……"（《万有文库》本及世界书局本断句同）

释误："推得好"后文，当如下标断："自'随处体认'以下，至'实非有二也'，皆是。可见未应事时只一理，及应事时才万殊。"双引号内文，系问者原语，甘泉是问者所言，特引其首尾语为答也。

（854）页898，行1

刘子曰：'民受天地之中以生，性之所以立也。'子思曰：'中者，天下之大本，用之所以行也。'

释误："刘子曰"下引文，当只首句；语见左传成十三年文。[1]子思所曰，至"大本"而止，语在《中庸》首章。

（857）页902–903，行16–行1

（先生曰："鸢飞鱼跃，……）阳明谓'勿忘、勿助之说为悬虚'，而不知此乃所有事之的也，……"

释误：双引号可去，为非阳明之原语也。必欲加引号以示关

〔1〕 本《释误》所引《左传》篇章，以阮元刊《十三经注疏》本为据。

键所在，则当但标“悬虚”二字。

（859）页906，行4–5

> 问：“先生曰：‘无在无不在，只此五字，循而行之，便有无穷难言之妙。’白沙先生所谓：‘高明之至，无物不覆，反求诸身，不在于人欲也。无不在者，无不在于天理也。’郡窃谓此五字，当浑全以会其意，……”

释误：“难言之妙”下止引号，“白沙先生所谓”下起引号，并当去。盖自“先生曰”下至“天理也”句，均甘泉说“无在无不在”五字之语。白沙所谓，只“高明之至”起四句；“无不在者”二句，仍为甘泉之语。按：此处最见本书每问答条段皆加引号之为例不善。盖一引之内，有再引更引之文，意易混淆，而符号不能下也。此处如原标引，是断甘泉之语，而又以之混于白沙之语。如在“人欲也”下加双止引号，以示引号内为白沙之语，则双引号重出，不符标引之义例。今以“人欲也”下有句号，足以示一语之终结，读者用心上下文意，固尚可别其下二句之为甘泉语也，故“所谓”下双起引号可去。若必明引白沙之语，则此处开头“问”下单引号（及下文相关之单止引号）当去，而“先生曰”下一段之双引号，当并改单引号矣。“窃谓此五字”，指“无在无不在”五字而言。

（860）页907，行6–10

> 先生曰：“戊子岁除，召各部同志诸君饮于新泉，共论大道。”饮毕言曰：“诸君知忠信为圣道之至乎？……忠信之

> 外，无余事矣。”既而语罗民止、周克道、程子京曰：“忠信者，……心之不实，全是不中不正之心为之。”问：“如何中心？”曰：“勿忘勿助之间，则心中矣。”

释误：此处标引无义。“共论大道”下止引号，当去。“饮毕言曰”下各起止单引号（共四对），当各改双起止引号，而于条末再加单止引号。盖“先生曰”下，均先生（甘泉）追述一时之语也。如原标引，是分二时之事，其前乃甘泉因命会饮而作之语，其后乃会饮时之问答。然命饮之时，固不能预知会饮时之作何语，故知整条为追述一时之语也。

（861）页909，行9–11

> 先生亦尝教孚先曰：“……又曰：‘须默识一点生意，此乃知而存也。’韦推官止见得程子所谓存久自明以下意思，乃存而知也，窃疑如此未知是否？”先生曰：“固是大头脑，学者当务之急，……”

释误：双引号当只用于“须默识一点生意”一句；“生意”字下逗号，当改句号。其下句乃问者自家理解之语。

（867）页917，行7

> 《诗》曰：“民之所好好之，民之所恶恶之。”此之谓民之父母。只今吾子但有好恶念头，（后略）

释误：引文当及“此所谓民之父母”句。三句均《大学》传卒章中语。按：《大学》卒章原文，“《诗》曰”（经文“曰”作“云”）下先为“乐只君子，民之父母”两句；两句出《小雅·南山有台》篇。此处径以“民之所好”三句传语接之，或意出省略，亦不能无少误也。

（892）页942，行2–3

> 吕氏语曰：“言以喻意也。”意与言离，则凶，然则讲学，其亦有凶乎？

释误：引文当尽“则凶”二字；文势语意俱当如此。“然则”而下，系就吕氏所语而作之推论。

（895）页944–945，行15－行1

> 云：“既知良知为入道端倪，安得不归之以寂？”似非阳明公本旨。阳明云：“盖谓此知本寂本感本密本神。既天命之性，所不睹闻之独，充塞宇宙，上下古今，横飞直上，入知出愚，为道之全体，不但端倪而已，又何寂之归乎？”

释误：“阳明云”三字，各本均同。按：以上下文意观之，此处不当有“云”字。盖有之，则是阳明直自辨其上之疑，于理无当。查阳明集中，亦未见此引中之语。疑“云”字为“公”字之讹，原本误刻而流传未之正也。否则便是衍文。此条系洪垣论学书之文，洪氏文集，无由见查，但“云”字作“公”，则文意自然妥协。盖“盖谓”起文，为洪氏原阳明本旨而为说以答上问者也。然则“阳明云”下一节起止引号，亦当并去。“既天命之性”之“既”字，二老阁、《四库全书》二本同，《四部备要》、《万有文库》、世界书局三本作“即”字。按：作“即”较妥。

（900）页947，行14–16

> “格物者，……是求仁亲民一体之学。□□试言之，吾人一身一心耳，何以亲民亲天下？尽□□之性，而不穷廷纶？”予曰：“在通天下之志。”

释误：此处错误多端，半由阙文所致。按：此条《四库全书》、《四部备要》、《万有文库》、世界书局四本均无。以二老阁本核之，上起阙文为“也且”二字，下起阙文为“天下”二字，“予曰”作“子曰”。据此，“一体之学”下，当多“也”字成句。“试言之”上，当多“且”字。“尽天下（二字原阙）之性而不穷”，当连读成问句。原“亲天下”下问号，当改逗号；“之性”下逗号及“廷纶”下问号，并当去。“廷纶”下止引号，当移上置“不穷”下。廷纶系人名，“廷纶子（原讹作‘予’）”三字，当加专名号。

（925）页976，行5–7

> 先生信良知，而恶夫援良知以入佛者，尝规近溪公为后生标准。令二三轻浮之徒，恣为荒唐无忌惮之说，以惑乱人听闻，使守正好修之士，摇首闭目，拒此学而不知信，可不思其故耶？

释误：此处误者有三。“公”字专名号当去，“标准”下句号，当改逗号；“近溪”下，当加冒号及起引号，末句当加止引号。盖直引先生（许孚远）规谏近溪之语也。

（934）页 990，行 9–10

> 故曰：“上天之载，无声无臭，冲漠无朕。”即万象森罗。万象森罗，亦冲漠无朕，……

释误：引文当只首二句；二句为《诗经·（大雅）皇矣》篇文，《中庸》卒章引之。“无臭”下逗号，当改句号。上“无朕”及“森罗”下句号，均当改逗号。

（935）页 993–994，行 16 – 行 2

> 若闻见择识，不过致知工夫，非便以闻见择识为知也。故曰“知之次，知其知，知其不知，是本体”。择其善者而从之，多见而识之，是工夫。

释误：此处引号可去，盖随文引经以为说故也。必欲加引号，则唯“知之次”三字及“择其善者而从之”两句可引，以皆《论语·述而》28 章句。“为知也”下句号，当改逗号；“知之次”下逗号，当改句号；前三句所以解“知之次”之含义故也。

（936）页 998，行 10–12

> 而佞佛者妄肆讥评，曰：“未发是一念不起时也，……且既云未发矣，气象在何处？既有气象矣，又何云未发？令

学者茫然无以应。”

释误：引文当止“又何云未发”句。学者所以茫然无以应者，正为佞佛者如上之讥评也。

（937）页1000，行14–15

故曰“静中养出端倪”，方有商量处。可见古人……

释误：引文当及次句。二句为陈白沙语，见本书页84行13。[1]

（942）页1008，行6–7

孟子曰：“行有不得者，皆反求诸己，善也。其身正而天下归之，至善也。”

释误：“求诸己”下，当加止引号；“其身”上，当加起引号；“至善也”下止引号，当移上置“归之”下。孟子所言，分两处；“善也”、“至善也”，为作者按解孟子二言之语。

（944）页1008，行14

君子依乎中庸，遁世不见，知而不悔，故止于至善。

---

〔1〕《学案》作：为学须从静坐中养出个端倪来，方有商量处。

释误：头十四字系《中庸》原文，当加引号示别。“遁世不见”下逗号，当去。按：《万有文库》本及世界书局本断句不误。

（952）页 1022，行 6–7

> 孟子曰：“行有不得者，皆反诸己，必如大舜号泣旻天，负罪引慝，而后可言。”

释误：引文当只首二句；所引系《孟子·离娄上》篇 4 章之文。“诸己”下逗号，当改句号。“而后可言”，言必如大舜之所行，而后可当孟子之所言。

（961）页 1029，行 3

> 《大学》“致心之知者在格，万物万理，本于一物一理”者，意正相同，……

释误：此处引号当去。盖引内非《大学》原文，亦非他人成说，特作者推论“穷理”所以能训“格物”之语也。

（976）页 1033–1034，行 16 – 行 2

> 见性成佛，此即禅宗。似儒非儒，故（朱子）阐之曰：“佛家从头都不识，则不识性所从出之天，即谓之命；”曰：“只认知觉便做性，则不识心所具之理，即谓之性。”又曰：“但认为己有，则不认以天理为天下之公共者言性，以有我之私者言气质，是为无所蔽。”

释误：此处引文三起，所引当各只“曰”下一句。其“则不”字下句，皆作者（杨时乔）演绎朱子意语。“即谓之命”下分号，当改句号。

（978）页1034，行7–11

（文见上条）[1]

释误：次引当只“不识有气质之性”一句，其句原有逗号，当改句号。

（989）页1036，行12–15

薛子亦曰：“程、朱大有功于万世。”又曰：“后人于朱子之书之意，不能遍观尽识，……炫新奇而掠著述之功。多见其不知量也。兹欲绝其弊，惟躬行讲明，……庶乎斯道明，世运泰矣。”

释误：引文当止“多见其不知量也”句，其下文意已转，盖

---

〔1〕 977条作：无我无人，其说简径直捷，……以故豪杰之负聪明才辨者，……孰不动乎旧所传习，搀而入乎此者？先生素爱之于心，故并其时，有谓心即理者，直辩其非，曰“心粗”，曰：“不识有气质之性，岂不以其品优识贤而必深文之哉？”盖传而释之，其端初开，不容不言为之防。释误：此处文二老阁本同，《四库全书》、《四部备要》、《万有文库》、世界书局四本未载。按：以上下文意观之，“爱”字当为“忧”字之讹。此处属杨时乔《朱晦翁碑》文，杨氏文集无由见查，然惟佛说之搀人，故乃“忧之于心”，唯其“忧之于心”，故“直辩其非”于口，理固宜然，则“爱”为讹而“忧”为正，似无疑也。又，“岂不”之“不”，疑为衍字。

作者之语也。按:《四库全书》、《四部备要》、《万有文库》、世界书局四本节录此条，亦至“多见”句止，是亦知薛子所言之当止于是也。

（991）页1039，行5–7

> 或问道曰:“一阴一阳之谓道，理气之别何居?”曰:“奚别之有哉?盈天地间，……数者名虽不同，本一气而已矣。……”

释误:“道”字专名号，当去。文当如下标引:“或问道。曰:‘一阴一阳之谓道。’‘理气之别何居?’曰:‘奚别之有哉?……本一气而已矣。’”此处问答句法，类似扬雄《法言》，点校者殆以文出王道之书，故误以“道”指王氏之名。此抄末句，适为一条之末，所漏止引号，殆出手民之误。按:此条出王道《天道说》一文，考王氏《顺渠先生文录》该文，[1]“或问”二字，即具起句，文中更无人物之牵涉，亦足见“或问道”之“道”，不指作者。又,《万有文库》本及世界书局本“或问道曰”连读，亦误。

（993）页1042，行11

> 不尽心而能知性知天，而曰“圣人之学，吾未之信也”。

释误:引号可去。必欲加引，当只“圣人之学”四字。

---

〔1〕 王道:《顺渠先生文录》（嘉靖隆庆间尤麒刊本）卷一，页1上,《天道说》。

（1000）页 1052，行 12–13

周子曰："无极而太极，太极动而生阳，乾道成矣。静而生阴，坤道成矣。阳变阴合，五行顺布，四时行焉。"一皆自然之天也。

释误："生阳"下，当加止引号。"静而生阴"四字，当加引号。"阳变"上，当加起引号。"行焉"下句号，当改逗号。引文均出《太极图说》；"阳变阴合"下，原文有"而生水火木金土"七字。引号外语，均赵谦之绎说。

（1017）页 1081，行 12–13

故白沙言定山人品甚高，恨不曾与我问学，遂不深讲。不知其后问林缉熙，何以告之？其不甚契可知矣。

释误："定山"字起，至"何以告之"句，当加引号。"其不甚契"句，系黄宗羲推论按语。

（1038）页 1121–1122，行 14 – 行 1

（白沙）所云"莫杖莫喝，只是掀翻说"。盖一悟之后，则万法皆空，有学无学，有觉无觉，其妙旨固如此。金针之譬，亦出佛氏，以喻心法也。谁掇云者，（小字注"诗云：'绣罗一方，金针谁掇。'"）……观乎"莫道金针不传"与"江门风月钓台深"之句，（小字注"别一绝句"。）其意可见。

释误："所云"下引文，当只首句。白沙《示湛雨》诗："得山莫杖，临济莫喝"；[1]首句四字，此二诗句之省也。"只是"句，乃作者之推断。"有学无学，有觉无觉"，当加引号；同诗之首二句故也。"金针"、"谁掇"二处，当各加引号，白沙同诗末二句辞也。"观乎"下十四字，系同一七言绝诗之两句，引号当只一用；[2]"与"字下，当加逗号。"江门"二字，当加专名号。按：《万有文库》本及世界书局本断句不同，亦误。

（1039）页 1122，行 1–2

> 注乃谓深明正学，以辟释氏之非，岂其然乎？溥博渊泉而时出之，道理自然语意亦自然，曰"藏而后发，便有作弄之意"，未可同年而语也。

释误："深明正学"起十字，当加引号；语为湛甘泉为白沙《示湛雨》诗之注释故也。[3]"溥博渊泉"下，当加逗号，二句并当加引号，系《中庸》31 章之语故也。"道理自然"下，当加逗号。"之意"下止引号，当移上置"藏而后发"句下。白沙《复张东白内翰》书："夫道至无而动，至近而神，故藏而后发，形而斯存"，[4]引句出此。白沙《答张内翰廷祥书括而成诗呈胡希仁提学诗》："发用兹不穷，缄藏极渊泉"，[5]作者所为引《中庸》作

---

〔1〕 湛若水：《白沙子古诗教解》（台北：河洛图书出版社，1974，《白沙子全集》下册，影印乾隆三十六年刊本）上，页 3 下。

〔2〕 二句出《江门钓濑与湛民泽收管》三首之二，见《白沙子》卷六，页 66 下；《白沙子全集》卷一〇，页 36 下。

〔3〕《白沙子古诗教解上》，页 3 下 – 4 上。

〔4〕《白沙子》卷二，页 13 上；《白沙子全集》卷三，页 11 下。

〔5〕《白沙子》卷五，页 1 上；《白沙子全集》卷六，页 2 下。

说以此。白沙以“自然”为宗旨，作者以《中庸》之语所示，乃真正自然之道，故谓白沙斯言，为“有作弄之意”而非真自然者也。按：《万有文库》本及世界书局本句断不误。

（1042）页 1122，行 7–8

今其诗有云“无穷吾亦在”，又云“玉台形我我何形？吾也，我也”。注皆指为道也，（后略）

释误：次引当止“何形”字下。所引系陈白沙《沈石田作玉台图题诗其上见寄次韵以复》诗句。[1]“我也”下句号，当改逗号。

（1043）页 1125，行 10–12

因阅慈湖书赋诗三章：“斜风细雨酿轻寒，……中华那复有衣冠？装成戏剧逐番新，……只缘声色解迷人。镜中万象原非实，……莫将形影弄精神。”（《万有文库》本及世界书局本句读同）

释误：“书”下当加逗号。“衣冠”、“迷人”字下，当各加止引号。“装成”、“镜中”句上，当各加起引号。诗分三首故也。

（1046）页 1128，行 5

《楞伽》四卷，卷首皆云：“一切佛语心品，良以万法惟

---

〔1〕《白沙子》卷六，页 43 上；《白沙子全集》卷一〇，页 16 下。

识，诸识惟心，种种差别，不出心识而已。”

释误：引文当只首句，盖本经原文如此。

（1048）页1128，行7

（文同上条）[1]

释误：引文当尽末句，各句俱本经原文故也。[2]

（1066）页1139，行2–3

执事又云：吾心之良知，即所谓天理也，……事事物物各得其理者，格物也。审如所言，（后略）

释误：“吾心”起，至“格物也”止，当加引号。

（1072）页1143，行1–4

按阳明所寄二绝，非四绝也。序云：“仆兹行无所乐，……岂谓乐不可极耶？见说新居止隔山，……何事深林尚闭关？乘兴相寻涉万山，……可是无关却有关。”

---

〔1〕 1047条作：(《楞伽经》) 又云：“界说有三种识，广识有八相。”何等为三？谓真识、现识及分别事识。

〔2〕《大藏经》册39页350上栏，《楞伽阿跋多罗宝经批注》，页1上。

释误：“不可极耶”下，当加止引号，以终诗序。“见说”、“乘兴”上，当各加起引号；“闭关”下，当加止引号；诗有二首故也。

（1073）页1145–1146，行15–行1

心岂有出入？亦以操舍而言也。程子盖谓“心无形体，操存舍亡，犹言用舍行藏”云耳，……又曰：“放心是心本善，而流于不善也，言放心，不足以言心，非心之本体也。”

释误：前见起止引句，当去；语为推绎程子之言故也。后见引文，当止次句；语见《程氏粹言·心性篇》，原文“放心是”作“放心者”。[1]

（1076）页1146，行7–8

形而上为道，形而下为器，须着如此说。“器亦道，道亦器，但得道在，不系今与后，己与人”，此程子之说也。

释误：引文当始首句。各句皆程明道语，见《近思录》卷1。

（1078）页1149，行6–8

程子云：‘吾儒与释氏，句句合，事事同，然而不同其谓此欤！’……《大学》言正心，曰‘有所忿懥恐惧好乐忧

〔1〕《二程集·河南程氏粹言》卷二，页1258。

患，则不得其正，一物存焉，则累其空明之本体矣’。

释误：程子所云，当止“然而不同”四字，字下并当加句号。“其谓此欤”，系作者推绎程子语意之言。“《大学》言正心”下起止引号，当并去。原引内首二句，系约经文为己语者，三四两句，系作者之语；必欲引经，当只引“则不得其正”五字。

（1079）页1149，行8–10

名其无倚曰中，……一物也。是谓天命之谓性，发而中节谓之和。和也者，天下之达道也，指心之流行而言。是谓“率性之谓道”，“忠恕一以贯之。”忠者，无妄；恕者，所以行乎忠也。……此程子之本旨也。

释误：“一物也”下句号，当改逗号。“天命之谓性”下逗号，当改句号；五字并当加双引号。“发而中节谓之和”下句号，当改逗号；七字并当加双引号。“和也者”二句，当加双引号。“指心之流行而言”下句号，当改逗号。“率性之谓道”下逗号，当改句号。“忠恕一以贯之”下句号，当改逗号。以上二句单引号，当各改双引号。此处之或加双引号，或改单引号为双引号，所以符此条标引之例也。

（1080）页1150，行4–6

（曰：“）周子《图说》之主静，自注无欲故静。”《通书》曰：“一者无欲，无欲则静虚动直。”……皆指是为说也。

释误："无欲故静"四字，当加双引号。"《通书》曰"下二句单引号，当改双引号。末句为此条之终，当加单止引号。

（1081）页1150，行10–11

> 《中庸》始言"一理中散为万事，末复合为一理，放之则弥六合，敛之则退藏于密"，即其旨也。

释误：引文当始"始言"二字；所引系朱子《中庸章句序》语。"始言一理"下，当加逗号。按：《万有文库》本及世界书局本句断不误。

（1086）页1157，行11–13

> 天命之谓性，故物之理即吾心之理也。……曰"穷理则隐而难求"，曰"格物则显而可据。"格物者，修治其目，人伦其先也。

释误：此处引号当去。"穷理"、"格物"下，可各加逗号。"曰穷理"、"曰格物"，犹云"如言穷理"、"如言格物"。

（1088）页1158，行14

> 古人曰："阴阳曰仁义，一而已。"后人和合孔、孟之言性，乃立理气之名，（后略）

释误：引号当去。"后人"以前文，当如下标读："古人曰阴阳，曰仁义，一而已”。按:《万有文库》本及世界书局本断句不误。

（1093）页 1162–1163，行 9– 行 2

> 先生以儒者之学，当务之为急，……今曰“理出于心，……奚事外求？”吾恐其修齐治平之道，反有所略，则所学非所用，所用非所学，于古人之道，不免差矣。先生此论为阳明而发也。

释误：此处“儒者之学”起，至“不免差矣”止，为先生（何瑭）之言甚明，当加引号别之；“今曰”下起止单引号，当顺改双引号。

（1095）页 1163–1164，行 15 – 行 4

> 曰:“心之正不正，虽见于既发之后，实根于未发之前，……或不能不失其正，则‘修身章’内亲爱五者之偏，正指此而言，所谓已发而为情者也。若谓‘正心’传内不得其正，即指已发，则‘修身’传内五者之偏，又何指耶？”“朱子章句，盖一时之误也。其以正心次诚意之后，何也？”曰:“意不诚者，明知善之当行，而不能行；……”

释误：此处首引所言，当止“盖一时之误也”句；“又何指耶”下止引号，“朱子章句”上起引号，当并去。“盖一时之误也”，所以自答“又何指耶”句也。以其只说“正心”，未及“正心”与“诚意”之关系，问者于是复有下问。故“其以”字上，当加起引号。又，‘修身章’之“章”字，当在双引号外，标法始与“‘正心’传”、“‘修身’传”，及下文（此未抄）“‘修身’、‘齐家’传”等处相符。“章句”二字，当加书名号。

（1105）页1186，行1

今曰“此心未发之时，本自中”，正望再示，本自中正之象，以解余之惑。

释误：此处当如下标引断句：“今曰‘此心未发之时，本自中正’，望再示本自中正之象，以解余之惑。”此由复述而知原句也。按：《万有文库》本及世界书局本无此条。

（1107）页1187，行3

柏斋谓“神为阳，形为阴，又谓“阳无形，阴有形”矣，（后略）

释误：“形为阴”下，当有止引号。漏殆手民所致。

（1108）页1188，行1–4

柏斋言道体兼有无，亦自神无形有来，此不须再辨。愚谓道体本有本实，以元气而言也。……执事曰：“释、老谓自无而有诚非矣”，又谓余论“出于横渠，要其归则与老氏合”。

释误：此处引号有漏。详文意，“道体兼有无”五字，当加引号；首句起引号，当自“道”字始。此五字为柏斋原句，见页1187行12。[1]此句之当否，前条已辨之，此故云“不须再辨”。又，“释、老谓自无而有”下，当加逗号。《万有文库》本及世界书局本句断不误。

（1110）页1192，行7–9

> 柏斋又云“神能御气，气能御形，以神自外来，不从形气而有，遂谓天地太虚之中，无非鬼神，能听人役使，亦能为人祸福”，愚则谓神必得形气而有，（后略）

释误：引文当只首二句；柏斋所言，见页1190行14–15。[2]“以神自外来”以下，均作者绎述柏斋论说之言。有“遂谓”二字，可知其非柏斋之原语也。

（1115）页1201，行1–2

> 故子思述孔子之意，以为此篇“凡言及品节限制，而操存于内者，……皆以廓道心之微也。”（《万有文库》本及世界书局本句读同）

释误：引号当去。“此篇”下，当加逗号；“以为”犹“以作”；“此篇”指《中庸》。“凡言及”下文，为作者推原子思所作《中庸》之用意。

---

〔1〕《学案》作：体兼有无，阴为形，阳为神，神而无形者，其本体盖未尝相混也。
〔2〕《学案》作：神能御气，气能御形，造化人物无异，但有大小之分耳。

（1123）页 1205，行 1–2

（朱子）又曰："人之所以为人，其理则天地之理，其气则天地之气，理无迹不可见，故于气观之，既以为一矣。"又曰："未有天地之先，毕竟是理，有理便有气，流行发育万物。"此言理在气先也。

释误：上引当止"故于气观之"句；句下逗号，当改句号。"为一"，谓理气为一。"既以为一矣"句，系作者下文立说之张本，所以与"此言理在气先也"句呼应，而见朱子为说之不一也。

（1128）页 1209，行 2

（文见上条。《万有文库》本及世界书局本断句同）[1]

释误："即物而穷其理"六字，系朱子《格物传》中要语，亦系此处议论之要点，当加引号别之。其上"格物传"下逗号，可去，亦可以冒号代之。

（1131）页 1213，行 10–11

温公曰："扞格外物，以物至为外，非合内外之道。"黄润玉曰："格，正也，义取格其非心，心正矣，奚用诚意致

〔1〕 1127 条作：盖朱子既谓理不外心，正自本体言，其格物传，即物而穷其理，即是我心即之也，非义外也。

知为哉？”

释误：“温公曰”下文，当只引“扞格外物”四字。“黄润玉曰”下文，当只引“格，正也”三字。余俱作者分别评论二氏之言，盖不以所训为然者也。按：“扞格外物”，司马光《致知在格物论》原文“格”字作“御”。[1]

（1132）页 1214，行 10

诗云“无”曰“不显”，“莫予”云“觏”。

释误：此处当如下标引：“《诗》云：‘无曰不显，莫予云觏。’”两句出《大雅·抑》篇 7 章。“诗”字漏标书名号，殆手民之所致。

（1136）页 1220，行 8–9

（杨）朱有言曰：“行善不以为名，而名从之，名不与利期，而利归之，利不与争期，而争及之，故君子必慎为善，其为我也。”有类于“不敢为天下先”。

释误：杨朱所言，当止“必慎为善”句。“其为我也”二句，系作者绎断之语。“为善”下逗号，当改句号。“我也”下句号，当改逗号。

---

〔1〕 司马光：《温国文正司马公集》（台北：台湾商务印书馆，1967，《四部丛刊初编缩本》）卷七一，页 519。

（1143）页 1227，行 2–3

阳明谓公只为旧说缠绕，非全放下，终难凑泊。先生终执先入之言，往往攻击良知。

释误："公只为"起至"凑泊"止文，当加引号。此张岳所覆述阳明语，见本书页 1228 行 14。[1]

（1144）页 1227，行 3

其（张岳）言："学者只是一味笃实向里用功，此心之外更无他事是矣。"而又曰：……

释误：引文当止"他事"字下；"之外"及新止引号下，并当加逗号。"是矣"二字，为黄宗羲之按语。按：《万有文库》本及世界书局本"他事"下不断，亦误。

（1145）页 1231，行 1–2

颜渊问仁，告之以"克己复礼，而其目在视听言动"。

释误：引号当只用于"克己复礼"四字。

〔1〕《学案》作：（先生再三镌诲曰："此）处切要寻思，公只为旧说缠绕耳，非全放下，终难凑泊。"

（1146）页1231，行3

司马牛问仁，告之以“其言也讱而已”。

释误：引号当只用于“其言也讱”四字。

（1148）页1232，行3–4

如习礼，则《冠》、《射》、《相见》等，用之有时，日识其节文大义，亦当必求其所谓不可须臾去身者，如《曲礼》、《少仪》、《玉藻》中所记“动容威仪”之节，逐条掇出，相与讲明而服行之。

释误：“《冠》、《射》、《相见》”各处书名号，均当去。所指系三类之礼故也。“动容威仪”四字引号，可去。

（1158）页1249，行3

《商书咸有一德》云：“德无常师，主善为师。舜察迩言，《诗》询刍荛。”孔子“问礼问官”是也。

释误：所引《书》文，当只首二句。“察迩言”三字，当加起止引号；“《诗》”字下，当加起引号；以符此处标引之例。“刍荛”下句号，当改逗号。“舜”起三引，均疏证《商书》所言者也。

（1159）页 1249，行 13–14

至答子路问强曰："南方之强，北方之强，皆有过不及之弊，而惟君子则和而不流，中立不倚，始可以言中庸。"

释误：此处引文，当只首二句。其下皆对此二句含意之绎述。

（1160）页 1249–1250，行 14 – 行 2

朱子述李延平言曰："人固有无所喜怒哀乐之时，然谓之未发，则不可言无主也。"又如先言慎独，然后及中和，此意亦尝言之，但当时既不领略，后又不深思，遂成蹉过，孤负此翁耳。此朱子未言之意，而愚之所信悟者也。

释误："人固有"至"无主也"及"先言慎独，然后及中和"二处，当分别加双引号；盖皆李延平各一时之语也。原单止引号，当移下置"孤负此翁耳"句末；全引皆朱子之追述及自语也。

（1161）页 1250，行 3–5

后言致中和处，亦是前篇"君子已存此中，发此和"，到"一理浑然，泛应曲当处，一神两化，故位天地，育万物，自然此理，圣人之能事，中庸之极功也"。如此恐不为凿说，惟再体味之。

释误：此处属徐问《答高太和论中和》书内文。所谓"前篇”，似指徐氏前答高氏文字而言。然查徐氏《山堂萃稿》，所与高太和书，只存本书所载《又答太和》书（即此抄之下一首）；此抄所属该书及其他曾与高氏论难有关之书，均未见收，故于此首章句之原貌，无由校对。然以文势观之，此处“发此和”下止引号及“一理浑然”上起引号，当并去之。盖其处上下各句，一意承转，既无间断之必要，亦未必有分别节引之可能也。

（1164）页1251，行7–8

> 程子曰：“动容貌，整思虑，则自然生敬，夫整思虑，正思慎，其妄动齐其不齐，合二三之德，以贞于一者也。”

释误：引文当止“则自然生敬”句；句下逗号，当改句号。“夫”字而下，系作者推衍程子语意之文。（“正思慎其妄动”，当为一逗句，所以释“整思虑”也。）

（1168）页1252，行10–11

> 盖心具五常，心系五伦，畀于人以为性，明明交付如命令，然常目在之非，是比喻真欲，使目常视其心，而不敢忘此命令也。

释误：“然”字当连上句读；字与上“如”字相属。“常目在之”四字，系朱子《大学章句》中注“顾諟天之明命”句文，[1] 可加引号。“非”字及“真欲”二字，当各属其下句。按：《万有

[1] 《四书章句集注·大学章句》，页3上。

文库》本及世界书局本无此条。

（1186）页1270，行8–9

> 一日张子问学，予曰："求仁问仁。"曰："主一。"曰："孔子之学，惟以仁为训。""何也？"曰："天地之一动一静，……仁也。……"

释误："予曰"后文，当如下标引断句："'求仁。'问仁，曰：'主一。'曰：'孔子之学，惟以仁为训，何也？'曰：'天地之一动一静，……仁也。'"按：《万有文库》本及世界书局本断句不误。

（1189）页1271，行3

> （文同上条）[1]

释误：引文当只首句；语出朱子《太极图说解》。[2]作者引此语，所以见程伊川所撰明道《行状》中所述明道与濂溪之师承关系与朱子所述者不同。

（1190）页1272，行8–11

> 当时象山先生已见其微，故戒之（杨简）曰："若茫然

---

〔1〕 1188条作：晦翁解太极，谓："周子手是图以授之，此可谓要矣。"
〔2〕《周濂溪集》卷一，页25。

而无主，泛然而无归，则将有颠顿狼狈之患。”信然矣，其蔽之本指，其于心不在焉。则以为心如何？曰：“在正，舍之则亡。”则以为圣人未尝贵操而贱舍，此说若行，是率天下贸贸焉，莫知所之，不至于槁木死灰不已也。

释误：此处所论，系关慈湖杨简之学。“本指”下逗号，当改句号，以终结引象山说话为证之意。其下五句，当如下标断：“其于‘心不在焉’，则以为心如何曰‘在正’；‘舍之则亡’，则以为圣人未尝贵操而贱舍。”盖《大学》言“心不在焉，视而不见，听而不闻，食而不知其味，此谓修身在正其心”，慈湖疑经意有矛盾，以为信如所言，则不能谓修身本于“在正”其心也。“舍之则亡”，指《孟子·告子上》篇8章“操则存，舍则亡”语而言。“此说若行”以下，系作者评击慈湖学说之语。“贸贸焉”下逗号，可去。按：《万有文库》本及世界书局本无此条。

（1191）页1274，行1–2

或问：“明道先生如何是道？”曰：“于君臣父子兄弟朋友夫妇上求，此道学正路。世之淫于老、佛，……此千古名教之罪人也。”

释误：“或问”下冒号及起引号，当移下置“如何”字上。盖问者以道当何求问于明道也。其下明道所答，亦只一句；“上求”下逗号，因而当改句号。“此道学正路”而下，为作者因明道答语而设之议论。按：《万有文库》本及世界书局本“明道先生”下不断句，亦易致误。

（1193）页 1277，行 3

濂溪之主静，无欲故静。又曰：“一者，无欲，其非动静之静可知矣。”

释误：引文当只首四字；“无欲”下逗号，当改句号。

（1197）页 1283，行 2–3

或譬之嘉谷之为种也，一岁而有秕粒焉，再岁而色粟异焉，……执其秕粒白穗赤粟，告人曰：“是非此种也，孰信之哉？”

释误：引文当只“是非此种也”一句。

（1200）页 1289，行 6–7

（卢宁忠）又以“诚意之意，是生理之初萌，纯粹至精，即周子诚神几之几也。其视意为有善有恶者，加功密矣，”颇与子刘子之言意同。

释误：引文当只头四句。“其视”以下，系黄宗羲称许卢氏之语；为卢氏言“意”之见与黄氏师刘宗周之见颇合，故黄赞之如此。

（1201）页 1290，行 4–7

阳明之学主致良知，故只格物便一了百当，……后学推演其义者，则曰："致良知也，虚灵不昧，天之性也。"致者充极其虚灵之本体，不以一毫意欲自蔽，而明德在我也。物格者，感而遂通天下之故，而修齐治平一以贯之，明明德于天下也。是以致知为体，格物为用，致知在先，格物反居后，未免于《大学》条次不伦，……

释误：引文当止"明明德于天下也"句。阳明所言，后学所演，均包括"致知"、"格物"二事，作者以"体"、"用"概括之，疑后学所演之义，与《大学》原文条次不伦也。如原标引，是后学所演，唯"致知"之事，而落"格物"不言，于义自然无当。

（1218）页1310，行5–6

语云："我乃行之，不得我心，不自察耳。"察则不木，不察则木。

释误：引语不知何出，然以意观之，引文当只前二句。"我心"下逗号，当改句号。

（1221）页1312，行5

（文同上条）[1]

释误：此处文当如下标断："年（原作"老"字，从上条

〔1〕 1220条作：老兄云："即今亦自可学诚哉？即今亦自可学也。"

说改正。[1]）兄云：‘即今亦自可学。’诚哉！即今亦自可学也。”盖谓“年兄”所云为固然也。按：《万有文库》本及世界书局本断句不误。

（1223）页1314–1315，行13–行1

> 程子曰：“杨、墨之害，甚于申、韩，……佛、老其言近理，又非杨、墨之比。夫无所为而为之，之为仁义，佛氏从死生起念，只是一个自为，……”

释误：此处文至段末，未见有止引号，殆漏标之故，当于“又非杨、墨之比”句下，加止引号以终程子之语。程子语，见《近思录》卷一三；“夫无所为”而下，系黄宗羲之议论。标断当为“夫‘无所为而为之’之为仁义”……

（1225）页1320，行6–7

> 《淮南子》曰：“天气为魂，地气为魄。”注曰：“魂，人阳神也；魄，人阴神也。魂魄具而成人，二者相守。”

释误：“注曰”下引文，当止“人阴神也”句。语出《淮南

〔1〕 1220条释误：“老兄”二字，二老阁本同，《四库全书》、《四部备要》、《万有文库》、世界书局四本均作“年兄”。按：此处文出吕维祺《与苏抑堂》书，抑堂为苏继欧别号，以《明史》卷二六四《吕氏》本传及《明清进士题名碑录索引》考之（见张廷玉等：《明史》（北京：中华书局，1974）卷二六四，页6820，吕维祺本传；“国立中央图书馆”：《明人传记资料索引》（台北：“国立中央图书馆”，1965），页944；朱保炯、谢沛霖：《明清进士题名碑录索引》（上海：上海古籍出版社，1980），页2592，吕欧二人均万历四十一年进士，则作“年兄”是。

子·说山训》。[1]按：此所引《淮南子》二句，出《主术训》，该处高诱无注。

（1228）页 1323，行 11

故《中庸》言“诚必兼物我，始终纯一，乃为至诚”，与《大学》“诚意在致知格物”正同。

释误：此处引号，当全去。所引均系作者之绎义，非经文之原有。“故《中庸》言诚”五字为一逗句。按：《万有文库》本及世界书局本句断不误。

（1235）页 1329，行 8–11

（吴执御）又劾宜兴塘报、奏章，“一字涉盗贼，一字涉边防，辄借军机，密封下部，明畏廷臣摘其短长，他日败可以捷闻，功可以罪按也。词臣黄道周，清严不阿，欲借试录处之，未遂其私，则迁怒仪部黄景昉，楚录箴砭异同，必欲斥之。李元功、蒋福昌等夙夜入幕，私人如市，此岂大臣壁立千仞，不迩群小之所为哉？”奏上，上切责之。

释误：引文当起“塘报”二字。“楚录”当标如“楚《录》”，二字并当连其上句读。此处宜兴周延儒为吴执御所劾者三事：密封塘报奏章下部一也，欲陷黄道周不遂而迁怒于黄景昉二也，

〔1〕 高诱注，茅一柱订：《淮南鸿烈解》（台北：鼎文书局，1969，影印万历八年刊本）卷一六，页 1 上。

私人如市三也。故引文当始“塘报”二字。“楚《录》”指黄景昉所辑湖广乡试录。按:《万有文库》本及世界书局本断句不同，亦误。

（1236）页 1329–1330，行 14 – 行 1

> 上以朋比，下先生（吴执御）与（吴）彦芳于刑部，……杖徒三年。兵部员外郎华允诚，劾温体仁与闵洪学，同邑相依，驱除异己，而吴执御之处分，遂不可解矣。未几，先生亦卒。

释误:“温体仁”起至“不可解矣”，当加引号。以系华允诚劾奏中语，所以为吴执御伸张者故也。否则或有事属别起或语归黄宗羲之误会。

（1237）页 1330，行 14

> 此可以悟心体之妙，故曰‘几者动之微，吉之先见’者也。

释误:引文当尽“者也”二字。所引二句，系《易·系辞下传》5 章文。

（1247）页 1342–1343，行 16 – 行 1

> 昔湖州问程叔子‘直以诚正’立论，于此知字，尚隔一层。

释误："昔湖州问"下，或至"程叔子"下，当加逗号。引号可去；必欲加引，但当引"诚正"二字。按：程伊川游太学，祭酒胡瑗试诸生以"颜子所好何学"之论，得伊川文，大惊延见。此处所言，即指此事。伊川《颜子所好何学论》一文，正以"诚正"二义立论，[1]作者谓其但言诚正而未及致知之义也。按：《万有文库》本及世界书局本"程叔子"下句断。

（1253）页 1351，行 13–14

《大学》首传，便说此谓"诚于中，形于外"，（后略）

释误：引号当始"此谓"二字，《大学》本文如此也。

（1257）页 1358–1359，行 15 – 行 1

先生（金声）有言不问动静，期于循理，此是儒家本领，先生杂之佛学中，穿透而出，（后略）

释误："先生有言"下，当加逗号。"不问动静"二句，当加引号，以"此是"起为黄宗羲之按论故也。按：《万有文库》本及世界书局本句断不误。

（1259）页 1362，行 14–15

《楞严》所谓"所既妄立，生汝妄能，是汝能又全体倚

[1]《二程集·河南程氏文集》卷八，页 577–578。

前所，而与之角立”。既倚前所而与之角立，全是物也，又岂心耶？此处须妙语始得。

释误：此处引文，当只首二句。[1]其余为据经设论之辞。（按，“妙语”为“妙悟”之误，说见次条引《金忠节公语录》之证。[2]）

（1274）页1384，行11–13

此云门所以无可奈何，而有“一拳打杀，喂却狗子”之说也。或曰：“何为尔尔，由他们毕竟呈出个伎俩来，便不免落窠臼，任是千般播弄，会须有尽。”

释误：“或曰”下引文，只首句四字。“尔尔”下逗号，当改问号。其下即答此问之辞，亦为解释云门之说之辞。

（1276）页1386，行10–11

打开《太极图说》，言“无极之真，二五之精，妙合而凝，即人心道心”，又不是截然两物也。

释误：引文当止“妙合而凝”句，《太极图说》原文如此。

---

〔1〕 二句见《大藏经》册39页875中栏，首《楞严经义疏注经》4之1。

〔2〕 金声：《金忠节公语录》（上海：留馀草堂，1931），页4上。

（1280）页 1397，行 3–4

罗念庵曰："终日谈本体，不说工夫，才拈工夫，便以为外道。"使阳明复生，亦当攒眉。

释误：引文当尽末句。如原标引，是阳明复生，当为罗念庵之言而攒眉矣，固误。念庵之言，为王学之流弊而痛发者也。

（1290）页 1410，行 13

故章句云：喜怒哀乐情也，其未发则性也。

释误："章句"二字，当加书名号；其下二句，当加引号。《章句》此系朱子《中庸章句》之省称，"喜怒"二句，系该书原文。[1]

（1294）页 1415，行 6–7

今必曰"无善无恶"，又须下转语曰："无善无恶，乃所以为至善也。明者自可会通。"然而以之明心性者十之一，以之灭行检者十之九矣。

释误："转语曰"下引文，当只首二句。"明者自可会通"下句号，可改逗号。此句而下，系作者评前语所载理念之或然及已然结果。按：此处系高攀龙评王时槐（塘南）学说之语，

---

〔1〕《四书章句集注·中庸章句》，页 2 下。

王氏此语，本书未载，其文集亦无由见查，然本书页468行12–13[1]王氏传文中，黄宗羲曾引二语之原文，则与此处“转语”所曰者，文异意同，是此处二句，又高氏本原意而自为文之句也。

（1300）页1422，行6–7

圣人言道，未尝讳言无也。曰“上天之载，无声无臭”，无声无臭者，不可言，言人伦庶物而已。天生蒸民，有物有则，故典曰“天序”，礼曰“天秩”，命曰“天命”，讨曰“天讨”，是之谓天则。

释误：此处“天生蒸民，有物有则”二句，当加引号，以符标引之例。

（1313）页1447，行12–16

先生谓：“孟子曰：‘天之高也，……可坐而致也。’是天之气运之行，无不齐也。而独命人于气运之际，顾有不齐乎哉？盖一气之流行往来，必有过有不及，……此万有不齐中，一点真主宰。”

释误：引文当止“顾有不齐乎哉”句；数语原文，见本书页

---

〔1〕《学案》作：夏朴斋问：“无善无恶心之体，于义云何？”先生曰：“是也。”曰：“与性善之旨同乎？”曰：“无善乃至善，亦无弗同也。”朴斋不以为然，先生亦不然朴斋。

1466行9–10。[1]“盖一气”而下，皆为黄宗羲周转之说。

（1314）页1448，行1–4

> 先生谓：“性善气质亦善，以辫麦喻之，生意是性，生意默默流行，便是气；生意显然成象，便是质。如何将一粒分作两项？曰性好，气质不好。盖气禀实有不齐，生而愚知清浊，……不以愚浊而不存，则气质之非不善可知。”

释误：引文当起“生意是性”句，止“气质不好”句。所引原文，见本书页1453行4–5。[2]引前二句，为黄宗羲提揭之语，“盖气禀实有不齐”起，为黄分析之语。“两项”下问号，当改逗号；“气质不好”下句号，当改问号。

（1315）页1448，行4–8

> 先生谓：“人心道心，非有两项心也。……非道心之外，别有一种形气之人心也。盖后人既有气质之性，遂以发于气质者为形气之心，……即不然亦是两心夹杂而生也。”此先生之说长也。

释误：引文当止“别有一种形气之人心也”句。所引原文，

---

〔1〕《学案》作：孟子曰：“天之高也，星辰之远也，苟求其故，千岁之日至，可坐而致也。”是天之气运之行，无不齐也。而独命人于气运之际，顾有不齐乎哉？

〔2〕《学案》作：如将一粒种看，生意是性，生意默默流行，便是气，生意显然成像，便是质。如何将一粒分作两项，曰性好气质不好。

见本书页1455行6–7。[1]“盖后人”下文，为黄宗羲之绎义。“即不然”下当加逗号。

（1317）页1448–1449，行16－行1

蕺山先师曰：“近看孙淇澳书，觉更严密。谓自幼至老，无一事不合于义，方养得浩然之气，苟有不慊则馁矣。是故东林之学，泾阳导其源，景逸始入细，至先生而集其成矣。”（《万有文库》本及世界书局本句读同）

释误：引文当止“则馁矣”句。所引系节合之语，“谓”字系黄宗羲因文而或加或改者。“苟有不慊”下，当加逗号。“是故”以下，以“先生”称孙氏，尤见其为黄宗羲之语。[2]

（1323）页1453，行13

此孔子所谓“性相近者也”，相近便同是善中，（后略）

释误：引文当只“性相近”三字。

（1338）页1463，行7

细绎《中庸》诚身，有道明善，终是入门。

---

〔1〕《学案》作：人心道心，非有两项心也。人之为人者心，心之为心者道，人心之中，只有这一些理义之道心，非道心之外，别有一种形气之人心也。

〔2〕此条原文末句，世界书局本《明儒学案》卷五九，页648，作“至先生而另辟一见解矣”，与此处作“至先生而集其成矣”，语气轻重，相去泰甚。以其关系黄宗羲之议论甚大，特兹指出。二句孰为原意所在，固尚待辨证也。

释误：此处文当如下标断：“细绎《中庸》‘诚身有道’，明善终是入门。”“诚身有道”系《中庸》原文，“明善”为诚身之入门，系作者之绎言。按：《万有文库》本及世界书局本无此条。

（1342）页 1466，行 3

《易》云“利贞”者，性情也。又云：“各正性命”。

释误：首起引文，当尽“性情也”句。六字乃《易·乾文言》原文。

（1343）页 1467，行 7–9

朱子云：“悟之一字，圣门殊未尝言。予思夫子默识，盖别之学与诲也。……陆子之直言大道，盖亦天质之然。真圣人之体，而非从悟入者也。”

释误：引文只当首二句。“予思”而下，为作者与陆子开说之词。

（1352）页 1476，行 11–12

其曰“心生心死，心死心生，死心之法”，则告子之勿求也。其曰“一超直入如来地，超入之顿”，则告子之助长也。

释误：上引文当只首二句，下引文当只首句。

（1359）页1482，行13–15

（文同上条）[1]

释误："君踪"下，当加止引号。"人传"上，当加起引号。诗有二首故也。

（1376）页1495，行15–16

用六而九其体，故曰"利永真"，以大终。

释误："以大终"三字为《坤》用六《象》辞，引号当止于此。

（1379）页1498，行10–13

先生居恒未尝作诗，蒙难之春，为二律云："缅思古则企贤豪，……自余谁数却劳劳。振衣千仞碧云端，……不堪回首问长安。"

释误："劳劳"下，当加止引号。"振衣"上，当加起引号。诗有二首故也。

---

〔1〕 1358条作：其送方鸣秋谒周海门诗云："孔宗曾派亦难穷，……长途万里视君踪。人传有道在东扬，……几声嘤鸟在垂杨。"

（1381）页 1502，行 15–16

问“三杨”。曰：“文贞德业最盛，孳孳为民，无赫赫功，是足贵也。”“弘治三臣。”曰：“《弇州记》允矣周忠介。”曰：“介矣哉！……”

释误：此处当如下标断：“问‘三杨’。曰：‘文贞……是足贵也。’‘弘治三臣。’曰：‘《弇州记》允矣。’‘周忠介。’曰：‘介矣哉！”问答各三故也。“弇州《记》”指王世贞所撰《名卿绩记》，今在《弇州史料》之中。[1] 按：世界书局本断句不同，亦误。

（1390）页 1515，行 1

延平教人“看喜怒哀乐未发时，作何气象？此学问第一义工夫。”

释误：引文当止“作何气象”句。其下句为作者之按语。

（1391）页 1515，行 16

程子：“无妄之谓诚，无妄亦无诚。”

释误：程子所言，只引文之首句。次句为刘宗周之绎义，谓既无妄，则诚亦不必说也。按：此所引程子语，系本程颐《易

〔1〕 王世贞：《弇州史料·前集》（万历四十二年序刊本），页 19–20。

传·无妄》卦中所言者。[1]

（1392）页 1516，行 7

> “致知在格物，《中庸》明有义疏曰：‘明善是也。’……”

释误：此处双引号及其上冒号，并当去。“义疏”之下，当加逗号。必欲用引，当止引“明善”二字。按：《万有文库》本及世界书局本断句不误。

（1396）页 1529，行 15–16

> 胡敬斋曰：“心有专主之谓意。”朱子释《训蒙诗》曰：“意是情专所主时。”近之。《大学章句》以心之所发言，恐未然。愚谓敬斋亦近之，而未尽也。

释误：此处“心有专主”句起，至“恐未然”句，皆胡敬斋之语；“愚谓”以下，系刘宗周评敬斋之所言。故“谓意”下止引号，当去；“《训蒙诗》曰”下单起止引号，当改双引号；“恐未然”下，当加单止引号。按：此所引胡居仁语，原文见本书页 38 行 14–15，[2]其句次与此所见者，有所颠倒，殆此处文或出刘宗周之记诵者。

---

〔1〕《易程传》卷三，页 110；《二程集·周易程氏传》卷二，页 822。

〔2〕《学案》作：意者，心有专主之谓。《大学》解以为心之所发，恐未然。盖心之发，情也。惟朱子《训蒙诗》言“意乃情专所主时”为近。（按，“《大学》解”当作“《大学解》”，说见《释误》第 24 条。）

（1399）页 1531，行 11

濂溪曰："几善恶，即继之曰德，爱曰仁，宜曰义，通曰礼，和曰智，守曰信，此所谓德几也。"

释误：此处系引《通书·诚几德第三》之文为说者，故"几善恶"三字当为一引；"即继之曰"后，当加冒号及起引号；原止引号，当移上置"守曰信"字下。盖分别引之以成说者。按：《万有文库》本及世界书局本断句不同，亦误。

（1401）页 1532，行 12–13

（朱子）至易箦乃定为今章句。曰："实其心之所发，不过是就事盟心伎俩。"于法已疏矣。

释误：引文当只首句，句为《大学章句》内朱子注"诚意"之文。"章句"、"伎俩"下句号，当并改逗号。

（1405）页 1536，行 11–12

口之于味一章，最费解说，今略为拈出。盖曰"耳目口鼻之欲"，虽生而有之之性乎？然独无所以宰制之乎？是即所谓命也。（《万有文库》本及世界书局本句读同）

释误：此处引号当去；"虽生而有之"下，当加逗号。"之性乎"三字，犹云"此非性乎"；此三字之设问，所以起下句之切问也。盖如黄宗羲所释，"耳目口鼻是气之流行者，离气无所为理，故曰性也”，然刘宗周则“于耳目口鼻之流行者，不竟谓之为性也”，则此三字问句于刘宗周之理论，实有大关系者也。宗羲之释论，载本书页1537行4–8。[1]

（1406）页1538，行13–14

敬斋云：“敬无间断，便是诚。”予谓“心有间断，只为不敬，……而和靖于涵养分上，大是得力。……”

释误：“予谓”下引号，当去。此条所载，只一人之语，而“大是得力”为末句，亦无止引号故也。

（1411）页1557，行8–9

陶先生谓：“我所自有，不受于天，只恐灵明者亦是一物，而更有不物于物者，以为之主。物无不坏，而不物于物者，终不坏。”鄙意与陶先生不无异同耳。

释误：此处“陶先生”，当指与刘宗周同讲于证人书院之陶望龄，然引内之文，陶氏《歇庵集》中，并未见载。以所引句文观之，则陶氏所言，当只为首二句。盖“只恐”下语，皆所以论

---

〔1〕《学案》作：羲以为性命之辨，莫明于此。耳目口鼻是气之流行者，离气无所为理，故曰性也。然即谓是为性，则理气浑矣。乃就气中指出其主宰之命，这方是性，故于耳目口鼻之流行者，不竟谓之为性也。纲常伦物之则，世人以此为天地万物公共之理，用之范围世教，故曰命也。所以后之儒者，穷理之学，必从公共处穷之，而我之所有者，唯知觉耳。孟子言此理自人所固有，指出性真，不向天地万物上求，故不谓之命也。宋儒以上段是气质之性，下段是义理之性，岂不误哉？

辨“我所自有，不受于天”二言之不然者也。按：“我所自有”者，指上文所言之“此理”；“灵明”即指人心。数句谓人心亦只是一物，而更有盈天地间之理为之主也；心既为物，物坏而此理终不坏，故“我所自有，不受于天”之言，不能成立。此所以刘宗周必谓己见与陶氏不无异同也。此引之下，刘氏续有“禅家以了生死为第一义，故自私自利，留住灵明，不还造化”之语，又可反见“只恐”而下之非为陶氏语也。

（1418）页 1565，行 8

天命流行，物与无妄，此所为“人生而静以上”不容说也。

释误：引文当止“不容说”字下。按：此句为明人所常引之程子语，见于本书者亦甚不鲜，故引则必引全句，否则不引可也。

（1426）页 1580，行 7

（文见上条）[1]

释误：“然则百年生死”句，其上当加止引号，其下当加起引号。“然则”二句为问者因上说而发者，其下“奚而不知也”

〔1〕 1425 条作：原来生死只是寻常事。程伯子曰：“人将此身放在天地间，大小一例看也。于此有知，方是穷理、尽性、至命之学。藉令区区执百年以内之生死而知之，则知生之尽，只是知个贪生之生；知死之尽，只是知个怕死之死而已，然则百年生死，不必知乎？”曰：“奚而不知也？（后略）

句起，即答此问之文也。

（1432）页 1589–1590，行 15– 行 2

（文同上条）[1]

释误：朱子所云，当止“便谓小人可用”句。“予谓”（原作“子谓”，从上条释误改正[2]）下起止引号，当去；盖文皆刘宗周之语。

（1436）页 1596，行 2

“《易》曰‘乾元统天’，盖曰‘天之所以为天也’。‘仁者，人也’，盖曰‘人之所以为人也’。”

释误：两“盖曰”下起止双引号，当并去。“人也”下，当加双止引号。次引系《中庸》20 章语。

（1437）页 1596，行 16

子曰：“可以为难者，欲其先难而后获也。”

---

〔1〕 1431 条作：朱子云：“格物须提起第一义，便是极至道理。”如在朝，便须进君子退小人，决无小人可用之理，这便是第一义。若见不破，便谓小人可用。子谓：“进君子退小人，根吾好恶来。”其能好能恶是第一义，……知此方是知本。

〔2〕 1431 条释误：“子谓”二字，二老阁本同；《四库全书》、《四部备要》、《万有文库》、世界书局四本均作“予谓”，《刘子全书》卷三八原文亦然（见刘宗周《刘子全书》〔嘉庆十三年刊本〕卷三〇，页 9 下，《论语学案 · 闻斯行之》）。按：以文势观之，作“予谓”是。

释误：引文当只首句。语出《论语·宪问》首章，“者”字本作“矣”字。按：此处文各本均同，检《刘子全书》卷30《论语学案》该条，“者”字亦作“矣”字，其下并有“仁则吾不知也”一句，[1]是尚引《论语》之原文，而此处则已为节删者矣。

（1441）页1602，行8–11

> 邹南皋曰：“予读先生（颜鲸）所论孔、孟、颜、曾，……既殚厥心矣，而总于悟格物之旨尽之。”世儒以一事一物为物，而先生以通天下国家为物，为格。其力久，故其悟深，其悟深故其用周。真从困衡中入，而非以意识承当之者。

释误：此处引文，当尽末句。各语均出邹元标《愿学集》卷六颜鲸墓志铭，[2]此处文则经黄宗羲稍作裁整者。“真从”二字，原文作“亦从”，抑扬之间，可以见黄氏之笔法也。

---

〔1〕《刘子全书》卷三〇，页48下，《论语学案·克伐怨欲》。

〔2〕邹元标：《愿学集》（《文渊阁四库全书》本）卷六上，页14上–19下，《中宪大夫湖广提学副使冲宇颜先生墓志铭》。

王韶生先生之文学见解

一、学综四部、文学为大

故广东丰顺王怀冰教授韶生先生（1904—1998），古之学者、今之宿儒君子也。先生清光绪三十年生，童年在乡，已受《论语》、《尚书》、《左传》、《通鉴》等书。年十九，负笈羊城，考入广东高等师范学校（后易名广东大学）文史部，四年毕业，遂考入北京师范大学国文系，再考入北京大学研究所国学门，攻读以迄毕业。南北三校，先后受经学于杨果庵寿昌、吴检斋承仕，学古文骈文于高阆仙步瀛，学诗于黄诲闻节诸先生，后即以所学行世。一生以教育为职志，自二十二岁任课广州知用中学始，历星洲端蒙学校、广州中山大学、岭南大学、广州大学、国民大学、广东文理学院，香港中文大学崇基学院、新亚书院、珠海书院等校文史讲席凡六十余年始退休。[1]其为人淡泊声利而乐道人善，热爱传统文化，蔼然以身徇仁，德业学行均为友朋所推重、后生所景仰，诚所谓兼经师人师而一者也。

---

〔1〕 先生事略，参 1998 年 3 月 28 日王韶生教授治丧委员会述《王韶生教授行状》并先生已刊著述各种。

先生学综四部，渊源深远而发用宏大。于经学虽不以专门名家，然有《怀冰室经学论集》所收论文十四篇，[1]足见治经心得及对经学史上重要问题之研究。于史学之表现，具见所撰《补修丰顺县志稿》、《当代人物评述》、[2]《怀冰随笔》、[3]《甬斋丛谈》诸书及文集所载人物传记，均与近现代人物之言行有关，载笔并兼德识，不独才优而已。诸子之学无专著，而恒以《荀子》为专书讲授；其部归文史而类近诸子者，则《文心雕龙》与《史通》尤所专精者也。

先生于古典文学，成就最为丰硕，盖兼研究、批评与创作而有之。其于文论之研究，则尤深造于子夏、刘勰、钟嵘、桐城姚曾诸家以及王国维等之著述。相关论文见收于《怀冰室文学论集》者凡二十五篇，[4]其中述论近代岭南名家之作，并关掌故，盖讲文学史者所必采。其于古典诗文，实称作者，所见推重于李沧萍、黄尊生、吴俊升诸先生之辞，均达识之公论；作品收入《怀冰室集》[5]及《怀冰室续集》[6]者，殆必传无疑也。其文学见解，见诸文集之序跋者，虽数十年而脉络可寻，旨归如一，盖见定于早而守坚不惑之证也。余尝受业于先生，得以粗知读书为人之理，铭感先生教诲恩义，敢不尽所知、道先生之学行以与学者共之？谨序列先生之文学见解，以见其思想主张

---

〔1〕 王韶生，《怀冰室经学论集》，香港：志文出版社发行，1981年。

〔2〕 王韶生，《当代人物评述》，香港：香港里仁书局，1985年。

〔3〕 王韶生，《怀冰随笔》（《甬斋丛谈》合刊），台北：文镜文化事业有限公司，1982年。

〔4〕 王韶生，《怀冰室文学论集》，香港：志文出版社发行，1981年。

〔5〕 王韶生，《怀冰室集》，香港：王韶生教授门人筹印怀冰室集编辑委员会，约1971年。

〔6〕 王韶生，《怀冰室续集》，香港：志文出版社发行，1984年；增订本，现代教育研究社，1993年。

与学术渊源之关系，顾驽钝疏浅，殊未足以发扬先生之精蕴，犹不免于庸陋之愧耳。

二、学术渊源与精神

王先生之文学创作，实即其文学见解之体现，亦即其思想襟怀之体现，故论其文学见解，固当先言其学术之渊源与精神也。先生之学术归宿，一言以概之，是曰岭学。先生之言岭学，固尝上追东汉之陈元、士燮，唐宋之张九龄、余靖，下迄近代之康有为，[1]然综观其所论著，则尤私淑者，盖为明代之陈白沙献章，清代之陈兰甫澧及朱九江次琦。白沙殆先生引为终身之心师者，盖其高风远激，岭海先贤无过之者也。先生对陈、朱二贤之宗仰，则或有得于业师杨寿昌及黄诲闻二先生之启发焉。杨氏曾整理兰甫著作，故先生能言陈氏之学甚释。黄氏为简岸门人，简氏与康有为则皆九江高弟，故先生早岁曾喜获读康有为《长兴学记》，亦能读简氏《草堂经疏》及《朱九江集》。[2]白沙、兰甫、九江皆一代大儒，岭学祖师，先生实私淑之而有得，故为学有实事求是、经世致用及有宗主而无门户之精神。其信仰既已见诸身行，其主张亦复揭诸言语，文集可征者抑不少矣。

白沙之学，以静虚为门户，由自然归于自得，以自家受用者为实着；其胸襟洒落，人品之独立高尚，厥为先生最所深慕。白沙有名言曰："文章、功业、气节，果皆自吾涵养中来，三者皆实学也。惟大本不立，徒以三者自名，所务者少，所丧者大，虽有闻于世，亦其才之过人耳，其志不足称也。"此等识度与胸襟，

---

〔1〕 参看王韶生，《怀冰室经学论集》，页 105–119，《论陈兰甫先生之经学》。

〔2〕 参看王韶生，《怀冰室续集》，页 113，《莫子云汉呈近作五古一篇慨然赋答》。

皆先生所佩服不置者。[1]

兰甫“其学问与人格之整体，厥为朴学与岭学之综合”，此罗乙堂师之断语，而先生以为知言。先生尝举兰甫“思所以转移风气，以期有益身心、有裨世道”之方，曰“寻求大义、崇尚大体、由博反约、讲求实用、躬行实践、鸠集汉宋、调合郑朱、博学知服”，凡八端，为之述析，寓景服之意甚明。[2]平居论学为文，亦多标举此义。九江讲学礼山，重躬行践履，又标掌故于义理、辞章、考据之外；[3]简氏治经融和汉宋；康氏治经则务为世用。此等经世致用之学术精神，亦影响先生甚大。先生有诗句：“岭学稍异吴与皖，淑世丘轲睹热肠，”[4]盖不以空言著述为经世，而以淑世为致用之归趣，然其取径则固考据家实事求是之家法。“经世致用”与“实事求是”皆先生文章议论之恒言，先生固可谓兼得陈、朱之学髓也。

“经世致用”与“实事求是”精神之所必然至者，则为有宗主而无门户之主张。昔章实斋有言：“为学宜有宗主，不可有门户。”先生善信之，举以论学者数见。[5]先生业师高阆仙先生曾曰：“今日为学，门户之见不可存，而门径之辨则不可不审，区区文艺，特其一端云尔。”先生特录之，而强调“此一说，足破时人之偏见矣”。[6]又复推析其义曰：“盖学有宗主，则目标确立，有所归趋，蕲至于至善之境，发挥实事求是与经世致用之精神，为神州学术放一异彩。若有门户之见，则入主出奴，互相以

---

〔1〕 见王韶生，《怀冰室经学论集》，页 145–149，《白沙学述》。

〔2〕 同上书，页 105–119，《论陈兰甫先生之经学》。

〔3〕 参看王韶生，《怀冰室续集》，页 18，《梅著朱九江学术思想之研究序》。

〔4〕 同上书，页 113，《莫子云汉呈近作五古一篇慨然赋答》。

〔5〕 如王韶生，《怀冰室集》，页 66–67，《与何孟熊第二书》；《怀冰室续集》，页 18，《梅著朱九江学术思想之研究序》。

〔6〕 王韶生，《怀冰室文学论集》，页 34–57，《高阆仙先生与古典文学》。

龃龉，势作水火，而道术裂矣。”[1]盖从学术之全体而言，唯求其是而善服之而已矣。

先生学问之“宗主”，殆即白沙所谓应立之“大本”、足称之“志”欤。此“宗主”之见于文学者，则“大抵文行须求一致，言蕲忠信，行蕲笃敬，否则纵为才士，享盛名，管理风骚数十年，于世道人心毫无裨补也”。[2]有宗主而无门户之学，其极致则必显然见于身行，先生则固优然体之矣。吴俊升先生谓先生之文“载道淑世，有物有序，虽未自标宗派，实渊源于桐城，而又不自囿于方姚之矩范”；谓其诗“不以唐宋自限，〔而〕实不远温柔敦厚之旨”。黄尊生先生谓先生之人品“外若和光同尘，内则光风霁月，〔为〕今之逸民”，[3]皆知言也。此则更见先生之克言行合一，融超汉宋之学境而悠然自得，以之修身淑世，非寻常文人之比。

三、文学见解

先生之学术主张影响于其文学见解者，厘然显见。若“博极而服”与“有开必先”之见，则有宗主而无门户主张之必致者也。先生有言曰：“今人治学，力矜创见，标新立异，以为名高，而忽略实事求是之精神。”[4]此虽论经学之发言，在文学亦实相同也。原先生深有得于刘勰探论诗文及王国维探论词曲小说之文学理论，故能述大道理大原则，而不以故标新奇为事。先生尝引《文心雕龙·序志篇》，说与前人所论相为异同之理。谓说之同者

〔1〕 王韶生，《怀冰室续集》，页18，《梅著朱九江学术思想之研究序》。

〔2〕 王韶生，《怀冰室集》，页66–67，《与何孟熊第二书》。

〔3〕 并见王韶生，《怀冰室续集》，吴俊升、黄尊生二先生序文。

〔4〕 王韶生，《怀冰室经学论集·自序》。

以势之故，其异者则以理之故，皆有不得不然者。而在学者，则但当如刘勰所言之“同之与异，不屑古今，劈肌分理，唯务折衷”而已。复引黄侃之言曰：“《文心》多袭前人之论，而不嫌其抄袭，未若世之君子必以己言为贵也。”〔1〕凡以见文事当以择善从善为是，不当以必新故新为是也。

推先生之意，盖谓文学无全新之理，惟能秉承传统之佳胜，乃能继进而创新。本此原则，则于前人有同者，是为“博极而服”之表现，于前人之有异者，是“有开必先”之表现；〔2〕对古之开先而是者，则今固当知善而服从之也。推及此理，可知文学之必重传承，故有今日之新文学，不即谓必废传统之古典文学而后可。先生之终身以古文辞行，盖笃信此论而践履以实之者也。

先生重文学之由传承而推新，从其佩服王国维文学理论之处尤可明见。〔3〕王静安之论词，标举“境界”之说，谓有境界始可以言词。先生申之曰：“境界者，是性境现量，所谓‘三界唯心，万法唯识’也。”而境中实有形文、声文与情文，“情景交融，美感方足”。按，性境现量是禅家三量之说，形文、声文本《文心·原道篇》，情文本《文心·物色篇》。此可见王氏说之具有渊源，而先生则能溯源推流，归综其美者。

王静安之论元曲，以为其所以佳者，全在“自然”，而元曲文章之妙，亦以“有意境而已矣”。先生引钟嵘之说以相发明曰：“《诗品序》‘至乎吟咏性情，亦何贵于用事。……观古今胜语，多非补假，皆由直寻’。补假者，文资事义也。《文心·事类篇》论之详矣。直寻之义，在即境会心，自然灵妙，禅家所谓现

---

〔1〕 并见王韶生，《怀冰室文学论集》，页1–12，《文心雕龙对于中国文论的影响》。

〔2〕 同上。

〔3〕 以下二段所述，并先生及他家引文，均见王韶生，《怀冰室文学论集》，页58–77，《王国维文学批评著述疏论》。

量也。”此处“现量”之说，盖有取于王夫之《姜斋诗话》，而含义则似从静安“自然”之说，或竟源出于钟氏也。先生又引近人许文雨论静安之言曰：“[王氏]论元曲意境，状之曰‘沁人心脾’，曰‘在人耳目’，曰‘如其口出’，此实远宗刘彦和‘目前为秀’之论，非创解也。”此则非贬静安也，特以见论美如王氏者，亦复有传统之渊源在。其所以能作创新之解，则学力识见之所致耳。王氏文学论之所以胜，陈寅恪解释之曰：“这是因为他能够以外来之观念与固有之材料互相参证。”先生则固已引之作说矣。

先生受沃于刘勰者，其次即为“文道合一”之见。先生固谓《文心雕龙》影响唐宋以后古文家尤大者，为《原道》、《征圣》、《宗经》三篇，而于诸家之解《原道》者，独有取于纪昀所谓“文以载道，明其当然；文原于道，明其本然”之言，并谓“载道”之道是圣人之道，“原道”之道为自然之道。[1]盖以本然者为体，当然者为用，故即以天地自然之文为体，而以人元之文为用。[2]文之与道，实即体用关系，故在韩愈则曰“因文见道”，在周敦颐则曰“文以载道”，在章学诚则谓文以明理，其意一也。要之，文辞特为道理之工具，而辞章与义理亦的不可分耳。道也理也，则先生之所谓道德者也，故先生于“文以载道”之说，再三致意。曾言：“我国学人，受儒家思想最深，以为一切文学美术，和道德是不可分离的，否则便不能达到最高水平，就是欧美的学人如安诺德、白璧德诸人，亦抱同样的见解。谈文学批评的，一定要有这一种认识。”[3]先生之力行，亦正与此说相符。

〔1〕 王韶生，《怀冰室文学论集》，页1–12，《文心雕龙对于中国文论的影响》。

〔2〕 参看王韶生，《怀冰室集》，页54–55，《乙堂文存序》。

〔3〕 王韶生，《怀冰室文学论集》，页1–12，《文心雕龙对于中国文论的影响》。

先生服膺文道合一之论，故其论文学之用，亦如其论经学之用，皆归于经世致用之旨。其言文学，有“广义文学”与“纯文学”之分，而亦各有其用。论广义文学之用，则引《文心雕龙·序志篇》之言曰：“惟文章之用，实经典枝条，五礼资之以成，六典因之致用，君臣所以炳焕，军国所以昭明。”[1]盖犹宗经致用之说也。又引顾炎武之言曰：“文之不可绝于天地间者，明道也，纪政事也，察民隐也，乐道人之善也。”[2]即以日记之小，苟其能明夫日新之义，“已足为进德修业之一助，奚计较于文字之末乎？”[3]总之，无关实用者，非文之致也。

其论纯文学之用，则引王国维之言曰：“生百政治家，不如生一大文学家。何则？政治家与国民以物质上之利益，而文学家则与精神上之利益。夫精神之与物质，二者孰重？物质上之利益，一时的也，精神上之利益，永久的也。惟文学家能与国民以精神上之慰藉，而国民所恃以为生命者，若政治家之遗泽，决不能如此广且远也。”[4]此王氏对文学功用之抱负与自信也，盖以精神重于物质为言者。然此说所蕴含之要义，实谓文学与政治实皆不离于“世用”，盖亦仍《文心雕龙》所言“致用”之义。先生之所谓“致用”，则谓对于社会道德必有所裨益者。

先生对文学功能盛衰之所由，体会至深，其言曰：“自教条盛行，而文艺生机窒；自人欲横流，而文艺道德废。”又以为倘能结合中西文学思想与传统之美，“则文艺对于人类之贡献，固较哲学为切近、历史为玄远也。”[5]此精辟之论，而先生则未暇

〔1〕 王韶生，《怀冰室文学论集》，页 34–57，《高阆仙先生与古典文学》。
〔2〕 王韶生，《怀冰室集》，页 47–48，《葵庐文钞序》。
〔3〕 同上书，页 13–14，《新嘉坡端蒙学生日记文选序》。
〔4〕 王韶生，《怀冰室文学论集》，页 58–77，《王国维文学批评著述疏论》。
〔5〕 并见王韶生，《怀冰室集》，页 49，《新文艺论序》。

发挥。盖谓创作须自由乃克成事，而文人则当以道德自律为实事，然后文学能蓬勃更生，为中庸常行之道，而有益于世道人心也。先生则实能以身徇言者，故居今之世而终身以古文辞行，举今世之教条势力而不顾，所作文则言道德忠信，所作诗则归温柔敦厚，身以行道，文以见道，无时不见其自律，亦无时不见其自由自得也。其友人李沧萍氏谓“其人其学，其诗若文，醇诚至矣”，[1]尤可见先生知言而造道之早也。

四、诗学见解

韵文之中，先生以为诗之地位最高，盖以诗与实际社会及广义民生之关系最为密切也。尝有比较之言曰：“夫诗骚与赋，同义异体，总其归趋，实相枝干。其大略有抒情与言志者焉，有体物与述事者焉。然诗之为体大而该，其用博而能通。骚则长于言幽怨之情，而不可登之庙堂；赋则体万物之情状，而没讽喻义。”[2]盖诗有六义，赋特其一；诗可以兴观群怨，骚特得其末；且又均未能如诗之足以鼓吹休明，润色鸿业，有关于人伦政教者也。又尝引吴宓所述英哲安德诺之论诗教，谓“诗主于感情，不系于事实，事实虽殊，人之性情不变，故诗可永存”，[3]则又从诗之本质而为言者也。

先生说诗之大用，盖本于子夏《诗大序》所揭之奥义。其曾引《大序》之要言者三：（1）“国史明乎得失之迹，伤人伦之废，哀刑政之苛，吟咏性情，以讽其上，达于事变，而怀其旧俗

〔1〕 王韶生，《怀冰室集》，罗香林《序》引。

〔2〕 王韶生，《怀冰室续集》，页8–9，《汉赋与楚文学之关系序》。

〔3〕 王韶生，《怀冰室文学论集》，页222–232，《黄晦闻先生之诗学》。

者也。”（2）“故正得失，动天地，感鬼神，莫近于诗。先王以是经夫妇，成孝敬，厚人伦，美教化，移风俗。”（3）“诗主文而谲谏，言之者无罪，闻之者足以戒。”综而言之，盖谓在读者则当有“诵诗闻国政”之得，[1]在诗人则当见“诗教温柔敦厚之旨”，[2]然后诗之体性功用乃见。然诗教云者，非徒为“美盛德之形容”，而“必也有合于六义，于人伦政教之所以废兴，指陈其得失，所谓摅旧怀之蓄念，发思古之幽情是也”。[3]是故诗当以反映政治社会现实、鼓吹政治社会理想为功能职事。推而言之，诗之作用，实当与政论史书无殊，其“徒嘲风月、弄花草以为工”者，[4]不足言矣。

诗人者，则当因诗见志，对于“国政”，美则将顺之，恶则匡救之，要在主于谲谏而归于忠爱、尽其如时评家之指点与历史家之总结责任也。先生说诗人之责任，亦源本于《诗大序》之说。尝言“诗教沦胥，而诗之封域日蹙矣”。[5]诗之有述志与抒情，犹之树之有根苗与花萼，一本通贯，而以时地之变生形态之异。以“时有治乱，代有兴衰，故歌诗音节，有和平中正者焉，有怛恻哀伤者焉，此则风雅之变所由判，而可以觇世运矣”。[6]则诗人者，必当以真性情抒述真境遇，然后为能称职。其言可以尽一时声教之责，可以尽万世风教之责，盖诗人能负世道之责，然后诗之兴行乃可不衰。

抑不独诗人有是责也。盖诗体国政，诗人指顾世道，则言诗

---

〔1〕 王韶生，《怀冰室续集》，页 12–13，《学钝室诗草跋》。

〔2〕 同上书，页 39，《岫云庐诗稿序》。

〔3〕 同上书，页 11–12，《静庵诗选序》。

〔4〕 同上。

〔5〕 同上书，页 20–21，《静庵诗词续集序》。

〔6〕 同上书，页 12–13，《学钝室诗草跋》。

者，亦当以世道为怀。此盖先生业师黄诲闻先生之诗说大义也。先生有文以明黄先生“以诗救世之志”者，其要言曰：“盖欲由明诗以理其性情之正，与卜商《诗大序》所云……可以旁推而交通也。要之，先生说诗之目的，其要旨在使人生纳于道德范畴之中，然后俗乃厚、世乃治。”[1]斯则治诗讲诗者之社会责任焉。

五、作家与作品

先生于作家与作品之趣尚及铨衡标准，亦有所言。其尤要者，莫过于体貌与气韵以及性情与境味二者。先生固谓“文学之产生，由心灵与外境接触结合而成”，并引《诗品》之说，以明此触结有“属于气候者”及“属于环境者”，以见人之环境遭遇与“诗歌之充满活力”之关系，[2]与《文心雕龙》所谓“文变染乎世情，兴废系乎时序者实同一旨”。[3]然其论诗文，则极重刘勰所谓之“体貌”，盖“体貌，是作家的个性和人格在文学内涵和外形一个综合的表现”。[4]文学要当能表现作者之个性，诗歌要当讲求气韵，然后可取。此所以马君武之随笔胜于蒋观云，而康白情之《草儿集》不及胡适之《尝试集》；盖蒋氏过模梁任公，而康氏诗之意境与音节皆不及胡氏者也。[5]

文学之所贵者，在于作家真性情之表现。王国维尝以尼采“一切文学吾爱以血泪书之者”之言为论，先生固亦引以为言。[6]

---

〔1〕 王韶生，《怀冰室文学论集》，页 222–232，《黄晦闻先生之诗学》。

〔2〕 同上书，页 190–213，《丘沧海先生诗之研究》。

〔3〕 王韶生，《怀冰室续集》，页 77，《与陈梅溪论诗书》。

〔4〕 王韶生，《怀冰室文学论集》，页 1–12，《文心雕龙对于中国文论的影响》。

〔5〕 王韶生，《怀冰随笔》，页 208–209，《马君武的文学造诣》；页 140–142，《康白情日暮途远》。又，《当代人物评述》，页 11–17，《典型学人马君武》。

〔6〕 王韶生，《怀冰室集》，页 77，《与陈梅溪论诗书》。

刘彦和曾言："昔诗人篇什，为情而造文，辞人赋颂，为文以造情。……故为情者，要约而写真，为文者，淫丽而烦滥。"先生本之曰："文学之能感动人者，以其情之真挚，必也由情而造文，非为文而造情也。"[1]故"言诗学者，宜求敦性情，不宜讲技巧"。[2]虽倚声之小道，亦"必具真性情而后能佳，……而后忠爱缠绵之旨出焉，非徒以绮罗香泽之态，绸缪宛转之度，取胜于字句间耳"。[3]诗人心胸所蕴藉之高广，性情所涵咏之醇厚，与其诗之境之高广、味之醇厚，殆成正比。诗若真有境味，则诗人之学问才性与浩气逸怀，亦自因而"轩豁呈露，不可掩抑"。[4]然离乎性情，则亦无境味之可言矣。

〔1〕 王韶生，《怀冰室经学文集》，页 190–213，《丘沧海先生诗之研究》。

〔2〕 同上书，页 141–144，《陈白沙先生之理学与诗学》。

〔3〕 王韶生，《怀冰室集》，页 41–42，《瀛海诗集序》。

〔4〕 同上书，页 40–41，《瀛海诗集序》。

追思牟复礼先生

我们大都是亲炙过牟先生的，虽然接触他的时间或者地方未必相同，但从他身上获得教益和训诲，则是一样的。古人说，一死一生，交情乃见。今天我们能够在这里聚会，追思牟先生，正好证明我们对他怀有诚挚的敬爱，也同样证明他给过我们诚挚的关爱。我相信牟先生会有不朽的历史地位。作为20世纪下半期欧美汉学的卓越宗师，作为中国近世史研究的一流学者，以及作为一辈高等院校教研工作者的杰出导师，他在学术上的成就和贡献，必会有人确认其价值而为之立传播扬的。他曾经以真诚对待我们，我们也会以真诚来回报他，所以我们今天所说的话，后来史家是会取信的。因此，我希望大家散会后，将您在会上所说的话，或者在时间上来不及说出的话，都给写下来，作为我们的集体记忆，向世人昭示德不孤，必有邻；能过化，必存神；无响不应，有教必宣的道理。

我和在座多位同学，都是1970年代末期先后留学普林斯顿大学而认识牟先生的。我和张彬村兄及陈葆真兄同在1978年入学，石守谦兄和张英华兄比我们早到一年，黄清连兄晚到一年，其他同学随后而至。我们这些人对牟先生的认识应该都是差不多的。但因为他是我和张彬村兄的论文导师，而彬村兄毕业后随即获得“中央研究院”聘用，我毕业后则留校工作，参与牟先生所主持的研究计划，在他当顾问的《葛斯德图书馆学报》（*The Gest Library Journal*）当主编，在他策划的“书法与东亚书籍展览”中吸收知识和撰写目录，从他受教的时间，比起其他同学大概多了一倍，所以石守谦兄要我今天讲长一点，就是这个道理。

一、传　略

让我先简单地说一说我所知道的牟复礼先生生平。

Frederick W. Mote 先生名字中的 W，是 Wade 的缩写，家人多以此名称之，他自己自称为 Fritz。1922 年 6 月 2 日生于美国 Nebraska 州 Plainfield 地方。2005 年 2 月 10 日逝于科罗拉多州（Colorado）丹佛市（Denver）附近的 Medical Center in Aurora，享年八十二岁。美国经济大衰退年代，牟家迁居到科罗拉多州，以后便在丹佛市定居下来，并在附近地方繁衍。牟先生的双亲生育了九男一女，牟先生排行第四。他自少即对古典音乐和宗教音乐深深爱好。1940 年他在丹佛市高中毕业。1943 年至 1946 年服役于美国陆军空战部队（United States Army Air Force，USAAF）。他没有成为作战机师，却因为从前曾修读过汉语而被军方送到哈佛大学深造中文，在赵元任先生所主持的语言课程上受训。哈佛的训练结束后，充当中国空军训练课程通译（此句蒙牟师母惠告），后来招募入战略事务局（？ Office of Strategic Service，OSS）当军士，投入中缅印战区行动。在接受了跳伞、破坏、求生技能之类的训练之后，调往中国，和国军的突击队合作演练，准备于 1945 年 8 月 16 日，在广东的雷州半岛跳伞空降，牵制日军阻止盟军反攻的活动。适值此年 8 月 15 日日本宣布投降，跳伞行动因而取消。

顺便一提，牟先生在普大时，曾送给我一本1943年3月15日美国作战部（War Department）印发给来华官兵用的专门技术手册。这种手册编号TM30-273号，属于禁制版（Restricted），是粤语短语集，英文书名叫*Technical Manuel: Cantonese Phrase Book*。这手册每页分成三栏，左栏为英文意思，中栏是这意思的粤语汉字，右栏是这些汉字的粤音的英语拼音。这本小册子内容丰富，书前附加了一页红墨印的短句，上面题了这样一句："These words may save a life。"第一句的粤语是："喂，我系美国人，你嘅朋友。"（Hello! I am an American，your friend.）最后一句的粤语是："指条路我去……多谢您。"（Show me the way to ... Thank you!）我近日再看一次，不禁有这样的想象：牟先生向我说了第一句，我向牟先生说了最后那句。牟先生的国语漂亮，尽人皆知。看来他也喜欢广东话的。我留校工作时，他曾安排让我给本科生教了一阵子广东话，他自己也来参加，用的教本也是赵元任先生编写的。回想起来，这恐怕和他这段战时经验不无关系。

战争结束后的1946年4月，牟先生也在美国退役。是年，他获得哈佛大学录取，给予奖学金，并将其战时在校所修的一年中文及中国文化课程当两年应得学分计算。牟先生到哈佛后，因为从前受教的老师都已不在，故又决定返回中国进学，并于是年年底回到中国（以上数句资料，系蒙牟师母惠告）。考入南京的金陵大学历史系。下学期他开始正式上课，1948年夏天获得本科学位。他在南京肄业期间，受学于"中研院"历史语言研究所的王崇武先生，此事同学们大概都知道的。金陵大学毕业后的两年间，牟先生获得Fulbright Fellowship，在南京和北京继续深造。1948年秋天，他到北大深造，王崇武先生给郑天挺先生写信介绍。在郑先生的帮助下，牟先生注册和修读了那学期北大（史学研究所）开设的所有科目。他当时主要是想去师从吴晗的，但吴晗已经不在北大。结果这学期他上了郑天挺先生的明清史研究班。次年他回到南京。其时美国驻华大使馆人员大部分已经撤离，缺乏通译官员，牟先生于是应召充当大使馆政治部的语言官（Language Officer）。1950年2月14日情人节，他在南京和陈效兰师母结婚，婚后不久便回美国。

牟先生回美国后，到西雅图华盛顿大学的远东与俄国研究所继续深造，从翻译《易经》的Helmut Wilhelm（卫礼贤）、翻译《文心雕龙》的施友忠（Vincent Shih）、著《中国政治思想史》和*Rural China: Imperial Control in the Nineteenth Century*（《中国乡村》）的萧公权等先生研究汉学。他由李方桂先生指导的汉学（sinology）学位论文，写的是《陶宗仪及其〈辍耕录〉》，1954年完成，同年获授博士学位。考取学位之前的1953至1954年，牟先生获得Ford Foundation Fellowship，在斯坦福大学的Hoover Institution和日本京都大学两地作研究。在斯坦福大学时，他编纂了有用的注释书目，*Japanese-Sponsored Governments in China, 1937—1945: An Annotated Bibliography*，著录了国内与日本人合作的各个伪政府的文献，后来在1954年出版。在京都大学时，他和吉川幸次郎等名宿过从。1954至1955年，他到“国立”台湾大学作博士后研究，当年的老师包括郑骞、屈万里、王叔岷等先生。

1955至1956年，他以Fulbright Exchange Lecturer的身份，在荷兰的莱顿大学（University of Leiden）任教中文。1956年起，在没有约见的情况之下，受聘为普林斯顿大学助理教授，1959年晋升副教授，1963年晋升正教授。开始时，他任教于东方学系（Department of Oriental Studies），到东亚学中心（Program in East Asian Studies）和东亚学系（Department of East Asian Studies）相继成立后，他便转入中心和系里长期任教，主要讲授的是中国历史和中国文化课程。1972至1973年，曾任系主任一年。1987年以荣退教授退休，由余英时先生继任。

退休之后，牟先生仍然关心学校和学系的学术发展，关心本系博士学位论文的质量。他几乎每年春天都会回到普大看书会友，为在撰作中的书籍和论文查看资料，并且指导他身为顾问的《葛斯德图书馆学报》（1994 年改名为 *East Asian Library Journal*）的编辑工作，直到 1995 年为止。

牟先生在 1995 年真的归老之前，曾经在 1961 年和 1987 年，两度获得声望崇高的 Guggenheim Fellowship。他也是美国哲学学会（American Philosophical Society）的成员。他曾经有两次受聘离校的经历。1963 至 1965 年，他到曼谷受聘为泰国政府教育部的华文教学顾问，1971 至 1972 年他到西雅图受聘为华盛顿大学的客座教授。此外，他还担任过不少学术委员会的公职。① 1972 年起，他成为 American Council of Learned Societies 的 Committee on Studies of Chinese Civilization 的委员，并于 1974 至 1978 年间担任该委员会主席。② 1966 年，他成为 Committee on Scholarly Communication with the People's Republic of China 的创会成员，并于 1976 至 1981 年间担任执役委员。③ 1984 至 1990 年间，他是 The Smithsonian Council 的成员，1991 年起聘为荣誉成员。④ 1986 至 1995 年间，他是 Smithsonian Institution 的 Freer Gallery of Arts 客席委员会（Visiting Committee）委员。在这些职位上，他对美国的中国学和中国艺术研究及展览，发生影响。

1995 年彻底家居之后，他养病时间为多，但仍然致力于述作之事。除了完成 *Imperial China, 900—1800*（哈佛大学，1999 年出版）这部一千一百多页的巨著之外，还不断做着萧公权先生《中国政治思想史》下册的翻译工作、做杨慎夫妇以及明代云南历史研究、晚明南京文化和社会生活研究等。断断续续还在写学术回忆录，记述和反思他从事中国历史文化研究以来，超过半世纪所观所感的中外中国学术模式的改变情形。这个回忆录最晚起意于1993年，当时给我的信中表示，他希望他的同辈中，有人会尝试对“二战”之后美国的中国研究作通盘检讨，指出他所认为的这个领域中的弱点。1997年在科罗拉多州某所大学作演讲之后，对于中国半个世纪以来的史学变迁的记述和反思，更加萦绕于怀。这个写回忆录的事情，1994年、1996年、2000年、2001年都曾提过。2004年底给我的最后一封信中，仍然说他还在写：“I keep working on my small book-in- progress, a book I call a personal memoir, but not a 自传”。很可惜，除了杨慎夫妇的研究有成文发表之外，包括这个回忆录在内的几种论著，都是尚未完成或者尚未定稿。

以上事略，除了根据牟先生给我的书信，我们共事时候的工作文件、我个人的记忆之外，还参考了牟先生令弟牟克礼（Max Mote，加拿大University of Alberta的退休苏维埃学教授）所提供的一份直至2001年为止的牟先生简历表，以及William Atwell学长汇集数据正在撰写中的传略稿。后来在核对时地文字时，又获得牟师母的惠正和惠告。惠告之中说，牟先生的学术回忆录，约有七成已经具稿。牟克礼先生亦曾上过李方桂先生一个学期的中文课，其中文姓名也是李先生所起的。

二、追　忆

今天这个追思会，对我个人来说，追思解作追忆和反思，可能最为贴切。牟先生的学行，以及我受教于他的情事，我确实有很多的追忆和反思。他创办普大东亚学系的事情，我也略有所知。但今天在这个追思会上，我只会多忆述一些我认为足以反映牟先生人格的事情。中国人从来学行并提，认为一个人的道德和学术是互相映照的。而且虽然学行并提，其实是重行多过重学的。一个人如果人品了无足取，他的学问也会受到质疑。所以我想多说些牟先生的行品。我说牟先生的行品时，他的学问自然也会获得反映。

牟先生在办学方面的成就，知道而能言者甚多。他 1956 年受聘来普大东方学系后，成为校中唯一教授中国语言和文化的老师。1961 年和后来成为美国日本史学大师的 Marius Jansen 教授创立了东亚学中心的本科课程。从此之后，中心无论在教授的延聘方面，或是在葛斯德图书馆（Gest Library）的扩充方面，都有长足的进展，研究生数目也日渐增加。1969 年东亚学系正式成立，不久便成为北美的东亚学，尤其中国近世历史、文学研究以及中国语言教学的重镇。这方面的成就，世所钦羡，所以今天不须细说。

牟先生为普大东亚学系的创业筚路蓝缕，作为东亚学导夫先路的老师，他的教学热诚和对学生的鼓舞启发：他来自世界各地的各级学生，甚至访问学人，来游后辈，都会津津乐道，故此也不须要我来细说。

他一生所撰写、翻译、编纂的五十多种专书、论文和长篇书评，遍及中国古代思想以及中国近世政治、社会、文化、艺术各个领域。这些著作，通中西之见，会文史于一，衡情体物，据事说理，有深邃的洞见，也有细致的考证，有独到的见解，也有持平的议论，商量旧学，培养新知，开启研究门路，维持学术水平，胸怀博大而功力深厚。他对于欧美汉学以及中国史学研究的贡献，学界有目共睹；对于他个人的学术成就，识者也早有定论。我今天不讲这些方面的细节，不会影响大家对牟先生这方面的认识和评价。

牟先生的为人和风度，虽然也是和他有过从之雅的各地人物所称赏和赞美的，更是在座很多亲炙过他的朋友和同学们所同感乐道的，但我还是希望多说一些，因为这正是他对我的身教所在。

我到了普大，第一学期开课前不久，第一次与牟先生相见谈话时，便已立定了研究丘濬及其《大学衍义补》的主意。虽然当时距离博士候选人资格试为时尚远，能否考过谁也不知，但原则上他已同意将来能够惠予指导。此时牟先生只需教授学校规定授课时间的四分之三，亦即每二年便可以有一个学期不必教书。不必教书时，他和师母便回到他们位于科罗拉多州 Granby 小镇附近，坐落于落基山（Rocky Mountain）山脉中，邻近科罗拉多河（Colorado River）的源头，海拔八千多英尺的小羊山（Little Sheep Mountain）山腰的住所。1981 年及 1982 年又因为病发而请假回家。所以我们很早便有书信来往，1978 年 12 月我收到他给我的第一封信——一张明信片，问我需不需要他在回校时给我带来他所藏的康熙刻本《丘海二公合集》。此后来信不绝，直到 2004 年 12 月的最后一封。

我到前几天为止，刚好整理出一百封。我因为从美国到台湾到香港，搬家多次，所以他的来信有二年是空白的。有一封印象很深刻的，也找不到。这封信应该是 1990 年代后期写的。信上牟先生对于高山的隐居生活表示很满意，并用中文写了“相看两不厌，只有小羊山”二句；这是改写李白“相看两不厌，只有敬亭山”诗句，所以让我至今还能记着。我最后给他的信寄于今年 1 月下旬，信到时，他已经动了切除脑部肿瘤手术，在加护病房中，师母便是在那房中给我回信的。我在新旧年相交的那一周内，到东三省去看一些近代史遗迹，2 月 12 日傍晚回到香港，打开电脑检查电邮，师母所发的讣闻早上已到。牟先生已于美国山区时间 2 月 10 日（农历正月初二）晚上 8 时

7 分在 Aurora 市的医院中逝世。这个痛苦的消息，我一时也难以接受。牟先生患病二十多年，屡历惊险都能度过。我时常和妻女说，牟先生家族有优良的长寿纪录，1992 年 3 月他的母亲逝时，只差三日便满九十七岁，当时她所生的九男一女，只有牟先生的一个哥哥不在，所以牟先生会活得很久。我在最后给他的信上还说，明年夏天送女儿到美国上学时，会一家再到山上去探访二老。

这次昊天不吊，哲人永逝，想去执绋助葬，师母说遵从老师遗愿，不办丧礼，不办追思，后事皆由先生弟弟 Max 办理。牟先生在香港的学生，目前只有我一人。我给石守谦兄和王汎森兄传达讣闻，并请他们转告牟先生在台的学生和朋友，考虑追思活动的方式。守谦兄和汎森兄行动迅速，隔天便让校友会组织了今天的追思纪念会。我能够回来这里和大家一起追思，同抒哀感，真要多谢他们二位。

我这两周多来，除了检看我们做研究计划和编刊学报时的文件，再次伏读手头上的牟先生来信。这一百封信，有述说他的健康状况的、家人事情的、旅行情况的、著作情形的，也有追忆师友的、评论同行论著的、讲当前治学与从前治学的不同之处的，更有关心我多病的内人以及和他见过面的小女的、关心我的职务和事业的、回答我的请教的、评论我的著作的，给我的研究构思打气或批评的，不一而足。重温这一百封信，回想起当年在普大所受的训诲，缅怀 1992 年、1994 年和 2001 年三次到小羊山去探访二老时的情景，前尘往事，历历在目。历史学家信奉无征不信的原则，我的回忆，很多都是直接从这些书信和文件中勾起来的，因此之故，没有什么传说成分，也不可能有骇人听闻之事。今天时间有限，我只能追忆两三点而已，希望从而反映牟先生的为人和治学的一些片断。

三、学行：尊师、重友

牟先生敬爱他的老师，是终生之事。除了用实质的行动来表达尊崇感谢之意外，有机会时，总会提及他的老师。南京时代的王崇武先生，是他踏进明史研究领域的恩师；他1962年出版了第一本专书 *The Poet Kao Ch'i*(《诗人高启》)，便向这位 "Teacher, Scholar, Friend" 致上缅怀之意，这是很多同学都知道的。他翻译萧公权先生的《中国政治思想史》，虽然在译者序末这样说："My original impulse to undertake the translation is totally selfish, motivated by the desire to receive precisely this training (in classical Chinese, in philosophy, in history, and in Western political concepts and methods) from the hand of this master." 但我相信，同样重要的原因，还有出于他对萧先生教导的感谢。此书（上册）1979年出版后，我记得他向我说过，能够在萧先生有生之年将此书献给他，内心真感快慰。萧先生（1897—1981）是鸡年出生的，当时已经八十二岁。这译本所表现出的精善译笔和博通学问，行内已是尽人皆知，也是萧先生所感谢和称许的。我可以补充的观察是，牟先生的治学态度和基本方法，也和萧先生颇有神似。萧先生应牟先生之请而作的治学座右铭说："以学心读，以平心取，以公心述。"牟先生庶几肖之。

1982年5月下旬，周一良教授夫妇来访普大。当时牟先生因养病在科州家中，却在信中告诉我，周夫人是他约四十年前在哈佛的中文老师，要我见她面时，代致热诚问候。1993年他得知郑天挺先生的哲嗣郑克晟教授在美国访问时，曾给我信，提起1948年他进入北大时，王崇武先生给他向郑先生写介绍信，以及该年秋天在北大上郑先生的明清史研讨班的情况〔这段在追思会上因为时间关系，没有念出〕。

牟先生对同学也是重情的。他与陈大端先生共同努力，建立普大傲视北美的现代汉语和文言文结合的中文教学，这是尽人皆知之事。在唐海涛先生和袁乃瑛先生夫妇的协助之下，这个教学法的成就也是备受行家和学生称许的。我所认识的普大东亚学系学长，如 John D. Langlois, Jr.（蓝德彰）、Thomas Bartlett（白慕堂）、James Geiss（盖杰民）、Peter Bol（包弼德）、Richard Davis（戴仁柱）等，都有上乘的中文造诣，这和他们在普大所受的训练都有关系。陈先生和牟先生是金陵大学历史系同班毕业同学，国民党迁台以后，在台湾大学攻读硕士和任教，接着在印第安纳大学师从邓嗣禹先生治清史，考取博士。1959 年在牟先生延请之下受聘来校，从此合作无间，并且同在 1987 年退休，翌年两家伉俪同游世界。牟先生 1987 年游台时，在当时的"中央研究院"三民主义研究所的演讲，即后来发表于《历史月刊》的那一篇，便是请陈先生润色的中文。陈先生去世后，1992 年 2 月牟先生在给我的信中，告诉了我陈先生的身世，并说陈先生之逝，对他和师母真是一大损失。他们一生的同学情谊，相知相重，始终如一，令人敬慕。

我知道的另一位牟先生的好同学，是长期任教于 The University of Arizona 的 William R. Schultz 教授。Schultz 教授是牟先生在西雅图华盛顿大学研究院时代的同学。他比牟先生晚一年获得博士学位，初年研究鲁迅文学，后来扩展到清代诗词。他退休后，牟先生将 1985 年在 St. Louis 市的华盛顿大学的一篇演讲稿补充修订，和师母合作写成"Yang Shen and Huang O： Husband and Wife as Lovers, Poets, and Historical Figures"一文，发表于他的纪念文集（Festschrift）*Excursion in Chinese Culture*（此书 2001 年由香港中文大学出版社出版）。我想此文应该算是牟先生晚年的佳作。他写《诗人高启》时候，已经强调文史不分对于了解中国文人学士的思想和心态的重要性。这篇文章给我“庾信文章老更成，凌云健笔意纵横”的感觉。文章不太长（只有32页），讨论了杨慎和黄娥夫妇的诗文的真伪问题，利用杨、黄两人的诗词曲，讨论这对聚少离多的16世纪爱侣的感情生活，以及明代后期的文人社会风尚、传统价值观、世情和史事的曲折关系，事实与虚构、想象与利用的离即关系、中国韵文英译上的困难之处等。简单地说，此文给读者陈示了什么是上流的汉学表现，什么是上乘的史家关怀。

牟先生和同事终生不渝的交谊，也是令人羡慕的。早年在普大结交的，都成了永久互相推重、相惜互助的友人。普大考古与艺术学系教授方闻（Wen C. Fong）先生、社会学系教授暨东亚学系多年系主任 Marion Levy（李马援先生）、东亚学系顾问局主席、著名中国书画收藏家 John B. Elliot 先生和牟先生的友谊，都是我们这辈同学所耳闻目睹的。方闻先生和李马援先生分别是他们自己领域里的大师，因为牟先生的缘故，他们的很多学生，像守谦兄、葆真兄和英华兄等，都和我们东亚学系学生做了同学。

牟先生告诉过我他和方闻先生认识的缘起。方先生的老师 George Rowley 教授是研究意大利文艺复兴时代绘画的权威，也是无师自通的中国画研究专家。他有别具艺术鉴赏的慧眼，但不会中文，所以请牟先生充当方先生1957年博士论文的考试委员。方先生和牟先生以后在中国美术史研究上的切磋和文字因缘，就不用我再说了。我和牟先生也一块到过他的研讨班上听课多次，听他畅论书法结构之道。李马援先生对于葛斯德善本书库之能够归宿普大，厥功至伟。1994年我离开小羊山后，回普大探访盖杰民学长，他知道后，拄着他出名的龙头拐杖，请我们到我们自选的中国馆子吃饭，兴奋地告诉我们他当年如何以最年轻的教授的身份，运用奇谋说服校方添置葛斯德藏书。我当年到中国大陆访问的旅费，就是承他批给的。1989 年我离开普大到南港时，我的另一位老师 Willard Peterson（裴德生）先生给我办了惜别会，他也光临视别，拍照留念。Elliot 先生是东亚学系的财神，赞助中国美术活动，资助《葛斯德图书馆学报》，一向热情而大方。我离开的惜别会上，他也来拍照留念。我后来回普大时，他也在招待我的同学 Michael Nylan（戴梅可）的餐桌上做了神秘嘉宾。Elliot 先生和李马援先生已作古人，方闻先生去年在香港再获侍教，神闲气足，洞天正长。这些师长曾经给我不少恩惠，算起来都是渊源于牟先生的法乳。〔以上两段，也因为时间关系，在追思会上没有念出来。〕

多年以来，我在好几处地方都听过牟先生和另一位错爱我的先师刘子健先生有不和的传闻，也有两三位老辈学者知道我在普大时间较长，向我问及此事。我的回答都是一样：有所听闻而无所目睹，相反，我看到的是他们两人的互相尊重。1993 年 9 月底刘先生逝世，我给牟先生写信表达痛惜之意，牟先生同年 10 月给我回信，追忆他与刘先生的往事。牟先生信说，他们两人的认识始于 1950 年代 John Fairbank 及 Arthur Wright 所主持的几个学术研讨会上。刘先生在会上发表的创新理念，让他印象深刻。他认为刘先生是试图将全数的中国传统史学和西方社会科学所发展出来的知识工具结合起来的人物。请刘先生到普大来任教，正是出于他的主意。1963 年两人都在香港时，达成刘先生（从斯坦福大学）来普大的决定。刘先生于 1965 年秋天到任。1960 年代后期和 1970 年代初期中国发生的事情，让美国的中国学界在政治层面上给牵连上了。在对当时中国的重大事情的看法上，他们两人出现了重大的歧见。但随着 1970 年代的岁月推移，他们之间的歧见也消失了，而始终保持着密切的个人关系。1993 年 4 月和 5 月，刘先生在普林斯顿医院接受化疗时，牟先生前去探望，谈了很多。刘先生常常提到“文化大革命”这让人烦恼的时代，对他来说特别困难。牟先生说：“我自己想，这对刘先生来说，象征了事情对海外中国学者产生的痛苦和严峻考验。他们无法不卷入自己所生长的国家的命运。（对刘先生来说，他正是在日本人侵略下最困苦的环境中度过他成长的学生年代的。〔鸿林按，牟先生此句的意思是，刘先生所以对于家国的境遇感触尤深。〕）从很多方面看，要以异国学者身份抉择在美国过着次佳的生活，对刘先生来说，尤其在初年之时，是灰心丧气之事。终于，到在普林斯顿时，我想他已经接受了他有有用而重要的事情可做的事实，因此生活上也找到了多一点满足。我们时常谈及怎样推进我们的行业，我常常鼓励他将自己想作中国学术传统的高标准以及知识的思想形式（intellectual mind-set）的传授者（transmitter）。向年轻一代的学者传授那些价值，对于我们的领域将是崇高的贡献。他接受此说，并在多方面作了长久而重要的贡献。”

1994 年在牟先生送我往丹佛机场的车程上，倾谈之间，我又提到上述的传闻以及我没有目睹的情形，问其缘故何在。牟先生说，这都是“文化大革命”时代的事情了。接着说了些令我铭记于心的话。他说：刘先生爱国（Patriotic）没有错，人之爱国是应该的，当年只是对事情的判断错了，而刘先生也对此事表示了遗憾。我个人在普大的十年中，他们两位都对我关爱有加（刘先生退休晚而去世早，也有三十多封书信留下给我），但都没有对我说过对方的闲话。事实上，牟先生还时常款待刘先生的来访客人。君子宽柔直谅、和而不同，牟先生的厚道，以及他和刘先生的前辈风范，由此可见。

四、学行：助人、爱徒

牟先生对于后辈和学生的帮助，也有很感人的事情可以忆述。1990年代初，香港大学邀请他充当一篇博士论文的校外考委。这篇论文研究的是《明实录》中所见的东南亚历史，作者名叫 Geoffrey Wade。到了1994年牟先生写评审报告时，论文长达2543页，订装成七本，真的可谓洋洋洒洒。牟先生说，这是他看过的最长的学位论文，幸好之前三年，已经一路在看作者的译稿，并且提出改善意见。牟先生看论文一向是小心的，在传统文献的文字辨识和解读上，尤其认真。我相信 Wade 博士从牟先生处受益匪浅。他们此后通信不断，继续学缘，直到牟先生去世前不久，虽然他们只会面过一次而已。Wade 博士最近给我电邮，表示他对牟先生这位伟大导师传授知识的仁爱之举，依然铭感。

我自己也有一次铭记于心的经验。1981年夏天，为了要在秋天到中国大陆去寻找充实论文的资料，请牟先生写推荐信。那时候，中美复交还不太久，大陆也没有后来的开放。学者到访事情，除非事前都安排妥当，去了往往也是徒然，不得其门而入的。为了此事，牟先生不只为我给北京和广州的拟访教授写信，后来因为事情出了转折，还请了当时主持系政的李马援教授给我写通用的推荐信，最后连学校的行政系统也动用上了，才能成行。我虽然终于到了大陆，却也只能完成访书计划的一半。我想看的丘濬《琼台类稿》七十卷本，一直到博士论文研究后期，1983年王毓铨先生来普大当 Luce Foundation Professor 时，才给我带来胶卷。牟先生在为我出力忙碌时，已经患了以后长年需要抗战的病痛，并在治疗之中，其实他本该在老家静养才是。此事我后来才知道，内心感到非常愧疚不安，自然也更加非常感激。我在1982年回校之后，便没有再度离开过美国，直至1989年春天到史语所任职为止。

五、学行：因势利导的教诲

我从香港到普大师事牟先生的时候，和很多台湾来的同学一样，都是二十五岁以上的人，所以牟先生对我们都是宽容和客气有加的。在这种情形之下，他除了在研讨班上直接传授知识之外，是不会主动或直接要求学生做什么的。但以我的经验而言，他却是善于因势利导、应扣而鸣的。我可以举两个例子来说。

1983 年 8 月我的论文稿已经写好，牟先生和 Denis Twitchett（杜希德）先生都看过，认为可以提出答辩，当时只等候还在假期中的裴德生先生的认可，便可正式向校方申请考试排期。此时牟先生给我安排了研究助理的工作，专门阅读葛斯德图书馆所藏明人文集和撰写提要。我的工作室是葛斯德图书馆内面积称可、开窗有景，而椅桌古雅的独立房间。这房间原来是《剑桥中国史·明史卷》的工作室。当时明史卷讲政治史的第一分册，已经完成了阶段性的编纂。襄助日常编务的亡友盖杰民博士，暂时功成身退，所以房间由我继用。此时葛馆的女性馆长，却以馆长的命令，让我搬到馆内编目室的一张小桌子上工作。这里馆员们工作忙碌，也不便于我检看参考书籍，情况恶劣，工作进展缓慢。馆长的作风独特，让人不易领教。当时我将情形给牟先生写信报告和抱怨。牟先生深表同情，说会与李马援先生联络，试图安排馆内较为安静的适当地方，或者等杜希德先生回来，出个好主意。此事不久也就完美收场，馆长笑着让我搬回原来的房间。以后五年，我都能够从近距离欣赏三月窗外盛开的木兰（普大校园的木兰和杜鹃，都是有名的美）。

此事给我的体会其实不在于印证“朝中有人好做官”这句

老话的道理，而是在于牟先生回信中的一段往事回忆的意涵。他说，1950年代后期，他以东方学系助理教授以及唯一的东亚学教师受聘来校，当时的东方学系位于 Firestone 图书馆（普大总图书馆）三楼。他也没有办公室，只在图书馆二楼皮藏葛斯德书藏的地方，在书架之间，给他一张大的长桌应用，没有书桌可用，没有电话，也没有挂大衣的地方。系里给他找来一块可以移动的黑板，装在长桌的一端，以便他可以就地教授中文。用图书馆的人，有时以为这张长桌是公用的，便会坐在一端看书，而他则在另外一端干自己的事情。当学生来上中文课时，图书馆使用者便会抱怨班上的声音嘈杂。但不知怎样的，日子也照常过，如是者四五年后，学系才找到钱在书架之间围起墙壁，给他做出有门可关而内置书桌和电话的小房。那时候，Jansen 教授也来了，他也给分配了同样的房间。直到十三年后，当东亚学系和近东学系各自独立为学系时，他们才搬进了 Jones Hall（壮思堂〔这三字的堂匾是傅申先生的手笔〕），而他最终也获得了适当的办公室。这段故事让我颇有感受，大老师也曾这样过来，我的遭遇不见得比他的差。牟先生对我安慰之余，其实是在教我做人要忍耐的。

我从牟先生受教，往往也是在报告和回答之间得益的。这样的事情不少，我可以举一些读书的例子。1982年，我阅读欧洲中世纪的法律与制度，有一次在信中向他报告，已经读完了 Otto Gierke 的 *The Political Theories of the Middle Age*，现在在读 Ernst Hartwig Kantorowicz 的 *The King's Two Bodies, A Study of Medieval Political Theology*，同时也在读 John Rawls 的 *A Theory of Justice*，但觉得后者很难读懂，向他求教。他回信说，二十六年前他初到普大时，曾经和年老的 Kantorowicz 教授会面过一次。顺便谈到西方的政治思想论著，他说他时常特别仰慕 George Sabine 的 *A History of Political Theory*。Sabine 正是萧公权先生的老师。他说，可以看出，Sabine 的方法和观点，对萧先生有影响，但他相信萧先生和 Sabine 的关系，证明了中国成语所说的“青出于蓝”，问我是否同意。他又说，John Rawls 对他来说太难读了，此书初出版时，他便买了一册，至今还未全部看过。但他最近看到一篇书评，说道 D. D. Raphael 的新书 *Moral Philosophy* 中，有一节对于了解 Rawls 有帮助。他说他会看此书来帮助了解 Rawls，并说此书对我或许也有帮助。

这几年在谈话时，我也获得过同样的教益。有一次，我告诉他我看了 Crane Brinton 的 *The Anatomy of Revolution*。这本书在当时是很多人会读的。我们谈了一会儿，谈到 Brinton 是分析几个革命的，但如果就人的反乱原因而言，有些什么更根本或者更普遍的解释时，他向我推荐了 Ted Robert Gurr 的 *Why Men Rebel*。我读了这本书后，才知道相对剥削的论说。有一次我告诉他，我已经看完 Richard Southern 的 *The Making of Middle Ages*，并且认为真是好书一本，名不虚传。他同意，但说我也可以读他最喜欢读的一本书，Johan Huizinga 的 *The Waning of the Middle Ages: A Study of the Life, Thought, and Art in France and the Netherlands*。并说此书析述骑士精神之消失，非常精彩。有一次我报告看过 Sheldon Wolin 的 *Politics and Vision, Continuity and Innovation in Western Political Thought*，以及 Karl Popper 的 *The Open Society and Its Enemy*。他又回到 George Sabine，同时又提及 Marion Levy（李马援先生）的 *The Structure of Society*。此外，他还向我推介他喜欢读的侦探小说，Robert Hans van Gulik 的 *Judge Dee at Work*。结果我也看了几本。2001 年我最后一次见他时，他说现在后现代主义的展现，对历史研究影响很大也很坏，问我有没有读过澳洲学者 Keith Windschuttle 的 *The Killing of History: How Literary Critics and Social Theorists are Murdering Our Past*。我说没有。他说此书是和他通信

多年的香港学者 Geoffrey Wade 给他介绍的，值得一读；于是让我将书带走，拿回香港慢慢看。

牟先生对我如何教诲有加，上述的事例应该足以说明。

六、反　思

牟复礼先生究竟是怎样的人物？为什么他能够长在我心？能够长系我思？从学识和器度上看，用中国人的老话说，他首先可以说是集经师与人师于一身的人物。我在普大时，曾经写过一首诗，认为他是智慧的文殊菩萨，离开普大后，我越发觉得他还是慈悲的观音菩萨。牟先生对我们同学们的评论未必一致，但他对我们的关爱却是一样的。忠信礼义、孝友仁爱，中国人的传统美德，他都有。在待人接物方面，他比很多中国人还要中国人。他学习中国文化，欣赏之、同情之、体会之，在行为上表现之。我们有充分证据可以说，传统的中国文化是他的第二文化，但有时也难这样说，因为有时第一和第二已经难以分开。我是这样看的，因为他深知中国文化确实博大精深，所以他对于中国学术是认真和尊重的，因此他对中国的老师大儒、文化精英都是尊敬有加的，并且都能虚心向他们请教，获得实益，而且一旦信服，便会终身不忘，时常加以表彰。我常会听他提起他的老师，也多次在信中读到他引用萧先生之言。

从人生观和生活态度上看，他是旷达乐观，意志力强，而且风趣洒脱的。十一年前我第二次到小羊山探访后，他开车送我往丹佛机场，两个钟头车程上的谈话，使我感触良多。现在想起来，更加可以证明当时他所说的，情真意切，丝毫没有向我这个胆量小疑心也小的老门生说虚弄假，其中谈的两件事情，尤其足以反映牟先生的气质。我提了这样一个问题，说先生所写文章数量不少，为何不见出版文集，有没有想过要出文集。他说，没有想过。因为文章多数是有时效的，发表的当时有用，读者因而获得新知，很好；但知识是应该不断创新的，因此时效过了，也没有出版的意义了。我又提了这样一问，说先生能与病魔缠斗这么多年而没有失败，主要原因何在。他听后，指一指自己的脑袋说："Will Power."这意志力，看来是支持他这么多年的重要原因之一了。

牟先生举止温文，谈吐尔雅，但其实也非常幽默。其幽默程度有时可令会心者由眨眼的微笑笑到湿眼的大笑。2000年的一封来信说到，他因为健康原因，不能应邀为"中央研究院"近代史研究所所设的萧公权纪念讲座做首讲，也推掉了到费城（Philadelphia）演讲的邀请，也没有再到普林斯顿的计划，结尾这样说："When I have to sign my name on official papers as 'professor, emeritus', I sometimes make a slight typing error and write 'professor, eremitus', almost as if the mistake presents the truer meaning."亏他想得出，二个字母的倒写，便将"荣退教授"故意误成"隐逸教授"——他喜欢的生涯。2000年的一封来信中，谈到时过境迁，旧人秋扇的人间况味时说："我们都变成了老子的刍狗，但这样也总比，如果在我们老年时，只做看门的家狗好。"这样的高阶幽默，真是非我所及。我可以追忆的牟先生逸事和趣事，还有别的。今天且说这两个好了。

总的来说，我们应该可以说，牟先生此生福寿全归，光辉充实，可以无憾。他最大的福气是和我们的师母五十五年的美满婚姻。效兰师母是江苏泰州人，南京长大。我第一次到小羊山探访时，在牟先生故居的温室内，看到一张黑白的旧照片，看看照片上的玉女，顿时有惊为天人之感。牟先生让我猜她是谁。我回答应该是20世纪30年代的上海大明星；师母听了有些微哂。追问之下，才知道就是师母大人。牟先生在回途中狡笑自得地向我说：“I have stolen the most beautiful woman from China.”我们的师母不只美丽，也不只有善于画兰和精于陶艺的才华，她还有持家相夫，以贤孝称于夫子家族，关爱夫子门人的种种美德。牟先生与顽疾对抗这么多年而能够成功克敌，师母毫无疑问是他精神上和生活上的最大支柱。牟先生曾将李白的诗句改成：“相看两不厌，只有小羊山。”我想给他的改句添上这样两句：“更有并观者，娥眉陈效兰。”这应该是他们形影不离，神仙眷属般的婚姻生活写照。

牟先生的道德风范，将会因他遍布各地的门人和朋友而传播永久。我曾经告诉过我的学生，希望他们也有像我一样的福气，将来也能遇上像牟先生一样学力深固、智慧充盈，有眼光、有爱心和有人情味的人物作为师范，在人生的路途上，不断获得鼓舞和慰藉，不断获得成就自己的资源。我相信，类似的话，我的同学也会有机会告诉他们的学生和晚辈的。

牟复礼先生以著述沾溉学界，以人格教育生徒，一生学而不厌，诲人不倦，教学述作，老而弥笃，堪称一代人豪，百世之师。我追思他的时候感到，当年能到普大求学，真的没有辜负光阴；二十七年来能够不断获得他的教诲，真的不枉此生。我相信，还有很多同学和我有同感有共鸣。这是我个人的福气，也是我们普大学友们的福气；说实在的，我们应该庆幸，我们应该感谢。

各位，言有尽而意无穷，今天我要追思的，就到此为止。

往事正堪回首

母校创立甲子一周，对一个从珠海中学念起，念到珠海研究所毕业（1963—1969，1972—1978）的老学生来说，值得回忆和反思的事情，肯定不少。但这本纪念册的篇幅，应该让众多的同学和校友们来充实，所以我只想分两项写出几点常在心头的当年感受和现在反思，来与老同学和新旧校友们分享。

一、无可求，反得益

在殖民地时代，私立的珠海书院，其学位港英政府并不承认，毕业生没有机会在政府部门或学校工作，难以投考英联邦所属大学继续深造，也不好希冀有了学位之后，工作的机构会给你升职加薪。我大概因为明白此点，所以读书时唯一的期望便是把书读好，唯一的兴趣便是读书。不与别人竞争，只与自己竞争；不与今人比较，只与古人比较；不去游走出头，只管隐遁沉潜；这样，工作谋生之余，求学的志趣也便越来越浓。我喜爱思索一些文史哲典籍上经常出现的问题，欣赏不朽的经典名篇，吟咏传世的诗歌韵文；告诉自己，如果不与今人沟通时，或者因为地位处境之故，而不能与今之贤达交游时，还有古代的仁人志士、俊哲鸿儒可以尚友，可以神交。

这种看来是违离现实的思维，听来有些玄远，但对我来说却是颇为受用。争心大了，要应付世俗之事也必然多了；机心多了，能够宁静反思的时间也自然少了。回想起来，我还是要说：那个年代对我很好。无可冀求于细小的区域，反而得益于广阔的天地。珠海的弱势，竟然令我能够像《大学》所说的："知止而后有定，定而后能静，静而后能安，安而后能虑，虑而后能得。"

我希望将来书院正名为大学之后，新进的校友也不要过度希冀快速的现实利益，却要只管努力，要相信天生我才必有用，也要明白只有磐石才能抵挡江流冲击而兀立不倒。老道理还是有意义的：自强不息，才有希望；功夫在手，才能掌握机会。看远一点时，便是不得于东，或得于西，失之东隅，收之桑榆，没有什么不好。

二、有良师，是幸福

珠海让我回忆的不是任何的硬体设备，而是我师从过的老师。我念书时代的珠海，学系和学生数量还很多，师资仍算充实，还有一些学问上和道德上都是一流人物的老学者担任教职。从内地南来的诸多教师，学术背景和学问素养各自不同，南腔北调，聚于一楼，很容易观察到他们的仪度举止，偶尔还能听到他们的言谈语笑。对于青年人来说，这当中不只增长了见识，有时还能获得人生道理的启发。我上课接触过的教师，偶然也有讲授不得其法，或者暮气稍重的，但多数都是敬业和对传承中国文化有承担的。想起来我也真够幸运，从中学时代起便不断师事到给我认真教导、鼓舞和启发的好老师。尤其要感谢的是高中时代的江明君老师和甄陶老师，大专时代的涂公遂老师和王韶生老师，以及研究所时代的罗香林老师和李璜老师。

江先生是我记忆中教学最认真，最能注意学生言行并且跟进帮助的中学老师。她教的是中国历史，利用简洁有力的文句将历史事件或制度给予概述，是她独到的优良教法。我高中毕业两年之后，她推荐我到珠海英文中学教初中。因为教而后知不足，所以我又考入大专部继续进学。我后来走上学术道路，开始的一步，应该便从江先生对我的错爱算起。

甄先生为人清高耿介，学问上他尊敬长辈名宿，从他们那里精益求精；生活上他下视世俗，不做降志辱身之事。江先生常以古之学者称之。甄先生文学造诣极高，是南社湘集的诗人，我念高中时曾经写过一两首古体诗，蒙他垂爱批改，加以鼓励，直到念大学时，诗词偶有所作，还时常呈请批改，获益良多。

涂先生是我念文史系时的系主任，也是文学概论、诸子学概论、文字学等科的教授。他诗书画三艺并精，又精研《列子》，为人和蔼可亲，善于鼓舞学生，我至今还时时展玩他绘赠我的数幅山水画和书法。

从大三开始到研究所，王先生一直是我的老师，我随他上了五六种专书选读，得益最多，而且谬获期许，以为可教。先生是传统学问和老辈风范的现代典型，经史子学均有深造，古典文学尤其卓然成家，其诗其词，其古文其骈文，均有风韵格调而足以传后。更难得的是，他有一种温柔敦厚而自然出之的风人性情，有一种乐道人善、鼓舞诱掖于无形的厚道。我最珍惜他这样的一个训示：当年大陆正值“文革”时期，天下大乱，先生说要治世习武，乱世学文，以待用也。我很佩服此言的深意，所以日后便更直走学文之路了。

罗先生是研究所所长，他是国际知名学者，著名历史学家，除了唐史研究上的成就之外，在族谱学、客家学、香港史学等方面都有开创性的贡献，今日已是公认的宗师。罗先生学问博大，但制行严谨，当年高校教师们会有的嗜好，他都没有。打牌、跳舞、赛马、玩股票之类，他都不沾，也不抽烟喝酒。除了授课、指导论文、写文章和组织学术活动之外，时间都花在教会、宗亲会和同乡会上。我投考珠海文史研究所时，获得先生亲自取录，投考美国大学研究院时，获得他当推荐人。普林斯顿大学因为重视他的密荐，所以录取了我。这两件事对我学术生命的意义，其重大不言而喻。我离开珠海之后，一直努力不懈，原因之一便是唯恐有忝先生的令誉。

李先生是研究所年纪最长的老师。他是社会学家，能从社会科学视野讲说历史，开拓学生的眼界。我上了他讲授的欧美汉学课，深深获益，不只因而对于国际上的汉学研究稍有所知，也因而有了如果将来能到外国深造时，自己能够做些什么的初步认识。先生也是诗人，曾经和王先生叙会时，要王先生给我这样训示：作诗已中规矩，便要放开手眼。这点鼓励也让我获得启发，增加信心。

在大学和研究所时，我在同学中较为年轻，老师们都是父祖一辈人物，所以平日我也不敢随便去请教他们，除了王先生之外，多数只有听而不问。老先生们其实都是胸襟广阔、眼光远大、历经患难、识见真确的人物，当年不敢多多面请，现在回忆往事，实足引以为憾。

回忆起这班老师时，我也产生了这样的感想：学校能够延聘到这班卓越的老师，当年老校长们的眼光和智慧，自然也非凡近所及。树人是大学教育的重要目标，但树人比树木难得多，硬设备不能解决一切，身教至少和言教一样重要。所以我希望将来我们的母校，能够加强延揽师资，让我们的后来学友，都有机会遇上像我曾经从学过的老师们——学有所长、行堪作范的老师。这样的珠海，才足以自豪地立足于学林之内。

《中国近世儒学实质的思辨与习学》自序

本书所载的十三篇论文，从不同人物的传记、著作和历史评价的述析中，显示出宋末至清初儒者或受儒学影响者的一些学术、文化理念和理想，他们应对所遇到的身心家国和道德文化问题时的思想和作为，以及他们的构思和体现所受到的历史认受。这些人物的个人表现及其获得的当时及后代反应，客观地反映了中国近世读书人和士大夫对于儒学的实质的思辨、习行和问学情形。各篇论文曾先后在学术刊物上发表过，这次汇刊，除了改正错误字句、整齐格式之外，遇有修订之处，各于篇末注明。

宋明儒者概括他们的学术时，喜欢说做的是“下学人事，上达天理”工夫；易以现代语言，可以说是先做凡近的基础研究，然后再提升到高深哲理的探讨。本集各文，都是下学的表现，但愿它们对于从事上达的学者，也有一些参考价值。现代出版图书，不会灾及枣梨，却还有祸及纸张之虑，我希望向我征稿并负责编辑的北京大学出版社谢茂松先生，不会因此遭受助长破坏自然生态的指摘。

2005年4月18日

于香港中文大学历史系

《明人著作与生平发微》自序

本书所载各文，皆因研究明人著作之编纂情状、刊行原委、文字异同，并其作者之生平志业等事而为者。所及著作，实以文集居多，即数篇考究史著及丛书者，初亦莫不因探论其作者或编纂者之文集而起。余之能对明人集部稍有知识，实荷先师美国普林斯顿大学教授牟复礼先生之赐。余在普大研究院攻读明史及中国近世思想文化史，既获学位，蒙先生错爱，为设法得以留校工作，继续阅读校中葛斯德东方图书馆所藏之明人文集，而各为之撰写提要，盖以余之学力浅薄，仍需沉潜积厚，而馆藏明人文集之用处亦宜广为人知之故也。

葛斯德图书馆所藏明人集部特色之一，为八百余种原书藏于日本内阁文库之“蜚纸”影印本明人文集。此其中在近年《四库全书》系列丛刊面世之前，颇多稀见难得之书。余既日读遗集，考其作者之生平，寻其书之刊行著录情形，记其内容之大概，标其有用于明史研究之篇目，偶有所见，遂并考论其书其人之未为今世所知之事。前后五年，写成提要四百余种，虽其详略精粗不一，非将来重加校订，不宜面世，然余对各集之概况及其对于明史研究之用处，亦遂略有领会。此书诸文，实多因此而致。二十年之流光易逝，数万里之鸿印偶存，回首旧业，尚见依稀。诸篇皆曾经发表，刊本不无文字讹误，亦有出版之后，新知更见而不能忽视者，本书结集，遂得为之校正错误而补充附记也。

夫文为心精，集见人情，文集为知人论世之具，固无论矣，抑刊本更能反映社会及文化之情状，其于历史整体之研究，为用实不少小。是书所载，但识其小，类夫示例于初学者，期不败其深造之兴而已。然所探发明人情思行品之微，亦未必无一助于专家之考据云。

2005 年 4 月 28 日

于香港中文大学历史系

《决疑与道德困境》导读

本篇导读的文章两篇，是亚伯特·绛森与史蒂文·杜明合著的《决疑法之受辱：道德推论的历史》（Albert R. Jonsen and Stephen Toulmin，*The Abuse of Casuistry: A History of Moral Reasoning.* Berkeley: University of California Press，1988）一书的序文和第一章；序文原题作“序言：问题的所在”（“Prologue： The Problem”），第一章原题作“理论与实践”（“Theory and Practice”）；中译出于贾士蘅。决疑法（casuistry）本来是伦理学及应用宗教的一部分，在西方文化史上，源远流长，尤其在16世纪中叶起享有百年盛誉，但因滥用而流为道德相对论、个别情形论，从17世纪中叶开始变成不登大雅之堂的小道，并且备受凌辱。此法虽然至今仍为牧师、神甫、心理学家等所使用，但其性质与主张早已广泛为人所误解。

《决疑法之受辱：道德推论的历史》，是一部为应用恰当的决疑法伸张眉目之作。其缘起则是1974年美国国会所成立的“国家生物医学与行为研究中人类对象保护调查团”的工作成果。这个顾名思义的调查团，研制出一套用来判别在医学和行为研究上，用人类作为研究对象时所采取的方法是否可以接受的方法。这套方法牵涉了道德选择问题。

作者二人是这个调查团的成员，同事研究三年，却发现调查团所采用的方法与所获得的结果，有现行道德理论所难解释之处。事情的症结在于道德选择的判准如何拿捏。关键的问题如下：在实际解决涉及伦理道德的问题时，究竟应当以普遍原则及其演绎作为判断依据，抑或应以个别事情的处境及其特殊细节作为判断依据？这个问题蕴含着两种互相冲突的思想和主张。

在本书写作中的1980年代的美国，这两种思想、主张的冲突，在基督教徒（包括天主教徒）对于堕胎问题的争论上，好像显得尤其突出。但其实赞成堕胎与反对堕胎的双方，都以一些普遍性原则作为各自的理论依据。所以尽管各持己见，却无助于解决实际问题。（对于没有宗教立场的局外人，更有无所适从的失落之感。）

在作者看来，这种现代人喜欢以准则、法制当作解决、判断问题的中心的表现，正是西方三百年来学术思想演变的结果。但这种表现的实际极限也显而易见。含义复杂的事情，其道德判断实非“原则”、“准则”可以了当解决。“坚持原则”本身，适可成为暴政。

作者关心的问题因而变成：我们对于有争议性的道德问题或事情，如果不以坚持原则来解决时，又有什么解决之道呢？作者的答案，亦即本书所要论证的就是，决疑法作为一套由人类经验发展出来，用于解决产生于个别生活处境中的道德问题的合理而有效的实际程序，应该不失为有用的替换方法。

决疑法的要点是，在个别与道德问题有关的困难事情上，运用同异之辨来给道德作分析。它的特色是个案处理中的分类学的实例应对。程序上，它以一些大家了解和同意的范例为起步，然后用类比的方法查出大家不了解和有争论的问题，然后斟酌对于当前的道德问题应做的判断。

作者认为，决疑法本身并无“不对”，只是在应用“不当”

时，才是不对。用得对时，决疑术是合理而有用的判断道德问题的方法。本书便是以历史上的实例，对决疑法的内容及其兴衰的始末缘由，详加述析，用以证明此点。

晚近由于职业道德，尤其医疗道德的讨论，个案讨论又为人们所喜爱。“道德困境”、“良心个案”都是论者的兴趣所在。本书的旨意，其实也在张扬“良心个案”作为道德问题的实际解决方法。作者希望，处理得当时，决疑法可以纠正、补救道德哲学家以及政治说教者对于普遍规则与不变原则的过分强调。

本书的《序言》有副题，我们可以顾名思义。作者从1984年美国总统大选选战中一个关于堕胎合法化的争论切入，论述了原则的专断无助于解决实际日常面临的具体道德问题；继而简述“决疑法”的字义及其蒙污的梗概；最后交代著作此书的缘由和旨趣。在第一章《理论与实践》中，作者先从古典说法的分析，畅论人们在讨论伦理问题时所常用的两种论证形式——抽象而一般的理论性论证与具体而特殊的实际上论证——的各自特色与相互关系；然后以临床医学的实践，指示理论分析与实际技术合并的意义，并由临床医学的“道德事业”特色，论说诊断学与决疑法的类似之处。

怀效锋著《四朝政治风云》书评

这本应用大量政治学及社会科学概念和时髦词汇的中译，在一个以马克思主义为基础的政治学及历史学的观念和理论架构上，以四章十五万言的篇幅，“侧重于从统治阶级内部斗争的表现形式、社会效应以及权力精英的活动对政治态势的影响的角度进行论述，通过正德、嘉靖、隆庆、万历四朝（1506—1619）一系列重大的政治事件来揭示封建社会晚期专制政治制度对社会发展的严重阻碍作用”（《序论》页10）的学术性与通俗性兼重的历史读物，是1984年开始出版的《走向未来丛书》中的作品。1988年3月初版，印行三万二千册；同年8月香港商务印书馆改用符合内容的《十六世纪中国的政治风云》的标题为它发行了一个国外繁体字版。〔1〕本书封面上的《内容提要》称许它“全书史料翔实，文笔流畅，可读性强，是一部在政治史研究中新辟蹊径的著作”；繁体字本的《提要》，也称“著者持论客观，可供研究明史者参考”。在16世纪，尤其头四分之三时间的历史至今尚未得到充分研究和论述的现状下，显然它是本被肯定为有普及价值

〔1〕 繁体字版除了移易注释出现的位置和对为数不多的个别文句作了修改之外，形式和内容均与简体字版无异。

的著作。

本书确实具有学术性研究的基础。作者是研究政治法制史的专家，他以《嘉靖专制政治与法制》为题的法学博士论文，且曾刊成《博士论丛》中的一种（长沙：湖南教育出版社，1989）。本书的偌大部分，尤其占了全书五分之二篇幅的第二章，基本上就是这篇论文的翻版，甚至大部分的文字也和论文相同；其他章节的重要论点与举以为说的事例，亦是该论文的延伸和互证。故此不能把本书与一般的通俗读物同等看待。《走向未来丛书》以"自始至终贯彻严肃认真的学风和生动活泼的文风"，"特别注重于科学的思想方法和新兴的边缘学科的介绍和应用"（本书书前《编者献词》，页2—3）自我期许，这些标准和特点是认识以至评价这本《四朝政治风云》的客观尺度。

本书的内容、特色和著作目的，在如同结论的《序论》里宣示无遗。作者要透过上述四朝内"宦官的专权（如正德朝的刘瑾专政），藩王的叛乱（如正德朝的安化王及宁王之乱），官僚的党争（如隆庆朝的首辅之争及万历朝的三案），暴君的专制（尤其嘉靖朝明世宗的绝对专制），起义与民变（如正德朝的'流贼'及万历朝反抗宦官矿监税使的城镇暴动），政治改良与经济改革（如正德嘉靖之际杨廷和推行的新政及万历前十年张居正施行的变革）"（《序论》，页3—4）等一系列重大政治事件的论述，以期解答"究竟是什么原因使中国在16世纪开始落后于西方"（《序论》，页10）的历史事实，从而达到"以人为鉴，可以明得失；以古为鉴，可以知兴亡"（《序论》，页10—11）的历史为现实服务的目标。

作者认为上述风云事件源于并且反映了当时"皇权与相权的矛盾，皇权与绅权的摩擦，皇权内部的冲突，……官僚内部主流派与非主流派的对立，改革派与守旧派的较量，官僚之间的倾轧”(《序论》，页3)。这“统治阶级内部不断形成对立的两派”的“无休止的内争，形成了巨大的内耗，严重破坏了国家的社会职能”。尽管统治阶级中的权力精英——如“儒生官僚集团”构成的内阁的代表人物杨廷和与张居正等——曾竭力“对统治系统进行自体调节”，“力图缓解统治危机，调和社会矛盾”，但由于他们“往往具有双重人格”，“在明中期商品经济繁荣的强烈刺激下”，“本身的腐化也不断增长”(《序论》，页4)，大大地局限了他们的改革。更重要的，亦即“本书将着重说明(的是)：封建专制的法律制度下，皇权具有无限扩张的可能性。皇帝利用所掌握的专制权力，不断强化君主绝对专制，破坏封建法制”。四朝诸帝的专制以十五岁即位的明世宗为最甚，流毒所至，“最终破坏了中国社会发展的生机，(使)16世纪的中国从先进向落后发生逆转”(《序论》，页10)，导致落后于西方。这是本书的最高陈义。从整体看，可以说书中出现的各个事件是为开展这个陈义而加以选择的，对它们的不同论述，也是以证明这个陈义为依归的；在历史认识和史学方法上，本书是先验引导实证，演绎强于归纳的。

如上引述，可见本书是这样认识历史的：有明显演进分期可循的历史动力来自一切对立面，包括阶级之间及阶级内部集团之间的不断斗争，斗争的总方向与目的是阶级和集团权力与利益的夺取，这种以政权为主的权力运行决定了社会的各种形态。就中国而言，历史没有如期进步，封建社会长期延续，实因君主绝对专制摧毁了资本主义萌芽所致。马克思主义政治学及历史学认为在经济与政治，即社会下层建筑与上层建筑的互动上，前者推动、影响和决定后者。本书的论证却表明了，至少就明代中国而言，上层建筑的权力核心动力，即作者所称的“皇帝绝对意识”(页121)，可以并且事实上凌驾一切，决定了社会发展的顺序或逆转。"只有通过相当长时间的'治世'才能进一步发展到'盛世'"（页 112），即是说，政治形态决定了经济和社会形态。这是本书对中国历史的新见地，实际上可说是传统的概念的重新认识。传统的概念以身体比喻政体，就政治领导与决策的层次而言，必然成为君尊臣卑；所谓牵一发而动全身，正可视为最上层政治决定其他一切的写照。本书屡用"统治机器"一词，但用机械运作的概念，却证明了有机运动的原则的展现，这不妨说是本书理论方面的可喜巧合。

作为通俗的普及读物，本书夹叙夹议，"文笔流畅"，诚如《内容提要》所许。在有限的篇幅内，层次分明地交代了几乎所有值得和必需交代的政治事件，显示出作者判断事情轻重和驾驭材料的能力。在叙事时适当地介绍了与事件发展相关的制度及其运作情形——如 1·2 述刘瑾专权，兼及明代的宦官制度；2·1 述《嘉靖新政》及 2·2 述《大礼之议》，兼及内阁制度和皇权与阁权的相对消长；2·4 述《皇帝的权术》，并及司法制度与其运行的情况；3·3 述海瑞政绩，并及明代税制和一条鞭法的内容与性质——使读者掌握人事与制度交互作用的背景，对事件的现实性更能深入体会，显示了深入浅出的成功效果。

本书的弊病也是明显的。它那以繁多形容词和感性语句烘托出的近乎控罪式的表达法的极端使用，使它不免流于说教。书中的议论亦即作者直接发挥己见、发抒己情的部分，至少占了全文的五分之一。所论多有反复滥用，如前引《序论》中所见的如"社会效应"、"权力精英"、"国家社会职能"、"自体调节"、"主流派"、"非主流派"等政治学及社会科学术语，对于这些概念术语的含义，却又不加界说。这种情形难免导致这样的结果：对了解这些概念的读者而言，书中众多的议论，只成累赘；对未必知晓这些概念的《走向未来丛书》所尤着重的"青年读者"而言，众多的议论如果不至造成一种思想灌输的压迫感，至少也给他们增加了不少本可避免的理解困难。由此可见，《内容提要》称许本书“可读性强”之说，最多只能是表面上的不错；实际上应当说：本书可读，却不耐读。

从学术性的角度看，本书的成就在于它对若干人物的较新认识和较中肯的评价。如1·2指出刘瑾在“为了强化中央集权的统治”的“专权”时，亦曾做出了若干“相对减轻了下层民众的经济负担”（页23）的措施；3·1指出严嵩的“劣迹”和“他本人的质量并不比同代的许多官僚更坏”（页178）；3·2指出“隆庆首辅之争”（亦是本节标题）中高拱、徐阶、张居正等“身为道貌岸然的儒生显宦”，是“权力欲望和政治野心使他们成为冷酷无情的政客”，以至“在心狠手毒这一点上是不亚于赳赳武夫和不通文墨的宦官的”（页196）；3·3指出海瑞的“忠臣”情质涵盖了他的“清官”性质，“海瑞主动挤身于内阁的纷争之中，……与他想借此机会攀附首辅徐阶的功利思想有关”（页212—213）等等，都是看出或强调前人无视或忽略的可取之处。此外，3·2把“大礼之议”（也是本节的标题）分析为皇权与相权的角力，也有一定的见地。

至于对其他多个个别事件的看法，基本上可说是传统政治史论断的现代语言解释或翻版。这和本书的取材大有关系。全书共附387个注释，其中引用《明史》、《明通鉴》、《明史纪事本末》这三本后代成书的，共占了191个；引用《明世宗实录》、《皇明诏令》中的明世宗《即位诏》（其实也载于《明世宗实录》卷一，页2下—19上，正德十六年四月癸卯条）、《明神宗实录》这三种当代官书的，共占了56个。本书所述多个事件所牵涉的人物，大部分尚有个人文集或笔记传世，书中却只在第3章论海瑞及张居正二处分别引用了《海瑞集》14次和《张太岳集》19次。明史学界对整个16世纪的研究，广度和深度上诚然不及对14世纪后半与16世纪后四分之一至17世纪前半的研究，但中外学者的有关论著，仍然相当可观。本书作者只提及五人之说，除去《序论》引了不是非引不可的侯外庐所说“嘉靖到万历年间，是中国历史上资本萌芽最显著的阶段”（页8）的一句外，他只提出一篇“美籍学者苏灼炜的《大学士严嵩新论》”，“作为不敢苟同”于“有些为严嵩翻案的文字”的注释（页183），苏文的论点是什么，既没谈及，苏文的出处，也没注明。[1]此外，四十多年前出版的朱东润著《张居正大传》被引了3次：第一次是直引该书作者所描绘的“张居正当年所指的政府工作效率极其低下的状况”的原文（页217），其余两次都是转引该书原引张居正政敌刘台的话（页220、231）。更早的孟森，被引一句（页238）。余下唯一被引一次的，便是黄仁宇著的《万历十五年》（北京：中华书局，1982）。该书用“大历史”的角度，从政体、礼制、行政、官规、军事、思想等方面论述了很多导致万历十五年亦即16世纪本身的史事，其中不乏独特之见，本书却只引述了它用类似心理分析学法分析明神宗专宠郑贵妃之故的一大片段（页249—250）。这样狭窄的参考范围，不免令人惊讶。是否作者不见或不屑参考近代中外的有关著作，我们不得而知，但由本书所引为立论依据的著作看，我们可以确知本书在极大程度上并未根据16世纪当时人物的自我陈述和近代学术的论证加以分析，它只是作者本人的理解之作，它的学术客观性，自然便有局限。

我们聊举二例，以见不参近学导致局限的一斑。譬如书中说

---

〔1〕 作者所提苏灼炜《大学士严嵩新论》一文，实见明清史国际学术讨论会秘书处论文组编《明清史国际学术讨论会论文集》（天津：天津人民出版社，1982），页822-862。

16世纪江西"景德镇的民窑发展很快","呈现出'万杵之声殷地，光火烛天，夜令人不能寝'的景象"(《序论》，页6)。《万历十五年》一书却曾对此景象作如下之说：引语作者"王世懋的本意，是在于从堪舆家的眼光出发，不满当地居民穿凿地脉，以致没有人登科中举"，并非"即（是）工业超时代发展的征象"(该书《自序》，页4)。本书不独未提及这个有意义的反论，连带出自王世懋《二酉委谈》的引文出处也不加注释。又如，同样不注并且不加引号的说明太祖严防宦官，"并在宫中立一铁牌：内臣不得干预政事，预者斩"(页13)。[1]其实，黄彰健早在《论皇明祖训录所记明初宦官制度》一文中指出"实录（洪武）十七年卷未记铸铁牌事，史志此言当本诸野史"，并且列举洪武朝中宦官预政的事例。[2]本书错过此文（作者别著《嘉靖专制政治与法制》一书第4章论宦官厂卫与司法处，也说到铸铁牌的事——该书页147，亦未参考此文)，故不免沿袭了"明成祖违背了太祖的禁令，起用宦官干政"(页13)的旧说。

和《嘉靖专制政治与法制》一样，本书的注引方法也缺乏学术性著作的应有审慎。全书所引书籍，均不注明版本。引书一般只有卷数，但有14个注释却连卷数也没有；所有注释中，只有3个注上页数，却有17个非注页数不可的古书现代版或现代书籍完全不注。这些或可算是末节，如果我们相信作者完全可靠的话。可是作者的注据，却不见得全属可靠。例如页3—4说"史

〔1〕 引言中后两句，见《明史》(北京：中华书局，1974）卷三〇四《宦官（传）一》，页7765；又见同书卷七四《职官（志）三》，页1826，该处"预者斩"作"犯者斩"。

〔2〕 黄彰健文载《"中研院"历史语言研究所集刊》第32本（1961年7月)，页77–98，后又增订收入氏著《明清史研究丛稿》(台北：台湾商务印书馆，1977)，页1–30，题目少"皇明"二字。此处所引二句，见《集刊》本页85，《丛稿》本页12。

书中对弘治皇帝颇多赞誉，称他是汉文帝、宋仁宗那样的明主”一句，引《明史》卷一五为据；说“但征之各种史料，称弘治皇帝为‘中兴之令主’也不算过分”一句，引《明通鉴》卷四〇为据。这两个本书正文首见的注据，事实上便不确切可靠。明人确有以汉文帝及宋仁宗比拟明孝宗的，谈迁《国榷》（北京：古籍出版社，1958）卷四五所引李维桢及朱国桢之论（该书页2832），便是例子，但《明史》卷一五，直到最后的论赞，却都没有同样的比喻。夏燮《明通鉴》（北京：中华书局，1959）卷四〇整卷，包括其中所引“明史何乔新等传赞”之言在内（该书页1531），也没有称明孝宗为“中兴的令主”的话。“中兴”必有“中衰”为背景，明朝当代人物和后代的史家事实上并不认为孝宗的父祖（宪宗和英宗）二朝是“中衰”之世，作者以《弘治中兴的回光》为本书的首节，作为16世纪各起风云的总背景，他说的“中兴”，其实只是反映了他构写“衰世”的需要，与史实并不符合。又如，页6说明孝宗“增加了每天在左顺门接见大臣的‘午朝’，从而做出勤于政事的表率，形成比较讲求办事效率的风气”，引《明通鉴》卷三六为据。《明通鉴》该卷（页1377–1378）说此事是弘治元年（1488）三月从吏部尚书王恕所请而行的，但原文接着即说“不久，寻罢”。其事为时极短，所以《明孝宗实录》（台北：“中研院”历史语言研究所，1965）卷一二虽记其仪注（页7上—下，弘治元年三月己卯条），《明史》卷一五孝宗本纪也不加登载。[1]作者如上的论断，显然犯了操纵证据，迁就己说的毛病。类此不确的注释，反映了为需要而歪曲或抹杀事实的研究态度。这不是《内容提要》所称“持论客观”的应有表现，也违反了《走向未来丛书》所自许的“严肃认真的学风”。《提要》称它

〔1〕 弘治元年三月本纪所载事，见《明史》卷一五，页184。

“全书史料翔实”，看来充其量只能说是翔而未得尽实。

从另一方面看，一些需要注释的地方，却又不见标注。如页8—9说，“根据当时京师的民谣：‘一为坐皇帝（指明武宗），一为立皇帝（指刘瑾）。’”《两个皇帝》是引语所在的分节（1·2）的标题，这个民谣实是作者灵感之源、立说之据，作者却不注出民谣所从出的结集。又如页42说，“豹房之名，据说是因房屋像豹子身上的斑纹一样鳞次栉比而得”，也不注明出处。这其实是个与解释豹房名称由来有关的重要资料。豹房名称的意义，近年葛杰民《明武宗与豹房》及叶祖孚《西苑豹房也养豹》二文均有论及，[1]但均未提及作者所谓的“据说”。葛杰民文与本书同年刊出，二者自然无法互相参考，但由本书该处的不加注释，可见作者并未意识到豹房名称由来的重要性，因而像葛杰民文由豹房而论及明武宗的生活方式与豹房性质的若干新的观点，本书也就没能有同类的体会。

总而言之，本书唯权是夺的阶级斗争、集团内讧的政治史观念和思想方法，并非“新辟（的）蹊径”；把16世纪中国转向落后的最终原因归咎为明世宗个人意志所造成的绝对专制的论断，并不公允；以古讽今的目的和缺乏明确标义的术语的滥用，更没有使应有独立客观取向的史学脱离公式套括的旧习。“青年读者”们如果要在历史研究上平实地“走向未来”，看来只有“严肃认真”地避免如上所述的缺失和局限，才有正确起步的希望。这个反思，便是本书的反面贡献。

〔1〕 葛杰民（James Geiss）文，见《故宫博物院院刊》1988年第3期（1988年8月），页12–19；叶祖孚文，见同刊1989年第2期（1989年2月），页24–25。

韩德琳著《晚明思想中的行动：吕坤及其他士大夫的新方向》书评

本文所评的是一部关于阐释吕坤（1536—1618）思想的著作。它在研究方法上存在一些值得商榷的地方。吕坤是一位宣称“我只是我”的独立的士大夫思想家。有关吕氏如何达致如此独立不群，及其思想的实际内涵，长久以来都缺乏具有深度的研究。换言之，他值得学者对其思想加以严密的分析，而为之写作一部详细的传记。韩德琳（Joanna F. Handlin）这本书只着眼于后者，因为作者认为传主的著作本身就是其思想的最好呈现。虽然作者打算探究“儒学的行事方式”（页6），但正如是书含糊不清的标题“思想中的行动”所揭示的，本书很有特色地将“儒学的行事方式”当成是思想中的行动看，亦即是见于文字上的行动，而非见于实践的具体行动。

阐释吕坤思想，需要“分析吕氏丰富多产的著述的内部结构及其主题的构成”（页11）。作者以比较的手法贯穿全书，先互相比较四位晚明人物在“假设”、“思想”、“立场”、“心理”等有关社会与个人各方面的情况，然后逐一与吕坤比较。吕氏的著作在书中被重点分析，并与其他人的互相比较，从而彰显吕氏有着其他人所欠缺的成就。吕氏的独特性被描绘为服务社会与个人修养的成功结合。

本书结构上分为两个部分。第一部分是为第二部分提供背景资料。第一部分的三章分析了罗汝芳（1515—1588）、海瑞（1515—1587）、杨东明（1548—1624）、冯从吾（1556—1627？）的思想，呈现出他们每人都有一套独特的成圣之道。罗氏被标签为能透过学术讨论和乡村讲学来"说教"的"教育家"，海瑞则是强调"公正不阿的法律与规条"的"行政官员"。对于杨、冯二氏，作者并没有特别标签他们，但他们可被分别视为缺乏一套吸引广泛听众的"语言和概念架构"（页182）的地方活跃分子，以及一位缺乏自信、怀疑自己在讲者位置上能否吸引广泛听众的学者。罗氏与海氏对自己拥有成就自我的权威自信十足，这成了"吕坤这一辈人的参考标准"（页12）。杨氏与冯氏二人——分别是吕坤的姻亲和朋友——他们做不到像罗、海二氏那样，是因为他们克服不了自己的"危机心理"（页99）。

这些人物的行为虽然也都是在有可选择的情况下做出选择的，都是他们对人性和对社会的不同假设的结果，但他们的表现并不成功，除了吕坤之外。这是因为只有吕坤才有信心去克服危机。首先，吕坤"把人文精神注入法律与规条之中"（页64）。这改正了罗、海二氏在方法上的偏失。此外，吕坤提出了一条曾为杨、冯否定的"新的成圣之道"——亦即该书第二部分的大题目。

第二部分共有四章。首章亦即全书的第五章提出，吕坤以"局外者来观察社会的角度"，让他能够获得"实在的眼界"（页127），藉以重新界定官员的角色——透过种种行政智慧去救治社会弊病的"社会医者"的角色。第二章指出吕坤为妇女、儿童和贫弱者撰写的通俗说教式著作，足以"履行了他作为教育家的使命"（页143），而其作用较诸学术讨论更有绩效，因为沟通的渠道缘是打开，社会差异因而得以减低或排除。医者——亦即教育家的化身——因而在"上层与下层（精英群体与普罗大众）之间据有中介的地位”（页149）。

第三章论述吕坤“客观对待他的环境”（页163）。“提高珍惜光阴的意识”（页175），让他能运用上“充分确认事物中心的方法”（页167）。这点在他组织社区计划与强调贫者要在经济上自力更生的事情上反映出来。最后一章是分析吕坤名著《呻吟语》。该章发现吕坤用了“以事实为中心的自我修养方法”，亦即不是根据“经典的抽象叙述，而是根据他个人所经历的具体事实”（页208）。据此，有一点我们可先作推断的是，吕坤远未能成为晚明经世政论之父。

这本书的主题是根据“实在的眼界”去定义官僚即“社会医者”的角色，并使之成为晚明时代“普遍的调整”现象中的特点。在定义上，所谓“调整”必须有一个清晰的变换，而“普遍”则须在不同领域里都有很多细节上的相同展现。据此，本书提供的诠释便有应该质疑之处。纵观吕坤的著作，不论是成于壮年时代的，还是成于前文提到的他当官后的各种角色中的，我们都看不见他在思想上有任何变化。更重要的是，所谓调整的定义——“从抽象哲理到实学”，其实既不新颖，也没有开创性。把经世联系到医疗疾病的概念，并且由此暗示官员负有医者角色的观点，显然不是新见；强调根据客观事实去理解经世之道也不是什么新见。成化二十三年（1487）丘濬（1421—1495）发表的经世巨著《大学衍义补》所表达的，正是这些看法。

后来的学者与历史学家都同意这样一点：真德秀（1178—1235）《大学衍义》主要处理的是“理”和“体”，丘濬针对性地在《大学衍义补》里公开论述了自己尤其关心的“事”与“用”。丘氏向明孝宗皇帝进呈《大学衍义补》的奏章，便着意地指出经世与医疗的对比。他说自己这本书向皇帝贡献的是治国良方，具体上是“一方可以疗一证，随其方以已其疾，惟其所用之何如也”（译按：《大学衍义补·自序》）。然而，韩德琳此书却从未提及丘濬在经世方面的著述，尽管丘氏此著是被视为明代首部有系统的经世论著。丘濬与吕坤诚然有所分别：前者着重于国家层面的研究，后者则着重于地方层面。但他们的出发点是相同的。更重要的是，在丘、吕二氏的年代之间，曾有很多学者在相关课题上用力撰述。“医生”与“事实”的传统一直是意义重大的课题。吕坤这个个案只是重新强调这一传统而已。

本书采取的方法（比较法）看似有效，但并非毫无问题。书中的人物都用抽象的概念来作比较，根据的主要是他们的著述，但其中缺少了时间意识，有些比较论析显得勉强和生硬。试想：如果海瑞真的是吕坤的参考对象，那么为何在书中找不到吕氏直接评论海瑞的言论呢？吕氏对付问题与处事的方法均异于海氏，说海氏就是吕氏的“模范”，似乎不甚切合。

如果我们能同意有可能纯粹透过一个人的著作去了解他的思想，并且认为文字能作为考究其人信念与思想的根据的话，我们就应该预期作者个人微妙的言辞及其细微差别，同时也能被读者微妙地会心理解。据此而言，本书节译的很多吕坤的简短文章，其是否已臻精确，却有问题。甚多译文片段看起来都很不错，能融通也能说出重点，但有些地方却不免于错误。其中一个很触目的例子已经足以说明这一点。在本书的第 173 页，吕氏的军事手册《行军须知》被译为“步兵所要知道的事情”。“行军”根本不是指步行前进的士兵，而是指军队的行动。

尽管这本书的论据薄弱，但它还是值得推荐的，其中将吕坤的观点视为对王守仁（1472—1529）追随者的思想的反动，是尤其可取的。此书是第一部专论吕氏著作的英文论著，同时也提醒了研究者去注意那些值得研究而仍被忽略的晚明学者。再者，此书也向认真的读者提供了一个机会去深思在研究思想史时所遇到的问题。

狄百瑞著《等待黎明：一份给后王的治国方案——黄宗羲的〈明夷待访录〉》书评

研究近世中国思想史和政治思想的学者，将可从阅读狄百瑞（William Theodore de Bary，1919—　）研究黄宗羲（1610—1695）康熙二年（1663）成书的《明夷待访录》这本权威著作中，获得一份迟来的喜悦。《等待黎明：一份给后王的治国方案》这部狄氏修改自其1953年博士论文而亦增添新资料而成的大作，不单是《明夷待访录》的首部外文全译，更彰显了狄氏对儒家思想智慧精辟的立论。书中那篇持平的导论，在理学思想和学术史的脉络下剖析并评价了《明夷待访录》，同样突显了狄氏四十年丰富的学养所培养出的过人洞察力。

《明夷待访录》辑录了二十一篇关于中华帝国的治国原则及其主要体制的重要文章，包括君主、宰相、学校、胥吏、取士、土地及兵制这几种制度的论述。从历史的层面来看，《明夷待访录》由于是“在外族统治的黑夜中”，保存了源自传统经典的“文明的价值观念”（页5），其重要之处在于它对君主独裁的谴责，多于它作为“一个明确的〔政治〕方案及纲领”（页8）。此书其后在19世纪末为本国改革者及革命人士大力推崇，对开明及前卫之士更有着莫大的吸引力。事实上，正是《明夷待访录》所蕴含的当代意义，令狄百瑞始而钻研此书，撰写博士论文，日后又将之修订成为此书。国民党在1949年败退台湾及1989年大陆的政治风波这两件历史大事，先后令狄氏确信同时反映了一个伟大传统中的残酷现实以及人道精神的《明夷待访录》，仍然蕴含着有助于孕育一个自由民主的中国的政治智慧。

在这本“高度赞扬黄宗羲”（页185）的书中，狄百端对这位“公认的伟大导师”（页xii）推崇备至，并重申他从前低估了黄氏在“重构先儒遗教及推动儒学前进”（页5）所作出的重大贡献。有见于“明末从对政治道德化的异常注重，……转变为对能够福惠社会的制度和设施的强调”（页63），狄百瑞特别看到黄氏着重的以真正法规凌驾于皇帝法令、以学校成为表达政见的中心的主张，所赋予尽心的士大夫在政府各层中更大的职分，以及提倡一个“能够产生传统中国所缺乏的公共空间或公共领域”的儒家宪制秩序（页68）。故此，狄百瑞除了在1957年发表的论文，论证《明夷待访录》多年来实对中国君主专制有着最不朽、最具影响力及最划时代的批判之外，现在更总结出《明夷待访录》是“现代对自由的儒家政治理想最有力的肯定”（页85）。

不过，狄氏更大的论旨是，儒学虽然与君主统治结合，但若因此而把儒学等同于专制统治则是谬误的。这是因为，儒者有自我批判的能力，甚至由他们一手创立的政府体制及执行的政策，也无一幸免，受到批判。由此可知，认为儒学思想“独裁”及“因循”的说法已经不合时宜，应该摒弃在现代的讨论及讲习之外。

整体上，狄氏此书的讨论坚实而负责，并大量参照了多个中、英、日、韩有关《明夷待访录》的重要学术研究。译文的详细注释，亦可见狄氏旁征博引了传统中国学术不同流派的研究成果。新儒家学界也应该感谢狄氏，因为他提出了一个值得仿效的标准及研究方向。

整体而言，狄氏的译文清晰可靠，虽然仍存在应该更加严谨及精确之处。例如，页 119 的“通过三年一度的评核”，应是“通过三次三年一度的评核”（译按：《明夷待访录·取士下》的原文是“三考满”）。还有，《封建》一篇，不是在黄氏的《破邪论》中，而是在黄氏的《留书》中。黄宗羲《明夷待访录》中的表达用语，对现代的研究者来说有时委实艰涩，间有译误，在所难免。幸而，狄氏此书所见的这些错误及不足之处，并没有削弱黄、狄二人的论据。

由于《明夷待访录》是全面批判明朝的制度，其识见之高低是非仍然有待探讨，尤其是从传统制度方面着眼和入手的讨论。只有当我们一并研究黄氏同时代人物的论著，如王夫之（1619—1692）的《黄书》及《噩梦》，我们才能更恰当地评价黄氏。例如，司徒琳（Lynn Struve）的研究论文，便曾对黄氏见解的独创性及其政制建议有所批判。[1] 黄宗羲在《明夷待访录》中的建议的实用性以及其著书的动机，仍需深入研究。故此，我们希望狄百瑞的新论点，能有助于重新引起研究明代政治史及中国政制史的兴趣。

---

〔1〕 Lynn A. Struve, “Huang Zongxi in Context: A Reappraisal of His Major Writings” *The Journal of Asian Studies*, Vol. 47, No. 3 (Aug., 1988), pp. 474–502.

费克光著《中选者：明世宗朝廷上的继统与继嗣之争》书评

费克光（Carney T. Fisher）的《中选者：明世宗朝廷上的继统与继嗣之争》一书，最终所做的是对明世宗（朱厚熜，1507—1566，1521年起在位）入继没有子嗣的明武宗（1491—1521，1505年起在位）后不久，在朝廷上发生的那桩“礼仪大争论”的“解释性评论”（interpretive commentary）。武宗是备受爱戴的孝宗（朱佑樘，1470—1505，1487年起在位）的独子，世宗则是武宗的堂弟（孝宗弟兴献王朱佑杬〔1476—1519〕之子）。费氏所释评的大事，在中国历史上称为“大礼议”。“大礼议”旷日持久，涉及明朝皇室三代人中几个重要成员，在礼仪上因而也在政治上及社会地位上的争执，其所遗留的文化含意，远大于其即时的历史结果。晚明以降的史家均认为有必要评析此事，并对相关的人物做出评价，但他们的结论却又莫衷一是。

费氏同样尝试找出这场争执在文化背景下的意义。范德（Edward Farmer）[1]及盖杰民（James Geiss）两位历史学家业已对

〔1〕 Farmer, Edward. Review of *The Chosen One: Succession and Adoption in the Court of Ming Shizong* by Carney T. Fisher, *Journal of Asian Studies* 51, 3 (1992), pp. 642-643.

其论说有所评论，后者还就争议本身的性质与之争辩。[1]笔者在此只打算探讨这两位学者的书评所未曾提及之处，以期增进我们对事件本身及其复杂性的了解。如果笔者显得拘泥于追求精确表述的话，乃是因为笔者非常重视此书，尤其珍重其勇于厘清这异常复杂之事的努力所致。以下让笔者先勾画出争执的主要事实及其转折点。

明武宗崩于正德十六年（1521）三月，遗诏随即公布后来的世宗继承皇位。世宗是孝宗同父异母弟（宪宗次子）兴王之子，当时年仅十六岁，与孀母蒋氏远居于湖广安陆（今湖北安陆市）。武宗遗诏是由首辅大学士杨廷和具草，在颁布之前，获得其他大学士称许，也获得武宗母亲张后认可。世宗之继位，系以“伦序当立，遵奉祖训兄终弟及之文”为据。[2]

当世宗抵达北京时，以杨廷和为首的官员均要求他以皇储的身份及礼仪即位，但世宗以遗诏已立之为帝为由，加以拒绝。当世宗要求以更高的称号追封其亡父时，朝中负责解释及制定皇室礼仪的官员，则坚持世宗应尊孝宗为皇考，而只称生父为皇叔父，生母为皇叔母。世宗对此亦予拒绝。往后三年，世宗在争论其继位应以符合传统的继统方式，而非朝臣所力主的继嗣方式的事情上，得到一小群官员的支持；这些官员位阶较低，也不是朝官。随着世宗与朝臣双方几轮以奏疏之上呈与批答进行的争论，最后杨廷和辞职，世宗的主要支持者则获任朝中要职。

当事情明朗到世宗将为所欲为的时候，在嘉靖三年七月戊

〔1〕 Geiss, James. Review of *The Chosen One: Succession and Adoption in the Court of Ming Shizong* by Carney T. Fisher, *Journal of Royal Asiatic Society* 2, 1 (1992), pp. 133–137.

〔2〕 补按：《明史》杨廷和本传：“先是，武宗崩，廷和草遗诏。言皇考孝宗敬皇帝亲弟兴献王长子某，伦序当立。遵奉祖训兄终弟及之文，告于宗庙，请于慈寿皇太后，迎嗣皇帝位。”《明史》（北京：中华书局，1974）卷二六五，页5036。

寅（1524年8月13日）那天，230名主要朝臣一起跪伏左顺门前，“或大呼太祖高皇帝，或呼孝宗皇帝”名号，并撼门号哭。世宗大怒，下令逮捕其中134名官员。随后而来的包括廷杖及终身流放的处罚，令其中十七人丧命。

世宗随后所为，正是朝臣在抗议时所惧怕将会尾随而至的事情：他为生父不断追求更高的尊号，直到嘉靖十七年（1538）上庙号“睿宗”，将其神主祔入太庙为止。这样，在礼仪上，世宗的生父兴献王即俨然是一位曾经统治帝国的皇帝。

费氏毫无困难地详述了这桩事件。这是因为史实的编年业已建立，相关的奏疏已完整地载于嘉靖十七年（1538）勅撰的《明伦大典》之中，且被谷应泰（1620—1690）恰当地节录于顺治十五年（1658）成书的《明史纪事本末》中，并加入谷氏自己深思熟虑的评论。费氏所引用的中山八郎（Nakayama Hachirō）1957年及1962年的两篇论文，[1]方便了他确定议礼中援引的历史先例；而秦蕙田（1702—1764）于乾隆二十六年（1761）成书的《五礼通考》，也为他预备了那些先例的现成材料。因此，费氏的强项，不在于搜集资料，而应在于对事件本身的剖析。

费氏的诠释由一个清晰而引人入胜的“分析性叙事”开始。在第一章“先驱者”里，费氏分别讨论了汉、宋两朝中，四个被明人引作模拟的皇位继承和皇室过继个案。这些个案变成了第二章“明代父亲身份的争议”的讨论参照。在这章里，作者详细评述了整个大礼议的过程。在第三章亦即最后一章“释评”（Interpretive Commentary）中，费氏概括地讨论所有他认为深入到大礼议此事的意义和性质的问题。整体上说，虽然费氏承认“我们时常不能确定相争的论点是否成立”（页127），但他已成功揭

〔1〕 关于这两篇文章完整的出版数据，请参考原书的参考书目部分，页208。

示“事实了然的朝廷争议的本质，及其与中国传统学问累积下来的学术传统的关系”（页176）。仅此一点，已令其书为有用之作。

费氏的结论与他的假想一样：明代大礼议基本上是一个道德问题，而不是一个政治问题。这个见解跟同一课题的近著所提见解不太相同，尤其与《剑桥中国史》在本质上视大礼议为政治斗争不同。[1]费氏此书将重点放在礼仪与道德的层面上，正为其他著作提供了一个必要的平衡。

费氏此书的重要洞见在于其指出：是对传统的不合时宜的尊重，把一场争议提升为痛苦与大规模的论争。据费氏所言，参与议礼的明人，其“问题源于对过去有着扭曲的看法。他们强调文明及其制度架构持久不变的本质，而非其逐渐之成长及发展”（页147）。故此，纵然他们可从儒家经典及其注疏、正史、理学家专著、明代的皇法中，征引所有关于继统与继嗣的经典陈述，来支持其论据的权威性（对此，费氏亦全面地讨论过），但礼仪的阐释和法规却是要由皇权确立。朝臣根据学术上的识见，试图提出一个理性的解决方案，但他们所做的努力，在至上的皇权前，终究徒然无效。回顾历史，我们或可说，部分朝臣草率引用平庸的学说，使他们做出劣拙的判断，以致最后倒台离职。如果杨廷和与他的亲信能估量可能的结果，以及更仔细研究那份呈请世宗即位的遗诏的用字，世宗便会发现一旦即位，他几乎不可能要求另一种礼仪的安排。

费氏对这场纷争的其他意涵的阐释，也非全无错误。如果他能准确掌握当时的语言、惯用的表达方式以及时人对政治的敏感

〔1〕 Frederick W. Mote and Dennis Twitchett, eds., *The Cambridge History of China*, Vol. 7, “*The Ming Dynasty, 1368–1644, Part I.*”（Cambridge： Cambridge University Press, 1988）pp. 440–450.

度，那么他可能会有另外一番理解，他的论述也可能更具说服力。以下几个例子足以说明这点。在全书内，费氏均误会“崇仁王”（Chong-ren-wang）这一称号为“崇之仁王”（Prince Ren of Chong）。事实上，当时这位亲王仍然在世，而“崇仁”则是县的名称。如费氏把“仁”作为王爵的称号，则只当被用作身后的谥号时才算正确。这位崇仁王（朱厚炫，1496—1577）是明宪宗第六子益王（朱佑槟，1479—1539）仍然在世的儿子，他的封国就在江西崇仁县。他被议礼的朝臣们推举来代替世宗奉祀世宗本人已经过世的生父。事实上，在整个明代，益王朱佑槟共有二十三位后裔；而他们的亲王封号就是以县的名称（例如“崇仁”等）来标明的。[1]

另一个较大的谬误是给予某些人物在大礼议上过分重要的地位。受到中山八郎的影响，费氏相信王阳明对大礼议有重大的影响，因而纵然阳明一直都否认跟大礼议有着哪怕是间接的联系，费氏仍然相应地用了较长的篇幅讨论阳明对大礼议的态度。费氏翻译了阳明的两首诗（中山八郎在他的第二篇研究曾予以讨论），藉以说明他一方面同情世宗的处境，另一方面却不愿跟与世宗抗衡的朝臣争辩。第二首诗的最后两句是：“却怜扰扰周公梦，未及惺惺陋巷贫。”[2] 费氏解释为：“但我为着我的周公梦被打扰而感痛叹惜，我仍未能明达到成为陋巷内的穷汉。”（页 167）在费氏的阐释中，阳明变成一个对争议甚为热心的参与者，多于如阳明所自明的、一个置身事外的中立人士。费氏在解释第一句时写道：“圣人（周公）纵然在梦中，也自然及不自觉地想到高尚品德的典范。”他续写第二句的含义时指：“王阳明的意思是采用单一、直接的方法去解决问题，世宗心里自有答案，毋须遵从朝臣

〔1〕 谈迁，《国榷》（北京：中华书局，1958）卷首，页 28。
〔2〕 王守仁，《王文成公全书》（《四部丛刊》本）卷三四，页 15 下。

引经据典而提出的成规往例。”（页 169）

这表示阳明完全站在世宗那一边。不过这个解释与阳明诗中意味不符，尤其是“周公”、“穷汉”明显是指某些人或某几种人格，而非哲学上的倾向。费氏正确地识别这些隐喻的由来：周公出自《论语》，而“穷汉”这里是指孔子的学生颜回。[1]但我们要弄清楚的是，谁是孔子心仪乃至梦寐以求的周公。周公是制礼作乐以致天下太平的理想宰相。阳明要不是将周公喻作议礼的朝中大臣，便是直指杨廷和这个实际上的宰相。王阳明的朋友、哲学家湛若水便曾在议礼期间上疏，暗指杨廷和为周公。[2]因此，此诗的首两句应译为：“我可怜那些迷乱地梦想周公的人，他们还不及在陋巷中有见识的穷汉。”阳明将议礼者描绘为一班纷乱的做梦者，而自诩为昏暗世代的开明者，这实际上表示了他对议礼大臣的行为不满——虽然不必对他们的理由也不满——而认为自己具有过人的知性及政治判断力。观乎整个议礼的过程，王阳明甚至可能隐晦地对受惩处的大臣表示同情。无论如何，诗内没有暗示阳明认为世宗的做法是正确的。

阳明曾写信给他著名的门生邹守益（1491—1562），信中部分内容曾被中山八郎引述及讨论。这段文字同样被费氏翻译（见于原书页 171—172）并且述说：“在这信中，王阳明主张礼仪的实践必须允合于与生俱来的良知，因此，（议礼的）最后定论应由皇帝决定，而非取决于那些只知墨守成规、不循天理的

〔1〕 补按：《论语·述而第七》：“子曰：‘甚矣吾衰也！久矣吾不复梦见周公。’”又《论语·雍也第六》：“子曰：‘贤哉，回也！一箪食，一瓢饮，在陋巷。人不堪其忧，回也不改其乐。贤哉，回也！’”见朱熹，《四书章句集注》（北京：中华书局，2003），页 94、87。

〔2〕 湛若水，《初入朝豫戒游逸疏》，《湛甘泉先生文集》卷一九，页 1 上 – 2 下。（补按：此书收入《四库全书存目丛书》集部第 57 册影印清康熙二十年黄楷刻本，台北：庄严文化，1996 年，页 31。）

大臣。”（页 171）

这是一个重要的断言，却是由于费氏完全误解中文原文及忽略书信的语境所作出的。笔者倒想知道，在什么文法和语境的根据下，费氏能不将古礼一词解作“古代之礼”；不将“区区”理解为执笔者之谦称，而作“逐渐地”（bit by bit）的意思说。这样忽略了文言惯用语的意义，令费氏注定错误地把一个特定的人物喻作另外一个时期的一群人，由此产生一个牵强的结论。

假如费氏没有参照中山八郎所节录的信，而是注意到此信开始的几行，就会知道阳明正在评论邹守益用作教化人民的《谕俗礼要》的内容与理论基础，而不是在论及这个时代的人“只是用上一些堕落时代最坏及被遗弃的礼仪”，更不表示阳明赞同世宗的立场。中山八郎及费氏没有引述的一段文字如下：

> 承示《谕俗礼要》，大抵一宗《文公家礼》而简约之。切近人情，甚善！甚善！非吾谦之诚有意于化民成俗，未肯汲汲为此也。[1]

信中随后的内容为阳明对《谕俗礼要》的评语：《谕俗礼要》虽以朱子学说为蓝本，但仍包含了在两项仪节上阳明与朱子不同的看法。在此情况下，阳明亦为自己及邹守益侵犯了天子为人民制定礼法的特权的潜在指控辩护。[2] 在没有被引述的信的后半，

---

〔1〕 王守仁，《王文成公全书》卷六，页 2 上。

〔2〕 译注：阳明原书说：“后世心学不讲，人失其情，难乎与之言礼！然良知之在人心，则万古如一日。苟顺吾心之良知以致之，则所谓不知足而为屦，我知其不为蒉矣。非天子不议礼制度，今之为此，非以议礼为也，徒以末世废礼之极，聊为之兆以兴起之。故特为此简易之说，欲使之易知易从焉耳。”见王守仁，《王文成公全书》卷六，页 3 上。

阳明再把自己对于两项仪节的论述一并给邹守益参考。将此信理解为阳明支持皇帝的想法，是全盘错误的，而所做的推断也流于草率。实际上，鲜有佐证显示（如中山八郎及费氏所言）阳明在大礼议上是如此重要的。

费氏其实倒应深入分析如下两个关键议题。第一是“大礼议”中最受争议的问题：“继嗣”或“继统”在继承权上之合法性。费氏虽然提及有官员认为继嗣涵盖了继统，但他自己却避说“继嗣”或“继统”何者为正。笔者倒认为，费氏如能利用16世纪末及17世纪初（明朝中晚期）政治观察家的评论，其分析将会获得帮助。费氏虽然曾引述素具敏锐观察力的徐学谟（1532—1594）的言论，但却完全忽略了徐氏肯定继嗣论逻辑周延的重要观点。这个观点也见载于费氏参考书目所列的谈迁（1594—1658）《国榷》一书。

徐学谟认为支持世宗者所提倡的继统与继嗣两不相关的理论是过时的。在徐氏看来，世宗继承大统而不继为孝宗子嗣的论点，只适用于传说中圣王以天下为公（官天下）的“三代”。三代之后，当天下被统治者视为自家所有（家天下）时，由于皇位的继承变成皇室的家族事务，故此只有皇室血脉才有继承皇位的资格。[1]笔者认为，如果我们意识到明代议礼者心知其然而口不能说的事情——使世宗获胜的理据是牵强而且违背历史事实之事——便能容易地认同徐氏的论点。那就是，观察力敏锐的明代朝臣（如后来的徐学谟），为了避免招致无情的世宗皇帝施予可以预期的惩罚，都变得小心翼翼，避免在细节上纠缠。

徐氏的分析很容易引导我们到另一个被费氏略而不论的经典性承继原则：“大宗百世不迁”。这个被恪守为不可违背的原则，

---

〔1〕 谈迁，《国榷》卷五二，页3246-3247。

甚至连篡位登基的成祖皇帝（朱棣，1360—1424，1403 年起在位）也不敢背离。成祖将建文皇帝（朱允炆，1377—1402，1398 年起在位；他是永乐皇帝之侄，其皇位为永乐所篡）的统治记录——如官方文件及书籍——全部销毁，就像建文朝这段历史从未出现过一样。成祖之这样做，正显示出其对这个原则的服从。抹杀建文朝，是成祖试图让自己的统治看来是直接继承其开国的皇帝父亲的统治，因而维持着他继承了大宗的假象，从而令其皇权在王朝的背景下具有合法性。成祖此举如果显得武断的话，那是因为他意识到大宗在任何情况下是不能中断的。

问题是，朝廷中作为世宗的论敌的朝臣，为何不拿出这种继承的传统来做辩论的武器，或者诉诸这个（或许会引起费氏注意的）原则本身的权威性？笔者认为明朝臣子根本无法这样做。利用成祖的例子来辩论这个原则会引起更大及更危险的争议；这会勾起成祖之得位是否合法的议题，以及成祖后嗣继承皇位的合法性问题。由于实际上没有其他宗系可与成祖一系竞争，故此以孝宗为代表的一系，就是合法的宗系。不以世宗为然的朝臣们清楚地理解，由于这一宗系之不能中断，世宗实有责任令其延续下去。对朝臣来说，武宗没有后裔奉祀，固属遗憾，但世宗之继嗣，则至少不会危及大宗的延续。

世宗后来将改元永乐的皇帝的庙号，由“太宗”改为“成祖”，正式承认这个朝代有新的帝系。这个历史性的改称，却是世宗意图以此否决将来一切诉诸于前述“大宗百世不迁”原则的纷争。这说明世宗觉察到只有透过象征家族承继的继嗣，才能使登上帝位的继统变得合理可行。这样的细微分野，唯有探究大礼议参与者的弦外之音，探究其敏感的处境，才能有所察识。

同样，我们也可超越传统的解释，去理解嘉靖三年（1524）七月的那一天，朝臣跪伏左顺门，高呼太祖、孝宗，撼门号哭的事件。毫无疑问，他们为其敬爱的孝宗皇帝一脉之中断而表达哀悼，亦同时缅怀孝宗的仁德。笔者同意费氏所说，把各朝臣在议礼中毫不妥协的立场单单说成是出于杨廷和的影响与恫吓所致，是理据薄弱。如果我们认为那二百三十名朝廷品官均是迂腐、愚昧和无主见之辈，只为已故皇帝的个人之故，而且是受到业已退休于四川僻壤的杨廷和怂恿，而参与这场显然败阵的礼仪论战的话，那无疑是荒谬可笑的。

笔者推测，号哭的大臣也是为了一个他们一直渴望的理想时代的终结而感到痛心——一个他们不能公开倡议、而在一定程度上在杨廷和主持朝政时得到实现的理想时代。笔者指涉的是明朝的宰辅制度。明太祖废相，严禁重置相位，并命重提者依法处死。但当杨廷和掌权时，这位大学士实际上发挥了宰相的职能。因此，虽然武宗经常不上朝，但政府仍然运作如常。事实上，在世宗登基之前，杨廷和这位大学士已经推动了广为人知的改革。

具备朝政经验的明朝大臣，只要能够运用他们在行政上的影响力制约独裁的皇权，也不热衷于恢复旧有的宰相制度。这种微妙的态度可见于《武宗实录》中一段对武宗一朝的总评。《武宗实录》是在杨廷和退休后，由其翰林院同僚以及内阁大学士完成编纂的，这部史料费氏却未曾采用。如果读者单看这篇评论而对武宗朝无甚认识，就会认为武宗是个贤君，是一名成功的统治者。虽然武宗行为放纵和喜欢冒险，有着不少缺失，在《实录》此处却被高度赞扬，被指为将政事“托诸阁府部，亦无一毫发猜疑”，故此无损国基及国土之完整。[1]杨廷和辞官标志着这种政府运作模式的终结；朝臣对这种转变感到挫败，激使他们纵使胜算不高，仍然戮力抗辩。

---

〔1〕《明武宗实录》(台北：“中央研究院”，1965）卷一九七，页9上—11上。

因此，世宗的支持者通常被指责为阿谀奉承之徒，亦不是不确之词。这班世宗支持者一直坚持只有天子一人才可决定具有象征和实际权力的礼制。如此，他们即使并非故意，亦无可避免地将君主独裁统治推向高峰，同时令朝臣失去改正君主滥权的正式渠道。张璁作为世宗一方的主要发言人，就亲身体验到内阁地位下降所带来——也可说是他自找——的挫败。张氏也认为内阁大学士扮演着宰相的角色。只是他曾四次担任内阁首辅，却每次复任原职之前，都是因为失宠而被皇帝罢免。明朝在张璁以前，从没有一个内阁大学士像他那样尊严尽丧；在此之后，亦再没有一个内阁大学士能像杨廷和掌政时那样得享尊荣。张璁及其党人所受的蔑视，还可反映于大礼议中失败一方之仍然受人尊敬，其遭流放或谪居者在所到之地，暗地里得到当地官员接济的事实。

费氏也没有提及杨廷和和张璁同样获得“文忠”这个崇高的谥号之事。从赐谥的环境上看，此事其实意义重大。张璁是被世宗本人亲谥为“文忠”，杨廷和则是被世宗的继任人（明穆宗朱载垕，1537—1572，1567年起在位）追谥的。明显地，赐谥是因为张璁曾坚定不移地帮助世宗完成为父亲称宗祔庙的心愿，追谥则是因为杨廷和后来被公认为忠于朝廷而非只忠于个别皇帝的荩臣。世宗当时固然更加得志，但这并不表示群臣只有一种政治忠诚的模式及表达方法。大部分的明臣似乎仍然相信，尊重祖宗建制较于顺从君主个人是一种较高层次的“忠诚”。故此，可以这样说，大礼议是看似关乎道德的争议，最终却仍是一场政治斗争——虽然是相当隐晦的政治斗争。它是一场攸关帝制的朝廷里，忠诚是什么，忠诚由谁去界定，以及尽忠与尽孝之间孰为优先等问题的斗争。这场斗争最值得纪念的地方是，议礼失败者在至为艰辛的情况下，仍然恪守其作为士大夫的理想和原则，并且表现出诚实、正直和勇敢的节操。

达德斯著《明代社会：十四至十七世纪的江西泰和县》书评

在中国文人心目中，面积比美国罗得岛略小、位于江西西南、洪武二十四年（1391）拥有212834名纳税人口的泰和县，并不是一个普通的县份。北宋时，著名的诗人兼书法家黄庭坚（1045—1105），为当地景色秀丽的地标“快阁”，写了一首享有盛名的诗作《登快阁》。二三十年前，此诗仍是香港高中中国文学课程的教材之一。在历史上同样闻名于世的，还有该县的宗族文化。事实上，“文化大革命”后宗族组织的重建和泰和县农村的活动，成为最近以这个传统制度的转型为其研究主题的人类学研究的对象。（钱杭、谢维扬：《传统与转型：江西泰和农村宗族形态——一项社会人类学的研究》，上海，上海社会科学院出版社，1995）研究中国哲学或政治史的学者，泰和这个名字很容易让他们联想起杨士奇（1365—1444）和罗钦顺（1465—1547）——杨氏是15世纪最卓越的政治家，罗氏则是16世纪举国推崇的正统程朱学说继承人。但自17世纪后，在人们的记忆中，泰和县只剩下它的风景和宗族。显然，该县的精英分子在国家舞台上取得的政治与文化成就，如果说不至于默默无闻的话，也该是从显荣滑落至平凡了。

“改变”是泰和县社会和经济史上长期以来的主题，尽管如县志的相关记载所示，泰和人对风水的兴趣以及在疾病治疗上重求神问卜多于药物治疗的传统延续不断。但显著的改变看来是在16世纪才发生。一名地方官在北宋庆历二年（1042）曾指出这个地方罕有法律诉讼，而当地居民上缴税收往往早于法定期限。然而，16世纪晚期的一名江西学者却指出，在泰和县法律诉讼是司空见惯的，故该处被看作是一个难以管治的地区。15世纪中期，一名显赫的泰和籍在朝高官记述，该县日常物资供应充裕，商贸发达。但在16世纪晚期，邻县一位有名气的人士却指出，大批泰和人因土地贫瘠、人口过剩之故，纷纷离乡到各方邻县谋生。1570年代末期，一位地方官观察到当地社会行为发生了更明显的改变：大家族里接二连三地发生了佃农反抗主人的事情，又漠视禁奢法令，耗费巨资于世俗佛教的崇拜；很多新成立的家庭、宗族以至祠堂，均忽视基本的儒家伦常礼节。

达德斯（John W. Dardess）此书是对14至17世纪泰和县在社会结构上的各种改变以及人们操心注虑之事的优秀论述。从"在国家脉络中的地区历史"（页1）这个构思加以组织，本书分为三个部分：

> 第一部分是重构泰和县自然秀丽的优美地理环境。第二部分论述泰和县的资源管理、家庭形成、宗族组织、官吏招聘问题，同时探讨明代历朝泰和县的居住环境与社会关系建立的机会如何改变的问题。第三部分从一些泰和名人的著作和个人经验所反映的，考察明代中国社会生活的诸种改变情况。

在八个分章里，地方史的一般问题，诸如地方环境以及地方社会结构的功能与效益等，均有小心谨慎的厘清和分析以及连贯的陈述。更有意思的是，达德斯把地方现象和国家舞台所见的联系起来。

这本书的研究是精彩的，尤其值得注意的是书中对明代泰和人的文集的一手应用。这部半传记式的著作，恰到好处地采用了传记、年谱和族谱的序文等的记述，征引的史料超过十九种。这样，达德斯为明代学者著述背后隐含的真意，提供了真知灼见的论述，并将之放诸广阔的社会历史场景加以考虑。第二部分是由微观人口统计学来研究估测所及的传记资料；这个做法不同于绝大部分依赖宗族谱系所做的宏观研究。虽然两种研究所显示的基本趋向是一致的，但本书的说服力则远非大部分的主观描述可比。

如上的分析展现出来的，是15、16世纪泰和文人精英在社交和情感生活上很多方面的对比。这些对比醒人耳目。泰和自具特征的变化，首先是该地的地貌和人们对它的观感。由郊游及山水画、诗歌与建筑等风景艺术显示出来的风景欣赏，从15世纪以自然和本土为主题，嬗变到16世纪的强调人工化和区域性。这种艺术欣赏的基本功能，也从早期的乡人藉之表达对梓里的“情感认同”以及异乡游子藉之增强彼此的“桑梓情怀”，以使家乡名著外地的“社会传播”功能，转变为纯粹的娱乐功能。

在社会经济领域，泰和本地的资源管理从豪族的“王侯”风格，转变为宗族体制中的“经理”风格。称雄当地的策略，也由简单的教育与土地收入改变为结合了教育、放债、本土慈善事业以及与本地精英家族联姻等。在16世纪，人口增加伴随精英群体的收缩，及其随之而来的向下社会流动与移民外地。这段时期形成了两种截然不同的社会阶层：管控物资的少数上层和扩大中的奴仆及劳工下层。庞大的宗族得以组成，部分源于族谱在性质及功能上的改变，部分源于宗族之间的组织——特别是乡约——

兴起以满足国家对治安及税收的需要，地方社会对道德增强的需要（页137）。同时，对于该地文人而言，无论是在地区或在全国，对政府职位的竞争变得越来越激烈。结果便是，少数几个具“垄断”地位的大宗族培养了大多数成功的候选官员；为数不知多少的“灰色地带”家庭，尝试培养子弟为官，但只有极少数能够成功；而同样不知数量的“白色地带”的家庭，则连尝试的机会也没有。

最后，泰和官僚对于世界的情感处理以及认知前景也有所转变。泰和官僚早期的僚友之情及提携后进之义，一如著名的大学士杨士奇（1364—1444）所提倡和定型的，确保了泰和在籍官员的和谐与团结。这一关系实际上在1457年（景泰八年、天顺元年）英宗（1436—1449、1457—1464年在位）复位时便终止了。究其原因，部分是出于泰和籍朝廷重臣的个人错失。泰和籍朝臣随着表现出一种挑衅性的风格——正如见于尹直（1431—1511）身上的——以保持好战精神及个人的价值观。各自独立和缺乏合作的情况，同样出现在泰和思想家与老师间的哲学冲突上。两位著名的泰和子弟，罗钦顺（1465—1547）与欧阳德（1496—1554）〔与其学生胡直（1517—1585）〕，便为了学派之争而各持己见，也各自志在吸引全国之听众而非本地的跟随者。

简言之，当15世纪自给自足的经济被16世纪以企业和商业为导向的经济取代时，泰和的社会交往也由个人化流向制度化。在这过程中，宗族开始扮演了主宰的角色。同时，官场不再由泰和人主导，泰和精英分子的“世俗乐观主义”也随之完结。长远的结果是，泰和人自15世纪末期起丧失了身份的集体认同与乡土情怀，并在明末失去所有的独特性。泰和在16世纪没有逃出那吞没中国的社会转变，其缺乏优越性也许就是国家成功融合的一个标志。因此，我们可以这样理解：明初泰和人对乡土生活的审美观感，对本地景观，对族谱研究，乃至为乡人撰写哀挽文字以激发及增加爱乡之情的兴趣，或许就是他们用来合理化其支配官场的一种做法。正如达德斯所展示的，“适应”是泰和文人在任何情况下回应社会的关键信念。也正是从他们的观感和眼光中，达德斯发现“最强烈的普遍印象是……明朝文人文化是可塑与多样的，而且是经常容易受到一些令人必需对其自我与社会的固有态度做出反思的”（页4）。

达德斯指出许多生活范畴里的重大转变，是同时而不是偶然地发生在16世纪的。中国社会和文化的面貌，也在同时转变。从这点看，这本书最好是结合穆四基（John Meskill）的 *Gentlemanly Interest and Wealth on the Yangtze Delta*（《长江三角洲缙绅的兴趣与财富》）一起阅读。[1]此书讲述16世纪江南松江府精英的观点和兴趣，主要透过同一阶层的文人笔记表述出来。两书特别揭示的主题均是长江以南的华东地区如穆四基所说的“空前改变”和随后出现的“新行为”。两书均显示了近世中国社会“停滞不变”的观点是个谬论；而就经济而言，即使在郝若贝（Robert Hartwell）所说的“均衡”状态中，也能为“改变”找到明确的证据。那些对近世中国精英文化感兴趣的人，亦会在欣赏对泰和景观及其含意引人入胜的描述之余，看到一些韩明士（Robert Hymes）、卜正民（Timothy Brook）、罗威廉（William Rowe）等人的著作所提及的概论中华帝国晚期社会历史的主要观点。

对研究明代政治与学术史的学者而言，这本书的第三部分提供的资讯特别丰富。尹直、欧阳德、胡直的传记描述都是新颖的，对杨士奇和罗钦顺的讨论也精彩。不过，达德斯在辨别作

〔1〕 Ann Arbor：Association for Asian Studies，1994.

者身份与翻译名字上出现了一些错误。譬如在第 200 页，他误将丘濬（1421—1495）对三杨（包括杨士奇）的批评，说成尹直所为；实际上，尹氏不过是引述其友丘濬之言而已。就如尹直，虽然正如达德斯所注意到的是个性挑衅，但还是保留了 15 世纪泰和人的性格——至少在公开场合，他对同乡士宦仍是和和气气的。弘治十年（1497）他为泰和县新编的县志写序，序中便对杨士奇有褒无贬。达德斯在该书第 209 页翻译尹直嘲讽儒学大师吴与弼（1391—1469）的文字时，也未能正确地表达出尹氏所引述的大学士李贤（1408—1466）对吴氏的看法和评论。幸而这些失误并未对本书的主要论点造成多大的损害。

学者如果也能仔细考虑那些源于外地人的观察与看法，我们对明代泰和社会与文人文化的理解无疑会得到加强。例如，作为泰和籍大学士萧镃（1393—1464）的忠实学生和尹直的平生好友的丘濬、在万历朝早期与泰和胡直有哲学交流的泰和知县唐伯元，都有不少著作记载及于泰和。这些在将来的明代泰和研究里，应当被认真采用和深入研究。

最后，此书如果附有索引，将对读者十分有助，特别是当参考书目中出现中文错别字的时候。以下所列是本书中错误的中文人名与书名：《国朝献正录》应是《国朝献征录》，吕楠应是吕柟，《彭惠庵集》应是《彭惠安集》，唐显祖应是汤显祖，业春及应是叶春及，业盛应是叶盛，卫庆远是韦庆远；《明代的儒学校官》应是《明代的儒学教官》，而“魏校”（页 302）的英文拼法不是“Wei Chiao”，应当写作“Wei Hsiao”。

郭启涛著《驱邪与金钱：近世中国五猖的象征世界》书评

本书重构了五猖的身份，诠释了五猖信仰所蕴含的社会和文化本质，以及民间宗教在近世中国兴盛的性质。五猖是由五只灵体共同构成，以五个凶神恶煞、全副武装的军士形象出现。在货币经济与都市化开始吞没中国的16世纪后，它在徽州与安徽南部被当作财神来祭拜。

这个研究兼属历史学与人类学范畴，主要取材自“晚清或民初的目连（歌剧）剧本、礼仪文本、乡村绘画、新近刊行以五猖祭典为对象的民俗学研究报告或目连／五猖祭仪的话剧表演”（页12）。本书在第三、第五章中详细论述了五猖信仰的起源与转变，在导言、第六章及结论部分也有相关阐释。

据作者所言，明代中叶徽州与安徽南部的“官绅化商人宗族社会”的精英群体，由不同层级的士绅与冒升的商人组成，他们通过建立本地的神坛，来提高他们宗族守护神的权力，解决彼此的紧张关系，并合作管治那些非精英的亲属与佃仆，而这些守护神的权威象征就是，它们被变成官方认可的城隍与土地的地方性或本土代表。城隍和土地本来只属于普通神祇，在明太祖（1368—1398年在位）所立的全国性宗教等级制度下被赋予了职分——“在有等级排列、具备释放厉鬼功能的‘厉坛’里负责驱邪”（页82）。由五猖取代的那些当地神坛是经由一个称为“藉而名之”的策略建立起来的。据此策略，“本地人（精英）借用已获官方认可的神祇名称，来‘命名’那些他们真正信奉的神祇。这些神祇多数是非官方认可的，或是其拜祭是不应频密举行的”（页59）。

五猖原来供奉于以广德的张渤和徽州的汪华为首的芸芸等级鲜明的祠山诸神之中，位置居于最低一层。张渤和汪华均是当地英雄，官方封神，由国家赐祭。从属于这些作为城隍或土地的代理的人格化守护神之下，面目狰狞的五猖最后成为“小神”或“好鬼”，既有能力驱除厉鬼，也能守护财富。具象征性的是，受控制的五猖还能“微妙而有力地使驱魔与聚财成为士绅之事”，而且被证明是十分灵验的。

在现实生活中，五猖象征不单反映了宗族对佃仆的控制，同时也显示了士绅对商人的控制。商人因向往跻身士绅行列而接受了士绅提倡的儒学价值。五猖的历史及其灵验事迹，使他们相信自己有潜质成为一名“好”商人和士绅化。五猖由人格化的五盗转变为士绅的正统神祇，对于商人而言是有启发性的。故而五猖也告别了既是财富之神又是淫秽五通的通俗符号的双重性格形象，只成为一个“看守独守闺房妇女的财富之神”（页155）。商人为回报士绅为他们在外面世界提供的保护，以及透过筹备具教化意味的五猖象征的礼仪歌剧来化导他们在家的妻子成为贤良妇女，于是顺从士绅的意愿，赞助五猖的祭礼活动和为宗族花钱。这样的文化融合是经过绅商协调以及当五猖崇拜变得流行后出现的。

本书作者也看到了徽州精英在创建本地神坛以崇祀及改造当地神祇，在兴起五猖崇拜以及近世中国民间宗教的融合性等方面所担当的领导角色。与宋怡明（Michael Szonyi）等研究者所宣称的不同，作者认为地方诸神并非无法驾驭，而“齐一众神”也不是虚幻不可及的。相反，地方诸神祇事实上是被混合了的。

若与16世纪的思想趋势平行考察，本书关于精英倡议文化整合的主题，看来相当合理。思想史显示当时的文人阶层热衷于在礼制与社会价值领域中进行文化整合。国家作为文化规范之源对社会的吸引力，社会对国家提倡的价值与取向加以仿效，也同样地反映于地方神坛以及五猖崇拜之中。从这样看，本书在内容上存在的论述重复之嫌，已被作者洞察力强的雄辩所抵消。但由于区域性与当地性的差距会令任何划一性的通盘解释无所适从，在处理像本书所处理的课题时，不同的解释仍是可能的。

为使本书课题获得更深入的认识以及更准确的描述，作者所做的两个重点应该值得进一步研究。第一点是关于一般土地神的身份。和作者所说不同，明太祖并没有让“土地在那个有等级排列的厉坛里负责驱魔”。该职责及其所含的权力只有授予城隍而已。权威性的明朝官方法典，特别是《大明集礼》和《大明会典》，并没有提及当城隍缺席时，土地可获委任为其代理。关于土地与当地被人格化的守护神之间的关系，需要有另一个解释。

第二点是关于运用“藉而名之”的办法来创立当地神坛之说。“藉而名之”这个词语意思不清楚，也不是明朝的精英文人所共用的。作者从叶春及（1532—1595）在万历三年（1575）写成的名著《惠安政书》中引用该词，该书也是《四库全书》中唯一出现过此词之书。根据叶春及的说法（页58），立坛者是将当地神祇透过“藉而名之”的做法来僭夺土地的名衔，掩饰它们不合法的地位。但徽州当地获得官方认可的守护神及其名字始终保留不变，即使是它们在运用土地的权力的时候。清光绪元年（1875）的绘画（页66）表明了，土地是以善良的形象出现在广德祠山神坛的；但祠山的当地守护神（张大帝）并没有借用土地的名义。在这个地域上，土地根本是从属于开创和管理此地的祠山之神的。如果说用叶春及所说的“藉而名之”把戏而成的当地神祇看来似是称号的僭越者，那么徽州地方的守护诸神看来便似权力的篡夺者了。无论如何，应该考虑用另一个合适的词语来描述徽州神坛所见的神祇获庇及隶属的过程；这个现象的象征意义以及心理反应是值得进一步研究的。

文章出处

本书文章曾发表于以下书刊或学术会议，但已作不同程度的修改订正，文中不再一一注明：

《为学方案——学案著作的性质与意义》，原载熊秉真编：《让证据说话——中国篇》，台北：麦田出版有限公司，2001年，页287–318。

《儒家“为学方案”：学案著作体裁》，原题为“Confucian ‘Case Learning’: The Genre of Xue’an Writings”，刊于Charlotte Furth, Judith T. Zeitlin, and Ping-chen Hsiung, eds., *Thinking with Cases: Specialist Knowledge in Chinese Cultural History*, Honolulu: University of Hawaii Press, 2007，页244–273。谢茂松译，朱鸿林审定。

《〈明儒学案·发凡·自序〉研读》，根据在中国文化论坛、汕头大学主办的“第二届文化素质通识教育核心课程讲习班”（广东汕头，2008年6月30日）上的讲演稿整理，原载《〈明儒学案〉选讲》，北京：生活·读书·新知三联书店，2012年，页3–73。

《〈明儒学案·曹端学案〉研读》，根据在中国文化论坛、汕头大学主办的“第二届文化素质通识教育核心课程讲习班”（广东汕头，2008年7月1日）上的讲演稿整理，原载《〈明儒学案〉选讲》，北京：生活·读书·新知三联书店，2012年，页74–134。

《〈明儒学案·白沙学案〉的文本问题》，原载《燕京学报》新十六期（2004年5月），页157–190。

《〈明儒学案·姚江学案〉的文本问题》，据第三届中国古文献与传统文化国际研讨会（中国社会科学院历史研究所，2012 年 10 月 19—21 日）发表论文《〈明儒学案·姚江学案〉的文本问题初探（一）》及第二届国际阳明学研讨会（浙江省余姚市，2012 年 11 月 31 日—12 月 2 日）发表论文《〈明儒学案·姚江学案〉的文本问题初探（二）》二篇修订。

《〈明儒学案〉中之唐伯元文字》，原载台湾《"国家图书馆"馆刊》1996 年，第 2 期（1996 年 2 月），页 129–142。

《梁启超与〈节本明儒学案〉》，原载《中国文化》2012 年春季号第 35 期，页 98–112。

《〈明儒学案点校释误〉前言》，原载朱鸿林著：《明儒学案点校释误》，台北："中研院"历史语言研究所，1991 年。

《〈明儒学案点校释误〉所释引文之误》，原载朱鸿林著：《明儒学案点校释误》，台北："中研院"历史语言研究所，1991 年。

《王韶生先生之文学见解》，1998 年 5 月 16 日报告于王韶生教授追思会，5 月 23 日写定于香港中文大学历史系。原载《新亚论丛》第 1 期，1999 年 1 月。

《追思牟复礼先生》，在台湾普林斯顿大学校友会举办"牟复礼教授追思纪念会"上发言讲稿（台北："中研院"历史语言研究所，2005 年 3 月 5 日），刊于台湾《当代》第 212 期（2005 年），页 90–107；收入王成勉编：《薪火西传：牟复礼与汉学研究》（台北：黎明文化，2007 年），页 15–50。

《往事正堪回首》，原载香港《珠海学院六十周年校庆特刊》（2007 年 10 月 20 日），页 72–74。

《〈中国近世儒学实质的思辨与习学〉自序》，原载朱鸿林著：《中国近世儒学实质的思辨与习学》，北京：北京大学出版社，2005 年。

《〈明人著作与生平发微〉自序》，原载朱鸿林著：《明人著作与生平发微》，桂林：广西师范大学出版社，2005 年。

《〈决疑与道德困境〉导读》，原载熊秉真编，费侠莉（Charlotte

Furth）等著，《让证据说话·对话篇》，台北：麦田出版股份有限公司，2001 年 12 月。

《怀效锋著〈四朝政治风云〉书评》，原载《新史学》一卷二期，1990 年 6 月，页 145–154。

《韩德琳著〈晚明思想中的行动：吕坤及其他士大夫的新方向〉书评》，原题为 "Review of *Action in Late Ming Thought: The Re–orientation of Lu K'un and Other Scholar–Officials by Joanna F. Handlin*"，刊于 *Journal of Oriental Studies* 22.1（1984），页 66–68。陈学然译，朱鸿林审定。

《狄百瑞著〈等待黎明：一份给后王的治国方案——黄宗羲的《明夷待访录》〉书评》，原题为 "Review of *Waiting for the Dawn: A Plan for the Prince: Huang Tsung–hsi's Ming–itai–fang lu by William Theodore de Bary*"，刊于 *The Journal of Asian Studies* 53.2（1994），页 533–534。陈士诚译，朱鸿林审定。

《费克光著〈中选者：明世宗朝廷上的继统与继嗣之争〉书评》，原题为 "Review of *The Chosen One: Succession and Adoption in the Court of Ming Shizong by Carney T. Fisher*"，刊于 *Harvard Journal of Asiatic Studies* 54.1（1994），页 266–277。陈士诚译，朱鸿林审定。

《达德斯著〈明代社会：十四至十七世纪的江西泰和县〉书评》，原题为 "*Review of A Ming Society: T'ai–ho County, Kiangsi, in the Fourteenth to Seventeenth Centuries by John W. Dardess*"，刊于 *China Review International* 5.2（1998），页 401–405。陈学然译，朱鸿林审定。

《郭启涛著〈驱邪与金钱：近世中国五猖的象征世界〉书评》，原题为 "Review of *Exorcism and Money: The Symbolic World of the Five–Fury Spirits in Late Imperial China* by Qitao Guo"，刊于 *The China Review* 4.2（Fall 2004），页 193–195。陈学然译，朱鸿林审定。

【朱鸿林明史研究系列】

◎ 明太祖与经筵
◎ 孔庙从祀与乡约
◎ 儒者思想与出处
◎ 文献与书刻
◎ 《明儒学案》研究及论学杂著

朱鸿林 毕业于香港珠海书院中国文史学系及中国文学研究所，1984年获得美国普林斯顿大学东亚学博士学位。历任普林斯顿大学东亚系研究员、美国威尔逊国际学者中心研究员、台湾“中研院”历史语言研究所研究员、香港中文大学历史系教授、香港理工大学中国文化学系创系系主任，现为香港理工大学人文学院院长暨讲座教授、香港孔子学院院长，教育部长江学者讲座教授，香港人文学院创院院士。专攻中国近世历史与文化，包括中国近世尤其明代的思想、社会及政治历史、宋明理学经典、明人文集等。

“朱鸿林明史研究系列”为他此前专题研究的系统结集，完整地呈现了其在明史领域深造多年所取得的杰出成就。